2013 上海房地产年鉴

上海复旦大学房地产研究中心
《上海房地产年鉴》编辑部 编

华东师范大学东方房地产学院
上海市土地学会 协办

线装书局

图书在版编目（CIP）数据

上海房地产年鉴. 2013 / 华伟编. -- 北京 : 线装书局, 2014.4
ISBN 978-7-5120-1312-4

Ⅰ. ①上… Ⅱ. ①华… Ⅲ. ①房地产业－上海市－2013－年鉴 Ⅳ. ①F299.275.1-54

中国版本图书馆CIP数据核字(2014)第076958号

《上海房地产年鉴》（2013）

编 著 者：上海复旦大学房地产研究中心
《上海房地产年鉴》编辑部
主　　编：华伟
责任编辑：李旻 高晓彬
出版发行：线装書局
地址：北京西城区鼓楼西大街41号（100009）
电话：010-64045283
网址：www.xzhhc.com
经　　销：新华书店
印　　刷：上海晨昶电脑排版印刷有限公司
开　　本：890mm×1240mm　1/16
印　　张：20
字　　数：620千字
版　　次：2014年4月第1版　第1次印刷
印　　数：1-3000册
广告许可登记号：京西工商广字第8011号（1-1）

定　　价：580.00元

《上海房地产年鉴》编辑委员会

《上海房地产年鉴》编辑部

上海市规划和国土资源管理局党政领导

庄少勤　上海市规划和国土资源管理局局党组书记、局长
肖征忠　上海市规划和国土资源管理局党组副书记、纪检组长
程　鹏　上海市规划和国土资源管理局局党组成员、副局长（正局长级）
陈华文　上海市规划和国土资源管理局局党组成员、副局长
徐毅松　上海市规划和国土资源管理局副局长
史家明　上海市规划和国土资源管理局局党组成员、副局长
岑福康　上海市规划和国土资源管理局局党组成员、副局长
俞斯佳　上海市规划和国土资源管理局局党组成员、总工程师
王扣柱　上海市规划和国土资源管理局局党组成员、总工程师
陆洁中　上海市规划和国土资源管理局巡视员
李俊豪　上海市规划和国土资源管理局局党组成员、副巡视员

上海市住房保障和房屋管理局党政领导

刘海生　上海市住房保障和房屋管理局党组书记、局长
庞　元　上海市住房保障和房屋管理局党组成员、副局长
顾弟根　上海市住房保障和房屋管理局党组成员、纪检组长、副局长
于福林　上海市住房保障和房屋管理局党组成员、副局长

上海实用房产指南

厉无畏

全国政协副主席 厉无畏

蓝天绿水楼市旺
安居乐业奔小康

庄晓天
二〇〇四年六月

上海市原副市长 庄晓天

上海市房地产经济学会原会长 桑荣林

规范房地产市场
造福于人民群众

陈正兴
2004.7

上海市政协原副主席　陈正兴

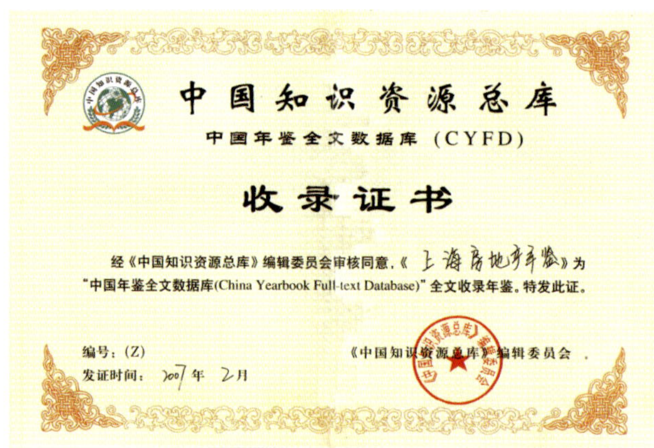

中国知识资源总库

中国年鉴全文数据库（CYFD）

收录证书

经《中国知识资源总库》编辑委员会审核同意，《上海房地产年鉴》为“中国年鉴全文数据库(China Yearbook Full-text Database)”全文收录年鉴，特发此证。

编号：(Z)

发证时间：2007年2月

《中国知识资源总库》编辑委员会

《上海房地产年鉴》被收录进“中国知识资源总库”

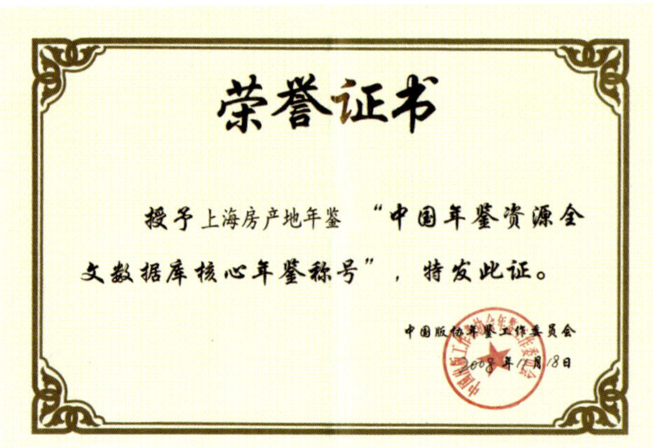

荣誉证书

授予上海房产地年鉴“中国年鉴资源全文数据库核心年鉴称号”，特发此证。

中国版协年鉴工作委员会

2008年11月18日

《上海房地产年鉴》被中国版协年鉴工作委员会
授予“中国年鉴全文数据库核心年鉴称号”

1 2012年10月16日，市委书记韩正到浦东三林、闵行浦江大型居住社区调研。

2 2012年10月29日，国土资源部部长徐绍史来我市调研

3 2012年7月30，国务院督查组来我市对贯彻落实国家各项房地产市场调控政策措施情况进行了督促检查。

1 2012年3月20日，国家土地副总督察张德霖一行来市规划国土资源局视察调研

2 2012年4月20日，上海市保障性安居工程（住宅实事建设工程）立功竞赛暨“我最喜欢的保障房”设计评选活动总结表彰大会隆重召开。

3 2012年9月19日，市规划国土资源局召开《城乡规划卷》志书编纂工作启动大会。

4 2012年3月12日，市政府与国家测绘地理信息局共建智慧城市地理空间框架。

上海地产（集团）有限公司

上海地产（集团）有限公司成立于2002年11月18日，是经上海市委、市政府批准，在对上海国有房地产企业进行整合基础上成立的国有多元投资企业，注册资金42亿元人民币。2009年经市国资委批准，上海地产集团调整为国有独资企业集团。

集团成立十年来，在市委、市政府的正确领导下，在市政府相关委办局、各区县政府、各相关企业的关心支持下，紧紧围绕“土地储备主渠道、旧区改造主力军、土地占补平衡指标主要来源、保障性住房建设的主要骨干和示范、国有房地产企业的引领和主导、国家级开发区建设管理”的六项定位目标，充分发挥国有企业集团的优势，在土地储备前期开发、滩涂造地建设管理、保障性住房开发建设、国有资产保值增值等方面出色地完成了市委、市政府下达的各项工作任务，较好地完成了服务社会和发展自身两篇文章。

上海国际航运服务中心

上海国际航运服务中心项目位于上海市虹口区北外滩地区，西起公平路、东至瑞丰大厦及秦皇岛码头、北靠临江小区至杨树浦路、南临黄浦江，与浦东小陆家嘴地区隔江相望。该地块与西侧的上海港国际客运中心相连，形成一个两倍于外滩长度的滨江区域。

整个基地东西长约780米，南北进深约120-180米。基地红线内占地总面积约107182平方米，由东、中、西三幅地块组成，其中东块占地面积为35210平方米、中块约28800平方米(含保留建筑占地)、西块为43172平方米。用地性质为商业办公、酒店、会展、娱乐等综合功能。总建筑面积近60万平方米（其中港运大厦47782平方米）；地上建筑面积32.4万平方米（其中港运大厦41691平方米）；地下建筑面积26.2万（其中港运大厦平方6091平方米）。

本项目建设包括办公、商业以及游艇港池在内的相关设施。功能上定位为上海国际航运中心，体现航运服务业的核心功能和规模效应，起到跨国航运企业集聚的作用。为此，本项目围绕航运交易与商务的需要，强化航运服务的商务及配套功能，并通过游艇港池等体现航运特色，形成与航运主题相符的沿江经典建筑群，实现以航运中心为主体的办公及商业区域功能。

该项目由上海国际港务集团与方兴地产联合开发。双方合资成立了上海国际航运服务中心开发有限公司(负责东块、中块开发)和上海银汇房地产发展有限公司(负责西块开发)，各占50%股份。

上海国际航运服务中心项目于2009年3月，在市领导主持下开工建设，并在2010年正式列入上海市重大工程计划。

上海保集（集团）有限公司

公司成立于1996年，是一家以房地产开发为核心，集房地产开发、建筑施工、物业管理、金融投资、产业投资、国际贸易为一体的大型民营企业集团公司。集团总部设在上海，在国内及海外拥有40余家全资及控股公司。

十余年来，保集集团追求创“一流企业、一流产品、一流服务、一流效益”的经营目标，实行专业化、规范化、模块化的管理模式。在房地产开发中秉承“开发的是土地，建造的是家园、营造的是文化、创造的是价值”的开发理念，凭借多年的开发经验，成功地整合形成了房产开发从规划设计，施工建设、营销推广、物业管理、品牌集成等一体化的运营体系。

目前保集集团的房地产已形成住宅地产、商业地产等多种业态的开发经营，开发布局正在由上海、金华、扬州、南昌、天津、滨州等地向其他区域拓展。继开发浙中地区首个获“国家康居示范工程”称号的项目金华保集半岛以及南昌象湖新城超大型住宅项目保集半岛等知名楼盘后，目前保集在位于浙江金华金东地区开发的一线江景海派社区保集外滩以及上海浦东新区低密度英式高端住宅保集澜湾，标志着集团新一轮战略发展的开启。

“保集”品牌通过多年精品项目的建设和客户良好口碑的积累，已赢得了市场的尊重和社会的好评，在取得众多项目奖项之外，集团更于2010-2013年连续四年荣获“中国房地产百强企业”称号。

上海保集澜湾
大东郊，纯低密，英伦国际住区
贵宾热线：021-58591818

金华保集外滩
义乌江畔，城市黄金主轴上的海派公馆
贵宾热线：0579-82038888/82385555

南昌保集半岛
70万平米半岛生态风情社区
贵宾热线：0791- 85187777/85797788

上海卫百辛（集团）有限公司

上海卫百辛（集团）有限公司成立于1996年，公司性质为国有独资公司，注册资本32.5亿元人民币，具有国家房地产开发企业二级资质，经营管理范围涉及房地产开发、物业管理、旧住房成套改造、动拆迁等惠及民生的工程，连续十六年获得“上海市重点工程实事立功竞赛优秀公司”荣誉称号，并先后被评为上海市厂务公开民主管理工作先进单位、上海市双拥模范先进集体、上海市群众体育先进单位、上海房地产十八年杰出贡献企业。公司自成立以来，秉承“便民利民为百姓、创业创新求发展”的企业精神，以“建设和谐社区”为己任，用心打好“服务民生”这张牌，承担好杨浦区680多万平方米直管公房（含售后公房）的授权经营，在各项民生工作的推进中，不断提升服务意识和技能水平，不断深化“卫百辛”品牌中“为百姓服务”的内涵。近年来，公司在关注企业社会责任的同时，积极谋求自身发展，拓展多种业务经营，实现了经济效益和社会效益的双提升。公司党政领导班子将携手全体员工，以十八大精神为引领，加快企业经济结构的转型，以更加饱满的工作热情、更加昂扬的精神状态投入杨浦国家创新型试点城区建设，为杨浦的繁荣稳定再作贡献。

杨浦区区委书记陈寅来集团调研

集团总经理辛利军带队到街道听取物业行风意见和建议

集团公司与南京政治学院军事信息管理系军民共建

集团党委书记、董事长施建平主持召开创先争优活动现场推进会

CIFI GROUP
旭辉集团

上海城建置业发展有限公司

Shanghai Construction Pevelopment Co.,ltd

上海城建置业发展有限公司是上海城建集团全资子公司，拥有房产开发一级资质，获评2012年中国房地产百强企业“百强之星”，位列上海市房地产开发50强企业第16位。

公司秉承“质量第一，诚信至上”的核心价值观，以“专业化、纵深化、市场化”的发展理念，先后开发建设了古北瑞仕花园、金桥瑞仕花园、悠和家园、瑞和新苑、沪东商业中心、城建国际中心、城建地产大厦、瑞和宜山大厦、瑞和国顺大厦等100多万平方米的优秀住宅和高档写字楼。至今，公司累计开发面积近1250万平方米，在市场上逐步形成了以中档商品房为主的“瑞和”及以高档精装修住宅为主的“瑞仕”两大品牌。

开发建设的楼盘曾先后荣获“上海最受欢迎楼盘综合金奖”、“十大国际品质楼盘”、“建设部中国住宅经典示范楼盘”、“上海市优秀住宅金奖”、“上海市“四高”优秀住宅小区”、“首届上海十大经典全装修示范楼盘”、“首届全国新时代优秀规划建筑设计方案全国优秀商务楼金奖”、“上海市“白玉兰”奖”、“中国建筑工程“鲁班奖”等多项殊荣。

目前公司在建的楼盘有浦江大型居住社区保障房项目、青浦华新及徐泾北配套商品房项目、嘉定云翔大型居住社区经适房项目、大宁瑞仕花园、安亭瑞仕华庭、无锡渔港瑞仕花园、无锡蠡湖瑞仕花园、上海城建大厦、城建路桥研发中心等，共计开发面积达370多万平方米。

公司始终以企业战略引领业务发展，以质量促效率、以质量提品质、以质量树口碑，努力实现社会效益和经济效益的双丰收，为打造城建房产品牌，推进上海的住房建设，构建和谐社会不断作出贡献。

浦东.周浦

周浦镇作为大浦东发展中的一个重点城镇，近几年随着全国房地产业不断进步，周浦镇房地产业也取得了飞跃式的发展。

2011年全年实现房产销售总额约5.36亿元，税收达3.6亿元，为我镇地方财税经济发展做出了突出贡献。2011年周浦镇房地产建设项目共24项，其中老城镇区改造项目14项，配套商品房项目3项，普通房产项目7项。新增竣工面积约48万平方米，同时已成功竣工了“印象春城”、“明天华城”“梧桐院”等几个优质楼盘，为周浦镇地方财税经济发展做出了突出贡献。

目 录

第一篇 专论篇

第二篇 环境篇

第三篇 行业篇

第四篇 类型篇

第五篇 区域篇

第六篇 附录篇

第一篇

专论

ALMANAC OF
SHANGHAI REAL ESTATE

第一章 2012年上海房地产市场回顾

2012年上海市房地产市场延续了2011年的调控，态势不减，政策不变，房地产市场投资、投机性购房需求基本得到抑制，房地产市场调控取得了较为明显的成果。上海房地产市场受限于资金压力，部分开发企业降价快销，降幅超过15%。直至第三季度，“以价换量”几乎是上海楼市市场营销的唯一措施手段，调控效果明显。临近年末，上海楼市出现翘尾，楼盘价格趋势出现分化，不少楼盘出现价格回升，上海房价进入“触底缓升”的局面。

一、房地产开发投资状况分析

2012年，上海市房地产开发完成投资2 381.36亿元，比上年增长9.7%，房地产开发投资占全社会固定资产投资的45.3%，比上年提高2.5个百分点（见图1-1）。

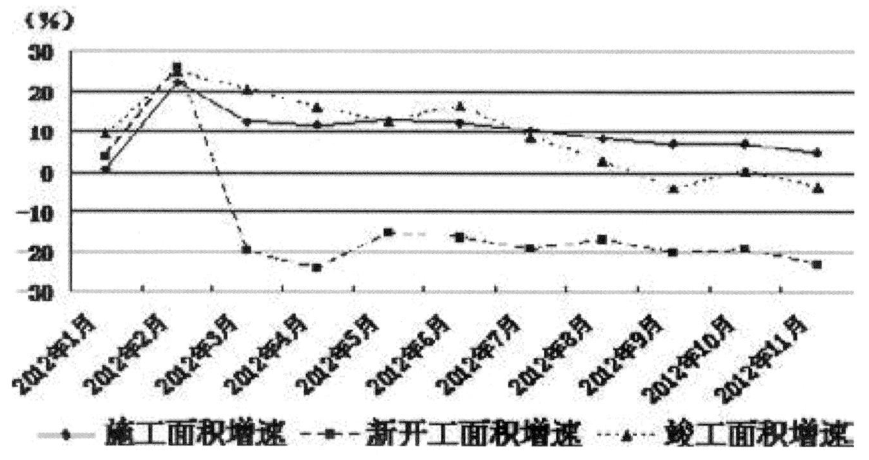

图1-1 2012年1～11月上海市房地产开发供给情况

从投资结构看，商品住宅投资1 451.94亿元，比上年增长3.8%，占总开发投资的61%；办公楼投资262.85亿元，增长13.7%，占11%；商业营业用房投资293.75亿元，增长24.4%，占12.3%。

受保障性住房建设力度加大的影响，商品住宅中“90平方米以下住宅”完成投资632.67亿元，比上年增长24.7%，占全部住宅投资的43.6%，比上年提高7.3个百分点（见表1-1）。

表1-1 上海房地产开发投资情况 单位：亿元、万平方米

年份	房地产开发投资		住宅开发投资		商品房新开工面积		住宅新开工面积	
	数值	同比	数值	同比	数值	同比	数值	同比
2012年1～11月	2 150	7.7	1 283	0.2	2 532	-23.1	1 464	-33.1
2011年	2 170	9.6	1 399	13.7	3 644	20.2	2 474	17.2
2010年	1 981	35.3	1 230	33.9	3 031	21.7	2 111	22.7

二、房地产建设状况分析

2012年，上海市商品房施工面积13 249.97万平方米，比上年增长2.1%。其中商品住宅施工面积8 315.68万平方米，下降0.8%。

但受前2年房地产市场销售低迷、土地市场不景气的影响， 2012年，上海市商品房新

开工面积 2 724.05 万平方米，比上年下降 25.2%。其中商品住宅新开工面积 1 563.39 万平方米，下降 36.8%。

商品房竣工面积小幅增长。2012 年，上海市商品房竣工面积 2 305.06 万平方米，比上年增长 2.9%。其中商品住宅竣工面积 1 609.13 万平方米，增长 3.8%(见表 1-2)。

表 1-2　2012 年上海市商品房新开工、竣工面积

分 类	新开工		竣工	
	面积（万平方米）	增长（%）	面积（万平方米）	增长（%）
商品房	2 724.05	-25.2	2 305.06	2.9
#住宅	1 563.39	-36.8	1 609.13	3.8
非住宅	1 160.66	152.47	696.93	71.6

三、上海房地产市场交易状况分析

2012 年，上海市为巩固房地产市场调控成果，保持房地产价格合理稳定，分别于 7 月底和 9 月中旬重申严格执行限购令，稳定市场预期。在各项政策措施的作用下，上海房地产市场上的投机投资需求得到有效遏制，但在供应增加、开发商“以价换量”、及央行货币信贷政策调整等因素的作用下，自住性和改善性住房需求入市加快，全年商品房销售面积有所回升。

在一系列房地产调控政策的作用下，2012 年前几个月商品房销售面积持续下降。但随着房地产价格企稳，供应增加，购房需求逐步释放，自 5 月份起，上海市商品房当月销售量有所回升，10 月份开始扭转了累计销售面积同比下降态势。2012 年，上海市商品房销售面积 1 898.46 万平方米，比上年增长 7.2%，增幅逐步趋稳（见表 1-3）。其中商品住宅销售面积 1 592.63 万平方米，增长 8.1%(见图 1-2)。

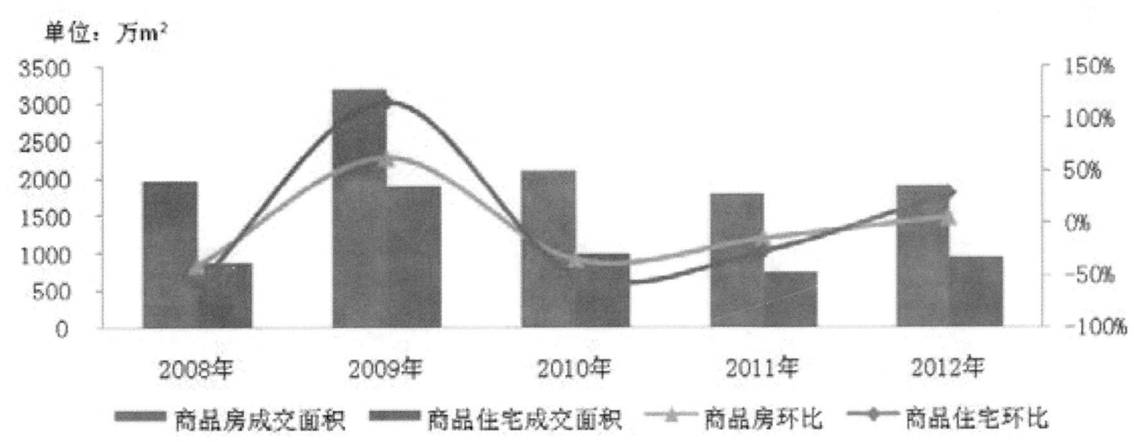

数据来源：CREIS 中指数据

图 1-2　2008 ～ 2012 年上海商品住宅成交面积走势图

自年初以来，上海市存量房成交面积呈连续下降态势，但下降幅度不断收窄，并于年底扭转了下降态势。据市房地产交易中心统计，2012 年，上海市存量房交易面积 1 446.77 万

平方米，比上年增长 3.4%。其中，存量住宅交易面积 1 136.17 万平方米，增长 7.3%（见表 1-3）。

表 1-3　2012 年上海市新建及存量商品房、商品住宅销售情况　单位：万平方米

月份	新建商品房		存量房		新建商品住宅		存量住宅	
	销售面积	增长(%)	交易面积	增长(%)	销售面积	增长(%)	交易面积	增长（%）
1～2月	202.99	-13.9	107.09	-66.4	178.27	-8.4	74.39	-69.0
1～3月	316.47	-14.8	181.42	-58.9	275.20	-9.9	124.09	-63.7
1～4月	442.58	-15.9	268.63	-50.5	392.70	-8.0	191.65	-54.1
1～5月	624.63	-10.7	404.34	-37.5	556.67	-0.9	286.83	-42.5
1～6月	793.66	-8.8	529.47	-31.1	702.87	-1.2	378.33	-35.7
1～7月	953.98	-7.8	667.70	-25.1	844.24	-1.6	493.99	-27.6
1～8月	1 093.31	-7.8	821.23	-19.6	962.89	-0.8	629.56	-19.9
1～9月	1 229.94	-5.9	976.59	-12.4	1 083.91	2.0	756.33	-12.2
1～10月	1 426.30	0.6	1 107.60	-7.8	1 213.28	6.0	866.30	-6.2
1～11月	1 609.58	7.5	1 280.59	-2.3	1 368.68	13.0	999.51	-0.1
1～12月	1 898.46	7.2	1 446.77	3.4	1 592.63	8.1	1 136.17	7.3

四、商品房价格分析

2012 年，上海市新建商品住宅平均销售价格 13 870 元／平方米。从区域分布看，全市新建商品住宅中，内环线以内区域销售面积 35.19 万平方米，占全市新建商品住宅的 2.2%；内外环线之间区域销售面积 338.28 万平方米，占 21.2%；外环线以外区域销售面积 1 219.16 万平方米，占 76.6%。全年各环线区域新建商品住宅平均销售价格分别为：内环线以内为 55 518 元／平方米，内外环线之间为 20 667 元／平方米，外环线以外为 10 782 元／平方米。

2012 年全市商品住宅成交均价为 22 518 元／平方米，同比小幅上涨 1.1%；近 5 年以来，均价逐年上涨，其中 2010 年均价涨幅最大，达 35.5%，2011、2012 年受调控影响，涨幅迅速回落至 2.5%、1.1%（见图 1-3）。

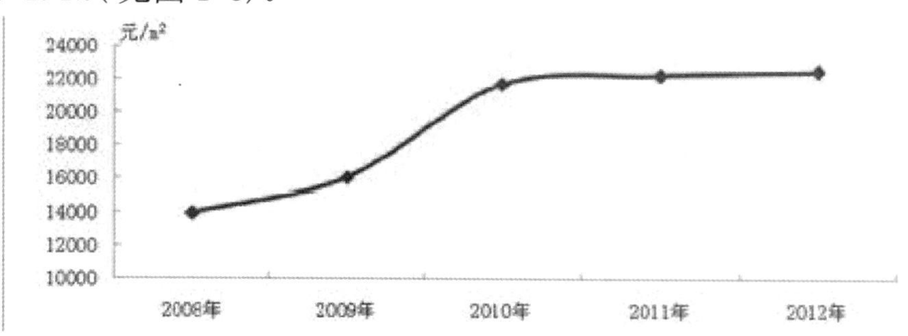

数据来源：CREIS 中指数据

图 1-3　2008～2012 年上海商品住宅均价走势图

剔除共有产权住房和动迁安置住房等保障性住房后的市场化新建商品住宅的区域分布

看，内环线以内区域销售面积35.19万平方米，占全市市场化新建商品住宅的4.3%；内外环线之间区域销售面积205.15万平方米，占25.1%；外环线以外区域销售面积577.82万平方米，占70.6%。全年各环线市场化新建商品住宅平均销售价格分别为：内环线以内为55 518元/平方米，内外环线之间为29 281元/平方米，外环线以外为16 541元/平方米。

五、房地产资金到位情况分析

在央行年内两次下调存款准备金率各0.5个百分点和两次下调存贷款基准利率等政策影响下，房地产开发企业本年到位资金规模较大，整体资金到位情况良好。但由于前2年上海商品房销售面积持续下降，房地产开发企业上年末结余资金仍呈下降态势。2012年，上海市房地产开发企业到位资金合计5 316.93亿元，比上年增长14.9%，到位资金规模是房地产开发投资的2倍多。其中，上年末结余资金1 348.42亿元，比上年下降5.1%；本年到位资金3 968.51亿元，增长23.7%。从本年资金来源渠道看，4大类资金升降情况见表1-4。

表1-4 2012年上海市房地产企业本年到位资金情况

指 标	本年到位资金（亿元）	增长（%）	比重（%）
本年资金来源小计	3 968.51	23.7	100.0
国内贷款	975.78	31.7	24.6
利用外资	26.12	-40.0	0.7
自筹投资	1 385.96	16.2	34.9
其他资金	1 580.66	28.6	39.8
# 定金及预付款	1 064.68	36.6	26.8
个人按揭贷款	236.13	35.1	6.0

六、土地供应与成交分析

2012年上海土地市场共有223批公告，共计629幅土地面市。供应面积合计为21 091 184.95平方米。覆盖的区域有宝山、长宁、崇明、奉贤、虹口、黄浦、嘉定、金山、闵行、浦东、普陀、青浦、松江、徐汇、杨浦及闸北16区。其中433幅土地为工业用地，其余均为非工业用地（图1-4）。

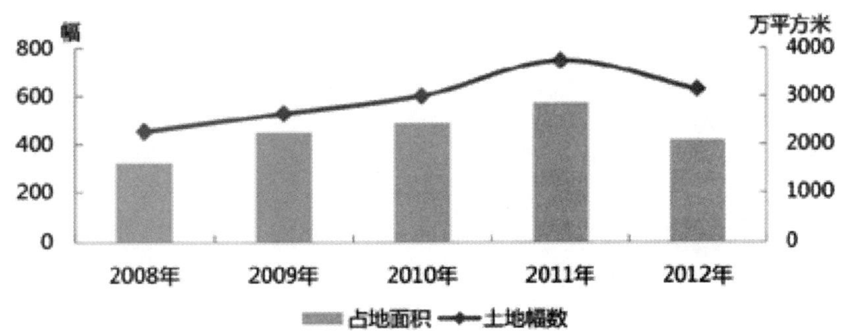

数据来源：CRIC

图1-4 2008～2012年土地市场供应走势

2012年上海土地市场成交221批公告，共计638幅土地。成交地块总面积为

22 621 202.15 平方米，成交总价为 9 647 731.0 万元。2012 年成交土地中有 189 幅为非工业用地，其余为工业用地。12 年共成交 86 幅住宅用地（含保障性住宅用地），2012 年 154 号公告浦东新区浦兴社区 Y000902 编制单元 19 ～ 04 地块为成交楼板价最高的一幅，被嘉华（中国）投资有限公司旗下的华控有限公司以 67 100 万元成功竞得，折算其楼板价为 21 682 元 / 平方米。据了解，这是 2011 年上海“单价地王”。其后，上述地块被景瑞投资退地，而今又以调高土地挂牌价格的方式出让。上海国土局的相关地块公告显示，2011 年上述地块出让时，起始总价为 4.5 亿元，比现在的起拍价 4.81 亿元便宜 3 100 万元。此次上调幅度为 6.89%。该地块此番 6.71 亿元的成交价，较其 2011 年 2 月 6.611 1 亿元的成交价增加了近 1 000 万元（见图 1-5 ）。

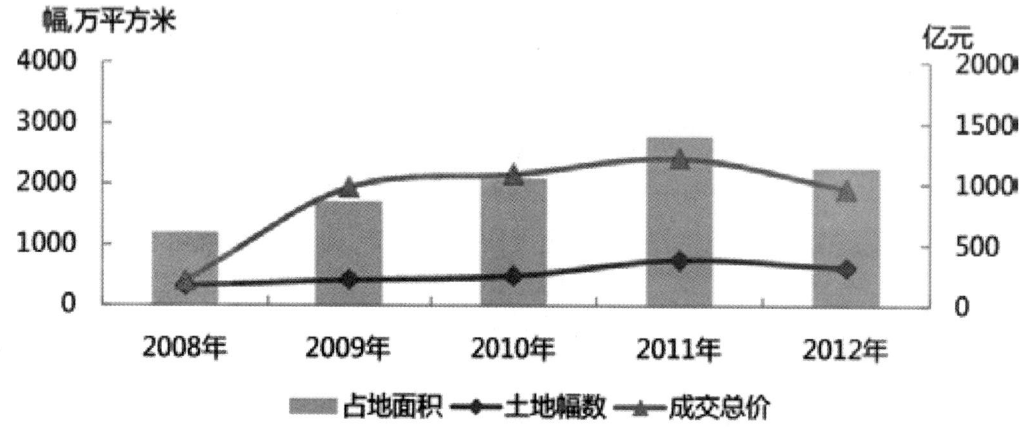

数据来源：CRIC

图 1-5　2008 ～ 2012 年土地市场成交走势

第二章 中华人民共和国2012年国民经济和社会发展统计公报[1]

2012年，面对复杂严峻的国际经济形势和艰巨繁重的国内改革发展稳定任务，全国各族人民在党中央、国务院的正确领导下，坚持以科学发展为主题，以加快转变经济发展方式为主线，按照稳中求进的工作总基调，认真贯彻落实加强和改善宏观调控的各项政策措施，国民经济运行总体平稳，各项社会事业取得新的进步，为全面建成小康社会奠定了良好基础。

一、综合

初步核算，全年国内生产总值[2]519 322亿元，比上年增长7.8%。其中，第一产业增加值52 377亿元，增长4.5%；第二产业增加值235 319亿元，增长8.1%；第三产业增加值231 626亿元，增长8.1%。第一产业增加值占国内生产总值的比重为10.1%，第二产业增加值比重为45.3%，第三产业增加值比重为44.6%（见图2-1）。

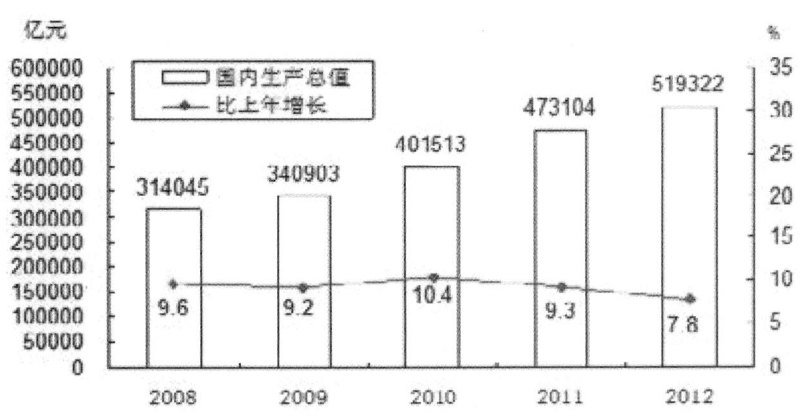

图2-1　2008～2012年国内生产总值及其增长速度

全年居民消费价格比上年上涨2.6%，其中食品价格上涨4.8%。固定资产投资价格上涨1.1%。工业生产者出厂价格下降1.7%。工业生产者购进价格下降1.8%。农产品生产者价格[3]上涨2.7%（见图2-2，表2-1）。

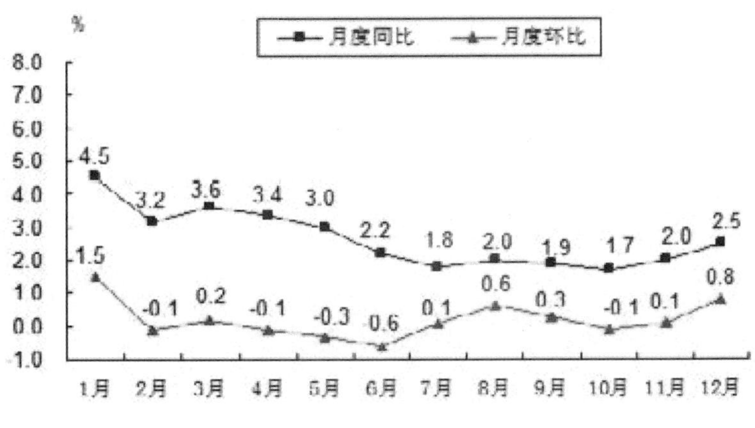

图2-2　2012年居民消费价格月度涨跌幅度

表2-1 2012年居民消费价格比上年涨跌幅度 单位：%

指　　标	全　国	城　市	农　村
居民消费价格	2.6	2.7	2.5
其中：食　品	4.8	5.1	4.0
烟酒及用品	2.9	2.9	2.7
衣　着	3.1	2.9	3.8
家庭设备用品及维修服务	1.9	2.1	1.5
医疗保健和个人用品	2.0	2.0	2.1
交通和通信	-0.1	-0.3	0.6
娱乐教育文化用品及服务	0.5	0.4	1.0
居　住	2.1	2.2	1.9

70个大中城市新建商品住宅销售价格月环比上涨的城市个数年末为54个（见图2-3）。

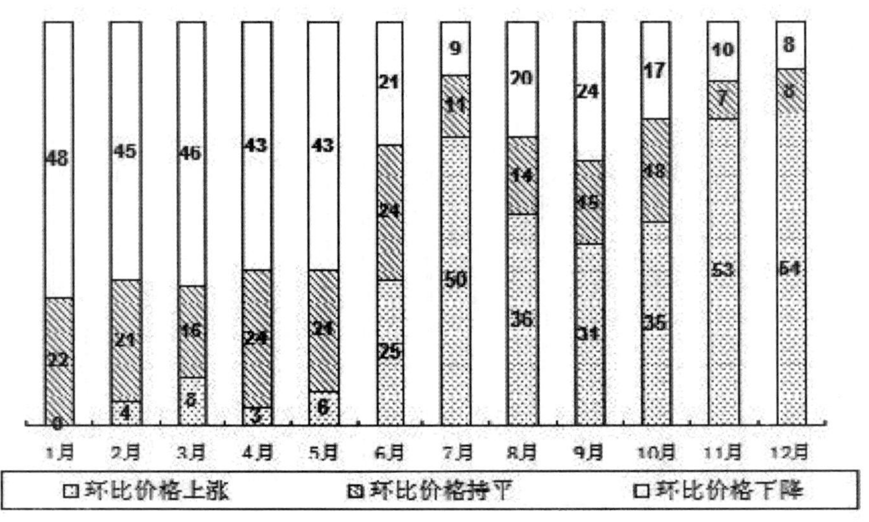

图2-3 2012年新建商品住宅月环比价格下降、持平、上涨城市个数变化情况

年末全国就业人员76 704万人，其中城镇就业人员37 102万人。全年城镇新增就业1 266万人。年末城镇登记失业率为4.1%，与上年末持平。全国农民工[4]总量为26 261万人，比上年增长3.9%。其中，外出农民工16 336万人，增长3.0%；本地农民工9 925万人，增长5.4%（见图2-4）。

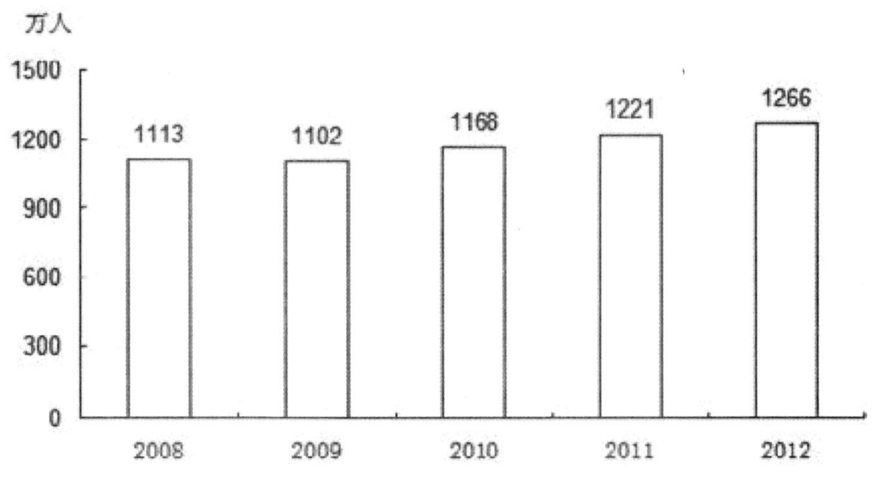

图2-4 2008～2012年城镇新增就业人数

年末国家外汇储备33 116亿美元，比上年末增加1 304亿美元。年末人民币汇率为1美元兑6.285 5元人民币，比上年末升值0.25%（见图2-5）。

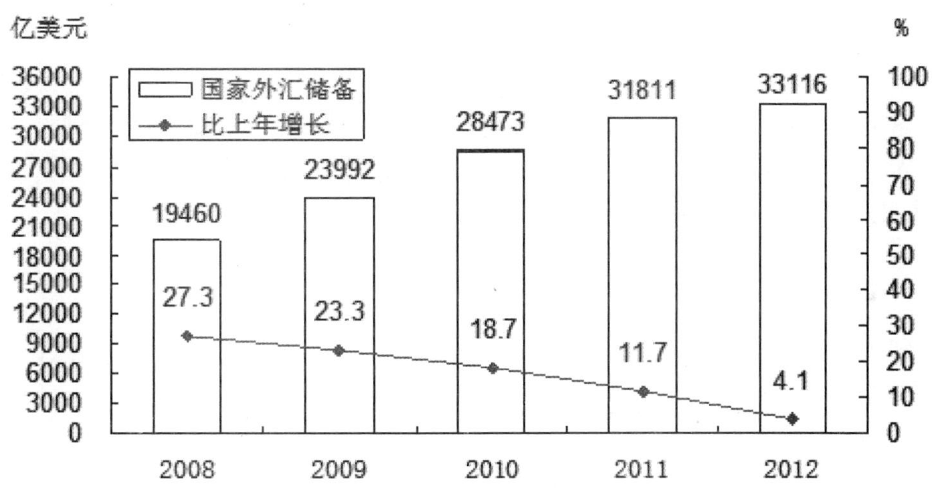

图2-5 2008～2012年年末国家外汇储备及其增长速度

全年全国公共财政收入[5]117 210亿元，比上年增加13 335亿元，增长12.8%；其中税收收入100 601亿元，增加10 862亿元，增长12.1%（见图2-6）。

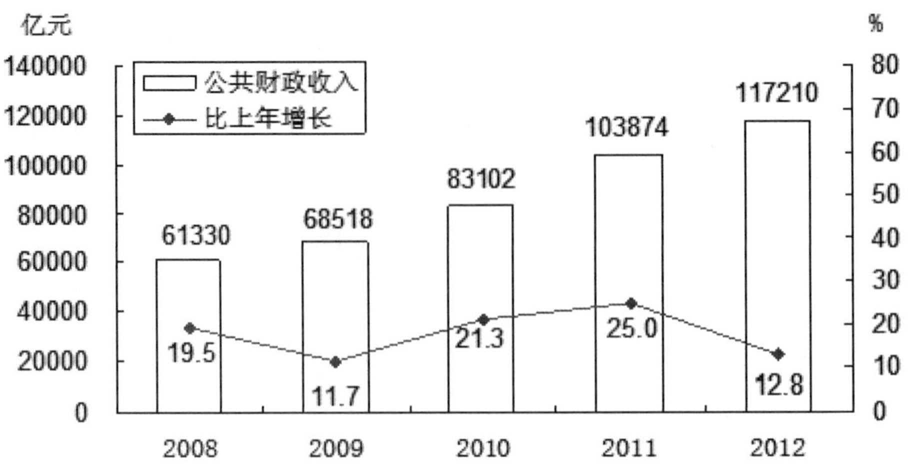

图2-6 2008～2012年公共财政收入及其增长速度

二、农业

全年粮食种植面积11 127万公顷，比上年增加69万公顷；棉花种植面积470万公顷，减少34万公顷；油料种植面积1 398万公顷，增加12万公顷；糖料种植面积203万公顷，增加9万公顷。

全年粮食产量58 957万吨，比上年增加1 836万吨，增产3.2%。其中，夏粮产量12 995万吨，增产2.8%；早稻产量3 329万吨，增产1.6%；秋粮产量42 633万吨，增产3.5%。其中，主要粮食品种中，稻谷产量20 429万吨，增产1.6%；小麦产量12 058万吨，增产2.7%；玉米产量20 812万吨，增产8.0%（见图2-7）。

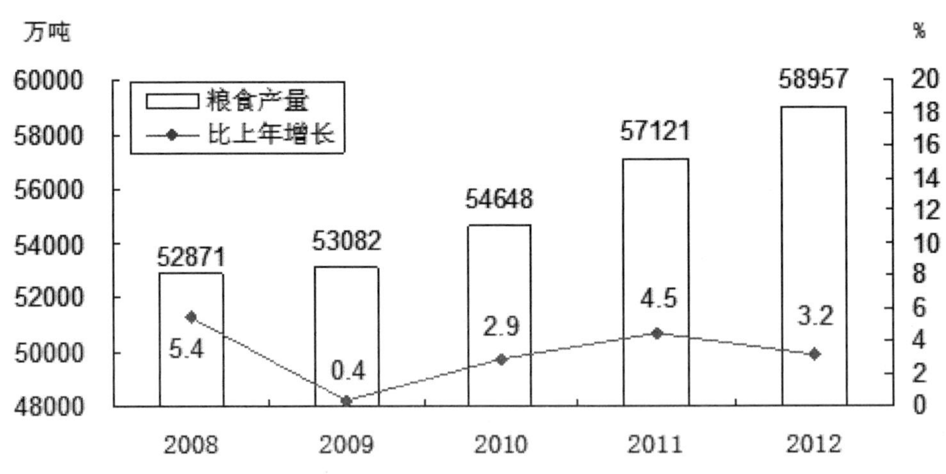

图2-7 2008～2012年粮食产量及其增长速度

全年棉花产量684万吨，比上年增产3.8%。油料产量3476万吨，增产5.1%。糖料产量13 493万吨，增产7.8%。烤烟产量320万吨，增产11.5%。茶叶产量180万吨，增产11.2%。

全年肉类总产量8 384万吨，比上年增长5.4%。其中，猪肉产量5 335万吨，增长5.6%；牛肉产量662万吨，增长2.3%；羊肉产量401万吨，增长2.0%；禽肉产量1 823万吨，增长

6.7%。年末生猪存栏47 492万头，增长1.6%；生猪出栏69 628万头，增长5.2%。禽蛋产量2 861万吨，增长1.8%。牛奶产量3 744万吨，增长2.3%。

全年水产品产量5 906万吨，比上年增长5.4%。其中，养殖水产品产量4 305万吨，增长7.0%；捕捞水产品产量1 601万吨，增长1.3%。

全年木材产量8 088万立方米，比上年下降0.7%。

全年新增有效灌溉面积172万公顷，新增节水灌溉面积235万公顷。

三、工业和建筑业

全年全部工业增加值199 860亿元，比上年增长7.9%。规模以上工业增加值增长10.0%。在规模以上工业中，国有及国有控股企业增长6.4%；集体企业增长7.1%，股份制企业增长11.8%，外商及港澳台商投资企业增长6.3%；私营企业增长14.6%。轻工业增长10.1%，重工业增长9.9%（见图2-8）。

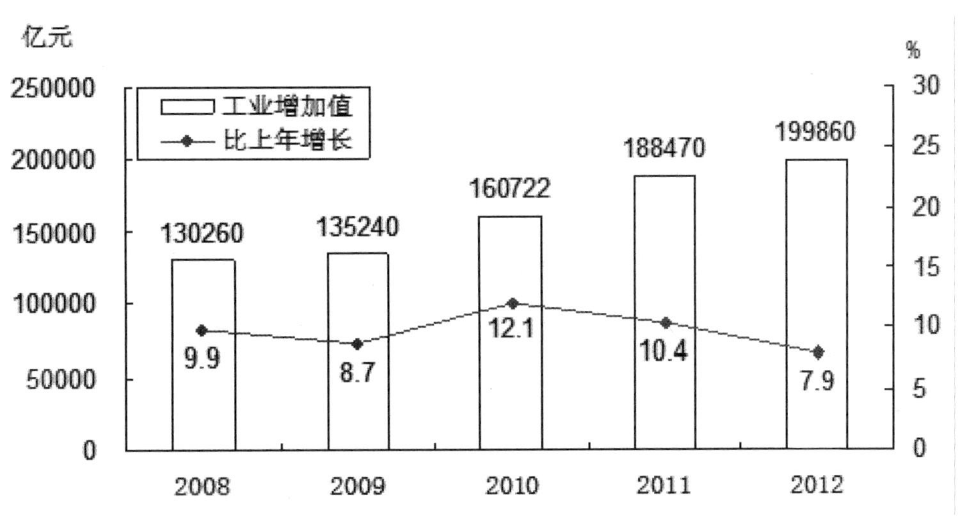

图2-8　2008～2012年全部工业增加值极其增长速度

全年规模以上工业[7]中，农副食品加工业增加值比上年增长13.6%，纺织业增长12.2%，通用设备制造业增长8.4%，专用设备制造业增长8.9%，汽车制造业增长8.4%，计算机、通信和其他电子设备制造业增长12.1%，电气机械和器材制造业增长9.7%。六大高耗能行业[8]增加值比上年增长9.5%，其中，非金属矿物制品业增长11.2%，化学原料和化学制品制造业增长11.7%，有色金属冶炼和压延加工业增长13.2%，黑色金属冶炼和压延加工业增长9.5%，电力、热力生产和供应业增长5.0%，石油加工、炼焦和核燃料加工业增长6.3%。高技术制造业增加值比上年增长12.2%（见表2-2）。

表2-2　2012年主要工业产品产量及其增长速度

产品名称	单　位	产　量	比上年增长%
纱	万吨	2 984.0	9.8
布	亿米	840.8	3.3
化学纤维	万吨	3 800.0	12.1
成品糖	万吨	1 406.8	18.5

卷　烟	亿支	25 160.9	2.8
彩色电视机	万台	12 823.3	4.8
其中：液晶电视机	万台	11 418.3	10.9
家用电冰箱	万台	8 427.0	-3.1
房间空气调节器	万台	13 281.1	-4.5
一次能源生产总量	亿吨标准煤	33.3	4.8
原　煤	亿吨	36.5	3.8
原　油	亿吨	2.07	2.3
天然气	亿立方米	1 072.2	4.4
发电量	亿千瓦小时	49 377.7	4.8
其中：火电	亿千瓦小时	38 554.5	0.6
水电	亿千瓦小时	8 608.5	23.2
核电	亿千瓦小时	973.9	12.8
粗　钢	万吨	71 716.0	4.7
钢　材[9]	万吨	95 317.6	7.6
十种有色金属	万吨	3 672.2	6.9
其中：精炼铜（电解铜）	万吨	574.0	9.5
原铝（电解铝）	万吨	1 985.8	12.3
氧化铝	万吨	3 769.6	10.3
水　泥	亿吨	22.1	5.3
硫　酸	万吨	7 686.3	2.7
纯　碱	万吨	2 408.8	5.0
烧　碱	万吨	2 696.1	9.0
乙　烯	万吨	1 486.8	-2.7
化　肥（折100%）	万吨	7 296.0	10.1
发电机组（发电设备）	万千瓦	13 005.6	-9.7
汽　车	万辆	1 927.7	4.7
其中：基本型乘用车（轿车）	万辆	1 077.1	6.4
大中型拖拉机	万台	46.3	15.3
集成电路	亿块	823.1	14.4
程控交换机	万线	2 826.3	-6.8
移动通信手持机	万台	118 154.3	4.3
微型计算机设备	万台	35 411.0	10.5

全年规模以上工业企业实现利润55 578亿元，比上年增长5.3%，其中国有及国有控股企业14 163亿元，下降5.1%；集体企业819亿元，增长7.5%，股份制企业32 867亿元，增长7.2%，外商及港澳台商投资企业12 688亿元，下降4.1%；私营企业18 172亿元，增长20.0%。

全年全社会建筑业增加值35 459亿元，比上年增长9.3%。全国具有资质等级的总承包和专业承包建筑业企业实现利润4 818亿元，增长15.6%，其中国有及国有控股企业1 236亿元，增长21.9%（见图2-9）。

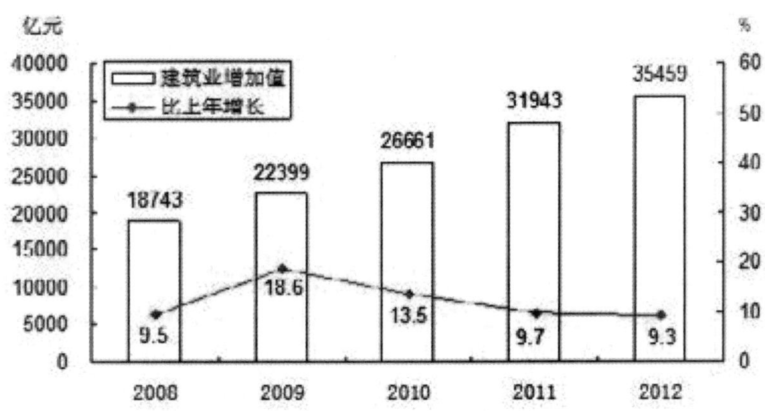

图2-9 2008～2012年建筑业增加值及其增长速度

四、固定资产投资

全年全社会固定资产投资374 676亿元，比上年增长20.3%，扣除价格因素，实际增长19.0%。其中，固定资产投资（不含农户）364 835亿元，增长20.6%；农户投资9 841亿元，增长8.3%。东部地区投资[10]151 742亿元，比上年增长16.5%；中部地区投资87 909亿元，增长24.1%；西部地区投资88 749亿元，增长23.1%；东北地区投资41 243亿元，增长26.3%（见图2-10，表2-3）。

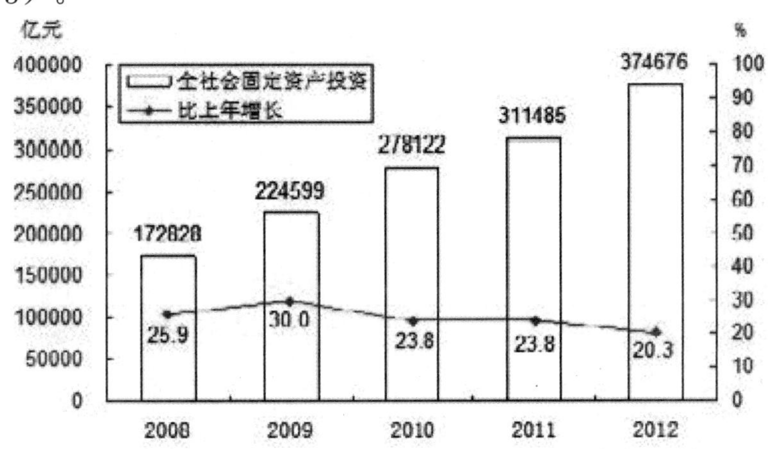

图2-10 2008～2012年全社会固定资产及其增长速度

表2-3 2012年分行业固定资产投资（不含农户）及其增长速度 单位：亿元

行　　业	投资额	比上年增长%
总　　计	364 835	20.6
农、林、牧、渔业	9 004	32.2
采矿业	13 129	11.8
制造业	124 971	22.0
电力、热力、燃气及水的生产和供应业	16 536	12.8

建筑业	4 036	24.6
批发和零售业	9 816	33.0
交通运输、仓储和邮政业	30 296	9.1
住宿和餐饮业	5 102	30.2
信息传输、软件和信息技术服务业	2 834	30.6
金融业	932	46.2
房地产业[11]	92 357	22.1
租赁和商务服务业	4 645	37.4
科学研究和技术服务业	2 176	27.8
水利、环境和公共设施管理业	29 296	19.5
居民服务、修理和其他服务业	1 718	26.0
教育	4 679	20.3
卫生和社会工作	2 645	23.0
文化、体育和娱乐业	4 299	36.2
公共管理、社会保障和社会组织	6 363	9.2

在固定资产投资（不含农户）中，第一产业投资9 004亿元，比上年增长32.2%；第二产业投资158 672亿元，增长20.2%；第三产业投资197 159亿元，增长20.6%（见表2-4）。

表2-4 2012年固定资产投资新增主要生产能力

指 标	单 位	绝对数
新增发电机组容量	万千瓦	8 020
新增220千伏及以上变电设备	万千伏安	18 208
新建铁路投产里程	公里	5 382
其中：高速铁路[12]	公里	2 723
增建铁路复线投产里程	公里	4 763
电气化铁路投产里程	公里	6 054
新建公路	公里	58 672
其中：高速公路	公里	9 910
港口万吨级码头泊位新增吞吐能力	万吨	49 522
新增光缆线路长度	万公里	267

全年房地产开发投资71 804亿元，比上年增长16.2%。其中，住宅投资49 374亿元，增长11.4%；办公楼投资3 367亿元，增长31.6%；商业营业用房投资9 312亿元，增长25.4%。

全年新开工建设城镇保障性安居工程住房781万套（户），基本建成城镇保障性安居工程住房601万套（见表2-5）。

表2-5 2012年房地产开发和销售主要指标完成情况及其增长速度

指 标	单 位	绝对数	比上年增长%
投资额	亿元	71 804	16.2
其中：住宅	亿元	49 374	11.4
其中：90平方米及以下	亿元	16 789	21.9

房屋施工面积	万平方米	573 418	13.2
其中：住宅	万平方米	428 964	10.6
房屋新开工面积	万平方米	177 334	-7.3
其中：住宅	万平方米	130 695	-11.2
房屋竣工面积	万平方米	99 425	7.3
其中：住宅	万平方米	79 043	6.4
商品房销售面积	万平方米	111 304	1.8
其中：住宅	万平方米	98 468	2.0
本年资金来源	亿元	96 538	12.7
其中：国内贷款	亿元	14 778	13.2
其中：个人按揭贷款	亿元	10 524	21.3
本年土地购置面积	万平方米	35 667	-19.5
本年土地成交价款[13]	亿元	7 410	-16.7

五、国内贸易

全年社会消费品零售总额210 307亿元，比上年增长14.3%，扣除价格因素，实际增长12.1%。按经营地统计，城镇消费品零售额182 414亿元，增长14.3%；乡村消费品零售额27 893亿元，增长14.5%。按消费形态统计，商品零售额186 859亿元，增长14.4%；餐饮收入额23 448亿元，增长13.6%（见图2-11）。

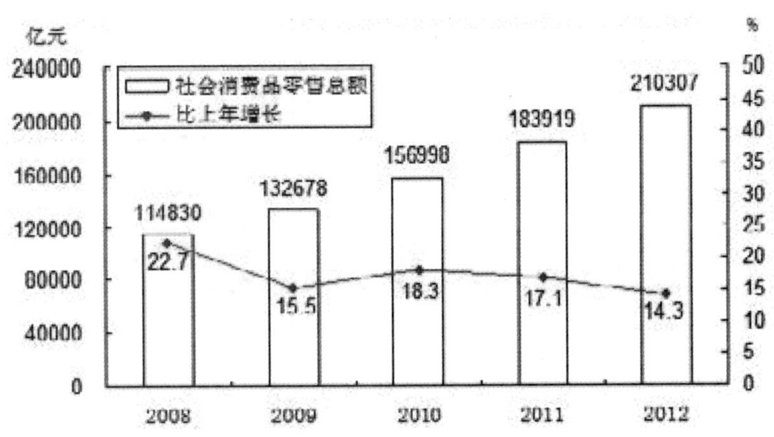

图2-11　2008～2012年社会消费品零售总额及其增长速度

在限额以上企业商品零售额中，汽车类零售额比上年增长7.3%，粮油类增长19.9%，肉禽蛋类增长18.0%，服装类增长17.7%，日用品类增长17.5%，文化办公用品类增长17.7%，通讯器材类增长28.9%，化妆品类增长17.0%，金银珠宝类增长16.0%，中西药品类增长23.0%，家用电器和音像器材类增长7.2%，家具类增长27.0%，建筑及装潢材料类增长24.6%。

六、对外经济

全年货物进出口总额38 668亿美元，比上年增长6.2%。其中，出口20 489亿美元，增长7.9%；进口18 178亿美元，增长4.3%。进出口差额（出口减进口）2 311亿美元，比上年增加762亿美元（见图2-12，表2-6、表2-7、表2-8、表2-9）。

表2-6 2012年货物进出口总额及其增长速度 单位：亿美元

指 标	绝对数	比上年增长%
货物进出口总额	38 668	6.2
货物出口额	20 489	7.9
其中：一般贸易	9 880	7.7
加工贸易	8 628	3.3
其中：机电产品	11 794	8.7
高新技术产品	6 012	9.6
其中：国有企业	2 563	-4.1
外商投资企业	10 227	2.8
其他企业	7 699	21.1
货物进口额	18 178	4.3
其中：一般贸易	10 218	1.4
加工贸易	4 812	2.4
其中：机电产品	7 824	3.8
高新技术产品	5 068	9.5
其中：国有企业	4 954	0.3
外商投资企业	8 712	0.8
其他企业	4 512	17.2
进出口差额（出口减进口）	2 311	—

表2-7 2012年主要商品出口数量、金额及其增长速度

商品名称	单位	数量	比上年增长%	金额（亿美元）	比上年增长%
煤（包括褐煤）	万吨	926	-36.8	16	-41.6
钢材	万吨	5 573	14.0	515	0.5
纺织纱线、织物及制品	——	—	—	958	1.2
服装及衣着附件	——	—	—	1 591	3.9
鞋类	——	—	—	468	12.2
家具及其零件	——	—	—	488	28.7
自动数据处理设备及其部件	万台	183 275	-0.1	1 853	5.1
手持或车载无线电话	万台	101 447	15.9	810	29.1
集装箱	万个	248	-23.5	84	-26.1
液晶显示板	万个	316 650	29.7	363	22.9
汽车（包括整套散件）	万辆	99	20.1	127	27.5

表2-8 2012年主要商品进口数量、金额及其增长速度

商品名称	数量（万吨）	比上年增长%	金额（亿美元）	比上年增长%
谷物及谷物粉	1 398	156.7	48	134.2
大豆	5 838	11.2	350	17.6
食用植物油	845	28.7	97	25.6
铁矿砂及其精矿	74 355	8.4	956	-15.0
氧化铝	502	165.1	18	133.3

煤（包括褐煤）	28 851	29.8	287	20.2
原油	27 102	6.8	2 207	12.1
成品油	3 982	-1.9	330	0.6
初级形状的塑料	2 370	2.9	462	-2.2
纸浆	1 646	14.0	110	-7.5
钢材	1 366	-12.3	178	-17.5
未锻造的铜及铜材	465	14.1	386	4.9

表2-9　2012年对主要国家和地区货物进出口额及其增长速度　　单位：亿美元

国家和地区	出口额	比上年增长%	进口额	比上年增长%
美国	3 518	8.4	1 329	8.8
欧盟	3 340	-6.2	2 121	0.4
中国香港	3 235	20.7	180	15.9
东盟	2 043	20.1	1 958	1.5
日本	1 516	2.3	1 778	-8.6
韩国	877	5.7	1 686	3.7
印度	477	-5.7	188	-19.6
俄罗斯	441	13.2	441	9.2
中国台湾	368	4.8	1 322	5.8

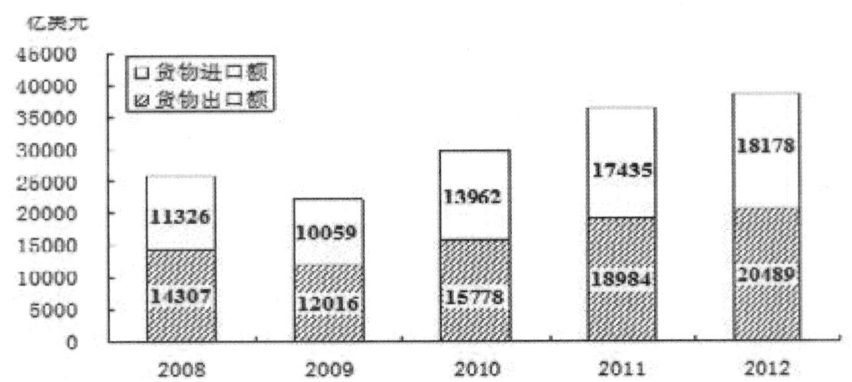

图2-12　2008～2012年货物进出口总额

全年非金融领域新批外商直接投资企业24 925家，比上年下降10.1%。实际使用外商直接投资金额1 117亿美元，下降3.7%（见表2-10）。

表2-10　2012年非金融领域外商直接投资及其增长速度

行　业	企业数（家）	比上年增长%	实际使用金额（亿美元）	比上年增长%
总　计	24 925	-10.1	1117.2	-3.7
其中：农、林、牧、渔业	882	2.0	20.6	2.7
制造业	8 970	-19.3	488.7	-6.2

电力、燃气及水的生产和供应业	187	-12.6	16.4	-22.6
交通运输、仓储和邮政业	397	-3.9	34.7	8.9
信息传输、计算机服务和软件业	926	-6.8	33.6	24.4
批发和零售业	7 029	-3.2	94.6	12.3
房地产业	472	1.3	241.2	-10.3
租赁和商务服务业	3 229	-8.2	82.1	-2.0
居民服务和其他服务业	192	-9.4	11.6	-38.2

全年非金融类对外直接投资额772亿美元，比上年增长28.6%。

全年对外承包工程业务完成营业额1 166亿美元，比上年增长12.7%；对外劳务合作派出各类劳务人员51.2万人，增长13.3%。

七、交通、邮电和旅游

全年货物运输总量412亿吨，比上年增长11.5%。货物运输周转量173 145亿吨公里，增长8.7%。全年规模以上港口完成货物吞吐量97.4亿吨，比上年增长6.8%，其中外贸货物吞吐量30.1亿吨，增长8.8%。规模以上港口集装箱吞吐量17 651万标准箱，增长8.1%（见表2-11）。

表2-11 2012年各种运输方式完成货物运输量及其增长速度

指　标	单　位	绝对数	比上年增长%
货物运输总量	亿　吨	412.1	11.5
铁路	亿　吨	39.0	-0.7
公路	亿　吨	322.1	14.2
水运	亿　吨	45.6	7.0
民航	万　吨	541.6	-2.0
管道	亿　吨	5.3	-7.8
货物运输周转量	亿吨公里	173 145.1	8.7
铁路	亿吨公里	29 187.1	-0.9
公路	亿吨公里	59 992.0	16.8
水运	亿吨公里	80 654.5	6.9
民航	亿吨公里	162.2	-6.8
管道	亿吨公里	3 149.3	9.1

全年旅客运输总量379亿人次，比上年增长7.6%。旅客运输周转量33369亿人公里，增长7.7%。

表2-12 2012年各种运输方式完成旅客运输量及其增长速度

指　标	单　位	绝对数	比上年增长%
旅客运输总量	亿人次	379.0	7.6
铁路	亿人次	18.9	4.8
公路	亿人次	354.3	7.8
水运	亿人次	2.6	4.3

民航	亿人次	3.2	9.2
旅客运输周转量	亿人公里	33 368.8	7.7
铁路	亿人公里	9 812.3	2.1
公路	亿人公里	18 468.4	10.2
水运	亿人公里	77.4	3.9
民航	亿人公里	5 010.7	10.4

年末全国民用汽车保有量达到12 089万辆（包括三轮汽车和低速货车1 145万辆），比上年末增长14.3%，其中私人汽车保有量9 309万辆，增长18.3%。民用轿车保有量5 989万辆，增长20.7%，其中私人轿车5 308万辆，增长22.8%。

全年完成邮电业务总量[14]15 022亿元，比上年增长13.0%。其中，邮政业务总量2 037亿元，增长26.7%；电信业务总量12 985亿元，增长11.1%。邮政业全年完成邮政函件业务70.74亿件，包裹业务0.69亿件，快递业务量56.85亿件。电信业全年局用交换机容量新增478万门，总容量43 906万门；新增移动电话交换机容量[15]11 234万户，达到182 870万户。年末固定电话用户27 815万户，其中，城市电话用户18 893万户，农村电话用户8 922万户。新增移动电话用户12 590万户，年末达到111 216万户，其中3G移动电话用户[16]23 280万户。年末全国固定及移动电话用户总数达到139 031万户，比上年末增加11 896万户。电话普及率达到103.2部/百人。互联网上网人数5.64亿人，其中宽带上网人数5.30亿人。互联网普及率达到42.1%（见图2-13）。

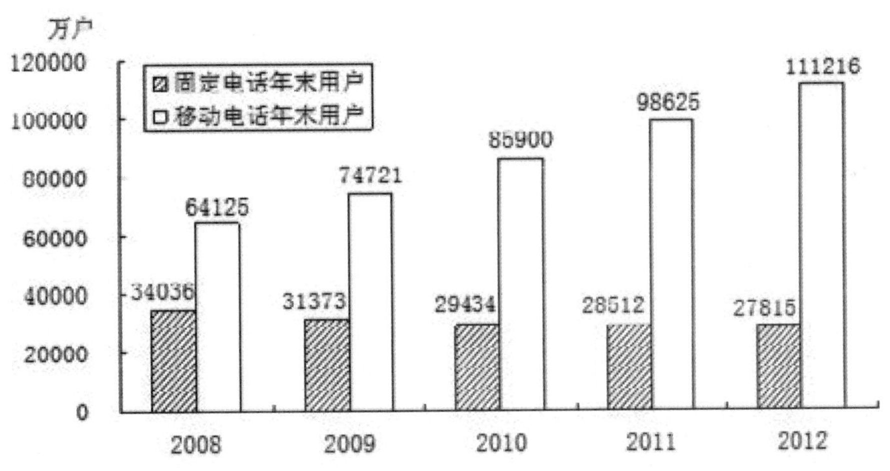

图2-13　2008～2012年年末电话用户数

全年国内出游人数29.6亿人次，比上年增长12.1%；国内旅游收入22 706亿元，增长17.6%。入境旅游人数13 241万人次，下降2.2%。其中，外国人2 719万人次，增长0.3%；香港、澳门和台湾同胞10 521万人次，下降2.9%。在入境旅游者中，过夜旅游者5 772万人次，增长0.3%。国际旅游外汇收入500亿美元，增长3.1%。国内居民出境人数8318万人次，增长18.4%。其中因私出境7706万人次，增长20.2%，占出境人数的92.6%。

八、金融

年末广义货币供应量（M2）余额为97.4万亿元，比上年末增长13.8%；狭义货币供应量（M1）余额为30.9万亿元，增长6.5%；流通中现金（M0）余额为5.5万亿元，增长7.7%。

年末全部金融机构本外币各项存款余额94.3万亿元，比年初增加11.6万亿元，其中人民币各项存款余额91.8万亿元，增加10.8万亿元。全部金融机构本外币各项贷款余额67.3万亿元，增加9.1万亿元，其中人民币各项贷款余额63.0万亿元，增加8.2万亿元。全年社会融资规模[17]为15.8万亿元，按可比口径计算，比上年多2.9万亿元（见表2-13）。

表2-13 2012年年末全部金融机构本外币存贷款余额及其增长速度 单位：亿元

指　　标	年末数	比上年末增长%
各项存款余额	943 102	14.1
其中：住户存款	410 201	16.6
其中：人民币	406 192	16.7
非金融企业存款	345 124	9.9
各项贷款余额	672 875	15.6
其中：境内短期贷款	268 152	23.3
境内中长期贷款	363 894	9.0

年末主要农村金融机构（农村信用社、农村合作银行、农村商业银行）人民币贷款余额78 320亿元，比年初增加11 544亿元。全部金融机构人民币消费贷款余额104 357亿元，增加15 656亿元。其中，个人短期消费贷款余额19 367亿元，增加5 826亿元；个人中长期消费贷款余额84 990亿元，增加9830亿元。

全年上市公司通过境内市场累计筹资5 841亿元，比上年减少939亿元。其中，首次公开发行A股154只，筹资1 034亿元，减少1791亿元；A股再筹资（包括配股、公开增发、非公开增发[18]、认股权证）2 093亿元，减少155亿元；上市公司通过发行可转债、可分离债、公司债筹资2 713亿元，增加1 006亿元。全年公开发行创业板股票74只，筹资351亿元。

全年发行公司信用类债券[19]3.7万亿元，比上年增加1.4万亿元。

全年保险公司原保险保费收入[20]15 488亿元，比上年增长8.0%，其中寿险业务原保险保费收入8 908亿元；健康险和意外伤害险业务原保险保费收入1 249亿元；财产险业务原保险保费收入5 331亿元。支付各类赔款及给付4 716亿元，其中寿险业务给付1 505亿元；健康险和意外伤害险赔款及给付395亿元；财产险业务赔款2 816亿元。

九、教育、科学技术和文化

全年研究生教育招生59.0万人，在学研究生172.0万人，毕业生48.6万人。普通高等教育本专科招生688.8万人，在校生2 391.3万人，毕业生624.7万人。各类中等职业教育招生761.0万人，在校生2 120.3万人，毕业生673.6万人。全国普通高中招生844.6万人，在校生2 467.2万人，毕业生791.5万人。全国初中招生1 570.8万人，在校生4 763.1万人，毕业生1 660.8万人。普通小学招生1 714.7万人，在校生9 695.9万人，毕业生1 641.6万人。特殊教育招生6.6万人，在校生37.9万人，毕业生4.9万人。幼儿园在园幼儿3 685.8万人（见图2-14）。

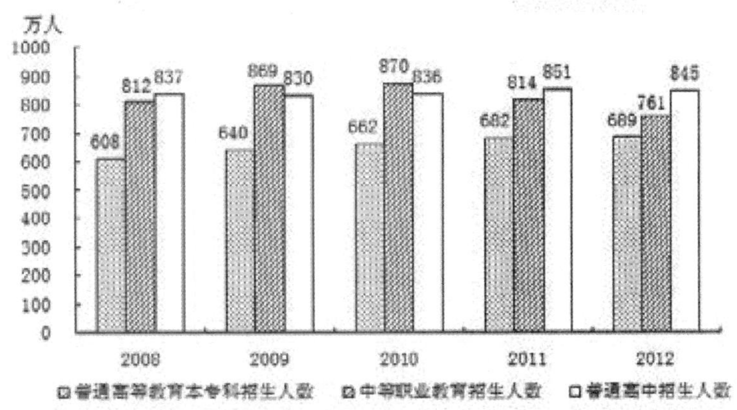

图2-14　2008～2012年普通高等教育、中等职业教育及普通高中招生人数

全年研究与试验发展（R&D）经费支出10 240亿元，比上年增长17.9%，占国内生产总值的1.97%，其中基础研究经费498亿元。全年国家安排了1 701项科技支撑计划课题，1 165项“863”计划课题。累计建设国家工程研究中心130个，国家工程实验室128个。累计建设国家地方联合工程研究中心149个，国家地方联合工程实验室180个。国家认定企业技术中心达到887家。省级企业技术中心达到8 137家。实施新兴产业创投计划[21]，累计支持设立102家创业投资企业，资金总规模近290亿元，投资了创业企业238家。全年受理境内外专利申请205.1万件，其中境内申请188.6万件，占91.9%。受理境内外发明专利申请65.3万件，其中境内申请52.3万件，占80.1%。全年授予专利权125.5万件，其中境内授权114.4万件，占91.1%。授予发明专利权21.7万件，其中境内授权13.7万件，占63.2%。截至年底，有效专利350.9万件，其中境内有效专利289.9万件，占82.6%；有效发明专利87.5万件，其中境内有效发明专利43.5万件，占49.7%。全年共签订技术合同28.2万项，技术合同成交金额6437.1亿元，比上年增长35.1%。全年成功发射卫星19次。神舟九号载人飞船与天宫一号目标飞行器顺利实现首次空间交会对接，北斗二号卫星导航系统完成区域组网并正式提供运行服务，“蛟龙”号载人深潜器海试成功突破7 000米。

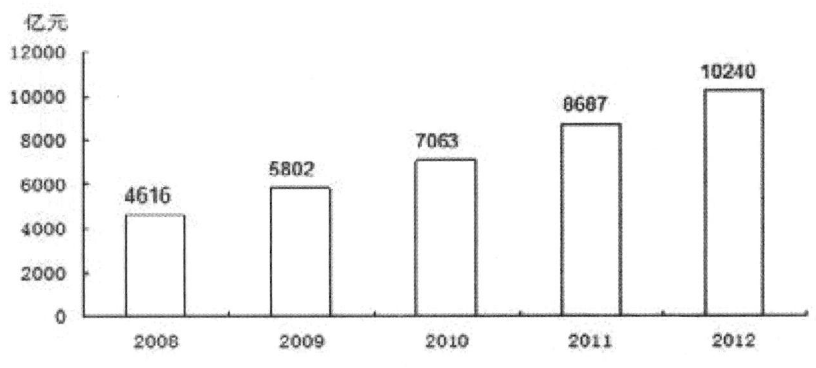

图2-15　2008～2012年研究与实验发展经费支出

年末全国共有产品检测实验室28 128个，其中国家检测中心509个。全国现有产品质

量、体系认证机构173个，已累计完成对105 224个企业的产品认证。全国共有法定计量技术机构3496个，全年强制检定计量器具6 267万台（件）。全年制定、修订国家标准1 986项，其中新制定1 375项。全年中央气象台和省级气象台共发布气象预警信号5 123次，警报4 049次。全国共有地震台站1 687个，区域地震台网32个。全国共有海洋观测站79个。测绘地理信息部门公开出版地图1 662种。

年末全国文化系统共有艺术表演团体2 089个，博物馆2 838个，全国共有公共图书馆2 975个，文化馆3 286个。各类广播电视播出机构共有2 579座。有线电视用户2.14亿户，有线数字电视用户1.43亿户。年末广播节目综合人口覆盖率为97.5%；电视节目综合人口覆盖率为98.2%。全年生产电视剧506部17 703集，电视动画片222 838分钟。全年生产故事影片745部，科教、纪录、动画和特种影片[22]148部。出版各类报纸476亿份，各类期刊34亿册，图书81亿册（张）。年末全国共有档案馆4 107个，已开放各类档案11 662万卷（件）。

全年我国运动员在24个运动大项中获得107个世界冠军，共创14项世界纪录。在伦敦奥运会上，我国运动员共获得38枚金牌，奖牌总数88枚，位列奥运会金牌榜和奖牌榜第二位。在伦敦残奥会上，我国运动员共获得95枚金牌，蝉联金牌榜和奖牌榜第一位。

十、卫生和社会服务

年末全国共有医疗卫生机构961 830个，其中医院23 005个，乡镇卫生院37 128个，社区卫生服务中心（站）33 646个，诊所（卫生所、医务室）179 644个，村卫生室663 355个，疾病预防控制中心3 506个，卫生监督所（中心）3 037个。卫生技术人员650万人，其中执业医师和执业助理医师252万人，注册护士242万人。医疗卫生机构床位557万张，其中医院403万张，乡镇卫生院106万张。全年甲、乙类法定报告传染病发病人数321.7万例，报告死亡16 721人；报告传染病发病率238.76/10万，死亡率1.24/10万（见图2-16）。

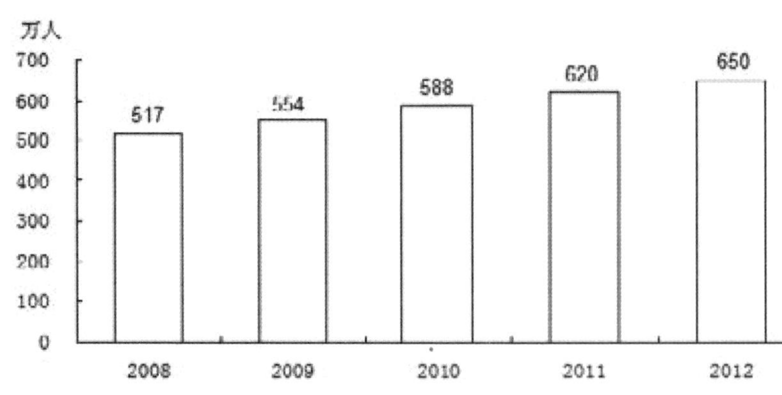

图2-16 2008～2012年卫生技术人员人数

年末全国共有各类提供住宿的社会服务机构[23]4.7万个，床位429.8万张，收养救助各类人员296.7万人。其中，养老服务机构4.2万个，床位381.0万张，收养各类人员262.0万人。年末共有社区服务中心1.6万个，社区服务站7.2万个。年末全国共有2142.5万人纳入城市居民最低生活保障，5 340.9万人纳入农村居民最低生活保障，545.9万人纳入农村五保供养[24]。全年救助城市医疗困难群众666.4万人次，救助农村医疗困难群众1 908.4万人次；

资助1 158.9万城镇困难群众参加城镇医疗保险，资助3 915.1万农村困难群众参加新型农村合作医疗。

十一、人口、人民生活和社会保障

年末全国大陆总人口为135 404万人，比上年末增加669万人，其中城镇人口为71 182万人，占总人口比重为52.6%，比上年末提高1.3个百分点。全年出生人口1 635万人，出生率为12.10‰；死亡人口966万人，死亡率为7.15‰；自然增长率为4.95‰。出生人口性别比为117.70。0～14岁（含不满15周岁）人口22 287万人，占总人口的16.5%，比上年末提高0.01个百分点；15～59岁（含不满60周岁）劳动年龄人口93 727万人，比上年末减少345万人，占总人口的69.2%，比上年末下降0.60个百分点；60周岁及以上人口19 390万人，占总人口的14.3%，比上年末提高0.59个百分点。全国人户分离的人口[25]为2.79亿人，其中流动人口[26]为2.36亿人（见表2-14）。

表2-14　2012年年末人口数及其构成　　单位：万人

指　标	年末数	比重%
全国总人口	135 404	100.0
其中：城镇	71 182	52.6
乡村	64 222	47.4
其中：男性	69 395	51.3
女性	66 009	48.7
其中：0～14岁（含不满15周岁）	22 287	16.5
15～59岁（含不满60周岁）	93 727	69.2
60周岁及以上	19 390	14.3
其中：65周岁及以上	12 714	9.4

全年农村居民人均纯收入7 917元，比上年增长13.5%，扣除价格因素，实际增长10.7%；农村居民人均纯收入中位数[27]为7 019元，增长13.3%。城镇居民人均可支配收入24 565元，比上年增长12.6%，扣除价格因素，实际增长9.6%；城镇居民人均可支配收入中位数为21 986元，增长15.0%。农村居民食品消费支出占消费总支出的比重为39.3%，城镇为36.2%（见图2-17、图2-18）。

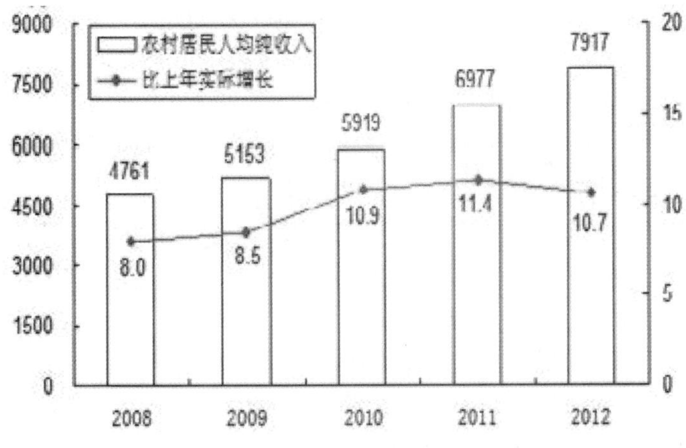

图2-17　2008～2012年农村居民人均纯收入及其实际增长速度

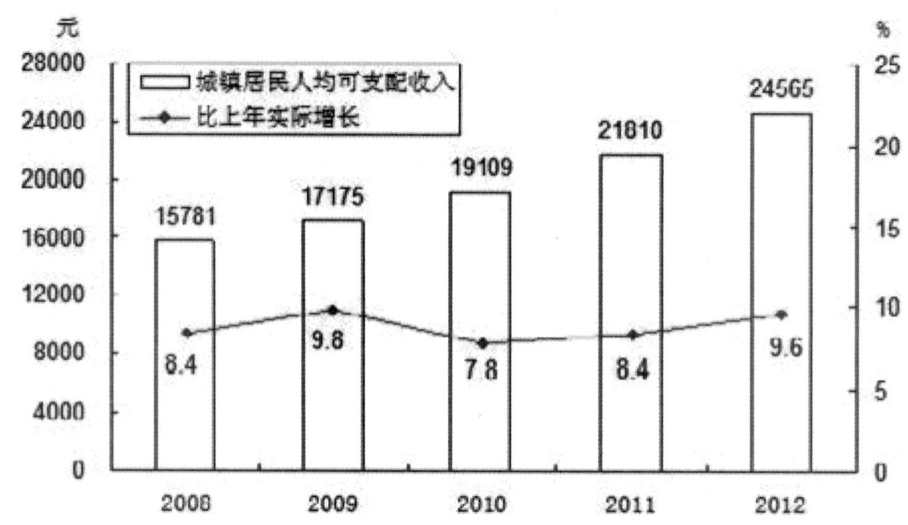

图2-18 2008～2012年城镇居民人均可支配收入及其实际增长速度

年末全国参加城镇职工基本养老保险人数30 379万人，比上年末增加1 988万人。其中，参保职工22 978万人，参保离退休人员7 401万人。全国参加城乡居民社会养老保险人数48 370万人，增加15 187万人。其中享受待遇人数13 075万人。参加城镇基本医疗保险的人数53 589万人，增加6 246万人。其中，参加城镇职工基本医疗保险[28]人数26 467万人，参加城镇居民基本医疗保险人数27 122万人。参加城镇基本医疗保险的农民工4 996万人，增加355万人。参加失业保险的人数15 225万人，增加908万人。年末全国领取失业保险金人数204万人。参加工伤保险的人数18 993万人，增加1 297万人，其中参加工伤保险的农民工7 173万人，增加345万人。参加生育保险的人数15445万人，增加1 553万人。年末，2 566个县（市、区）开展了新型农村合作医疗工作，新型农村合作医疗参合率98.1%；1～9月新型农村合作医疗基金支出总额[29]为1717亿元，受益11.5亿人次。2012年，按照农村扶贫标准年人均纯收入2 300元（2010年不变价），年末农村贫困人口为9 899万人，比上年末减少2 339万人。

十二、资源、环境和安全生产

全年全国国有建设用地供应总量[30]69.0万公顷，比上年增长17.5%。其中，工矿仓储用地20.3万公顷，增长5.6%；房地产用地[31]16.0万公顷，下降4.2%；基础设施等其他用地32.7万公顷，增长43.4%。

全年水资源总量28 410亿立方米。全年平均降水量676毫米。年末全国422座大型水库蓄水总量2 120亿立方米，比上年末多蓄水164亿立方米。全年总用水量6 110亿立方米，与上年基本持平。其中，生活用水增长3.2%，工业用水下降0.8%，农业用水下降0.5%，生态补水增长7.2%。万元国内生产总值用水量[32]129立方米，比上年下降7.2%。万元工业增加值用水量76立方米，下降8.0%。人均用水量452立方米，下降0.4%。

全年完成造林面积601万公顷，其中人工造林410万公顷。林业重点工程完成造林面积274万公顷，占全部造林面积的45.6%。截至年底，自然保护区达到2640个，其中国家级自然保护区363个。新增水土流失治理面积4.2万平方公里，新增实施水土流失地区封育保护面积2.6万平方公里。截至年底，已确权集体林地面积为18 000万公顷，其中发放林权证的面积为17 187万公顷。

全年平均气温为9.4℃，共有7个台风登陆。

初步核算，全年能源消费总量36.2亿吨标准煤，比上年增长3.9%。煤炭消费量增长2.5%；原油消费量增长6.0%；天然气消费量增长10.2%；电力消费量增长5.5%。全国万元国内生产总值能耗下降3.6%。

七大水系的571个水质监测断面中，Ⅰ～Ⅲ类水质断面比例占63.9%，劣Ⅴ类水质断面比例占12.4%。七大水系水质总体为轻度污染，水质保持基本稳定。

近岸海域301个海水水质监测点中，达到国家一、二类海水水质标准的监测点占69.4%，三类海水占6.6%，四类、劣四类海水占23.9%。

在监测的316个城市中，城市区域声环境质量好的城市占3.5%，较好的占75.9%，轻度污染的占20.3%，中度污染的占0.3%。

年末城市污水处理厂日处理能力达11 858万立方米，比上年末增长4.9%；城市污水处理率达到84.9%，提高1.3个百分点。城市集中供热面积49.2亿平方米，增长3.8%。建成区绿地率达到35.5%，提高0.2个百分点。

全年农作物受灾面积2 496万公顷，下降23.1%，其中绝收183万公顷，下降36.9%。全年因洪涝地质灾害造成直接经济损失1 661亿元，上升31.8%。全年因旱灾造成直接经济损失244亿元，下降73.7%。全年因低温冷冻和雪灾造成直接经济损失61亿元，下降79.0%。全年因海洋灾害造成直接经济损失155亿元，上升150%。全年大陆地区共发生5级以上地震16次，成灾11次，造成直接经济损失83亿元。全年共发生森林火灾3 966起，下降28.5%。

全年各类生产安全事故共死亡71 983人，比上年下降4.7%。亿元国内生产总值生产安全事故死亡人数为0.142人，下降17.9%；工矿商贸企业就业人员10万人生产安全事故死亡人数为1.64人，下降12.8%；道路交通万车死亡人数为2.5人，下降10.7%；煤矿百万吨死亡人数为0.374人，下降33.7%。

注释：

[1]本公报中数据均为初步统计数。各项统计数据均未包括香港特别行政区、澳门特别行政区和台湾省。部分数据因四舍五入的原因，存在着与分项合计不等的情况。

[2]国内生产总值、各产业增加值绝对数按现价计算，增长速度按不变价格计算。

[3]农产品生产者价格是指农产品生产者直接出售其产品时的价格。

[4]年度农民工数量包括年内在本乡镇以外从业6个月以上的外出农民工和在本乡镇内从事非农产业6个月以上的本地农民工两部分。

[5]公共财政收入是指政府凭借国家政治权力，以社会管理者身份筹集以税收为主体的财政收入。

[6]图中2008年至2011年数据为公共财政收入决算数，2012年为执行数。

[7]2012年起，国家统计局执行新的国民经济行业分类标准，工业行业大类由原来的39个调整为41个，固定资产投资（不含农户）行业分类也按新的标准进行了调整。

[8]六大高耗能行业分别为：化学原料和化学制品制造业、非金属矿物制品业、黑色金属冶炼和压延加工业、有色金属冶炼和压延加工业、石油加工炼焦和核燃料加工业、电力热力生产和供应业。

[9]钢材产量数据中含部分使用钢材加工成其他钢材的重复计算因素。

[10]固定资产投资按东部、中部、西部和东北地区计算的合计数据小于全国数据，是因为有部分跨地区的投资未计算在地区数据中。其中，东部地区是指北京、天津、河北、上海、江苏、浙江、福建、山东、广东和海南10省（市）；中部地区是指山西、安徽、江西、河南、湖北和湖南6省；西部地区是指内蒙古、广西、重

庆、四川、贵州、云南、西藏、陕西、甘肃、青海、宁夏和新疆12省（区、市）；东北地区是指辽宁、吉林和黑龙江3省。

[11]房地产业投资除房地产开发投资外，还包括建设单位自建房屋以及物业管理、中介服务和其他房地产投资。

[12]高速铁路是指最高营运速度达到200公里/小时及以上的铁路。

[13]本年土地成交价款是指房地产开发企业进行土地使用权交易活动的最终金额，与土地购置费不同。

[14]邮电业务总量按2010年不变价格计算。

[15]移动电话交换机容量是指移动电话交换机根据一定话务模型和交换机处理能力计算出来的最大同时服务用户的数量。

[16]3G是指第三代蜂窝移动通信系统（3rd-generation，简称3G），3G移动电话用户是指报告期末在计费系统拥有使用信息、占用3G网络资源的在网用户。

[17]社会融资规模是指一定时期内实体经济从金融体系获得的资金总额，是增量概念。

[18]非公开增发又叫定向增发，不含资产认购部分。

[19]公司信用类债券包括非金融企业债务融资工具、企业债券以及公司债、可转债等。

[20]原保险保费收入是指保险企业确认的原保险合同保费收入。

[21]新兴产业创投计划是指中央财政专项资金通过与地方政府资金、社会资本共同发起设立创业投资企业，或以股权投资模式直接投资创业企业等方式，培育和促进新兴产业发展的活动。

[22]特种影片是指那些采用与常规影院放映在技术、设备、节目方面不同的电影展示方式，如巨幕电影、立体电影、立体特效（4D）电影、动感电影、球幕电影等。

[23]提供住宿的社会服务机构除收养性机构外，还包括救助类机构、社区类机构以及军休所、军供站等机构。

[24]农村五保供养是指老年、残疾和未满16周岁的村民，无劳动能力、无生活来源又无法定赡养、抚养、扶养义务人，或者其法定赡养、抚养、扶养义务人无赡养、抚养、扶养能力的村民，在吃、穿、住、医、葬方面得到的生活照顾和物质帮助。

[25]人户分离的人口是指居住地与户口登记地所在的乡镇街道不一致且离开户口登记地半年以上的人口。

[26]流动人口是指人户分离人口中不包括市辖区内人户分离的人口。市辖区内人户分离的人口是指一个直辖市或地级市所辖区内和区与区之间，居住地和户口登记地不在同一乡镇街道的人口。

[27]人均收入中位数是指将所有调查户按人均收入水平从低到高顺序排列，处于最中间位置的调查户的人均收入。

[28]城镇职工基本医疗保险人数包括参保职工和参保退休人员。城镇居民基本医疗保险的参保对象是不属于城镇职工基本医疗保险覆盖范围的城镇非从业人员。

[29]按卫生部统计制度规定，新型农村合作医疗基金支出总额和受益人次目前仅统计到1～9月份。

[30]国有建设用地供应总量是指报告期市、县人民政府根据年度土地供应计划依法以出让、划拨、租赁等方式将国有建设用地使用权提供给单位或个人使用的国有建设用地总量。

[31]房地产用地是指商服用地和住宅用地的总和。

[32]万元国内生产总值用水量、万元工业增加值用水量和万元国内生产总值能耗按2010年不变价格计算。

资料来源：本公报中城镇新增就业、登记失业率、社会保障数据来自人力资源社会保障部；外汇储备和汇率数据来自外汇局；财政数据来自财政部；水产品产量数据来自农业部；木材产量、林业、森林火灾数据来自林业局；灌溉面积、水资源数据来自水利部；新增发电机组容量、新增220千伏及以上变电设备数据来自中电联；新建铁路投产里程、增建铁路复线投产里程、电气化铁路投产里程、铁路运输数据来自铁道部；新建公

路、港口万吨级码头泊位新增吞吐能力、公路运输、水运、港口货物吞吐量数据来自交通运输部；新增光缆线路长度、新增移动电话交换机容量、电话用户、上网人数等通信数据来自工业和信息化部；保障性住房、城市污水处理、城市集中供热面积、建成区绿地率数据来自住房城乡建设部；货物进出口数据来自海关总署；外商直接投资、对外直接投资、对外承包工程、对外劳务合作等数据来自商务部；民航数据来自民航局；管道数据来自中石油、中石化；民用汽车、交通事故数据来自公安部；邮政业务数据来自邮政局；旅游数据来自旅游局、公安部；货币金融、公司信用类债券数据来自人民银行；上市公司数据来自证监会；保险业数据来自保监会；教育数据来自教育部；安排科技计划课题、技术合同等数据来自科技部；国家工程研究中心、企业技术中心、新兴产业创投等数据来自发展改革委；专利数据来自知识产权局；发射卫星数据来自国防科工局；质量检验、国家标准制定修订数据来自质检总局；气象预警、平均气温、登陆台风数据来自气象局；地震数据来自地震局；测绘数据来自测绘局；海洋观测站、海洋灾害造成直接经济损失数据来自海洋局；艺术表演团体、博物馆、公共图书馆、文化馆数据来自文化部；广播电视、电影数据来自广电总局；报纸、期刊、图书数据来自新闻出版总署；档案数据来自档案局；体育数据来自体育总局；残奥会数据来自中国残联；卫生、新农合数据来自卫生部；社会服务、低保和五保供养数据、农作物受灾面积、洪涝地质灾害造成直接经济损失、旱灾造成直接经济损失、低温冷冻和雪灾造成直接经济损失来自民政部；国有建设用地供应数据来自国土资源部；自然保护区、环境监测数据来自环境保护部；安全生产数据来自安全监管总局；其他数据均来自国家统计局。

第三章 2012年上海市国民经济和社会发展统计公报

2012年，全市人民在党中央、国务院和中共上海市委、市政府的坚强领导下，认真学习贯彻党的十八大和市第十次党代会精神，深入贯彻落实科学发展观，紧紧围绕创新驱动、转型发展和“五个更加注重”的要求，积极应对复杂严峻的外部环境和自身发展转型的双重挑战，扎实推进稳增长、调结构、抓改革、惠民生各项工作，国民经济运行平稳有序，各项社会事业全面进步，社会民生持续改善。

一、综 合

全年实现上海市生产总值(GDP)20 101.33亿元，按可比价格计算，比上年增长7.5%（见图3-1）。其中，第一产业增加值127.8亿元，增长0.5%；第二产业增加值7 912.77亿元，增长3.1%；第三产业增加值12 060.76亿元，增长10.6%。第三产业增加值占上海市生产总值的比重首次达到60%，比上年提高2个百分点。按常住人口计算的上海市人均生产总值为8.5万元。

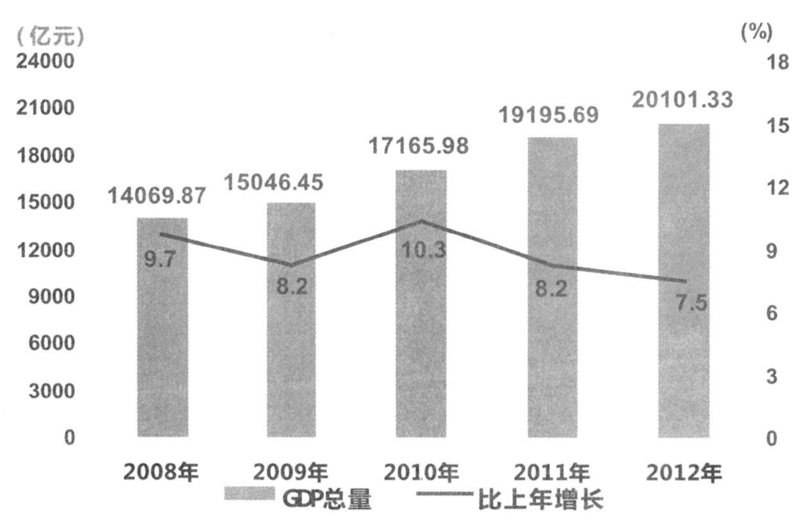

图3-1 2008～2012年上海市生产总值及其增长速度

在上海市生产总值中，公有制经济增加值9 941.99亿元，比上年增长6.5%；非公有制经济增加值10 159.34亿元，增长8.4%，占上海市生产总值的比重由上年的50.1%提高到50.5%。其中，私营及个体经济增加值4 883.73亿元，增长8.8%，占上海市生产总值的比重达到24.3%。

全年经工商登记新设立各类市场主体18.71万户，比上年增长1%。其中，内资企业（不含私营企业）4 193户，下降13.6%；外商投资企业6516户，下降6.9%；个体工商户49 465户，增长0.7%。

全年地方财政收入3 743.71亿元，比上年增长9.2%。地方财政支出4 184.02亿元，增长6.9%（见表3-1）。

表 3-1　2012 年地方财政收支及其增长速度

指 标	绝对值（亿元）	比上年增长（%）
地方财政收入	3 743.71	9.2
# 增值税	667.13	60.1
营业税	897.92	-13.8
个人所得税	318.10	1.0
企业所得税	806.77	10.4
契税	145.96	-19.2
地方财政支出	4 184.02	6.9
# 一般公共服务	251.47	6.5
公共安全	221.08	7.3
教育	648.95	18.2
社会保障和就业	443.01	6.1
医疗卫生	197.34	3.8
城乡社区事务	627.44	8.3

全年完成全社会固定资产投资总额 5 254.38 亿元，比上年增长 3.7%。其中，第三产业投资 3 949.04 亿元，增长 5.1%，占全社会固定资产投资总额的比重达到 75.2%（见表 3-2）。

表 3-2　2012 年全社会固定资产投资及其增长速度

指 标	绝对值（亿元）	比上年增长（%）
全社会固定资产投资总额	5 254.38	3.7
按经济类型分		
# 国有经济	1 855.24	-1.1
集体经济	112.41	-15.7
股份制经济	1 417.80	5.0
外商及港澳台投资	758.08	4.3
按产业分		
第一产业	11.20	-37.7
第二产业	1 294.14	0.3
# 工业	1 292.61	1.1
第三产业	3 949.04	5.1
# 文化、体育和娱乐业	102.75	1.6 倍
金融业	49.15	1.1 倍
信息传输、软件和信息技术服务业	121.34	44.3

全年居民消费价格指数为102.8。其中，食品类价格指数为105.8（见表3-3）。固定资产投资价格指数为99.4。工业生产者出厂价格指数为98.4，工业生产者购进价格指数为94.7。

表3-3 2012年居民消费价格指数

指 标	指 数（上年＝100）
居民消费价格指数	102.8
食 品	105.8
烟 酒	101.4
衣 着	103.0
家庭设备用品及维修服务	103.5
医疗保健和个人用品	100.6
交通和通信	100.8
娱乐教育文化用品及服务	99.3
居 住	102.8

全年新建住宅销售价格指数为99。其中，商品住宅价格指数为98.8。全年住宅租赁价格指数为105.8。

二、农 业

全年全市实现农业总产值320.76亿元，比上年增长0.4%。其中，种植业171.2亿元，增长0.3%；林业8.87亿元，增长4.8%；牧业72.63亿元，下降0.7%；渔业57.81亿元，增长1.5%；农林牧渔服务业10.25亿元，增长2.5%。上海域外市属农场实现农业总产值16.08亿元，增长17.7%。

全年全市粮食播种面积187.61千公顷，比上年增长0.7%；粮食产量122.39万吨，增长0.4%；水产品产量27.21万吨，下降4.1%（见表3-4）。全年水稻良种覆盖率达99.8%。

表3-4 2012年全市及域外主要农副产品产量

产品名称	单 位	全市产量	比上年增长（%）	域外产量	比上年增长（%）
粮 食	万吨	122.39	0.4	17.50	-2.5
蔬 菜	万吨	406.93	-0.3	—	—
生猪出栏	万头	241.64	平	30.70	21.3
牛 奶	万吨	26.31	8.0	5.66	1.5
家禽出栏	万羽	3 650.38	-15.1	—	—
水产品	万吨	27.21	-4.1	2.65	15.3

至年末，全市有543家企业、3 300个产品获得农产品质量认证。其中，绿色食品生产企业116家，绿色食品170个；无公害农产品生产企业420家，无公害农产品3 106个。

至年末，全市累计建成标准化畜禽养殖场270家，标准化水产养殖场293家；累计建成设施粮田面积86.5千公顷，蔬菜标准园60家。至年末，全市有农业产业化龙头企业388家，农民专业合作社3 177家。

三、工业和建筑业

全年实现工业增加值7 159.36亿元，比上年增长2.8%。其中，规模以上工业增加值6 446.14亿元，增长2.9%。在规模以上工业增加值中，轻工业2 078.1亿元，增长4.7%；重工业4 368.04亿元，增长2%。全年工业总产值33 186.41亿元，比上年下降0.3%。其中，规模以上工业总产值31 548.41亿元，下降0.4%。

全年战略性新兴产业总产出10 089.44亿元，按现价计算，比上年下降1.4%。其中，制造业部分实现工业总产值7 580.99亿元，下降4.1%；服务业部分实现总产出2 508.45亿元，增长7.5%（见表3-5）。

表3-5　2012年战略性新兴产业总产出及其增长速度

指 标	绝对值（亿元）	比上年增长（%）
战略性新兴产业总产出	10 089.44	-1.4
# 制造业部分工业总产值	7 580.99	-4.1
# 节能环保	393.00	-2.3
新一代信息技术	2 194.62	-3.3
生物医药	745.66	10.3
高端装备	2 300.84	-9.8
新能源	423.44	-19.0
新材料	1 707.82	-1.1
新能源汽车	39.87	17.3
# 服务业部分总产出	2 508.45	7.5

全年电子信息产品制造业、汽车制造业、石油化工及精细化工制造业、精品钢材制造业、成套设备制造业和生物医药制造业等六个重点工业行业完成工业总产值20 970.49亿元，比上年下降0.3%，占全市规模以上工业总产值的比重为66.5%。

全年黑色金属冶炼和压延加工业，石油加工、炼焦和核燃料加工业，化学原料和化学制品制造业，电力、热力生产和供应业和非金属矿物制品业等五大高载能行业工业总产值7 883.5亿元，比上年增长0.6%。

全年规模以上工业产品销售率达到99.3%。全年乳制品产量58.17万吨，比上年增长12.4%；集成电路160.3亿块，增长5.7%（见表3-6）。

表3-6　2012年主要工业产品产量及其增长速度

产品名称	单 位	产 量	比上年增长（%）
乳制品	万吨	58.17	12.4

精制食用植物油	万吨	101.70	20.1
原油加工量	万吨	2 207.69	3.6
钢 材	万吨	2 340.76	-7.6
汽 车	万辆	202.43	2.9
电力电缆	万千米	102.19	4.5
移动通信手持机（手机）	万台	4 086.58	54.2
集成电路	亿块	160.30	5.7
发电机组（发电设备）	万千瓦	2 886.30	-0.1

全年规模以上工业企业实现利润总额 2 131.33 亿元，比上年下降 2.8%；实现税金总额 1 637.28 亿元，增长 6%。其中，国有控股工业企业实现利润 1 120.05 亿元，增长 3.2%；实现税金 1 202.54 亿元，增长 4.8%，占税金总额的比重为 73.4%。工业企业亏损面为 22%。

全年实现建筑业总产值 4 564.13 亿元，比上年增长 6.4%；房屋建筑施工面积 27 059.48 万平方米，增长 12.7%；竣工面积 5 196.12 万平方米，下降 7%。建筑企业按总产值计算的全员劳动生产率达到人均 39.97 万元，比上年提高 13%。

四、批发和零售业

全年实现批发和零售业增加值 3 291.93 亿元，比上年增长 11.5%。

全年实现商品销售总额 5.38 万亿元，比上年增长 16.8%。其中，批发销售额 4.72 万亿元，增长 17.9%。

全年实现社会消费品零售总额 7 387.32 亿元，比上年增长 9%。其中，限额以上消费品零售额 5 293.24 亿元，增长 7.5%（见表 3-7）。在限额以上零售企业中，网上商店实现零售额 238.59 亿元，增长 75.5%。

表 3-7 2012 年社会消费品零售总额及其增长速度

指 标	绝对值（亿元）	比上年增长（%）
社会消费品零售总额	7 387.32	9.0
# 限额以上消费品零售额	5 293.24	7.5
# 批发零售贸易业	4 843.26	7.9
住宿餐饮业	449.98	3.4
# 国 有	391.61	6.3
私 营	1 258.43	4.4
外商投资	984.07	8.0
# 吃的商品	1 222.61	3.7
穿的商品	702.87	13.3
用的商品	2 915.40	8.0
烧的商品	452.36	6.2

至年末，全市连锁商业网点达到 13 942 家。其中，连锁超市门店 2 443 家，便利店 5 178 家。全年连锁商业销售额 2 202.63 亿元，比上年下降 4.6%。

五、交通、邮电和旅游

全年实现交通运输、仓储和邮政业增加值 895.31 亿元，比上年增长 5%。

全年各种运输方式完成货物运输总量 94 376.25 万吨，比上年增长 1.1%。旅客发送总量 14 546.55 万人次，增长 7.6%（见表 3-8）。

表 3-8　2012 年货物运输量与旅客发送量及其增长速度

指　标	单　位	绝对值	比上年增长（%）
货物运输量	万吨	94 376.25	1.1
铁　路	万吨	825.29	-7.0
水　运	万吨	50 302.00	1.8
公　路	万吨	42 911.00	0.5
机　场	万吨	337.96	-4.5
旅客发送量	万人次	14 546.55	7.6
铁　路	万人次	6 758.12	9.0
港　口	万人次	66.29	-15.5
公　路	万人次	3 748.00	7.8
机　场	万人次	3 974.14	5.5

全年上海港口货物吞吐量达到 7.36 亿吨，比上年增长 1.1%。全年港口集装箱吞吐量 3 252.94 万国际标准箱，增长 2.5%。集装箱水水中转比例达到 42.8%，比上年提高 1.7 个百分点。上海浦东、虹桥两大国际机场全年共起降航班 59.67 万架次，增长 4%；进出港旅客达到 7 870.84 万人次，增长 5.6%。其中，国内航线进出港旅客 5 473.74 万人次，增长 4.7%；国际及地区航线进出港旅客 2 397.09 万人次，增长 7.6%。

全年上海港接待邮轮靠泊 180 艘次，比上年增加 67 艘次。其中，以上海为母港的邮轮 128 艘次，增加 47 艘次。邮轮旅客吞吐量 35.03 万人次，增长 71.4%。

至年末，全市轨道交通运营线路达到 13 条，运营线路长度达到 468.19 公里（含磁浮线路 29.11 公里）。全年优化调整公交线路 262 条。其中，新辟 81 条。至年末，公交专用道路达到 161.8 公里。公交运营车辆 1.67 万辆，运营出租车 5.07 万辆。全年市内公共交通客运量 62.27 亿人次，比上年增长 2.2%。其中，轨道交通客运量 22.76 亿人次，增长 8.3%；公共汽电车客运量 28.04 亿人次，下降 0.3%。日均公交优惠换乘和老年人免费乘车分别达到 254.35 万人次和 64.26 万人次。

至年末，全市拥有各类民用汽车 212.86 万辆，比上年增长 9.2%。其中，私人汽车 141.32 万辆，增长 17.8%。

全年完成邮政业务总量 52.61 亿元，比上年增长 3.2%。电信业务总量（按 2010 年不变单价计算）447.4 亿元，增长 9.2%。至年末，全市固定电话用户 902.9 万户。其中，住宅电话 538.5 万户。移动电话用户 3 008.3 万户，比上年末增加 387.7 万户。其中，第三代移动通信技术（3G）用户 748.2 万户，增加 283.5 万户。

全年实现旅游产业增加值 1 497.68 亿元，比上年增长 4.9%。

至年末，全市已有星级宾馆 278 家，旅行社 1183 家，A 级旅游景区（点）82 个，红色旅游基地 34 个（见表 3-9）。

表 3-9 2012 年旅游设施情况

指 标	单位	绝对值
星级宾馆	家	278
# 五星级	家	55
四星级	家	66
旅行社	家	1 183
# 经营出境旅游业务的旅行社	家	46
A 级旅游景区（点）	个	82
# 5A 级景区（点）	个	3
4A 级景区（点）	个	41
红色旅游基地	个	34
# 全国红色旅游基地	个	9
旅游咨询服务中心	个	45
旅游集散中心站点	个	6

全年接待国际旅游入境人数 800.4 万人次，比上年下降 2.1%（见图 3-2）。其中，入境外国人 633.03 万人次，下降 2.4%；港、澳、台同胞 167.37 万人次，下降 1.1%。在国际旅游入境人数中，过夜旅游人数 651.23 万人次，下降 2.6%。全年接待国内旅游者 25 093.69 万人次，比上年增长 8.7%。其中，外省市来沪旅游者 11 495.91 万人次，增长 5.7%。全年入境旅游外汇收入 55.82 亿美元，下降 4.3%；国内旅游收入 3 224.39 亿元，增长 15.7%。

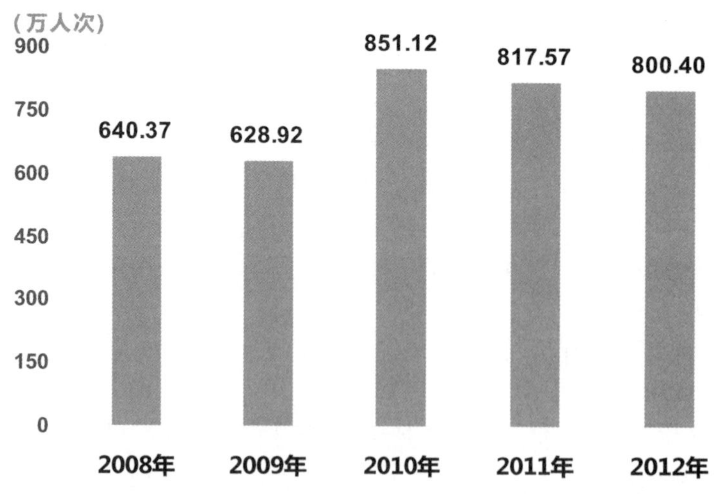

图 3-2 2008 ～ 2012 年国际旅游入境人数

六、金融和保险

全年实现金融业增加值 2 450.36 亿元，比上年增长 12.6%。

全年新增各类金融单位 136 家。其中，货币金融服务单位 59 家，资本市场服务单位 43 家，保险业单位 14 家。至年末，全市各类金融单位达到 1124 家。其中，货币金融服务单位 510 家，资本市场服务单位 193 家，保险业单位 347 家。至年末，在沪经营性外资金融单位数达到 208 家，外资金融机构代表处 210 家。

至年末，全市中外资金融机构本外币各项存款余额 63 555.25 亿元，比上年增长 9.2%；贷款余额 40 982.48 亿元，增长 10.2%（见表 3-10）。

表 3-10　2012 年中外资金融机构本外币存贷款情况

指　标	绝对值（亿元）	比年初增减额（亿元）
各项存款余额	63 555.25	5 379.24
# 单位存款	37 555.71	2 539.04
个人存款	21 512.01	2 587.29
各项贷款余额	40 982.48	3 818.26
# 短期贷款	12 990.02	1 792.47
中长期贷款	23 595.68	757.76
# 中外资金融机构人民币个人消费贷款	6 341.38	426.90
# 个人住房贷款	4 925.98	168.54
汽车消费贷款	822.05	158.90

全年通过上海证券市场发行新股筹资 333.57 亿元，比上年下降 67.1%；再次发行（增发、配股、权证行权和可转债转股筹资）2 556.74 亿元，比上年增长 17%；发行债券 1 974.2 亿元，下降 13.9%。至年末，上海证券市场上市证券 2 098 只。其中，股票 998 只，比上年增加 23 只。全年金融市场（不含外汇市场）交易额达到 486.95 万亿元，增长 29.1%。上海证券交易所各类有价证券成交金额 54.75 万亿元，增长 20.4%。其中，股票成交金额 16.45 万亿元，下降 30.7%。上海期货交易所各品种总成交金额 89.2 万亿元，增长 2.6%。中国金融期货交易所总成交金额 75.84 万亿元，增长 73.3%。全国银行间货币和债券市场成交金额 263.63 万亿元，增长 34.1%。上海黄金交易所总成交金额 3.53 万亿元，下降 20.5%。

全年原保险保费收入 820.64 亿元，比上年增长 9%。其中，财产险公司原保险保费收入 271.72 亿元，增长 11.1%；寿险公司原保险保费收入 548.92 亿元，增长 7.9%。全年保险赔付支出 255.79 亿元，下降 1.9%。其中，财产险赔款支出 138.63 亿元，增长 32.9%；寿险给付 87.99 亿元，下降 4.4%；健康险赔款给付 25.14 亿元，下降 58.6%；意外险赔款支出 4.04 亿元，增长 11.3%。

七、对外经济

全年上海关区进出口总额 8 013.1 亿美元，比上年下降 1.4%。其中，进口 3 101.54 亿美元，下降 0.7%；出口 4 911.56 亿美元，下降 1.8%。

全年上海市进出口总额 4 367.58 亿美元，比上年下降 0.2%。其中，进口 2 299.51 亿美元，比上年增长1%；出口2 068.07亿美元，下降1.4%（见表3-11）。按市场分，对欧盟进口510.79亿美元，增长9.6%；出口391.07亿美元，下降10.3%（见表3-12）。

表3-11 2012年上海市进出口总额及其增长速度

指 标	绝对值（亿美元）	比上年增长（%）
上海市进出口总额	4 367.58	-0.2
上海市进口总额	2 299.51	1.0
# 国有企业	455.71	-7.2
外商投资企业	1 512.02	0.8
私营企业	300.37	12.1
# 一般贸易	1 052.26	-2.4
加工贸易	372.12	-12.1
# 机电产品	1 296.91	1.2
# 高新技术产品	824.60	9.8
上海市出口总额	2 068.07	-1.4
# 国有企业	324.81	-6.8
外商投资企业	1 387.67	-2.6
私营企业	339.45	10.2
# 一般贸易	789.29	2.3
加工贸易	1 015.29	-6.9
# 机电产品	1 454.37	-2.0
# 高新技术产品	906.64	-2.8

表3-12 2012年上海主要国家和地区进出口总额及其增长速度

国家和地区	出口额（亿美元）	比上年增长（%）	进口额（亿美元）	比上年增长（%）
欧盟	391.07	-10.3	510.79	9.6
美国	501.59	3.6	200.19	-5.8
中国香港	159.69	-1.1	8.54	-18.4
东盟	209.17	2.7	361.09	8.0
中东	73.08	7.1	41.60	-0.9
日本	249.62	4.1	323.49	-6.7
韩国	69.45	-6.4	175.08	-5.4
俄罗斯	32.63	27.8	20.05	-13.3
中国台湾	57.01	-7.9	145.26	-3.2

全年批准外商直接投资合同项目4 043项，比上年下降6.6%；合同金额223.38亿美元，

比上年增长 11.1%；实际到位金额 151.85 亿美元，增长 20.5%。全年第三产业实际到位金额 126.79 亿美元，增长 21.6%，占全市实际利用外资的比重达到 83.5%。全年批准总投资在 1 000 万美元以上的外商直接投资项目 286 项，合同金额 194.49 亿美元。至年末，在上海投资的国家和地区已达 154 个。年内新增跨国公司地区总部 50 家，投资性公司 25 家，外资研发中心 17 家。至年末，在上海落户的跨国公司地区总部达到 403 家，投资性公司 265 家，外资研发中心 351 家。

全年新批对外投资项目 249 项，比上年增长 8.7%；投资总额 32.4 亿美元，增长 22%。签订对外承包工程合同金额 103.11 亿美元，比上年下降 16.5%；实际完成营业额 68.12 亿美元，增长 14.7%；派出人员 3 477 人次，下降 37.5%。对外劳务合作派出人员 17 767 人次，增长 1 倍。至年末，上海对外承包工程和劳务合作涉及的国家和地区已达 178 个。

八、浦东改革开放

全年浦东新区实现增加值 5 929.91 亿元，比上年增长 10.1%（见表 3-13）。全年引进跨国公司地区总部 22 家，累计达 193 家。

表 3-13　2012 年浦东新区主要经济指标及其增长速度

指　标	单　位	绝对值	比上年增长（%）
增加值	亿元	5 929.91	10.1
# 第二产业	亿元	2 320.75	3.7
第三产业	亿元	3 576.27	14.9
# 金融业	亿元	1 069.11	11.9
规模以上工业总产值	亿元	9 225.64	1.1
货物吞吐量	万吨	27 232.10	3.4
集装箱吞吐量	万标准箱	2 951.30	2.5
# 国际中转	万标准箱	120.30	29.3
固定资产投资总额	亿元	1 454.98	1.4
社会消费品零售总额	亿元	1 349.73	12.1
进出口总额	亿美元	2 398.93	6.1
# 出口总额	亿美元	939.83	5.7
外商直接投资合同金额	亿美元	72.86	10.4
外商直接投资实际到位金额	亿美元	48.30	-8.8

浦东综合配套改革试点深入推进，融资租赁业务创新试点等重大改革事项有序开展。至年末，引进融资租赁企业达 90 家，单船单机（SPV）项目公司达 64 个，国际贸易结算中心试点企业达 50 家，专用账户贸易额达 85 亿美元。全年政府担保式知识产权质押融资 52 笔，贷款总额 1.24 亿元；与 5 家银行合作知识产权直接质押融资 43 笔，贷款总额 5.6 亿元。至年末，拥有第三方支付许可企业 20 家，小额贷款公司 16 家，融资性担保机构 13 家。全年引进股权投资企业及其管理机构 344 家，累计达 1 128 家。

九、城市基础设施和房地产

全年完成城市基础设施建设投资1 038.61亿元，比上年下降9.8%。其中，交通运输邮电通信投资570.37亿元，市政建设投资301.74亿元，公用事业投资56.45亿元（见表3-14）。全市高速公路网通车里程达到806公里。

表3-14 2012年城市基础设施投资及其增长速度

指 标	绝对值（亿元）	比上年增长（%）
城市基础设施投资	1 038.61	-9.8
电力建设	110.05	-6.8
交通运输	473.43	-20.5
邮电通信	96.94	34.2
公用事业	56.45	9.4
市政建设	301.74	-4.0

全市自来水日供水能力达到1 145万立方米，比上年下降0.5%。全年全市用电量1 353.45亿千瓦小时，增长1%（见表3-15）。至年末，全市家庭人工煤气用户75.7万户，家庭液化气用户328.2万户，家庭天然气用户达到502.8万户。

表3-15 2012年公用事业主要指标及其增长速度

指 标	单 位	绝对值	比上年增长（%）
自来水日供水能力	万立方米	1 145.00	-0.5
自来水售水总量	亿立方米	24.35	-0.2
# 生活用水	亿立方米	19.17	1.9
工业用水	亿立方米	5.18	-7.3
用电量	亿千瓦小时	1 353.45	1.0
# 城乡居民生活用电	亿千瓦小时	187.38	6.9
煤气销售总量	亿立方米	8.19	-24.3
液化气销售总量	万 吨	39.33	-0.8
天然气销售总量	亿立方米	60.01	16.6

全年完成房地产开发投资2 381.36亿元，比上年增长9.7%。其中，住宅投资1 451.94亿元，增长3.8%；办公楼投资262.85亿元，增长13.7%；商业营业用房投资293.75亿元，增长24.4%。商品房施工面积13 249.97万平方米，增长2.1%。竣工面积2 305.06万平方米，增长2.9%。销售面积1 898.46万平方米，增长7.2%。其中，商品住宅销售面积1 592.63万平方米，增长8.1%。全年商品房销售额2 669.49亿元，增长3.9%。其中，商品住宅销售额2 208.96亿元，增长11.5%。全年存量房成交过户面积1 446.77万平方米，比上年增长3.4%。

十、城市信息化

全年实现信息产业增加值 2 030.24 亿元，比上年增长 12.4%。其中，信息服务业增加值 1 233.79 亿元，增长 17.5%。

至年末，集约化信息管线累计敷设 6 900 沟公里，比上年末增加 650 沟公里；新增移动通信宏基站 1 000 个，室内覆盖站点 1 000 个；新增光纤到户能力覆盖家庭数超过 280 万户，实际光纤用户超过 250 万户；下一代广播电视网（NGB）覆盖家庭 400 万户，增加 200 万户；互联网用户达 1 750 万人，普及率为 73.5%；无线局域网场点达到 17 000 个，增加 5 000 个；国际、国内互联网出口带宽分别达到 550 Gbps、2 400 Gbps；数字电视用户达 386 万户，增加 120 万户；交互式网络电视（IPTV）用户达 178 万户，增加 25 万户。全年在 300 个主要公共场所开通 i-Shanghai 免费上网服务试运行。

全市软件产业全年实现经营收入 2 085.76 亿元，电信传输服务业 662.89 亿元，互联网信息服务业 642.85 亿元。累计有 222 家企业获得计算机信息系统资质认证，其中 1 级 12 家。新增认定软件企业 490 家，登记软件产品 3 822 个。信息服务业上市企业 45 家。经营收入超亿元的软件企业 248 家。

全年完成电子商务交易额 7 815 亿元，比上年增长 41.9%。口岸税费电子支付系统入网企业累计 29 876 家，全年电子单证传输量为 17 874.45 万张，实现电子支付金额 9 947.56 亿元，增长 9.2%。全年推广电子账单 163.78 万份；发放社会保障卡 87.92 万张。中国上海门户网站首页浏览量 2 169 万次，总页面浏览量 46 526 万次。社会公共服务领域信息化建设不断深化（见表 3-16）。

表 3-16　2012 年社会公共服务领域信息化指标及其增长情况

指　标	单　位	绝对值	比上年
“市民信箱”累计注册用户	万人	416.76	增加 7.91 万人
全年“付费通”业务平台交易量	万笔	10 947.14	增长 14.6%
全年“付费通”业务平台交易额	亿元	72.75	增长 2.6%
全年交通卡销售额	亿元	14.39	增长 6.1%
全年银行卡交易额	亿元	16 608.12	增长 19.6%

至年末，数字证书累计发放 321.9 万张。至年末，个人信用联合征信系统覆盖 1 156.8 万人的信用信息，收到个人信用信息查询请求累计 1 476.8 万次，成功查询量累计 958.5 万次。提供个人信用评分累计 360 万份。

十一、教育和科学技术

全年全市共有普通高等学校（含独立学院）67 所，普通中等学校 858 所，普通小学 761 所，特殊教育学校 29 所。普通高校毕业生数持续扩大，中等学校和小学毕业生数有所下降（见表 3-17）。全市共有 58 家机构培养研究生，招收研究生 4.42 万人，在学研究生 12.7 万人，毕业研究生 3.45 万人。九年义务教育入学率保持在 99.9% 以上，高中阶段新生入学率达 96%。

表 3-17　2012 年各级各类学校学生情况及其增长速度

类 别	在校学生数（万人）	比上年增长（%）	毕业学生数（万人）	比上年增长（%）
普通高等学校	50.66	-0.9	13.99	0.6
普通中等学校	73.45	-0.7	19.02	-5.7
普通中学	59.04	-0.2	14.90	-3.7
高 中	15.77	-2.1	5.44	-7.0
初 中	43.27	0.5	9.46	-1.8
中等专业学校	9.88	-3.3	2.77	-11.9
职业学校	3.55	0.9	1.05	-15.3
技工学校	0.98	-6.7	0.30	-6.3
普通小学	76.04	4.0	12.95	-1.1
特殊教育学校	0.49	平	0.09	平

全市共有民办普通高校 20 所，在校学生 8.78 万人；民办普通中学 107 所，在校学生 7.48 万人；民办小学 180 所，在校学生 16.98 万人。全市共有成人中高等学历教育学校 51 所，成人职业技术培训机构 799 所，老年教育机构 284 所。全市共有校外教育机构 23 所。其中，少年宫 16 所，少年科技站 5 所，少年之家 2 所。共有 53.8 万随迁子女在义务教育阶段学校就读，其中 40.2 万人在公办学校就读。

全年用于研究与试验发展（R&D）经费支出 635 亿元，相当于上海市生产总值的比例为 3.16%（见图 3-3）。

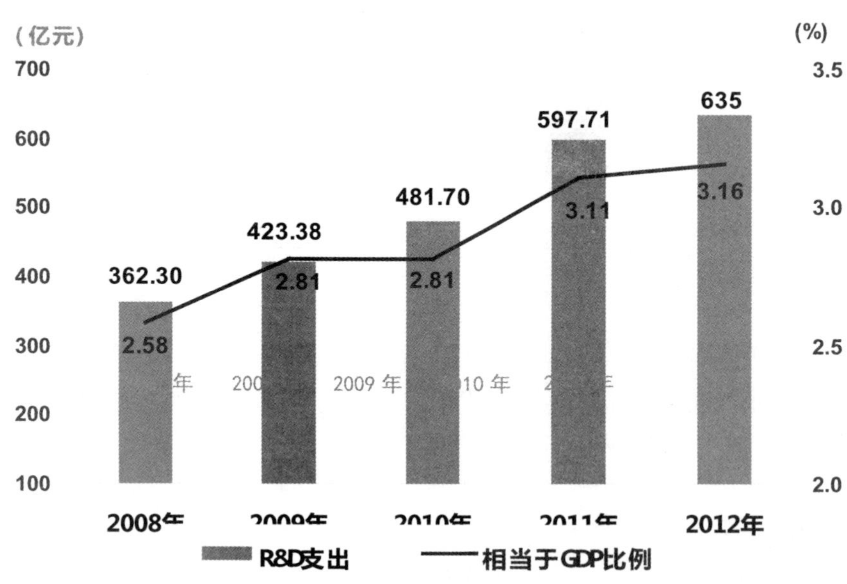

图 3-3　2008 ～ 2012 年 R&D 支出及其相当于生产总值的比例

全年受理专利申请量 82 682 件，比上年增长 3.1%。其中，发明专利 37 139 件，增长 15.5%。全年专利授权量 51 508 件，增长 7.4%。其中，发明专利 11 379 件，增长 24.2%。

全市国家级创新型企业达到15家，国家级创新型试点企业19家，市级创新型企业达到500家。科技小巨人企业和小巨人培育企业共878家，高新技术企业4 312家，技术先进型服务企业281家。全市年内认定和复审高新技术企业1 442家。至年末，全市共认定高新技术成果转化项目8 545项。其中，年内认定714项。在年内认定的高新技术成果转化项目中，电子信息、生物医药、新材料等重点领域项目占87.7%；拥有自主知识产权的项目占100%。全年经认定登记的各类技术交易合同2.8万件，比上年下降4.4%；合同金额588.52亿元，增长6.9%。

十二、文化、卫生和体育

年内成功举办“上海之春”国际音乐节、第十四届中国上海国际艺术节、第十五届上海国际电影节、第八届中国国际动漫游戏博览会等重大文化活动。至年末，全市有市、区（县）级文化馆、群众艺术馆27个，艺术表演团体154个，市、区（县）级公共图书馆25个，档案馆41个，博物馆109个。全市共有公共广播节目21套，公共电视节目25套。有线电视用户641.9万户，有线数字电视用户409万户。全年生产电视剧52部1 684集，动画电视3824分钟。全年共出版报纸14.54亿份，各类期刊1.77亿册，图书3.35亿册。摄制完成7部专题片。中华艺术宫、上海当代艺术博物馆开馆运营。年内完成郊区县100万户有线电视数字化整体转换和100万户NGB改造。

至年末，全市共有医疗卫生机构3 465所，专业卫生技术人员14.61万人（见表3-18）。全年全市医疗机构共完成诊疗人数2.14亿人次。全市婴儿死亡率为5.04‰，孕产妇死亡率为7.1/10万。在全市17个区县的18家社区卫生中心开展舒缓疗护（临终关怀）试点。

表3-18　2012年卫生机构基本情况及其增长速度

指　标	单　位	绝对值	比上年增长（%）
医疗卫生机构数	所	3 465	3.2
医　院	所	317	2.9
基层医疗卫生机构	所	3 004	3.3
# 门诊部	所	533	13.4
社区卫生服务中心	所	302	0.3
专业公共卫生机构	所	99	-2.0
# 疾病预防控制中心	所	20	-4.8
卫生监督所	所	18	-5.3
其他医疗卫生机构	所	45	7.1
专业卫生技术人员数	万人	14.61	5.0
# 执业医师	万人	5.42	4.0
# 医院执业医师	万人	3.23	1.9
注册护士	万人	6.32	7.3

年内成功地举办了56次国际级比赛和74次全国性比赛。在伦敦奥运会上，上海代表团共获10.5枚奖牌，其中3枚金牌、5枚银牌、2.5枚铜牌。在全国最高级比赛中，上海运

动员共获得48枚金牌，创历史新高。年内举办了首届市民运动会，历时160天，吸引全市631万人次参与。年内建成75条百姓健身步道、10个百姓游泳池和35个社区健身房。

十三、人口和就业

至年末，全市常住人口总数为2 380.43万人。其中，外来常住人口为960.24万人。全年常住人口出生22.61万人，常住人口死亡12.68万人。常住人口出生率为9.56‰，常住人口死亡率为5.36‰，常住人口自然增长率为4.2‰。

至年末，全市户籍人口总数为1 426.93万人。全年户籍人口出生12.11万人，户籍人口死亡11.74万人。户籍人口出生率为8.51‰，户籍人口死亡率为8.25‰，户籍人口自然增长率为0.26‰。全市户籍人口平均期望寿命达到82.41岁。其中，男性80.18岁，女性84.67岁。

全年新增就业岗位61.38万个（见图3-4）。其中，农村富余劳动力实现非农就业11.02万个。全年新安置就业困难人员16 688人，新消除零就业家庭370户。全年帮助成功创业人数10 669人，帮助7 330名长期失业青年实现就业。高技能人才占技能劳动者比例达到27.03%。累计425人入选国家“千人计划”，310人入选上海“千人计划”。年内成立由19家单位组成的第二批高技能人才培养基地，共完成职业培训57.18万人。其中，农民工职业培训30.49万人。至年末，全市城镇登记失业人员27.05万人，城镇登记失业率为4.2%。

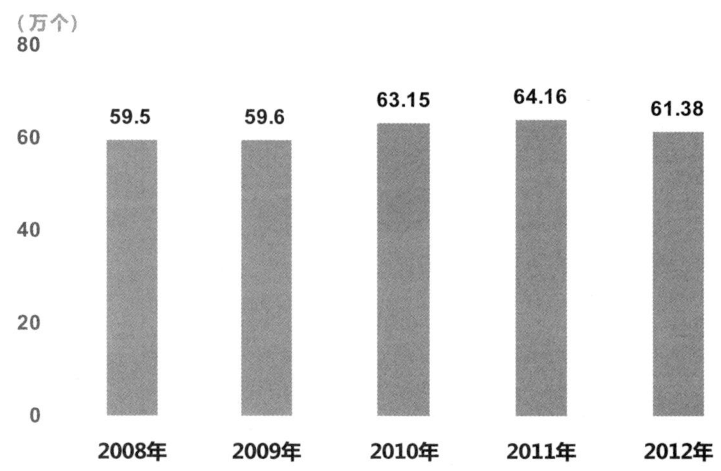

图3-4 2008～2012年新增就业岗位情况

十四、人民生活和社会保障

据抽样调查，城市居民家庭人均年可支配收入40 188元，比上年增长10.9%，扣除价格因素，实际增长7.9%；农村居民家庭人均年可支配收入17 401元，增长11.2%，扣除价格因素，实际增长8.2%。城市居民人均年消费支出26 253元，增长4.6%。其中，服务性消费支出7 955元，占消费支出的比重为30.3%。农村居民人均年生活消费支出12 096元，增长7.3%。其中，服务性消费支出3 551元，占消费支出的比重为29.4%。

据抽样调查，至年末，平均每百户城市居民家庭耐用消费品拥有量：家用轿车20辆，家用空调207台，移动电话239部，家用电脑144台。平均每百户农村居民家庭耐用消费品拥有量：家用汽车14辆，彩电190台，洗衣机90台，移动电话200部，家用空调136台，家用电脑 49 台。

全年中心城区旧区改造拆除二级旧里以下房屋 71 万平方米，受益居民 2.53 万户。“四位一体”住房保障体系进一步完善，全年新开工建设和筹措各类保障性住房 16.7 万套，1 292 万平方米；竣工 9.75 万套，687 万平方米。至年末，城镇居民人均住房建筑面积 33.9 平方米，折合人均住房居住面积 17.3 平方米（见图 3-5）。居民住宅成套率达到 96.3%。

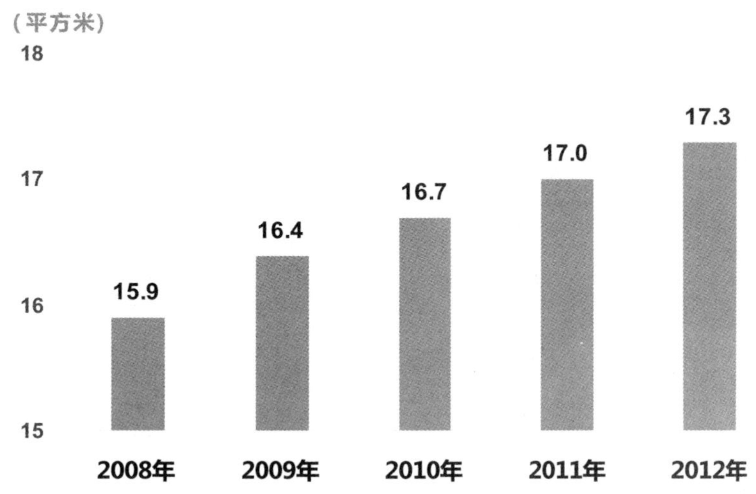

图 3-5　2008 ～ 2012 年城镇居民人均住房居住面积

至年末，全市共有 1326.38 万人（包括离退休人员）参加城镇基本养老保险，有 617.35 万人参加失业保险，全年领取失业保险金的人数为 21.29 万人。城镇最低生活保障标准从上年的每人每月 505 元提高到 570 元，农村最低生活保障标准从每人每年 4 320 元提高到 5 160 元。最低工资从 1 280 元提高到 1 450 元。

至年末，全市共有 1 375.98 万人（包括离退休人员）参加城镇职工基本医疗保险。至年末，城镇居民基本医疗保险参保人数（含普通高等院校学生）达 262.59 万人。全市 113.7 万农民参加农村合作医疗保险，参合率达 99%，实现应保尽保。

至年末，全市共有各类提供住宿的收养性社会服务机构 636 个，床位 10.81 万张，收养各类人员 7.16 万人。其中，养老机构 631 家，床位 10.52 万张。在全市养老机构中，由社会投资开办的 330 家，床位 5.43 万张。至年末，全市有社区居家养老服务社 231 家，服务居家老年人 27.2 万人；有社区老年人日间服务中心 313 家，受益老人 1.1 万人；有社区老年人助餐服务点 492 个，受益老人 5.4 万人。

全年各级政府支出城镇居民最低生活保障金 13.57 亿元，农村居民最低生活保障金 1.42 亿元，粮油帮困资金 0.69 亿元，医疗救助金 2.15 亿元。全年向城乡低收入困难群众发放临时救助 44.68 万人次，支出资金 2.76 亿元；发放临时价格补贴 80 万人次，支出资金 0.7 亿元。年内新办福利企业 15 家，新安置 465 名残疾人就业。

十五、环境保护

全年全社会用于环境保护的资金投入 570.49 亿元，相当于上海市生产总值的比例为 2.8%。全年环境空气质量优良率（API）达到 93.7%，比上年提高 1.4 个百分点。二氧化硫年日平均值 23 微克 / 立方米，比上年下降 20.7%；二氧化氮年日平均值 46 微克 / 立方米，下降9.8%；可吸入颗粒平均浓度71微克／立方米，下降11.3%。全市平均区域降尘量5.7吨／平方公里· 月，下降13.6%。污水处理能力达到701.05万立方米／日。全年处置生活垃圾716.42万吨，生活垃圾无害化处理率达到91.4%，比上年提高3.8个百分点，年内新增1050个垃圾分类收集处置试点场所。年内老港综合填埋场（一期）建成，金山区永久生活垃圾综合处理厂试运行。

全年新建绿地1 037.9公顷。其中，公共绿地513.35公顷。至年末，建成区绿化覆盖率达到38.3%。全年造林面积1 168公顷，森林覆盖率达到12.58%。年内创建53条林荫道。

十六、城市运行安全和生产安全

全年对全市6 952个在建项目进行检查，立案查处各类案件1 098件，共有1 218家企业被清出建筑市场。共检查轨道交通、公交、省际客运等各类企业1 989家，查处安全隐患520处，已整改520处。

全年食品安全行政处罚立案11 798起。食品安全风险监测6 646件，监测237 964项次，年抽检样品数达到8件／千人，总体合格率达到94%。食物中毒事故发生率控制在0.63/10万。市民食品安全知晓度得分为80.1分。

全年共发生道路交通、工矿商贸、火灾、铁路交通、农业机械生产安全事故7 045起；造成死亡1 208人，比上年下降3.4%。其中，工矿商贸生产安全事故231起，造成死亡248人，下降5%。道路交通事故2 265起，增长8.6%；造成916人死亡，下降3%；2 053人受伤，增长17.3%；直接财产损失1 488万元，增长10.3%。火灾事故4 469起，造成39人死亡，下降9.3%，其中生产经营性火灾事故造成10人死亡；45人受伤，下降2.2%；直接财产损失6 332万元，下降42.4%。铁路交通事故5起，增长25%；造成4人死亡，增长3倍。农业机械事故13起，下降35%；造成1人死亡，与上年持平。全年亿元生产总值生产安全事故死亡人数为0.06人。

上海市统计局
国家统计局上海调查总队
二 〇 一三年二月二十六日

说明：

1、本公报数为初步统计数。

2、本公报上海市生产总值、各产业增加值和总产值绝对数按当年价格计算，增长速度按可比价格计算。

3、信息产业包括信息产品的制造、销售和信息服务等活动。旅游产业增加值指来自境外、市外旅游者及本地居民在上海市内的旅游消费支出所形成的增加值。按消费性质可分为：旅行社服务业、旅游宾馆业、旅游运输业、邮电通讯业、旅游商业、餐饮业、城市交通业、文化娱乐业、金融业和其他服务业。信息产业、旅游产业的增加值是依据若干行业的有关资料进行跨行业核算的，不能将其与全市生产总值中其它行业的增加值进行简单加总，否则会造成重复计算。

4、金融单位统计中，货币金融服务单位统计至银行市分行、持牌营运中心、金融租赁公司、财务公司市分公司、典当、汽车金融公司、金融消费公司及小额贷款公司；资本市场服务单位统计至证券公司市分公司、基金公司、独立基金销售机构、期货公司、证券投资咨询公司、外资股权投资试点企业、资信评级机构、证券市场机构和登记结算机构；保险业单位统计至保险集团、保险公司市分公司、专业保险运营中心和保险中介机构。此外，金融单位统计包括各金融监管部门。

5、战略性新兴产业总产出包括制造业和服务业，其中，制造业部分为规模以上工业企业总产值，服务业部分为总产出。

6、域外市属农场是指上海光明食品（集团）有限公司所属的外地农场，其产量和产值不包括在全市总量中。

第二篇

环境

ALMANAC OF
SHANGHAI REAL ESTATE

第四章 政策制度环境

第一节 上海房地产市场政策制度环境构成

房地产政策制度是经济关系在房地产领域的投射的产物，或者说是房地产经济关系外在体现和反映。按照房地产行业的行为内容及结构，可将房地产政策制度分为土地政策制度、金融政策制度、开发政策制度、拆迁与租赁政策制度、交易政策制度、物业管理政策制度等六部分。

2012 年，中央及相关部委继续坚持房地产调控政策从紧取向。一方面，多个地方政府为支持合理自住需求，调整公积金制度，提高购置首套房贷款额度，信贷环境整体趋好为房地产市场带来利好；另一方面，严格执行差异化信贷政策和限购政策，抑制投资投机性需求，通过督查等方式确保政策落实到位。此外，继续推进土地市场管理和改革，加大土地供应，特别是加大保障房土地供应量及相应资金支持力度，以增加市场有效供给。

一、土地政策制度

土地政策制度一般是指：中央或地方政府、行政机构，为调整土地关系（包括人地关系与人与人之间的利益关系），实现土地的合理利用及其所代表的社会阶级集团的经济利益而制定的行为准则。

2012 年，国土资源部屡次强调，要执行好现有土地供应政策，均衡供地，稳定地价，防违规用地、防异常交易，处置闲置土地和打击囤地炒地，稳定土地市场。同时，国土部继续加强与证监会、银监会的联动，从土地市场动态监测与监管系统中提取部分房地产土地闲置的情况，并抄送给银监会、证监会等部门，对于涉嫌土地闲置及炒地行为的房地产开发企业，银监会将在新开发项目贷款的发放上给予限制，证监会将在其上市、再融资和重大资产重组的审批上予以限制。2012 年 11 月，温家宝主持召开国务院常务会议，讨论通过《中华人民共和国土地管理法修正案（草案）》，对农民集体所有土地征收补偿制度作了修改。全国性主要土地政策文件见表 4-1。

表 4-1 2012 年国家土地方面的主要政策制度

土地政策制度	颁布日期	颁布机构
土地复垦条例实施办法	2012 ~ 12 ~ 27	国土资源部
中华人民共和国土地管理法修正案（草案）	2012 ~ 11 ~ 28	国务院
关于进一步严格房地产用地管理巩固房地产市场调控成果的紧急通知	2012 ~ 07 ~ 19	国土资源部 住房和城乡建设部
闲置土地处置办法	2012 ~ 06 ~ 01	国土资源部
最高人民法院关于办理申请人民法院强制执行国有土地上房屋征收补偿决定案件若干问题的规定	2012 ~ 3 ~ 26	最高人民法院

上海市最近五年来相关的土地政策制度根据时间顺序可归纳为表 4-2。

表 4-2 上海市现行的主要土地政策制度

土地政策制度	颁布日期	颁布机构

上海市征地房屋补偿争议协调和处理试行办法	2012～09～28	上海市规划和国土资源管理局
上海市农村集体土地所有权总登记实施细则	2012～09～25	上海市规划和国土资源管理局
上海市市级土地整治项目和资金管理暂行办法	2012～06～01	上海市规划和国土资源管理局
上海市征收集体土地房屋补偿评估技术规范	2012～05～10	上海市规划和国土资源管理局
上海市征收集体土地房屋补偿评估管理暂行规定	2012～05～10	上海市规划和国土资源管理局
上海市征收集体土地房屋补偿实施单位及工作人员管理试行办法	2012～05～10	上海市规划和国土资源管理局
上海市征收集体土地房屋补偿暂行规定	2011～11～04	上海市人民政府
上海市国有土地上房屋征收与补偿实施细则	2011～10～19	上海市人民政府
上海市设施农用地管理办法（试行）	2011～04～28	上海市规划和国土资源管理局
农村集体建设用地流转试点操作规范（试行）	2010～08～24	上海市规划和国土资源管理局
关于完善我市农民建房管理 切实维护农民权益的通知	2010～08～24	上海市规划和国土资源管理局
关于明确土地评估相关工作要求的通知	2010～08～21	上海市规划和国土资源管理局
关于转让花园住宅和非居住用房补交土地使用权出让金有关问题的通知	2010～04～27	上海市规划和国土资源管理局、上海市住房保障和房屋管理局
关于开展农村集体建设用地流转试点工作的若干意见	2010～01～27	上海市人民政府办公厅
上海市规划和国土资源管理局关于印发《上海市国有建设用地土地核验管理办法（试行）》的通知	2009～06～29	上海市规划和国土资源管理局
关于调整本市征地土地补偿费标准的实施意见	2008～09～01	上海市房屋土地资源管理局

二、房地产税费政策

房地产税费政策是调节房地产各经济利益主体经济利益的主要手段，主要包括房地产各阶段需要发生的各种税收及费用。

2012 年，房地产政策继续收紧，房地产税费政策方面，国家强化了征管，加强管理，对房地产进行了全面清算（见表 4-3）。

表 4-3 2012 年国家房地产税费方面的主要政策制度

房地产税费政策制度	颁布日期	颁布机构
关于农产品批发市场农贸市场房产税城镇土地使用税政策的通知	2012～09～03	财政部、国家税务总局
于物流企业大宗商品仓储设施用地城镇土地使用税政策的通知	2012～01～20	财政部、国家税务总局

2012 年国务院同意上海对个人住房征收房产税改革试点。房产税开征主要是抑制投资投机性需求，引导居民合理住房消费，上海作为全国率先试点房产税的两个城市之一，从调控效果来看，其对市场需求的影响远不及“限购”及“限贷”政策。根据规定，上海市房产税适用税率暂定为 0.6%，应税住房每平方米市场交易价格低于本市上年度新建商品住房平均销售价格 2 倍（含 2 倍）的，税率暂减为 0.4%。按上海市地税局 2012 年 11 月下旬披露的数据，自个人住房房产税试点以来，在本市完成认定的住房中，确认需缴纳房产税的住房共 5 万套，占总数的比例约为 20%。其中 2012 年认定 2 万余套，2012 年约 3 万套。

由于上海房产税属“既往不咎，只征新买房”，而 2012 年市场中 80% 的家庭是本市户籍家庭，90% 的应税住房适用于 0.4% 的优惠税率，且主要集中在非中心城区，因此房产税收入与土地财政收入差距较大。同时，由于房产税政策与限购政策叠加使用，促使原本最该征收房产税、也最有可能被征收房产税的购房人群由于限购而无法买房，房产税也就失去了大比例的征税来源。因此，受税率不高，范围有限等因素影响，上海房产税对整个市场并未起到明显抑制作用。

上海市最近五年来相关的房地产税费政策制度根据时间顺序可归纳为表 4-4。

表 4-4 上海市现行的有关房地产税费政策方面的相关政策制度

房地产税费政策制度	颁布日期	颁布机构
关于《上海市人民政府关于印发〈上海市开展对部分个人住房征收房产税试点的暂行办法〉的通知》继续有效的通知	2012～12～26	上海市人民政府
上海市人民政府关于印发《上海市开展对部分个人住房征收房产税试点的暂行办法》的通知	2011～01～27	上海市人民政府
上海市地方税务局关于本市个人住房房产税征收管理有关事项的公告	2011～01～30	上海市地方税务局
关于调整住宅开发项目土地增值税预征办法的公告	2010～10～12	上海市地方税务局
关于转发《 国家税务总局关于加强土地增值税征管工作的通知》的通知	2010～07～02	上海市地方税务局
关于转发《财政部 国家税务总局关于房产税城镇土地使用税有关问题的通知》的通知	2010～01～20	上海市财政局 上海市地方税务局
关于土地增值税清算管理有关问题的通知	2010～01～05	上海市地方税务局
关于本市贯彻国务院常务会议精神进一步促进房地产市场健康发展的实施意见	2009～12～29	上海市住房保障房屋管理局等五部门

三、开发政策制度

房地产开发是相当复杂的管理过程，涉及规划、计划、建筑等方面的各种管理政策制度。

表 4-5 2012 年国家房地产开发方面的主要政策制度

房地产开发政策制度	颁布日期	颁布机构
关于开展国家智慧城市试点工作的通知	2012～11～22	住房和城乡建设部办公厅
关于严格执行土地使用标准大力促进节约集约用地的通知	2012～09～06	国土资源部
关于做好 2012 年房地产用地管理和调控重点工作的通知	2012～02～15	国土资源部
关于进一步加强住房公积金监管工作的通知	2012～02～06	住房和城乡建设部

上海市最近 5 年来相关的房地产开发政策制度根据时间顺序可归纳为表 4-6。

表 4-6 上海市现行的有关房地产开发方面的相关政策制度

房地产开发政策制度	颁布时间	颁布机构
上海市人民政府办公厅关于进一步严格执行房地产市场各项调控政策的通知	2012～7～26	上海市人民政府办公厅
上海市人民政府办公厅关于进一步严格执行房地产市场调控政策完善本市住房保障体系的通知	2012～2～27	上海市人民政府办公厅

上海市人民政府办公厅关于公布本市 2012 年度新建住房价格控制目标的通知	2011 ～ 03 ～ 24	上海市人民政府办公厅
市政府批转关于进一步加强本市房地产市场调控加快推进住房保障工作若干意见的通知	2010 ～ 10 ～ 07	上海市住房保障和房屋管理局、上海市城乡建设和交通委员会、上海市规划和国土资源管理局、上海市财政局、上海市地方税务局
关于本市贯彻国务院常务会议精神进一步促进房地产市场健康发展的实施意见	2009 ～ 12 ～ 29	市住房保障房屋管理局、市财政局、市地税局、市建设交通委、市规划国土资源局
关于印发《上海市住房建设规划（2008 ～ 2012 年）》的通知	2008 ～ 11 ～ 03	上海市房屋土地资源管理局

四、拆迁与租赁政策制度

拆迁与租赁政策制度主要涉及房屋拆迁的管理、租赁管理、廉租房相关政策。

2012 年全国性拆迁与租赁方面政策没有新的制度安排。上海市最近五年来相关的拆迁与租赁政策制度根据时间顺序可归纳为表 4-7。

表 4-7　上海市现行的有关房屋拆迁与租赁的相关政策制度

拆迁与租赁政策制度	颁布时间	颁布机构
关于做好涉及市政建设项目“先拆迁腾地，后处理纠纷”裁决后遗留矛盾有关工作的通知	2012 ～ 12 ～ 28	上海市住房保障和房屋管理局
上海市国有土地上房屋征收与补偿实施细则	2011 ～ 10 ～ 19	上海市人民政府
上海市人民政府关于调整本市廉租住房申请条件和配租标准的通知	2011 ～ 08 ～ 09	上海市人民政府
上海市动迁安置房管理办法	2011 ～ 07 ～ 29	上海市人民政府
关于旧住房综合改造在建工程安全消防大检查工作情况的通报	2010 ～ 11 ～ 30	上海市住房保障和房屋管理局
关于房屋拆迁补偿安置结果公开的实施意见	2010 ～ 06 ～ 12	上海市住房保障和房屋管理局
上海市城市房屋拆迁单位管理实施办法	2010 ～ 06 ～ 12	上海市住房保障和房屋管理局
上海市住房保障和房屋管理局防汛防台专项应急预案	2010 ～ 02 ～ 21	上海市住房保障和房屋管理局
关于调整本市廉租住房准入标准继续扩大廉租住房受益面的通知	2009 ～ 11 ～ 09	市人民政府
关于在本市开展“创建规范拆迁示范点”活动的通知	2009 ～ 05 ～ 05	市住房保障和房屋管理局
关于印发《上海市建构筑物拆除行业 2009 年工作要点》的通知	2009 ～ 03 ～ 05	市住房保障和房屋管理局
关于限制已出租公有住房抵押登记的通知	2008 ～ 12 ～ 01	上海市住房保障和房屋管理局

五、交易政策制度

房地产交易政策制度主要以下两个部分：房地产登记制度与政策及房地产销售管理政策制度。

表 4-9　2012 年国家房地产交易方面的主要政策制度

房地产交易政策制度	颁布日期	颁布机构
关于境内外资银行申请 2012 年度中长期外债规模有关问题的通知	2012 ～ 01 ～ 21	国家发展改革委办公厅

上海市最近 5 年来相关的房地产交易政策制度根据时间顺序可归纳为表 4-10。

表 4-10 上海市最近五年颁布的有关房地产交易的相关政策制度

房地产交易政策制度	颁布时间	颁布者
关于加强商品住房项目附属会所交易和使用管理的通知	2012 ～ 12 ～ 26	上海市住房保障和房屋管理局
关于对本市房地产估价机构进行检查的通知	2012 ～ 10 ～ 26	上海市住房保障和房屋管理局
关于开展住房限售政策等执行情况检查的通知	2012 ～ 09 ～ 06	上海市住房保障和房屋管理局
关于进一步严格执行房地产市场各项调控政策的通知	2012 ～ 07 ～ 26	上海市人民政府办公厅
关于执行住房限售政策中查验社会保险缴纳证明材料问题的通知	2012 ～ 07 ～ 05	上海市住房保障和房屋管理局
关于进一步严格执行房地产市场调控政策完善本市住房保障体系的通知	2012 ～ 02 ～ 27	上海市人民政府办公厅
关于调整本市普通住房标准的通知	2012 ～ 02 ～ 13	上海市住房保障和房屋管理局、上海市规划和国土资源管理局、上海市财政局、上海市地方税务局
关于加强本市商品住房销售行为监管严格执行住房限售政策等有关问题的通知	2011 ～ 07 ～ 20	上海市住房保障和房屋管理局
关于本市贯彻执行住房限售等政策有关问题的通知	2011 ～ 02 ～ 17	上海市住房保障和房屋管理局
关于执行本市及外省市居民家庭只能在本市新购一套商品住房有关问题的补充通知	2011 ～ 01 ～ 06	上海市住房保障和房屋管理局
关于进一步加强本市房地产市场监管规范商品住房预销售行为的通知	2010 ～ 09 ～ 02	上海市住房保障和房屋管理局
上海市房地产登记条例	2009 ～ 07 ～ 01	市住房保障和房屋管理局
关于印发《上海市商品房销售方案备案管理暂行规定》的通知	2009 ～ 06 ～ 30	市住房保障和房屋管理局
关于通过房屋登记信息系统核查借款人家庭住房面积有关问题的通知	2008 ～ 02 ～ 03	市房屋土地资源管理局、人民银行上海分行、银监会上海监管局

六、物业管理政策制度

物业管理政策制度是指为规范物业管理活动，维护业主和物业服务企业的合法权益，改善人民群众的生活和工作环境而制定的相关政策制度。

上海市最近五年来相关的物业管理政策制度根据时间顺序可归纳为表 4-11。

表 4-11 上海市近五年颁布的有关物业管理的相关政策制度

物业管理政策制度	颁布日期	颁布机构
上海市物业管理招标代理机构管理规则	2012 ～ 07 ～ 24	上海市住房保障和房屋管
上海市物业管理招投标管理办法	2012 ～ 07 ～ 24	上海市住房保障和房屋管
上海市物业服务企业和项目经理信用信息评价试行标准	2012 ～ 07 ～ 24	上海市住房保障和房屋管
上海市物业服务企业和项目经理信用信息管理办法	2012 ～ 07 ～ 24	上海市住房保障和房屋管
关于调整公有住宅售后物业服务费收费标准的通知	2012 ～ 07 ～ 31	上海市住房保障和房屋管理局、上海市物价局
上海市住宅物业保修金管理暂行办法	2011 ～ 11 ～ 22	上海市人民政府办公厅
加强本市住宅小区业主大会、业主委员会建设的若干规定	2011 ～ 10 ～ 28	上海市住房保障和房屋管理局
上海市住宅物业管理规定	2010 ～ 12 ～ 23	上海市人民代表大会常务委员会

上海市人民政府办公厅转发市住房保障房屋管理局关于加强本市住宅小区业主大会、业主委员会规范化建设若干意见的通知	2009～11～16	上海市人民政府
关于业主大会选择和变更商品住宅维修资金开户银行有关事项的通知	2009～11～13	市住房保障和房屋管理局
关于建立962121物业服务呼叫平台加强物业行业监管的通知	2009～05～11	市住房保障和房屋管理局
关于印发《业主大会议事规则》、《临时管理规约》、《管理规约》、《专项维修资金管理规约》示范文本的通知	2008～6～25	上海市房屋土地资源管理局
关于进一步推进物业管理行风建设工作施行《上海市住宅物业服务规范》的通知	2008～2～28	上海市房屋土地资源管理局

七、住房保障政策制度

住房保障政策，是指有关社会保障性质的住房相关政策制度，保障性住房主要包括两限商品住房、经济适用住房、政策性租赁住房以及廉租房等方面。

2012年，住房保障性制度建设依然被各方关注，中央和地方推出了一系列住房保障相关制度政策，进一步加强对住房保障的建设力度。

表4-12 2012年国家住房保障方面的主要政策制度

住房保障政策制度	颁布日期	颁布机构
关于加快推进棚户区（危旧房）改造的通知	2012～12～12	住房和城乡建设部、国家发展和改革委员会、财政部、农业部、国家林业局、国务院侨务办公室、中华全国总工会
关于印发《住房保障档案管理办法》的通知	2012～11～06	住房城乡建设部
关于鼓励民间资本参与保障性安居工程建设有关问题的通知	2012～06～20	住房和城乡建设部、国家发展和改革委员会、财政部、国土资源部、中国人民银行、国家税务总局、中国银行业监督管理委员会
公共租赁住房管理办法	2012～05～28	住房和城乡建设部
关于做好2012年住房保障信息公开工作的通知	2012～05～28	住房和城乡建设部办公厅
关于做好2012年城镇保障性安居工程工作的通知	2012～03～14	住房和城乡建设部

上海市相关的住房保障政策制度根据时间顺序可归纳为表4-13。

表4-13 上海市近五年颁布的有关住房保障的相关政策制度

住房保障政策制度	颁布时间	颁布者
关于加强共有产权保障住房（经济适用住房）申请审核、严肃查处隐瞒虚报行为的通知	2012～08～03	上海市住房保障和房屋管理局、上海市民政局
上海市廉租住房保障家庭复核管理试行办法	2012～07～02	上海市住房保障和房屋管理局
上海市廉租住房实物配租实施细则（试行）	2012～06～20	上海市住房保障和房屋管理局
上海市廉租住房申请审核实施细则	2012～06～19	上海市住房保障和房屋管理局、上海市民政局
上海市廉租住房申请对象住房面积核查办法	2012～06～12	上海市住房保障和房屋管理局

关于保障性住房房源管理的若干规定（试行）	2012～06～01	上海市住房保障和房屋管理局、上海市发展和改革委员会、上海市城乡建设和交通委员会、上海市规划和国土资源管理局、上海市财政局
上海市廉租住房实物配租申请条件和配租标准	2012～02～15	上海市住房保障和房屋管理局
上海市 2012 年共有产权保障房（经济适用住房）准入标准和供应标准	2012～02～07	上海市住房保障和房屋管理局、上海市发展和改革委员会、上海市城乡建设和交通委员会、上海市民政局
上海市经济适用住房价格管理试行办法	2011～03～01	上海市发展和改革委员会、上海市住房保障和房屋管理局
上海市人民政府办公厅关于切实推进本市公共租赁住房工作的通知	2010～09～26	上海市人民政府办公厅
关于推进本市公有住房出售工作有关问题的通知	2010～07～23	市住房保障和房屋管理局
关于免收经济适用住房城市基础设施配套费的通知	2010～07～06	上海市住房保障和房屋管理局
关于购买经济适用住房适用税费贷款政策的通知	2010～07～05	上海市住房保障和房屋管理局、上海市财政局、上海市地方税务局、上海市发展改革委员会、中国人民银行上海分行、中国银行业监督管理委员会上海监管局、上海市公积金管理中心
调整廉租房准入标准	2009～11～16	市住房保障和房屋管理局
上海市经济适用住房管理试行办法	2009～06～25	上海市人民政府
关于加快推进 2009 年 400 万平方米经济适用房规划建设相关工作通知	2009～03～27	上海市人民政府
关于印发《关于加强本市保障性住房项目规划管理的若干意见》的通知	2008～09～17	上海市城市规划管理局

八、 金融政策制度

房地产金融政策制度是指为调节房地产市场健康发展，降低金融风险，中央或地方政府所采取的包括银行信贷、信托、证券、债券、保险等政策制度。

房地产金融政策制度是房地产调控政策的重要组成部分，对房地产市场的走向具有较大的影响力。国家房地产金融政策从 2009 年的“保增长”，到 2010 年的“既要保增长又要调结构”，变为 2012 年的“既要保增长、又要防通胀、还要调结构”。

表 4-14 2012 年国家房地产金融方面的主要政策制度

房地产金融政策制度	颁布日期	颁布机构
关于调整住房公积金存贷款利率的通知	2012～06～08	住房和城乡建设部
关于进一步加强住房公积金监管工作的通知	2012～02～06	住房和城乡建设部

表 4-15 上海市近年颁布的有关房地产金融的政策制度

房地产金融政策制度	颁布日期	颁布机构
关于 2012 年度上海市调整住房公积金缴存基数和月缴存额上下限的通知	2012～06～13	上海市住房公积金管理委员会
关于调整本市住房公积金存贷款利率的通知	2012～06～08	上海市公积金管理中心

关于调整购买第二套住房公积金个人贷款首付比例的通知	2011～02～01	上海市公积金管理中心
关于印发《上海市降低住房公积金缴存比例或缓缴住房公积金审批办法》的通知	2010～01～21	上海市公积金管理中心
关于调整本市住房公积金贷款额度上限的通知	2008～10～14	上海市公积金管理中心

第二节　上海房地产市场法律环境构成

根据宪法规定，省、自治区、直辖市的人民代表大会及其常务委员会，在不同宪法、法律、行政法规相抵触的前提下，可以制定地方性法规，报全国人民代表大会常务委员会和国务院备案。地方性法规是地方人民代表大会及其常务委员会制定和发布的规范性文件。地方性法规只能在本地方范围内有效，其法律效力低于宪法、法律和行政法规。

行政法规是指最高国家行政机关国务院根据宪法和法律制定的有关行政管理活动的规范性文件。国务院所属的各部委在各部门权限内，发布具有规范性的规章，指示和命令等，属于广义的行政管理法规，其地位低于国务院的行政法规和其他规范性文件，但高于地方性法规。

对与房地产有关的法律和行政法规的归纳如下。

一、国家法规

房地产相关的国家法规按时间顺序可归纳为表 4-16。

表 4-16　近些年来有关房地产市场的国家法规

时　间	名　称
2012～11～28	中华人民共和国土地管理法修正案（草案）
2011～01～21	国有土地上房屋征收与补偿条例
2010～12～25	中华人民共和国水土保持法
2009～08～27	中华人民共和国城市房地产管理法
2009～08～17	规划环境影响评价条例

二、部门法规及其他相关法规

（一）住房和城乡建设部

根据第十一届全国人民代表大会第一次会议批准的国务院机构改革方案和《国务院关于机构设置的通知》（国发［2008］11 号），设立住房和城乡建设部，为国务院组成部门。将原建设部的职责划入住房和城乡建设部。

1．住房和城乡建设部的主要职责

住房和城乡建设部的职责主要包括：

（1）承担保障城镇低收入家庭住房的责任。拟订住房保障相关政策并指导实施。拟订廉租住房规划及政策，会同有关部门做好中央有关廉租住房资金安排，监督地方组织实施。编制住房保障发展规划和年度计划并监督实施。

（2）承担推进住房制度改革的责任。拟订适合国情的住房政策，指导住房建设和住房制度改革，拟订全国住房建设规划并指导实施，研究提出住房和城乡建设重大问题的政策建议。

（3）承担规范住房和城乡建设管理秩序的责任。起草住房和城乡建设的法律法规草案，制定部门规章。依法组织编制和实施城乡规划，拟订城乡规划的政策和规章制度，会同有关部门组织编制全国城镇体系规划，负责国务院交办的城市总体规划、省域城镇体系规划的审查报批和监督实施，参与土地利用总体规划纲要的审查，拟订住房和城乡建设的科技发展规划和经济政策。

（4）承担建立科学规范的工程建设标准体系的责任。组织制定工程建设实施阶段的国家标准，制定和发布工程建设全国统一定额和行业标准，拟订建设项目可行性研究评价方法、经济参数、建设标准和工程造价的管理制度，拟订公共服务设施（不含通信设施）建设标准并监督执行，指导监督各类工程建设标准定额的实施和工程造价计价，组织发布工程造价信息。

（5）承担规范房地产市场秩序、监督管理房地产市场的责任。会同或配合有关部门组织拟订房地产市场监管政策并监督执行，指导城镇土地使用权有偿转让和开发利用工作，提出房地产业的行业发展规划和产业政策，制定房地产开发、房屋权属管理、房屋租赁、房屋面积管理、房地产估价与经纪管理、物业管理、房屋征收拆迁的规章制度并监督执行。

（6）监督管理建筑市场、规范市场各方主体行为。指导全国建筑活动，组织实施房屋和市政工程项目招投标活动的监督执法，拟订勘察设计、施工、建设监理的法规和规章并监督和指导实施，拟订工程建设、建筑业、勘察设计的行业发展战略、中长期规划、改革方案、产业政策、规章制度并监督执行，拟订规范建筑市场各方主体行为的规章制度并监督执行，组织协调建筑企业参与国际工程承包、建筑劳务合作。

（7）研究拟订城市建设的政策、规划并指导实施，指导城市市政公用设施建设、安全和应急管理，拟订全国风景名胜区的发展规划、政策并指导实施，负责国家级风景名胜区的审查报批和监督管理，组织审核世界自然遗产的申报，会同文物等有关主管部门审核世界自然与文化双重遗产的申报，会同文物主管部门负责历史文化名城（镇、村）的保护和监督管理工作。

（8）承担规范村镇建设、指导全国村镇建设的责任。拟订村庄和小城镇建设政策并指导实施，指导村镇规划编制、农村住房建设和安全及危房改造，指导小城镇和村庄人居生态环境的改善工作，指导全国重点镇的建设。

（9）承担建筑工程质量安全监管的责任。拟订建筑工程质量、建筑安全生产和竣工验收备案的政策、规章制度并监督执行，组织或参与工程重大质量、安全事故的调查处理，拟订建筑业、工程勘察设计咨询业的技术政策并指导实施。

（10）承担推进建筑节能、城镇减排的责任。会同有关部门拟订建筑节能的政策、规划并监督实施，组织实施重大建筑节能项目，推进城镇减排。

（11）负责住房公积金监督管理，确保公积金的有效使用和安全。会同有关部门拟订住房公积金政策、发展规划并组织实施，制定住房公积金缴存、使用、管理和监督制度，监督全国住房公积金和其他住房资金的管理、使用和安全，管理住房公积金信息系统。

（12）开展住房和城乡建设方面的国际交流与合作。

（13）承办国务院交办的其他事项。

2．住房和城乡建设部颁发的与房地产相关的法规（见表 4-17）

表 4-17　住房和城乡建设部（包括原建设部）近年来颁发的与房地产相关的法规

时　　间	名　　　　称
2012 ～ 07 ～ 19	关于进一步严格房地产用地管理巩固房地产市场调控成果的紧急通知
2011 ～ 01 ～ 20	房地产经纪管理办法
2010 ～ 12 ～ 01	商品房屋租赁管理办法
2009 ～ 10 ～ 19	房屋建筑和市政基础设施工程竣工验收备案管理办法 (2009 年修正)
2009 ～ 09 ～ 28	对外承包工程资格管理办法
2009 ～ 04 ～ 30	建设工程消防监督管理规定
2008 ～ 02 ～ 15	房屋登记办法

（二）国土资源部

1．国土资源部的职责

1998 年 3 月 10 日，九届人大一次会议第三次全体会议表决通过关于国务院机构改革方案的决定。 根据这个决定，由地质矿产部、国家土地管理局、国家海洋局和国家测绘局共同组建国土资源部。保留国家海洋局和国家测绘局作为国土资源部的部管国家局。

按照机构改革方案的说明，新组建的国土资源部的主要职能是：土地资源 、矿产资源、海洋资源等自然资源的规划、管理、保护与合理利用。在国务院机构改革方案中，国务院机构被分为四类：宏观调控部门，专业经济管理部门，教育科技文化、社会保障和资源管理部门，国家政务部门。国土资源部放在教育科技文化、社会保障和资源管理部门一类中，与教育科技文化、社会保障一起作为国民经济发展的基础保障部门，是我国经济发展的后劲所在。这充分突出了国土资源在国民经济中基础地位。

新建立的国土资源部将依照《中华人民共和国矿产资源法》、《中华人民共和国土地管理法》、《中华人民共和国海洋环境保护法》、《中华人民共和国测绘法》等法律及法规，依法行政。并按照精简、统一、效能的原则，调整组织机构，把部政府职能切实转变到宏观调控、社会管理和公共服务方面来，完善我国的社会主义市场经济体制，建立符合我国市场经济要求的资源管理机制。

2．国土资源部近年颁布的与房地产相关的法规（见表 4-18）

表 4-18　国土资源部颁发的与房地产相关的法规

时间	名称
2012 ～ 06 ～ 01	闲置土地处置办法
2011 ～ 12 ～ 21	闲置土地处置办法（修订草案）
2011 ～ 06 ～ 03	国有土地上房屋征收评估办法
2009 ～ 12 ～ 29	农村土地承包经营纠纷仲裁规则
2009 ～ 10 ～ 27	国土资源标准化管理办法
2009 ～ 02 ～ 04	土地利用总体规划编制审查办法
2008 ～ 11 ～ 29	建设项目用地预审管理办法
2008 ～ 04 ～ 30	土地违法案件查处办法
2008 ～ 02 ～ 07	土地调查条例

（三）财政部

1．财政部的主要职责

财政部是中华人民共和国国务院的组成部门，是国家主管财政收支、财税政策、国有资本金基础工作的宏观调控部门．其在房地产方面的调控职责有：

（1）提出税收立法计划，与国家税务总局共同审议上报税法和税收条例草案；根据国家预算安排，确定财政税收收入计划；提出税种增减、税目税率调整、减免税和对中央财政影响较大的临时特案减免税的建议；参加涉外税收和国际关税谈判，签订涉外税收协议、协定草案；制定国际税收协议和协定范本；承办国务院关税税则委员会的日常工作。

（2）拟定和执行财政、税收的发展战略、方针政策、中长期规划、改革方案及其他有关政策；参与制定各项宏观经济政策；提出运用财税政策实施宏观调控和综合平衡社会财力的建议；拟定和执行中央与地方、国家与企业的分配政策。

所以，财政部在房地产领域的政策大多是与税务部一起颁发的。

2．财政部颁发的与房地产相关的法规（见表 4-19）

表 4-19 财政部颁发的与房地产相关的法规

时间	名称
2012 ～ 09 ～ 03	关于农产品批发市场农贸市场房产税城镇土地使用税政策的通知
2011 ～ 05 ～ 04	关于进一步推进公共建筑节能工作的通知
2011 ～ 04 ～ 26	关于购房人办理退房有关契税问题的通知
2009 ～ 05 ～ 22	2009 ～ 2012 年廉租住房保障规划
2009 ～ 02 ～ 25	国家级边境经济合作区基础设施项目贷款财政贴息资金管理办法
2008 ～ 08 ～ 19	土地储备资金会计核算办法（试行）

（四）国家税务总局

1．国家税务总局的职责

国家税务总局的主要职责主要包括：

（1）具体起草税收法律法规草案及实施细则并提出税收政策建议，与财政部共同上报和下发，制订贯彻落实的措施。负责对税收法律法规执行过程中的征管和一般性税政问题进行解释，事后向财政部备案。

（2）承担组织实施中央税、共享税及法律法规规定的基金（费）的征收管理责任，力争税款应收尽收。

（3）参与研究宏观经济政策、中央与地方的税权划分并提出完善分税制的建议，研究税负总水平并提出运用税收手段进行宏观调控的建议。

（4）负责组织实施税收征收管理体制改革，起草税收征收管理法律法规草案并制定实施细则，制定和监督执行税收业务、征收管理的规章制度，监督检查税收法律法规、政策的贯彻执行，指导和监督地方税务工作。

(5)负责规划和组织实施纳税服务体系建设,制定纳税服务管理制度,规范纳税服务行为,制定和监督执行纳税人权益保障制度，保护纳税人合法权益，履行提供便捷、优质、高效纳税服务的义务，组织实施税收宣传，拟订注册税务师管理政策并监督实施。

（6）组织实施对纳税人进行分类管理和专业化服务，组织实施对大型企业的纳税服务和税源管理。

(7)负责编报税收收入中长期规划和年度计划,开展税源调查,加强税收收入的分析预测,组织办理税收减免等具体事项。

（8）负责制定税收管理信息化制度，拟订税收管理信息化建设中长期规划，组织实施金税工程建设。

（9）开展税收领域的国际交流与合作，参加国家（地区）间税收关系谈判，草签和执行有关的协议、协定。

（10）办理进出口商品的税收及出口退税业务。

（11）对全国国税系统实行垂直管理，协同省级人民政府对省级地方税务局实行双重领导，对省级地方税务局局长任免提出意见。

（12）承办国务院交办的其他事项。

2．国家税务总局颁发的与房地产相关的法规（见表 4-20）

表 4-20　国家税务总局颁发的与房地产相关的法规

时间	名称
2012～01～20	于物流企业大宗商品仓储设施用地城镇土地使用税政策的通知
2011～08～30	关于房屋 土地权属由夫妻一方所有变更为夫妻双方共有契税政策的通知
2011～08～17	关于纳税人转让土地使用权或者销售不动产同时一并销售附着于土地或者不动产上的固定资产有关税收问题的公告
2011～04～26	关于购房人办理退房有关契税问题的通知
2011～01～27	关于调整个人住房转让营业税政策的通知
2010～12～24	关于房地产开发企业注销前有关企业所得税处理问题的公告
2010～09～29	关于调整房地产交易环节契税 个人所得税优惠政策的通知
2010～09～27	关于支持公共租赁住房建设和运营有关税收优惠政策的通知
2010～05～25	关于加强土地增值税征管工作的通知
2010～03～09	关于首次购买普通住房有关契税政策的通知
2009～11～14	国土资源行政复议规定
2009～05～12	土地增值税清算管理规程
2009～03～06	房地产开发经营业务企业所得税处理办法
2008～2～26	中华人民共和国耕地占用税暂行条例实施细则

（五）中国人民银行

1．中国人民银行的职责

根据 2003 年 12 月 27 日第十届全国人民代表大会常务委员会第六次会议修正后的《中华人民共和国中国人民银行法》规定，中国人民银行的主要职责为：

（1）起草有关法律和行政法规；完善有关金融机构运行规则；发布与履行职责有关的命令和规章。

（2）依法制定和执行货币政策。

（3）监督管理银行间同业拆借市场和银行间债券市场、外汇市场、黄金市场。

（4）防范和化解系统性金融风险，维护国家金融稳定。

（5）确定人民币汇率政策；维护合理的人民币汇率水平；实施外汇管理；持有、管理和经营国家外汇储备和黄金储备。

（6）发行人民币，管理人民币流通。

（7）经理国库。

（8）会同有关部门制定支付结算规则，维护支付、清算系统的正常运行。

（9）制定和组织实施金融业综合统计制度，负责数据汇总和宏观经济分析与预测。

（10）组织协调国家反洗钱工作，指导、部署金融业反洗钱工作，承担反洗钱的资金监测职责。

（11）管理信贷征信业，推动建立社会信用体系。

（12）作为国家的中央银行，从事有关国际金融活动。

（13）按照有关规定从事金融业务活动。

（14）承办国务院交办的其他事项。

2．中国人民银行颁发的与房地产相关的法规（见表 4-21）

表 4-21 中国人民银行颁发的与房地产相关的法规

时间	名称
2012～06～20	关于鼓励民间资本参与保障性安居工程建设有关问题的通知
2008～12～08	廉租住房建设贷款管理办法
2004～09～02	商业银行房地产贷款风险管理指引
2002～04～01	中国农业银行住房按揭贷款流程
2002～04～01	中国农业银行个人住房抵押贷款流程
2002～04～01	中国农业银行个人营业用房贷款流程
2002～04～01	中国农业银行公积金贷款流程
2001～02～01	中国人民银行行政复议办法
2001～02～09	中国人民银行行政处罚程序规定
2000～03～30	中国建设银行个人住房贷款办法
1999～06～03	中国工商银行商品房开发贷款审批工作规则

第五章　经济社会环境

第一节　经济增长

一、上海市总体经济状况

2012 年，上海市全年实现生产总值（GDP）20 101.33 亿元，按可比价格计算，比上年增长 7.5%。其中，第一产业增加值 127.8 亿元，增长 0.5%；第二产业增加值 7 912.77 亿元，增长 3.1%；第三产业增加值 12 060.76 亿元，增长 10.6%。第三产业增加值占上海市生产总值的比重首次达到 60%，比上年提高 2 个百分点。

表 5-1　2012 年上海市经济状况表

指　　标	2012	2011	2012 年比 2011 年增长（%）
上海市生产总值（亿元）	20 101.33	19 195.69	7.5%
第一产业增加值	127.8	124.94	0.5%
第二产业增加值	7 912.77	7 927.89	3.1%
第三产业增加值	12 060.76	11 142.86	10.6%
全社会固定资产投资总额（亿元）	5 254.38	5 067.09	3.7
地方财政收入（亿元）	3 743.71	3 429.83	9.2
工业总产值　（亿元）	33 186.41	33 834.44	-0.3%
外贸进出口总额（亿美元）	4 367.58	4 374.36	-0.2
社会消费品零售总额（亿元）	7 387.32	6 814.80	9.0

二、上海社会经济主要指标占全国比重

表 5-2　2012 年上海社会经济主要指标占全国比重

指　　标	全　　国	上　　海	上海占全国比重（%）
生产总值（亿元）	519 322	20 101.33	3.9
第一产业增加值	52 377	127.8	0.2
第二产业增加值	235 319	7 854.77	3.3
第三产业增加值	231 626	12 199.15	5.3
港口货物吞吐量（亿吨）	107.76	7.36	6.8
全社会固定资产投资总额（亿元）	374 676	5 254.38	1.4
社会消费品零售总额（亿元）	210 307	7 412	3.5
外商直接投资实际到位金额（亿美元）	1 117.16	151.85	13.6

三、上海市生产总值增长情况

表 5-3 主要年份上海市生产总值比上年增长（按三次产业分）

指标	2011	2012	2012 年比 2011 年增长（%）
上海市生产总值	19 195.69	20 181.72	7.5
第一产业	124.94	127.80	0.5
第二产业	7 927.89	7 854.77	3.1
工 业	7 208.59	7 097.76	2.8
建筑业	719.30	757.01	6.1
第三产业	11 142.86	12 199.15	10.6
交通运输、仓储和邮政业	868.31	895.31	5.0
信息传输、计算机服务和软件业	784.77	918.83	16.5
批发和零售业	3 040.99	3 291.93	11.5
住宿和餐饮业	279.34	298.40	2.6
金融业	2 277.40	2 450.36	12.6
房地产业	1 019.68	1 147.04	4.7
租赁和商务服务业	912.60	1 065.56	12.3
科学研究、技术服务和地质勘查业	447.02	503.80	13.2
水利、环境和公共设施管理业	53.40	60.00	13.9
居民服务和其他服务业	205.06	221.88	7.1
教 育	437.09	462.34	8.2
卫生、社会保障和社会福利业	286.89	328.43	16.7
文化、体育和娱乐	115.21	120.10	4.1
公共管理和社会组织	415.10	435.17	9.2

四、吸收外资

2012 年上海市政府批准外商直接投资合同项目 4 043 项，比上年减少 6.6%；吸收外资合同金额为 223.38 亿美元，比上年增加 11.1%；实际吸收外资金额 151.85 亿美元，比上年增长 20.5%。其中，第一产业签订合同项目 4 个，第二产业签订合同项目与 221 个，第三产业签订合同项目 3 818 个，实际吸收外资金额分别为 0.17 亿美元、24.89 亿美元、126.79 亿美

第二节 居民收入与消费水平结构

城乡居民收入水平继续提高，且增长率较高。据 2012 年上海市抽样调查，城市居民家庭人均年可支配收入 40 188 元，比上年增长 10.9%。全年城市居民人均消费支出 26 253 元，比上年增长 4.6%；农村居民人均消费支出 12 096 元，比增长 7.3%。

一、从业人员收入

表 5-4 2012 年上海市各行业从业人员收入表 单位：元

总 计	56 300	86 042	45 990	73 598	42 115

按产业分					
第一产业	33 432	53 462	74 145	24 191	28 394
第二产业	47 385	70 348	37 921	61 694	37 276
第三产业	65 128	89 151	51 442	104 777	46 867
按行业分					
农、林、牧、渔业	33 432	53 462	74 145	24 191	28 394
工　业	49 026	72 238	37 199	61 272	37 181
采矿业	100 194	41 860			121 640
制造业	48 021	58 641	36 484	61 140	36 715
电力、热力、燃气及水的生产和供应业	111 672	118 206	64 468	119 784	95 433
建筑业	40 455	64 551	39 553	102 770	37 508
批发和零售业	49 776	74 393	31 056	107 279	31 043
批发业	57 964	94 375	34 351	136 974	31 805
零售业	35 948	49 398	28 201	54 691	29 750
交通运输、仓储和邮政业	56 639	71 643	22 089	78 555	48 549
# 交通运输	55 477	70 695	20 020	84 809	48 425
邮政业	81 192	83 970	73 618	53 681	37 452
住宿和餐饮业	34 932	49 072	31 342	42 326	31 100
# 餐饮业	30 997	38 043	31 468	39 891	27 760
信息传输、软件和信息技术服务业	86 176	140 997		123 276	62 244
# 信息传输	126 450	144 180		115 419	87 488
金融业	170 945	193 516	34 687	226 934	156 280
房地产业	50 172	60 354	41 689	67 285	44 144
租赁和商务服务业	44 994	41 640	50 820	137 843	38 062
科学研究和技术服务业	84 726	114 331	74 862	184 036	58 313
水利、环境和公共设施管理业	51 218	55 980	38 079	67 686	39 591
居民服务、修理和其他服务业	26 390	57 455	45 994	30 685	23 869
教　育	86 506	90 009	62 773	58 841	50 923
卫生和社会工作	103 072	110 481	86 368	155 989	38 996
卫　生	104 276	112 067	87 122	155 989	39 037
社会工作	64 445	66 001	39 402		22 727
文化、体育和娱乐业	64 151	82 721	56 623	45 990	39 521
文　化	86 612	87 285	56 121	74 869	94 297
体　育	49 931	59 547	80 226	29 814	43 712
娱乐业	36 450	96 976		122 959	29 032
公共管理、社会保险和社会组织	93 867	94 688	54 113		67 524
社会保障	66 912	67 407	65 564		36 444

二、城市居民家庭生活基本情况

表 5-5　2012 年上海城市居民家庭生活基本情况表

项目	年份	
	2011	2012
调查户数（户）	1 000	1 000
平均每户家庭人口（人）	2.90	2.89
平均每户就业人口（人）	1.58	1.55

平均每人可支配收入（元）	36 230	40 188
平均每人消费支出（元）	20 992	26 253
其中服务性消费支出（元）	7 721	7 955
服务性支出占消费支出比重（%）	36.8	30.3
可支配收入比上年增长（%）（按当年价格）	13.8	9.8
恩格尔系数	35.5	36.8

至2012年末，城镇居民人均住房建筑面积33.9平方米，折合人均住房居住面积17.3平方米（见图5-1）。居民住宅成套率达到96.3%。

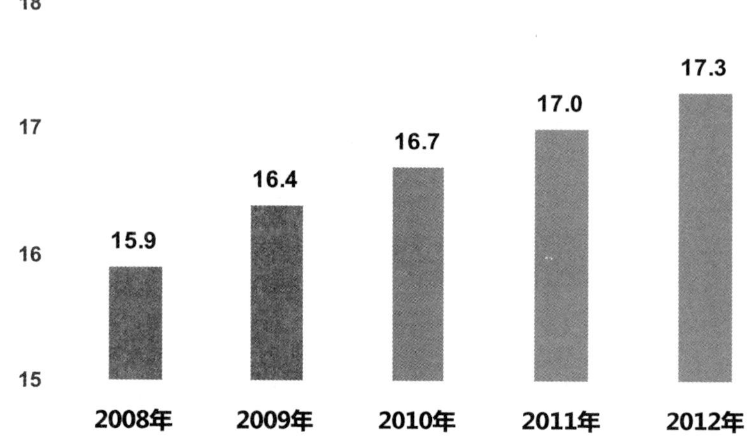

图5-1 2008～2012年城镇居民人均住房居住面积

三、城市居民家庭收入与支出情况

表5-6 城市居民家庭收入与支出情况（2012，按收入水平分组）

指 标	总平均	低收入户	中低收入户	中等收入户	中高收入户	高收入户
调查户数（户）	1 000	200	200	200	200	200
平均每户家庭人口（人）	2.89	3.09	2.90	2.85	2.79	2.79
平均每户就业人口（人）	1.55	1.43	1.38	1.49	1.62	1.82
平均每户就业面（%）	53.6	46.3	47.6	52.3	58.1	65.2
平均每一就业者负担人数（人）	1.86	2.16	2.10	1.91	1.72	1.53
可支配收入（元）	40 188	19 059	27 597	34 351	44 474	78 522
工资性收入	26 752	12 162	16 235	20 292	29 838	57 481
经营净收入	2 267	601	798	1 285	1 119	7 810
财产性收入	576	101	271	361	682	1 536
转移性收入	10 593	6 195	10 293	12 413	12 835	11 695
# 养老金或离退休金	9 477	5 365	9 811	11 651	11 988	8 966
出售财物收入（元）	412	1 291		1	2	692
借贷收入（元）	5 682	2 308	1 823	3 818	4 117	16 936
# 住房贷款	243	645				540
提取储蓄存款	5 351	1 635	1 768	3 544	4 083	16 344
消费支出（元）	26 253	15 095	18 232	22 946	29 575	47 092

# 服务性消费支出	7 955	4 385	5 216	6 902	8 877	14 938
购房与建房支出 （元）	1 288	1 581		683		4 214
转移性支出 （元）	3 784	982	1 915	3 226	3 445	9 766
社会保障支出 （元）	3 711	1 828	2 454	3 192	4 254	7 105
借贷支出 （元）	8 987	1 500	3 696	5 501	8 678	26 719

四、城市居民家庭消费支出及其构成

表 5-7　2012 年上海城市居民家庭消费支出及其构成　单位：元

	2011	2011(%)	2012	2012(%)
消费支出	25 102	100	26 253	100
食品	8 906	35.4	9 656	36.8
衣着	2 054	8.2	2 111	8.0
家庭设备用品及服务	1 826	7.3	1 906	7.3
医疗保健	1 141	4.5	1 017	3.9
交通和通信	3 808	15.2	4 564	17.4
教育文化娱乐服务	3 746	14.9	3 724	14.2
居住	2 226	8.9	1 790	6.8
其他商品和服务	1 395	5.6	1 485	5.7

五、农村居民家庭生活基本情况

表 5-8　2012 年上海农村居民家庭生活基本情况

项目	2011	2012
调查户数（户）	1200	1200
平均每户人口（人）	2.97	2.93
平均每户劳动力（人）	2.10	2.06
平均每一劳动力负担人数（人）	1.41	1.43
平均每人总收入（元）	17 306	19 293
平均每人可支配收入（元）	15 644	17 401
平均每人总支出（元）	13 458	14 853
平均每人生活消费总支出（元）	11 272	12 096
平均每人可支配收入指数（以 1990 年为 100）	939.6	1 045.1
平均每人生活消费支出指数（以 1990 年为 100）	893.2	958.5
平均每人年底居住房屋面积 （平方米）	58.90	60.42

六、居民消费水平

表 5-9 2012 年上海城乡居民人均消费支出

居民消费支出（元/人）	2011 年	2012 年
农村居民	11 272	12 096
城镇居民	25 102	26 253

第三节 固定资产投资

一、固定资产投资概况

2012 年全年完成全社会固定资产投资总额 5 254.38 亿元，比上年增长 3.7%。从产业投向看，第一产业投资与 2011 年相比大幅减少 37.7%；第二产业投资与 2011 年相比略有增长；第三产业投资与 2011 年相比稍有增加。从投资主体看，国有经济、集体经济与 2011 年相比继续减少；股份制经济、外商及港澳台投资与 2011 年相比略有增长长（见表 5-10）。

表 5-10 2012 上海市固定资产投资概况

指标	2012（亿元）	2012 比 2011 增长（%）	占全社会固定资产投资总额（%）
从产业投向看			
第一产业	11.20	-37.7%	0.2%
第二产业	1 294.14	0.3%	24.6%
第三产业	3 949.04	5.1%	75.2%
#住宅	1 457.64	3.9%	27.7%
从投资主体看			
国有经济	1 855.24	-1.1%	35.31%
非国有经济	3 399.14	6.5%	64.69%
集体经济	112.41	-15.7%	2.13%
私营经济	1 090.09	15.2%	20.75%
联营经济	8.99	-15.3%	0.17%
股份制经济	1 417.80	5.0%	26.98%
外商经济	528.06	11.6%	10.05%
港澳台经济	230.02	-9.2%	4.38%
其他经济	11.77	-53.7%	0.22%

二、固定资产投资构成

2012 年上海市固定资产投资结构发生新变化。全社会固定资产投资总额比上年增加 187.29 亿元。房地产施工面积持上升的趋势，增长比率为 2.8%，其中住宅施工面积增加了 0.9%，竣工面积同时减少了 4.3%（见表 5-11）。

表 5-11 2012 年上海市固定资产投资的构成情况 单位：亿元

指标	2011 年	2012 年	2012 年比 2011 年增加(%)
投资总额	5 067.09	5 254.38	3.7%
按隶属关系分			
中央项目	550.00	671.46	22.1%
地方项目	4 517.09	4 582.92	1.5%

按构成分			
建筑安装工程	2 991.95	3 097.79	3.5%
设备、工具、器具购置	834.17	851.13	2.9%
其他费用	1 240.97	1 305.46	5.2%
按建设性质分			
# 新 建	1 764.74	1 715.93	-2.8%
改 建	413.81	427.08	3.2%
扩 建	348.73	368.51	5.7%
单纯购置	335.81	333.23	-0.8%
按产业分			
第一产业	17.97	11.20	-37.7%
第二产业	1 290.89	1 294.14	0.3%
第三产业	3 758.23	3 949.04	5.1%
# 住 宅	1 403.13	1 457.64	3.9%
按经济类型分			
国有经济	1 875.48	1 855.24	-1.1%
非国有经济	3 191.61	3 399.14	6.5%
集体经济	133.33	112.41	-15.7%
私营经济	946.02	1 090.09	15.2%
联营经济	10.62	8.99	-15.3%
股份制经济	1 349.65	1 417.80	5.0%
外商经济	473.28	528.06	11.6%
港澳台经济	253.29	230.02	9.2%
其他经济	25.42	11.77	-53.7%
新增固定资产	2 816.59	2 911.34	3.4%
固定资产交付使用率 （%）	55.60	55.40	
房屋建筑面积 （万平方米）			
施工面积	16 572.36	16 874.72	1.8%
# 住 宅	8 441.61	8 350.83	-1.1%
竣工面积	2 926.28	2 838.97	-3.0%
# 住 宅	1 581.03	1 626.73	2.9%

注：按建设性质分中不包括房地产开发投资和农户投资。

第四节　人口总量与结构

至2012年年末，全市户籍人口1 426.93万人。全年户籍出生人口12.11万人，出生率8.51‰；死亡人口11.74万人，死亡率8.25‰；人口自然增长率为0.26‰。至2012年末，全市年末常住人口2 380.43万人，其中外来人口960.24万人，常住人口密度为3754人/平方公里。

一、人口主要构成情况

表 5-12 2012 年上海市户籍人口主要构成情况

指 标	年末数	比重
全市总人口（万人）	1 426.93	100.0%
其中：非农	1 280.82	89.8%
农业	146.11	10.2%
其中：男性	709.62	49.73%
女性	717.31	50.27%
其中：0-17 岁	150.72	10.56%
18-34 岁	323.63	22.68%
35-59 岁	585.26	41.02%
60 岁及以上	367.32	25.74%

二、家庭户规模及户籍人口期望寿命

2012 年，全市共有家庭户 524.31 万户，常住人口为 2 380.43 万人，持较慢增长趋势。平均每个家庭的人口为 2.7 人，户籍人口期望寿命男性为 80.18 岁，女性为 84.67 岁，两者近年来首次出现下降，这与整个城市的发展环境的改变分不开的。

三、 在校学生数

表 5-13 2012 年上海市在校学生数 单位：万人

指 标	2011	2012	2012 年比 2011 年增加（%）
普通高等学校	51.13	50.66	-0.91%
普通中等学校	73.96	73.45	-0.69%
其中：中等专业学校	10.22	9.88	-3.32%
普通中学	59.17	59.04	-0.22%
职业学校	3.52	3.55	0.85%
技工学校	1.05	0.98	-6.67%
普通小学	73.11	76.04	4.01%
特殊教育学校	0.49	0.49	0.00%

四、人口迁移

表 5-14 2012 年上海市人口迁移情况

年 份	迁 入		迁 出		机械增长	
	人 口（万人）	迁入率（‰）	人 口（万人）	迁出率（‰）	人 口（万人）	增长率（‰）
2011	13.15	9.29	5.33	3.76	7.82	5.53
2012	12.96	8.11	5.89	4.14	7.07	3.97

五、各区县人口数和人口密度

表 5-15　2012 年上海各区县人口数和人口密度

地　区	土地面积（平方公里）	年末常住人口（万人）	其　中	人口密度（人／平方公里）
			外来人口	
全　市	6 340.50	2 380.43	960.24	3 754
浦东新区	1 210.41	526.39	222.84	4 349
黄浦区	20.46	70.48	18.20	34 448
徐汇区	54.76	111.12	29.41	20 292
长宁区	38.30	69.73	17.85	18 206
静安区	7.62	25.58	6.07	33 570
普陀区	54.83	129.20	34.66	23 564
闸北区	29.26	84.61	20.52	28 917
虹口区	23.48	84.56	18.65	36 014
杨浦区	60.73	132.07	26.56	21 747
闵行区	370.75	250.80	126.02	6 765
宝山区	270.99	197.19	81.53	7 277
嘉定区	464.20	152.77	88.08	3 291
金山区	586.05	76.16	23.64	1 300
松江区	605.64	169.84	104.83	2 804
青浦区	670.14	116.98	69.25	1 746
奉贤区	687.39	112.99	57.15	1 644
崇明县	1 185.49	69.96	14.98	590

第五节　建筑业主要指标

一、建筑业宏观情况

表 5-16　2012 年上海建筑业宏观主要指标

类　别	企业数（个）	年末从业人员（万人）	竣工产值（亿元）	总产值（亿元）	其　中		房屋建筑面积（万平方米）	
					# 建筑工程	# 安装工程	施工面积	竣工面积
总　计	3 179	88.08	2 545.78	4 843.44	4 021.24	680.70	27 961.55	6 476.07
按登记注册类型分								
内　资	3 044	85.45	2 406.93	4 578.54	3 848.38	607.76	27 671.14	6 367.70
# 国　有	120	3.48	171.68	395.00	326.76	45.21	664.25	91.00
集　体	72	1.35	32.34	52.72	42.20	6.69	306.97	188.07
股份合作	21	0.15	4.15	5.71	5.37	0.27	1.91	1.91
联　营	15	0.28	5.46	16.10	12.54	1.29	61.65	9.83
有限责任公司	544	32.62	1 067.69	2 246.00	1 988.66	218.54	15 367.89	2 734.39
股份有限公司	61	4.88	356.66	453.89	344.80	107.17	3 626.24	872.08
私　营	2 211	42.69	768.94	1 409.12	1 128.05	228.59	7 642.24	2 470.41
港澳台商投资	77	1.05	40.23	129.52	78.40	44.51	79.35	
外商投资	58	1.58	98.63	135.37	94.47	28.43	211.06	108.37
按行业分								

房屋建筑业	965	61.34	1 584.24	2 755.76	2 506.19	183.18	27 148.00	6 266.75
土木工程建筑业	605	11.45	487.62	1 162.00	1 012.23	127.79	550.29	131.16
建筑安装业	743	7.79	243.66	438.02	89.19	318.24	128.95	69.91
建筑装饰和其他建筑业	866	7.49	230.26	487.66	413.64	51.49	134.32	8.26
按资质标准分								
施工总承包	1 453	73.98	2 121.44	4 023.02	3 464.63	460.49	27 672.74	6 397.47
专业承包	1 726	14.09	424.35	820.42	556.61	220.21	288.81	78.60

表 5-17 上海建筑业主要指标 (2001 ～ 2012)

年　份	年末从业人员（万人）	总产值（亿元）	房屋竣工面积（万平方米）	平均每个职工房屋竣工面积（平方米 / 人）	全员劳动生产率（按总产值计算）（元 / 人）
2001	35.52	730.33	2 434.73	39.55	118 641
2002	41.97	822.27	2 596.95	42.23	133 698
2003	50.52	1 195.80	3 609.20	71.44	153 910
2004	74.26	1 724.40	4 672.53	62.92	168 719
2005	72.23	1 889.25	5 648.85	78.21	182 299
2006	73.44	2 285.38	6 506.41	88.59	208 368
2007	69.33	2 524.18	6 090.22	87.84	228 710
2008	80.79	3 245.77	5 723.90	70.85	293 520
2009	88.88	3 830.53	5 719.93	64.36	312 360
2010	96.09	4 300.19	6 217.15	64.70	344 720
2011	96.86	4 586.28	5 984.74	61.79	359 232
2012	88.08	4 843.44	6 476.07	73.52	451 564

二、建筑业区县情况

表 5-18 2012 年上海各区、县建筑业主要指标

地　区	企业数（个）	年末从业人员（万人）	总产值（亿元）	房屋施工面积（万平方米）	房屋竣工面积（万平方米）	其　中
						# 住宅房屋
总　计	3 179	88.08	4 843.44	27 961.55	6 476.07	3 371.72
浦东新区	616	25.64	1 197.06	9 778.33	1 613.68	841.44
黄浦区	190	2.37	225.35	429.89	82.62	26.64
徐汇区	220	5.97	403.92	703.55	144.47	109.14
长宁区	162	4.07	208.93	2 148.79	484.62	279.32
静安区	82	1.66	40.75	830.37	15.16	12.00
普陀区	256	5.83	325.65	2 484.15	620.68	442.40
闸北区	103	3.79	383.19	853.54	245.38	162.82
虹口区	172	3.67	364.34	2 166.74	494.80	312.18
杨浦区	253	5.43	263.23	960.66	278.17	125.04
闵行区	164	5.71	246.10	2 048.14	555.18	323.95
宝山区	223	6.68	596.80	2 145.26	592.65	142.58
嘉定区	170	2.96	107.14	745.54	303.19	193.31

金山区	115	2.70	89.55	261.51	95.20	11.31
松江区	131	3.90	134.80	976.24	436.70	94.85
青浦区	74	2.53	86.05	572.25	145.43	51.56
奉贤区	202	3.87	130.74	650.01	274.78	186.84
崇明县	46	1.30	39.85	206.59	93.36	56.33

三、建筑业签订合同、承包工程完成情况

表 5-19　2012 年上海建筑业签订合同情况　　单位：亿元

类别	签订的合同额	上年结转合同额	本年新签合同额
总　计	11 246.87	5 035.18	6 211.69
按经济类型分			
内　资	10 583.01	4 820.67	5 762.34
# 国　有	729.73	314.91	414.82
集　体	66.15	20.93	45.22
股份合作	6.11	1.90	4.20
联　营	16.12	5.55	10.58
有限责任公司	5 893.36	2 588.68	3 304.69
股份有限公司	1 669.76	935.40	734.36
私　营	2 201.78	953.31	1 248.48
港澳台商投资	365.35	86.34	279.00
外商投资	298.52	128.17	170.34
按隶属关系分			
# 中 央 属	4 236.65	1 768.33	2 468.33
市　属	2 591.45	1 480.58	1 110.88
区（县）属	681.77	218.54	463.23
按资质等级分			
# 特　级	5 072.19	2 384.82	2 687.37
一　级	4 157.66	1 836.26	2 321.40
二　级	1 420.83	621.55	799.28
三　级	571.63	180.37	391.26
按行业类别分			
房屋建筑业	7 025.42	3 295.31	3 730.11
土木工程建筑业	2 776.21	1 298.74	1 477.47
建筑安装业	791.02	253.06	537.97
建筑装饰和其他建筑业	654.22	188.08	466.14
按资质标准分			
施工总承包	10 170.67	4 705.38	5 465.28
专业承包	1 076.20	329.80	746.40

表 5-20　2012 年上海建筑业承包工程完成情况　　单位：亿元

类　别	直接从建设单承揽工程完成产值	自行完成施工产值	分包出去工程的产值	从建设单位外承揽工程完成产值
总　计	5 121.29	4 389.64	731.65	453.80
按经济类型分				

内 资	4 826.68	4 157.22	669.47	421.33
# 国 有	425.12	363.44	61.68	31.56
集 体	51.59	51.19	0.40	1.53
股份合作	5.37	5.33	0.04	0.38
联 营	14.15	14.15		1.95
有限责任公司	2 314.95	2 085.9	229.09	160.13
股份有限公司	695.80	369.51	326.3	84.38
私 营	1 319.70	1 267.72	51.98	141.4
港澳台商投资	136.62	118.96	17.66	10.57
外商投资	157.99	113.47	44.52	21.90
按隶属关系分				
# 中 央 属	1 607.88	1 523.31	84.57	72.52
市 属	1 029.68	543.99	485.70	151.51
区（县）属	410.60	403.61	6.99	14.59
按资质等级分				
# 特 级	1 727.27	1 322.39	404.88	106.11
一 级	2 113.32	1 871.90	241.42	212.62
二 级	870.68	805.21	65.46	87.61
三 级	400.27	381.26	19.01	46.68
按行业类别分				
房屋建筑业	3 041.29	2 504.40	536.89	251.36
土木工程建筑业	1 203.50	1 065.64	137.86	96.36
建筑安装业	432.82	390.17	42.65	47.85
建筑装饰和其他建筑业	443.69	429.44	14.25	58.22
按资质标准分				
施工总承包	4 381.05	3 693.00	688.05	330.02
专业承包	740.24	696.65	43.59	123.78

第六节 金融业主要指标

一、个人贷款总额

表 5-21 个人消费贷款及公积金贷款年末余额（2010 ～ 2012） 单位：亿元

指 标	2010	2011	2012
金融机构人民币个人消费贷款余额	4 841.45	5 914.48	6 341.38
# 个人住房贷款	4 399.90	4 753.99	4 925.98
汽车消费贷款	134.29	662.65	822.05
个人住房贷款占金融机构人民币个人消费贷款额比重（%）	90.9	80.4	77.7
公积金贷款余额	1 127.45	1 203.11	1 420.50

注：金融机构人民币个人消费贷款余额及其中数因今年口径进行调整，故与往年不可比。

二、中资金融机构人民币贷款年末余额

表 5-22　中资金融机构人民币贷款年末余额　　单位：亿元

指　标	2012	比 2012 年初增加
各项贷款余额	33 814.10	3 149.28
境内贷款	33 648.77	3 142.03
# 短期贷款	9 037.27	1 176.32
# 个人贷款及透支	831.93	198.01
单位普通贷款及透支	7 183.10	622.67
贸易融资	985.25	353.41
中长期贷款	21 353.29	802.90
# 个人贷款	6 249.52	403.11
单位普通贷款	11 581.75	-30.16
贸易融资	162.53	3.00
融资租赁	1 569.99	633.75
票据融资	1 643.23	493.44
境外贷款	165.33	7.25

三、主要年份主要要素市场交易情况和资金拆借情况

表 5-23　主要金融市场成交概况（2010 ～ 2012）

指　标	2010	2011	2012
上海证券交易所	398 395.73	454 651.56	547 535.22
上海期货交易所	1 234 794.76	869 068.71	891 953.72
中国金融期货交易所	410 698.77	437 658.55	758 406.78
全国银行间货币与债券市场	1 798 225.10	1 966 399.84	2 636 302.88
同业拆借	278 684.03	334 412.04	467 043.65
回购交易	875 935.56	994 534.79	1 417 140.27
现券买卖	640 422.08	636 422.90	751 952.83
债券远期交易	3 183.43	1 030.10	166.12
上海黄金交易所	20 204.96	44 411.23	35 297.25
上海证券交易所	398 395.73	454 651.56	547 535.22

注：　本表数据除上海期货交易所和上海黄金交易所成交额按双向计算外，其他成交额数据均按单向计算。

第六章　土地市场

第一节　上海市城市总体规划

一、自然条件

上海地处太平洋西岸，亚洲大陆东沿，长江三角洲前缘，东濒东海，南临杭州湾，西接江苏、浙江两省，北界长江入海口，长江与东海在此交汇。全市辖 17 区 1 县，区域总面积为 8 239 平方公里，其中陆域面积 6 787 平方公里。

上海属北亚热带季风性气候，四季分明，日照充分，雨量充沛。年平均气温 17.5℃，日照时数 1 534.7 小时，无霜期 294 天，年降水量约 1 512.8 毫米。

上海属江南古陆的东北延伸地带，为冲积形成的三角洲平原，土壤肥沃，平均海拔高度为 4 米左右，地势低平坦荡，河湖水网纵横。

二、土地利用现状

根据 2005 年土地利用变更调查，全市土地利用现状为：

（一）农用地。农用地面积 380 200 公顷（570 万亩），占土地总面积的 46.15%。其中耕地面积 273 100 公顷（410 万亩），占 33.15%；园地 11 100 公顷（17 万亩），占 1.35%；林地面积为 20 700 公顷（31 万亩），占 2.51%；无牧草地；其他农用地面积 75 300 公顷（113 万亩），占 9.14%。

（二）建设用地。建设用地面积 240 100 公顷，占土地总面积的 29.14%。其中城乡建设用地 217 000 公顷，占 90.38%；交通、水利基础设施用地 21 300 公顷，占 8.87%；其他建设用地 18 公顷，占 0.75%。其中城镇工矿用地 161 200 公顷，以 2005 年城镇人口 1 584 万计算，人均城镇工矿用地 102 平方米。

（三）未利用地现状。未利用地面积 203 600 公顷，占土地总面积的 24.71%。其中河湖水面 155 800 公顷，占 18.91%；苇地滩涂 42 200 公顷，占 5.12%。

三、土地利用的重点任务

以“保护资源、保障发展、引领布局”为目标，强化土地利用综合调控作用，落实最严格的土地管理制度，深化土地节约集约利用，形成切实保护耕地资源、有效保障各类用地需求、引领城市空间发展布局的土地利用规划格局。

（一）严格保护耕地特别是基本农田。按照落实最严格的耕地保护制度要求，立足于保证城市粮食安全和生态体系，以建设促保护，确保耕地和基本农田数量，提高耕地和基本农田质量。

（二）有力培育城市发展战略地区。适应上海城市新一轮空间发展趋势，继续提升中心城区功能，重点培育浦东、虹桥等战略地区，通过规划引导和土地调控的双重手段，以土地供应的硬约束引导土地利用结构和布局优化，促进形成具有世界城市地位的都市空间结构。

（三）综合推进土地节约集约利用。按照建设资源节约型社会的要求，以供给引导需求，综合运用经济、行政等手段，促进节约集约利用土地，推动产业结构优化升级和经济发展方式转变。

（四）切实维护城市生态安全格局。按照建设环境友好型社会的目标，优先重视并切实维护上海城市的生态安全格局，统筹安排城市生活、生态和生产用地，实现土地资源永续利用。

四、土地利用主要调控指标

落实《全国土地利用总体规划纲要（2006—2020年）》要求，切实保护耕地特别是基本农田，因地制宜推动土地综合整治，严格控制各项建设用地规模，不断提高节约集约用地水平，确保各项用地调控目标实现。

（一）耕地保有量。至2020年全市耕地保有量保持在249 300公顷（374万亩）以上，近期至2010年耕地保有量保持在258 000公顷（387万亩）以上。

（二）基本农田保护面积。规划期内全市基本农田保护面积不低于218 700公顷（328万亩），并且质量有所提高。

（三）城乡建设用地规模。至2020年全市城乡建设用地规模控制在260 000公顷以内，近期至2010年城乡建设用地规模控制在230 000公顷以内。

（四）新增建设占用耕地规模。至2020年全市新增建设占用耕地控制在45 200公顷（67.8万亩）以内，近期至2010年新增建设占用耕地控制在16000公顷（24万亩）以内。

（五）整理复垦开发补充耕地义务量。至2020年全市整理复垦开发补充耕地义务量45 200公顷（67.8万亩），近期至2010年整理复垦开发补充耕地义务量16 000公顷（24万亩）。

（六）人均城镇工矿用地面积。至2020年全市人均城镇工矿用地控制在110平方米/人以内，近期至2010年人均城镇工矿用地控制在106平方米/人以内。

五、土地利用总体布局

落实国家发展战略，贯彻上海城市总体规划确定的基本原则、指导思想和发展方向，深化市域“1966”（1个中心城、9个新城、60个左右新市镇、600个左右中心村）城乡规划体系，优化和提升市域“多轴、多层、多核”空间布局体系和中心城区“多心、开敞”布局结构，科学、有序引导城市化和城市郊区化的发展趋势，形成适应上海现代化国际大都市区发展的“多中心、轴线切线组合和多层次的城乡生态安全网络”的总体空间布局结构。

（一）多中心格局

中心城区，提升和强化上海中心城区的（国际）高端服务、资源配置、生活品质和文化创源功能，发展成为国际经济、金融、贸易、航运中心功能的核心载体。

城市东翼，充分发挥浦东综合配套改革的带动效应，抓住南汇整体并入浦东新区的契机，发展具有较强综合性的集临海产业、空港、海港、铁路和主题公园为一体的东翼综合性组合新城群。

城市西翼，依托虹桥商务区建设，整合提升紧邻江浙两省、具有较高区位优势和高度市场活力的嘉青松虹地区，形成具有较强综合性的、面向长三角地区的西翼组合新城群。

中心城的（国际）高端服务、资源配置和文化创源功能、东翼新城群的国际门户和全球先进的临海制造业基地、西翼新城群的长三角资本、信息、服务交流和创新能力紧密联系、有序分工、互为补充。引导建立东翼、西翼反磁力中心，形成新的空间发展引擎，改变单中心发展格局，构筑与具有国际影响力、竞争力的世界城市相匹配的多中心土地利用格局。

（二）东西主轴和双切线组合

继续提升和展伸上海城市发展的东西主轴。东西主轴西自淀山湖、青西生态保护区、虹桥商务区，中间贯穿虹桥经济技术开发区、中心城区浦西地区、外滩和黄浦江两岸功能区、陆家嘴金融贸易区、张江高科技园区，东至浦东空港枢纽、大型民用客机总装基地、临港（芦潮港）新城和洋山深水港，是集中体现上海现代化、国际化的功能主轴和联系西翼组合新城群、中心城区、东翼组合新城群的空间链接。

培育发展东部的临海切线和西部的长三角切线。东部临海切线，进一步向北向南延伸，北至沪崇苏沿海通道、南迄杭州湾北岸地区，是培育上海临海战略产业、发挥亚太国际门户的主要城镇和产业发展走廊。西部长三角切线，承继沪宁、沪杭两大传统发展轴线，以西翼新城群为核心，积极服务长三角地区、服务长江流域、服务全国。双切线格局将有力提升上海面向世界、服务全国两个功能扇面的服务能力和水平。

（三）多层次的城乡生态安全网络

综合运用城市公园、郊野公园、生态隔离林带、基本农田集中区、城市水源地保护、滩涂湿地、江河湖海水域等生态空间保护的各种手段，构造市域“环、廊、区、源”的多层次生态空间网络，发挥生态锚固功能，维护生态底线，防止建设用地的无序蔓延，抢救性保护生态安全。

继续强化中心城区外环绿带的生态保护和空间维护作用，同时构筑 “上海绕城高速北线（原 A30）—沈海高速（原嘉金高速）—黄浦江大治河—滨江临海”市域绿环。沿中心城区外环绿带、市域绿环向外指状延伸，构建嘉宝、青松等 8 条放射形市域生态走廊，连接环外 20 片大型生态保育区，并依托长江口岛群、淀山湖水源地、杭州湾海湾休闲地带和东海海域湿地，形成市域北、西、南、东四大生态源地，形成城市融合自然的“双环八廊二十区四大源地”的生态开敞空间体系。

六、城乡区域土地利用

（一）中心城区土地利用

1. 区域范围。指外环线以内区域以及宝山、嘉定、闵行等部分区域。

2. 功能定位。上海面向世界的服务经济主导区域和上海国际经济、金融、贸易、航运中心功能的核心载体。

3. 土地利用调控。进一步提升与现代化国际大都市相匹配的面向世界的综合服务功能，着力调整优化土地利用结构和布局，进一步增加城市公共绿地、增加公共空间，切实转变土地利用方式。

保障中国 2010 年上海世博会建设用地需求。开展传统工业集中地区综合整治，进一步加大存量土地的二次开发和综合利用力度；加快发展现代服务业，优化配置高新技术产业及无污染、高附加值的都市型工业用地；积极推动地下空间有序利用，提高土地集约节约利用水平。

（二）中心城区周边地区土地利用

1. 区域范围。指中心城区外围城市化相对集中的区域。

2. 功能定位。承载中心城区功能完善、能级提升、生态间隔保护功能的重要区域。

3. 土地利用调控。推进建设用地空间整合，加大土地集约利用力度，促进功能转换升级。

推动虹桥商务区和协调区建设，促进零星分散工业用地和农民宅基地的归并集中，加强市政基础设施整合力度，改善地区环境。

根据农业布局和农业资源特点，建设旅游农业基地，构建城市绿色屏障。发挥郊野公园和基本农田的生态功能，有效隔离集中建设区域，提高区域环境质量。

（三）浦东拓展地区土地利用

1. 区域范围。指中心城区及中心城区周边地区以外的浦东新区、奉贤区瓦洪公路以东区域。

2. 功能定位。形成上海东翼城市发展核心，承载对外开放门户职能和沿海先进制造业基地职能。

3. 土地利用调控。统筹安排新增建设用地，推动临海城镇产业一体化发展，加快国际航运中心建设。

保障临港新城、大型民用客机总装基地、主题公园、港口、内河航道等项目的建设发展要求，有序增加临空、临港、物流等现代服务业和先进制造业用地。推进轨道交通及区域交通网络建设，合理安排基础设施用地。

保护农用地和生态用地，发展都市现代农业。建设沿海防护林带，合理开发滩涂资源。

（四）嘉青松虹地区土地利用

1. 区域范围。指中心城区及中心城区周边地区以外的嘉定区、松江区、青浦区等区域。

2. 功能定位。形成上海西翼城市发展核心，以虹桥商务区为依托，强化对长三角地区的服务职能和创新引领职能。

3. 土地利用调控。统筹安排新增建设用地，保障城镇用地需求。积极调整土地利用结构，以嘉定、松江、青浦新城为重点，加快面向长江三角洲的区域商务中心建设。

促进产业集约发展，优化产业布局，归并零星工业用地，促进工业向园区集中，提高工业用地产出率；探索实施城镇建设用地增加与农村建设用地减少相挂钩试点；保障长江三角洲重大基础设施一体化建设用地。

促进基本农田集中连片，建设黄浦江上游农业区。保护水源地及水源涵养林。

（五）杭州湾北岸地区土地利用

1. 区域范围。指金山区、奉贤区瓦洪公路以西区域。

2. 功能定位。上海滨海休闲地带和临海生态开敞源地，也是港口作业区及石化、装备等临海产业带的组成部分。

3. 土地利用调控。严格控制建设用地总量，有效推进生态保护，落实土地用途管制。

以基本农田为“生态锚固”手段，保持生态走廊和生态保育区的生态用地格局。加强滩涂资源保护和适度开发利用。建设沿海防护林带和防污染隔离带。

强化城镇用地集聚发展，保障面向国际、面向海洋的新型产业发展需求。适度归并农村居民点，推进土地整理复垦。优先安排基础设施用地。

（六）长江口三岛地区土地利用

1. 区域范围。指崇明县，含崇明岛、长兴岛及横沙岛。

2. 功能定位。上海重要的生态涵养区和可持续发展的重要战略空间。

3. 土地利用调控。加快推进崇明生态岛建设，保护优质耕地和基本农田，大力推进高效生态农业建设。推动青草沙水源地建设。加强滩涂资源保护和适度开发利用，保护崇明长江三角洲国家地质公园和自然保护区。

保障船舶工业基地，配置清洁型和资源节约型的工业用地。

七、区县土地利用调控目标土地利用

各区（县）要以本规划确定的功能定位、土地利用调控目标为指导，以各区（县）分解规划控制指标为依据，严格保护耕地特别是基本农田，严格控制建设用地规模，有效调控土地供应节奏，控制生产用地，保障生活用地，提高生态用地比例，提高土地节约集约利用水平。各项约束性指标层层分解，不得突破，预期性指标通过采取措施，力争实现。

（一）浦东新区。至 2020 年，全区耕地保有量 35 200 公顷（52.7 万亩），基本农田保护面积 29 240 公顷（43.86 万亩），建设用地总规模 76 000 公顷。

（二）宝山区。至 2020 年，全区耕地保有量 4 300 公顷（6.44 万亩），基本农田保护面积 2 000 公顷（3 万亩），建设用地总规模 23 100 公顷。

（三）闵行区。至 2020 年，全区耕地保有量 4 600 公顷（6.90 万亩），基本农田保护面积 3 130 公顷（4.7 万亩），建设用地总规模 27 400 公顷。

（四）嘉定区。至 2020 年，全区耕地保有量 13 300 公顷（20.02 万亩），基本农田保护面积 11 670 公顷（17.5 万亩），建设用地总规模 25 200 公顷。

（五）金山区。至 2020 年，全区耕地保有量 31 600 公顷（47.43 万亩），基本农田保护面积 27 330 公顷（41 万亩），建设用地总规模 20 000 公顷。

（六）松江区。至 2020 年，全区耕地保有量 20 500 公顷（30.71 万亩），基本农田保护面积 19 730 公顷（29.6 万亩），建设用地总规模 25 100 公顷。

（七）青浦区。至 2020 年，全区耕地保有量 29 200 公顷（43.74 万亩），基本农田保护面积 25 520 公顷（38.28 万亩），建设用地总规模 20 800 公顷。

（八）奉贤区。至 2020 年，全区耕地保有量 32 700 公顷（48.98 万亩），基本农田保护面积 31430 公顷（47.15 万亩），建设用地总规模 23000 公顷。

（九）崇明县。至 2020 年，全县耕地保有量 78000 公顷（117.04 万亩），基本农田保护面积 73 300 公顷（110 万亩），建设用地总规模 25 600 公顷。

表 6-1 土地利用主要调控指标表

指标		2005 年	2010 年	2020 年	指标属性
总量指标（单位：公顷）					
农用地	耕地保有量	273 100 （410 万亩）	258 000 （387 万亩）	249 300 （374 万亩）	约束性
	基本农田面积	214 800 （322 万亩）	218 700 （328 万亩）	218 700 （328 万亩）	约束性
	园地面积	11 100	13 000	15 000	预期性
	林地面积	20 700	22 000	27 200	预期性
	牧草地面积	0	0	0	预期性
建设用地	建设用地总规模	240 100	259 000	298 100	预期性
	城乡建设用地规模	217 000	230 000	260 000	约束性
	城镇工矿用地规模	161 200	183 000	220 000	预期性
增量指标（单位：公顷）					
新增建设用地总量		——	26 000	86 900	预期性
新增建设占用农用地规模		——	21 300 （32 万亩）	65 000 （97.5 万亩）	预期性
新增建设占用耕地规模		——	16 000 （24 万亩）	45 200 （67.8 万亩）	约束性
整理复垦开发补充耕地义务量		——	16 000 （24 万亩）	45 200 （67.8 万亩）	约束性
效率指标（单位：平方米）					
人均城镇工矿用地		102	106	110	约束性

表 6-2 土地利用结构调整表　　　　单位：公顷

地类			2005 年	2010 年	2020 年
农用地	耕地		273 100（410 万亩）	258 000（387 万亩）	249 300（374 万亩）
	园地		11 100（17 万亩）	13 000（20 万亩）	15 000（23 万亩）
	林地		20 700（31 万亩）	22 000（33 万亩）	27 200（41 万亩）
	牧草地		0	0	0
	其他农用地		75 300（113 万亩）	91 800（138 万亩）	96 000（144 万亩）
	小计		380 200（570 万亩）	384 800（577 万亩）	387 500（581 万亩）
建设用地	城乡建设用地	城镇工矿用地	161 200	183 000	220 000
		农村居民点用地	55 800	47 000	40 000
		小计	217 000	230 000	260 000
	交通、水利及其他用地	交通、水利基础设施用地	21 300	26 500	34 600
		其他建设用地	1 800	2 500	3 500
		小计	23 100	29 000	38 100
	小计		240 100	2 590	2 981
未利用地			203 600	180 100	138 300
合计			823 900	823 900	823 900

表 6-3 各区县建设用地指标表　　　　单位：公顷，平方米

名称	2005 年建设用地总规模	2010 年各项建设用地规模				2020 年各项建设用地规模			
		建设用地总规模	城乡用地规模	城镇工矿用地规模	人均城镇工矿用地	建设用地总规模	城乡用地规模	城镇工矿用地规模	人均城镇工矿用地
国家下达	240 100	259 000	230 000	183 000	106	298 100	260 000	220 000	110
机动量	——	——	——	——	——	3 000	——	——	——
中心九城区	28 900	28 900	28 900	28 900	48	28 900	28 900	28 900	52
浦东新区	58 800	64 500	56 900	44 500	139	76 000	67 300	58 000	141
宝山区	21 900	22 200	19 400	14 700	123	23 100	21 300	20 000	127
闵行区	23 700	25 200	22 000	16 900	129	27 400	25 400	24 200	137
嘉定区	20 600	22 300	19 500	14 800	130	25 200	21 600	19 000	134
金山区	14 600	16 000	13 900	10 600	134	20 000	17 300	13 600	123
松江区	24 100	24 600	21 500	16 400	142	25 100	21 000	17 800	133

青浦区	14 800	16 300	14 000	10 600	132	20 800	17 100	13 500	111
奉贤区	15 700	17 900	15 500	11 700	152	23 000	18 600	13 000	130
崇明县	17 000	21 100	18 400	13 900	152	25 600	21 600	12 000	120

注：表中长兴岛、横沙岛的2005年现状建设用地面积仍计入宝山区。

第二节 土地收费

表6-4 土地依法收费项目、标准和依据

序号	收费项目名称		收费标准	设立依据	
	一级项目	二级项目	收费标准	批准文号	文件依据
1	土地使用权出让金		招标，拍卖挂牌或协议确定	2001年市政府第101号令	《土地管理法》
2	外商投资企业土地使用费		每亩0.50～170元	沪府发[95]38号	沪府发[95]38号
3	土地收益金		见文件	沪房地资金[2003]339号	沪府发[1999]44号
4	耕地开垦费		37.5元/平方米	沪价商[2001]53号 沪财预[2001]122号	《土地管理法》
5	土地复垦费		破坏耕地的，15元/平方米；破坏非耕农用地的，7.5元/平方米	沪价商[2001]53号 沪财预[2001]122号	《土地管理法》
6	土地闲置费		见文件	沪价商[2001]53号 沪财预[2001]122号	《土地管理法》
7	土地、青苗补偿费	1、土地补偿费	见文件	沪发改价商[2008]11号	《土地管理法》
8		2、青苗补偿费	见文件	沪价商[2006]9号	《土地管理法》
9	城镇个人使用国有土地地租		0.015－0.06元/平方米	沪价涉[92]188号	

第三节 上海市基准地价

一、上海市基准地价土地级别（基准日2010年1月1日）

土地级别范围说明：根据不同用途土地价格分布的情况，居住、商业、办公分为10个级别，工业分为9个级别。以上级别范围及下述级别范围说明均不含滩涂。

（一）居住用地：上海市居住用地共分为10级，外环以内以1～6级为主，外环以外以7～10级为主。总体上以人民广场为中心，越接近市中心级别越高、越远离市中心级别越低。位于外环以内的西南区域土地级别相对较高、位于外环以外除崇明外的北部区域土地级别高于南部区域。局部规划重点发展的区域呈岛状分布，级别高于周边区域，如外环以内的世纪公园、联洋、碧云、古北、北外滩、天山、田林等区域，外环以外的各郊区县中心城镇、规划新城区等区域。

具体定级范围说明如下：

1 级：　黄浦江以西：北京西路一万航渡路一华山路一延安西路一江苏路一华山路一广元西路一恭城路一虹桥路一文定路一南丹路一南丹东路一宛平路一建国西路一襄阳南路一永嘉路一瑞金二路一复兴中路一西藏南路一西藏中路一北京西路；北外滩：秦皇岛路一杨树浦路一东大名路一大名路一黄浦江一秦皇岛路；黄浦滨江：中山东路、中山东一路、中山南路：苏州河一南浦大桥；徐汇滨江：黄浦江一沪杭铁路新日支线一宛平南路一龙华港一黄浦江；黄浦江以东：黄浦江一张家浜一浦明路一浦电路一浦城路一陆家嘴环路一黄浦江

2 级：黄浦江以西：黄浦江一秦皇岛路一杨树浦路一大连路一周家嘴路一海宁路一河南北路一苏州河一长寿路一武宁路一苏州河一中山西路（内环）一延安西路一虹许路（中环）一古羊路一宋园路一吴中路一中山西路（内环）一延安西路（延安路高架）一虹许路（中环）一古羊路一宋园路一吴中路一中山西路（内环）一中山南二路（内环）一宛平南路一龙华港一黄浦江所围范围内 1 级以外的其他地区；黄浦江以东：黄浦江一陆家嘴环路一浦城路一浦电路一浦明路一张家浜一黄浦江一塘桥新路一浦建路一东方路一浦电路一灵山路一民生路一黄浦江；联洋：杨高中路一民生路一锦绣路一芳甸路一花木路一罗山路（内环）一杨高中路；世纪公园：花木路一锦绣路一梅花路一白杨路一龙阳路一芳甸路一花木路

3 级：内环内除杨浦区，1 ～ 2 以外的其他区域 黄浦江以西：杨浦滨江：杨树浦路一秦皇岛路一黄浦江一宁国路（内环）一杨树浦路；　天山：苏州河一双流路一天山路一古北路一延安西路一中山西路（内环）一苏州河；　田林龙华世博滨江：吴中路一桂林路一桂林南路一沪杭铁路一龙吴路一上中路（中环）一黄浦江一龙华港一宛平南路一中山南二路（内环）一中山西路（内环）一吴中路；新江湾城：军工路一杨浦区西部行政边界（逸仙路）一政立路一淞沪路一闸殷路一军工路；黄浦江以东：世博会场址规划区；碧云：杨高中路一罗山路（内环）一锦绣东路一金桥路（中环）一杨高中路

4 级：政立路一逸仙路高架一纹水东路一粤秀路一彭江路一共和新路一灵石路一岚皋路一石泉路一中宁路一武宁路一大渡河路一苏州河一北虹路一天山西路一环西一大道（外环）一吴中路一莲花路一沪闵路一虹梅路（中环）一上中西路（中环）一上中路（中环）一龙吴路一黄浦江一耀华路一浦东南路一高科西路一张江路（中环）一金桥路（中环）一黎平路（中环）一军工路（中环）一翔殷路（中环）一国和路一政立路，所围范围内 1 ～ 3 级以外的其他地区

5 级：黄浦江一杨浦区北部行政边界一逸仙路高架一场中路一共和新路一汶水路（中环）一真北路（中环）一沪宁铁路一祁连山南路一普陀区西部行政边界一苏州河一环西一大道（外环）一环南二大道（外环）一黄浦江一中环一华夏西路（中环）一华夏中路（中环）一张江路（中环）一高科中路一申江路一唐陆公路一东陆公路一杨高北路一赵家沟一黄浦江，所围范围内 1 ～ 4 级以外的其他区域

6 级：外环内 1 ～ 5 级以外的其他区域；普陀区、长宁区、徐汇区 1 ～ 5 级以外的其他区域；嘉定区：真新新村街道外环外区域；宝山区：友谊路街道、吴淞街道规划建设区；闵行区：闵行边界一北横泾一沪青平公路一中春路一春申塘一闵行区边界一环南大道（外环）一环西大道（外环）一闵行边界

7 级：黄浦江以西，闵行区：华漕镇、颛桥镇、马桥镇、吴泾镇、江川街道规划建设区，宝山区：顾村镇、杨行镇、大场镇规划建设区，嘉定区：江桥镇、南翔镇规划建设区，松江

区：九亭镇、新桥镇规划建设区，青浦区：徐泾镇规划建设区；黄浦江以东，浦东新区：高桥镇、高东镇规划建设区内6级以外的其他区域；A30以西1～6级以外的其他区域；浦东新区（原南汇区）：周浦康桥镇规划建设区；闵行区：浦江镇沈杜公路以北区域

8级：黄浦江以西，宝山区：月浦镇、罗店镇规划建设区，嘉定区：新成路街道、菊园新区、嘉定镇街道、安亭镇、马陆镇、嘉定工业区规划建设区，松江区：岳阳街道、永丰街道、方松街道、中山街道，佘山镇、泗泾镇、洞泾镇、车墩镇、小昆山镇规划建设区，青浦区：朱家角镇、赵巷镇、盈浦街道、夏阳街道、香花桥街道规划建设区，金山区：朱泾镇建成区（健康路一亭枫公路一仙业路一临源街）、金山新城建成区（龙翔路一东平北路一东平南路一临桂路一卫零路一隆平路一卫一路一大堤路一荔浦路一海滨路一沪杭公路一亭卫南路一亭卫公路一龙翔路）、枫泾镇建成区、枫泾新镇区；　黄浦江以东，闵行区：浦江镇沈杜公路以南区域，浦东新区（原南汇区）：惠南镇规划建设区、临港新城中心区，奉贤区：南桥镇规划建设区（奉浦大道一沪杭公路一沪金高速一上海绕城高速一奉浦大道）

9级：上海市（不含金山区、崇明县）1～8级以外的其他区域，金山区：金山新城中心城区未建成区、亭林老镇区、亭林大型居住社区、张堰镇建成区，崇明县：城桥镇规划建设区

10级：上海市1～9级以外的其他区域

（二）商业用地：上海市商业用地共分为10级，外环以内以1～6级为主，外环以外以7～10级为主。总体上以人民广场为中心，越接近市中心级别越高、越远离市中心级别越低。结合上海市商业发展的特点，在商业用地的1级、2级以及其他环状级别内的带状、岛状分布的区域，多为发展较好的商业街和商圈，土地级别高于周边区域。

具体定级范围说明如下：

1级：黄浦江以西，外滩：中山东一路：延安东路一苏州河，南京东（西）路：中山东一路一乌鲁木齐北路，西藏中路：南京东路一福州路，淮海东（中）路：西藏南路一襄阳北路，新天地：淮海路一马当路一自忠路一黄陂南路一淮海路，徐家汇：虹桥路肇家浜路：恭城路一一天平路；华山路：广元路一一虹桥路；天钥桥路：肇家浜路一一南丹路；漕溪路：虹桥路一一南丹路

2级：黄浦江以西，四川北路：苏州河一东江湾路，福州路：河南中路一西藏中路，金陵东路：中山东二路一西藏南路，衡山路：乌鲁木齐北路一宛平南路，豫园：人民路一河南南路一方浜中路一人民路，　静安寺：北京西路一乌鲁木齐北路一华山路一延安中路一常德路一北京西路，　中山公园：汇川路一凯旋路一长宁路一汇川路　长宁路：定西路一汇川路，虹桥：仙霞路一古北路一延安西路一仙霞路；　黄浦江以东，陆家嘴：黄浦江一东昌路一浦东南路一黄浦江，　新上海城：商城路一浦东南路一张杨路一崂山东路，张杨路：崂山东路一浦东南路

3级：黄浦江以西，周家嘴路一海宁路一河南北路一天目东路一共和新路一沪宁铁路一苏州河一中山西路（内环）一天山路一古北路一仙霞路一延安西路一中山西路（内环）一卢湾区边界一黄浦江一秦皇岛路一杨树浦路一大连路一周家嘴路，所围范围内1～2级以外的其他地区，虹桥：天山路一古北路一仙霞路一延安西路一中山西路（内环）一天山路，古北：延安西路一虹许路（中环）一古羊路一宋园路一吴中路一中山西路（内环）一延安西路，五角场：政立路一国定路一国定东路一国和路一政立路，大宁商务区：大宁路一万荣路一延长中路一共和新路一大宁路，虹口足球场：大连西路一中山北一路（内环）一花园路一四川北路一四达路一欧阳路一大连西路；黄浦江以东，黄浦江一塘桥新路一浦建路一东方路一浦电

路一源深路一张杨路一东方路一黄浦江，联洋：杨高中路一民生路一锦绣路一罗山路（内环）一杨高中路

4级：内环内1～3级以外的其他区域。黄浦江以西，江湾：殷高路一淞沪路西侧规划道路（江湾一五角场城市副中心西边界）一三门路一国定路一政立路一国京路一殷高路，曹杨：梅岭北路一杨柳青路一梅岭南路一梅岭北路，天山：苏州河一双流路一天山路一中山西路（内环）一苏州河，仙霞路：古北路一北虹路（中环），金汇路：吴中路一红松路，田林路：桂林路一虹漕路，田林龙华世博：吴中路一桂林路一钦州南路一钦州路一龙华港一黄浦江一外马路一中山南路一中山南一路（内环）一中山南二路（内环）一中山西路（内环）一吴中路；黄浦江以东。碧云：杨高中路一罗山路（内环）一锦绣东路一金桥路（中环）一杨高中路，张江：碧波路一高科中路一科苑路一碧波路，龙汇路：莲溪路一沪南路，世博会场址规划区

5级：中环内1～4级以外的其他区域。黄浦江以西。五角场辐射区：国和路一政立路一国权北路一三门路一逸仙路一邯郸路一翔殷路（中环）一包头路一国和路，大柏树：纪念路一广纪路一坟水东路一逸仙路一纪念路，曹安梅川：曹安路一真光路一梅川路一真北路（中环）一曹安路，梅川路：真光路一万镇路，南方商城：古美西路一万源路一沪闵路一古方路一古美西路，彭浦：保德路一三泉路一闻喜路一阳曲路一保德路，新泾金汇：天山西路一环西一大道（外环）一吴中路一虹许路（中环）一北虹路（中环）一天山西路，虹桥商务功能核心区：扬虹路一华翔路一建虹路一申贵路一甬虹路一申虹路一锡虹路一申贵路一扬虹路

6级：外环内1～5级以外的其他区域。黄浦江以西。普陀区、长宁区、徐汇区1～5级以外的其他区域，宝山区：友谊路街道、吴淞街道规划建设区，闵行区：虹桥商务区（北翟路一华翔路一沪青平公路一环西大道（外环）一北翟路），沪青平公路一中春路一春申塘一闵行区边界一环南大道（外环）一环西大道（外环）一沪青平公路；黄浦江以东。浦东新区，川沙：川杨河一唐陆公路一栏学路一城丰路一妙境路一川环南路一浦东运河一川杨河

7级：闵行区：华漕镇、七宝镇、莘庄镇、梅龙镇规划建设区内除6级以外的其他区域，颛桥镇、吴泾镇、江川路街道规划建设区；浦江镇规划建设区内沈杜公路以北的区域，宝山区：杨行镇、顾村镇、大场镇规划建设区内6级以外的其他区域，嘉定区：南翔镇规划建设区；真新新村街道、江桥镇规划建设区内6级以外的其他区域，青浦区：徐泾镇规划建设区，松江区：九亭镇、新桥镇规划建设区，浦东新区：高桥镇、高东镇规划建设区内6级以外的其他区域；A30以西1～6级以外的其他区域，浦东新区（原南汇区）：康桥镇规划建设区内除6级以外的区域；周浦镇规划建设区

8级：闵行区：1～7级以外的其他区域，宝山区：月浦镇、罗店镇规划建设区，嘉定区：新成路街道、菊园新区、嘉定镇街道，马陆镇、安亭镇、嘉定工业区规划建设区，青浦区：夏阳街道、盈浦街道、香花桥街道规划建设区，松江区：岳阳街道、永丰街道、方松街道、中山街道、泗泾镇、洞泾镇、车墩镇、佘山镇、小昆山镇规划建设区，金山区：朱泾镇建成区（健康路一亭枫公路一仙业路一临源街）、金山新城建成区（龙翔路一东平北路一东平南路一临桂路一卫零路一隆平路一卫一路一大堤路一荡浦路一海滨路一沪杭公路一亭卫南路一亭卫公路一龙翔路）、枫泾镇建成区、枫泾新镇区，奉贤区：南桥镇规划建设区（奉浦大道一沪杭公路一沪金高速一上海绕城高速一奉浦大道），浦东新区（原南汇区）：惠南镇规划建设区、临港新城中心区及洋山保税港

9级：上海市（不含金山区、崇明县）1～8级以外的其他区域。金山区：金山新城中心城区未建成区、亭林老镇区、亭林大型居住社区、张堰镇建成区，崇明县：城桥镇规划建设区

10 级：上海市 1 ～ 9 级以外的其他区域

（三）办公用地：上海市办公用地共分为 10 级，外环以内以 1 ～ 6 级为主，外环以外以7～10级为主。总体上以人民广场为中心，越接近市中心级别越高、越远离市中心级别越低。位于外环以内的西南区域土地级别较高、位于外环以外除崇明外的北部区域土地级别高于南部区域。局部规划重点发展的区域呈岛状分布，土地级别高于周边区域，如外环以内的大宁、长风、张江、五角场、金桥等区域，外环以外的各郊区县中心城镇等区域。

具体定级范围说明如下：

1 级：黄浦江以西：黄浦江一苏州河一河南中路一天津路一贵州路一牛庄路一凤阳路一石门二路一奉贤路一南阳路一铜仁路一愚园东路一愚园路一愚园支路一乌鲁木齐北路一延安西路一延安中路一威海路一成都北路一重庆中路一长乐路一襄阳北路一襄阳南路一南昌路一兴业路一淡水路一复兴中路一西藏南路一方浜西路一人民路一云南南路一云南中路一九江路一河南中路一河南南路一人民路一兴东路一豆市街一白渡路一中山南路一王家码头路一外仓桥街一南仓街一陆家浜路一黄浦江。徐家汇：广元路一广元西路一乐山路一虹桥路一文定路一南丹路一南丹东路一天钥桥路一肇家浜路一天平路一广元路，北外滩：秦皇岛路一杨树浦路一东大名路一大名路一黄浦江一秦皇岛路，黄浦江以东：黄浦江一东昌路一浦东南路一栖霞路一南泉北路一乳山路一东方路一黄浦江

2 级：黄浦江以西。苏州河一安远路一长寿路一万航渡路一苏州河一中山西路（内环）一天山路一古北路一虹桥路一伊犁路一延安西路一中山西路（内环）一虹桥路一恭城路一广元西路一广元路一天平路一肇家浜路一徐家汇路一陆家浜路一黄浦江一苏州河，所围范围内1级以外的其他地区，北外滩：东长治路一长治路一大名路一一东大名路一公平路一东长治路；黄浦江以东。黄浦江一浦东南路一东昌路一黄浦江一塘桥新路一浦建路一东方路一浦电路一民生路一黄浦江

3 级：黄浦江以西。内环线内除杨浦，1 ～ 2 级以外的其他区域， 杨浦滨江：杨树浦路一秦皇岛路一黄浦江一宁国路（内环）一杨树浦路，五角场：政立路一国定路一国定东路一国和路一政立路； 黄浦江以东。黄浦江一民生路一浦东大道一罗山路（内环）一黄浦江，浦电路一东方路一浦建路一锦绣路一民生路一浦电路，塘桥新路一黄浦江一龙阳路（内环）一浦东南路一塘桥新路

4 级：黄浦江以西。殷高路一淞沪路西侧规划道路（江湾一五角场城市副中心西边界）一三门路一国定路一政立路一逸仙路高架一汶水东路一水电路一广中路一广中西路一志丹路一光新路一真如港一岚皋路一石泉路一中宁路一武宁路一桃浦一虬江一杨柳青路一枣阳路一金沙江路一真北路（中环）一苏州河一芙蓉江路一天山路一水城路一水城南路一延安西路（延安路高架）一虹许路（中环）一古羊路一宋园路一桂林路一钦州南路一钦州路一龙华港一黄浦江一宁国路（内环）一黄兴路（内环）一国定东路一国和路一政立路一国京路一殷高路，所围范围内 1 ～ 3 级以外的其他区域；黄浦江以东。内环内 1 ～ 3 级以外的其他区域，世博会场址规划区，碧云张江：杨高中路一罗山路（内环）一高科中路一张江路一金桥路一杨高中路。

5 级：中环内 1 ～ 4 级以外的其他区域。黄浦江以西。新泾：天山西路一环西一大道（外环）一延安西路一北虹路（中环）一天山西路，虹桥商务区：北翟路一华翔路一沪青平公路一环西大道（外环）一北翟路，大柏树：场中路一广粤路一汶水东路一逸仙路一场中路，新江湾城：军工路一杨浦区西部行政边界（逸仙路）一政立路一淞沪路一闸殷路一军工路；黄浦江以东。外高桥保税区：海高公路一杨高北路一五洲大道一高川河一海高公路，金桥出

口加工区：金海路一杨高中路一金桥路（中环）一川桥路一唐陆公路一东陆公路一金海路，张江集成电路产业区：龙东大道一张江路（中环）一高科中路一环东二大道（外环）一龙东大道。

6 级：外环内 1 ～ 5 级以外的其他区域。黄浦江以西。普陀区、长宁区、徐汇区 1 ～ 4 级以外的其他区域，宝山区：友谊路街道、吴淞街道规划建设区，闵行区：虹桥交通枢纽（北翟路一华翔路一沪青平高速公路一环西大道（外环）一北翟路），莘庄（沪杭高速公路一中春路一沪杭铁路一 A4 一沪杭高速公路）

7 级：闵行区：华漕镇、七宝镇、莘庄镇、梅龙镇规划建设区内 6 级以外的其他区域；颛桥镇、吴泾镇、江川路街道规划建设区；浦江镇规划建设区内沈杜公路以北的区域，宝山区：杨行镇、顾村镇、大场镇规划建设区内除 6 级以外的区域，嘉定区：南翔镇规划建设区；真新新村街道、江桥镇规划建设区内 6 级以外的其他区域，青浦区：徐泾镇规划建设区，松江区：九亭镇、新桥镇规划建设区，浦东新区：高桥镇、高东镇规划建设区内 6 级以外的其他区域;A30 以西 1 ～ 6 级以外的其他区域，浦东新区（原南汇区）：康桥镇规划建设区内 6 级以外的其他区域；周浦镇规划建设区。

8 级：闵行区：1 ～ 7 级以外的其他区域，宝山区：月浦镇规划建设区，嘉定区：新成路街道、菊园新区、嘉定镇街道，马陆镇、安亭镇、嘉定工业区规划建设区，青浦区：夏阳街道、盈浦街道、香花桥街道规划建设区，松江区：岳阳街道、永丰街道、方松街道、中山街道、泗泾镇、洞泾镇、车墩镇、佘山镇、小昆山镇规划建设区，金山区：朱泾镇建成区（健康路一亭枫公路一仙业路一临源街）、金山新城建成区（龙翔路一东平北路一东平南路一临桂路一卫零路一隆平路一卫一路一大堤路一荔浦路一海滨路一沪杭公路一亭卫南路一亭卫公路一龙翔路）、枫泾镇建成区、枫泾新镇区，奉贤区：南桥镇规划建设区（奉浦大道一沪杭公路一沪金高速一上海绕城高速一奉浦大道），浦东新区（原南汇区）：惠南镇规划建设区、临港新城中心区及洋山保税港

9 级：上海市（不含金山区、崇明县）1 ～ 8 级以外的其他区域。金山区：金山新城中心城区未建成区、亭林老镇区、亭林大型居住社区、张堰镇建成区，崇明县：城桥镇规划建设区。

10 级：上海市 1 ～ 9 级以外的其他区域

（四）工业用地：上海市工业用地共分为 9 级，外环以内以 1 ～ 5 级为主，外环以外以 6 ～ 9 级为主。总体上以人民广场为中心，越接近市中心级别越高、越远离市中心级别越低。在级别划分时，充分考虑了上海市内各工业园区的分布情况及土地开发程度。

具体定级范围说明如下：

1 级：黄浦江以西：黄浦江一苏州河一石门二路一北京西路一乌鲁木齐北路一乌鲁木齐中路一复兴中路一复兴东路一黄浦江，北外滩：黄浦江一溧阳路一大名路一长治路一苏州河一黄浦江；黄浦江以东：黄浦江一张杨路一东方路一黄浦江

2 级：黄浦江以西：内环内除杨浦，1 级以外的其他区域，虹桥经济技术开发区，黄浦江以东：黄浦江一东方路一张杨路一黄浦江一塘桥新路一浦建路一东方路一峨山路一杨高南路一源深路一浦东大道一民生路一黄浦江

3 级：黄浦江以西：杨浦内环内区域，中环内除杨浦，1 ～ 2 级以外的其他区域，五角场、市北工业区：政立路一场中路一沪太路一汶水路（中环）一邯郸路（中环）一国定路一国定东路一国和路一政立路，漕河泾经济技术开发区（超出中环的部分）；黄浦江以东：内环内 1 ～ 2 级以外的其他区域，世博会场址规划区

4级：中环内1～3级以外的其他区域，张江高科技园区（超出中环的部分）

5级：外环内的1～4级以外的其他区域（浦东新区（原南汇区）、嘉定区行政范围内的区域除外），普陀区、长宁区、徐汇区1～4级以外的其他区域，宝山区：友谊路街道、吴淞街道规划建设区，虹桥商务区（北翟路—华翔路—沪青平公路—环西大道（外环）—北翟路）、上海紫竹高新技术产业园区、上海闵行经济技术开发区闵行园区、上海浦东空港工业园区机场分园、上海浦东空港工业园区川沙分园、上海外高桥保税区（超出外环的部分）

6级：闵行区、浦东新区1～5级以外的其他区域，浦东新区（原南汇区）：洋山保税港区、上海周浦都市型工业园

7级：宝山区：月浦镇、杨行镇、顾村镇、大场镇规划建设区、上海宝山工业园区（宝山城市园北区块、罗店园、嘉定徐行园东区块、嘉定徐行园西区块）、宝山钢铁集团公司；嘉定区：新成路街道、真新新村街道、菊园新区、嘉定镇街道，马陆镇、南翔镇、安亭镇、江桥镇、嘉定工业区规划建设区；青浦区：夏阳街道、盈浦街道、徐泾镇规划建设区、上海西郊经济开发区（华新绿色园区块1-5），上海青浦工业园区（区块1-5）；松江区：岳阳街道、永丰街道、方松街道、中山街道，九亭镇、新桥镇、泗泾镇、洞泾镇、车墩镇、佘山镇、小昆山镇规划建设区；金山区：上海石油化工股份有限公司、上海化学工业园区；奉贤区：南桥镇规划建设区；浦东新区（原南汇区）：惠南镇、周浦镇、康桥镇规划建设区、临港新城中心区、上海浦东空港工业园区祝桥分园

8级：上海市（不含崇明县）1～7级以外的其他区域；崇明县：城桥镇规划建设区、长兴岛、上海崇明工业园区

9级：上海市1～8级以外的其他区域

二、上海市基准地价表

表6-5 上海市基准地价表（基准日2010年1月1日）

用途	居住		商业		办公		工业	
级别	价格	设定容积率	价格	设定容积率	价格	设定容积率	价格	设定容积率
1	17 800	2.5	25 800	4.0	15 600	4.0	6 500	2.0
2	13 560	2.5	18 600	4.0	10 500	4.0	4 350	2.0
3	10 030	2.0	16 400	2.0	8 170	4.0	2 740	1.6
4	8 250	2.0	12 020	2.0	6 830	3.5	1 450	1.6
5	6 870	2.0	8 810	1.8	5 050	3.5	990	1.6
6	4 980	1.8	5 980	1.8	3 820	3.5	812	1.2
7	3 620	1.8	4 250	1.6	2 970	2.5	525	1.0
8	2 650	1.4	2 820	1.6	2 120	2.5	360	1.0
9	1 580	1.4	1 850	1.2	1 400	1.2	250	1.0
10	1 130	1.0	1 150	1.2	760	1.2		

注：1. 表中价格均为楼面地价；

2. 表中价格均为相应用途之法定最高出让年限的国有出让土地使用价格；

3. 居住、商业和办公用地设定的土地开发程度为“七通一平”、工业用地设定的土地开发程度为“五通一平”；

4. 该表不可独立理解和使用，须与基准地价级别范围说明和成果应用说明结合使用。

三、上海市基准地价容积率修正系数

基准地价一般根据平均的土地利用程度来确定其容积率。当宗地的容积率水平与基准地价所设定的不一致时，就需进行容积率修正。目前工业用地容积率对地价的影响较小，工业

用地原则上不设容积率修正。对居住、商业和办公用地的修正系数表（见表 6-6，表 6-7，表 6-8）（本系数是对楼面地价的修正）。

表 6-6　上海市基准地价容积率修正系数表（居住用地）

居住容积率	1～2级	3～5级	6～7级	8～9级	10级	居住容积率	1～2级	3～5级	6～7级	8～9级	10级
1.0	1.195	1.166	1.142	1.079	1.000	3.6	0.947	0.924	0.905	0.855	0.792
1.1	1.170	1.141	1.119	1.056	0.979	3.7	0.943	0.920	0.902	0.851	0.789
1.2	1.148	1.120	1.098	1.036	0.961	3.8	0.938	0.915	0.897	0.847	0.785
1.3	1.127	1.100	1.077	1.017	0.943	3.9	0.933	0.910	0.892	0.842	0.781
1.4	1.108	1.081	1.059	1.000	0.927	4.0	0.928	0.905	0.887	0.838	0.777
1.5	1.090	1.063	1.042	0.984	0.912	4.1	0.924	0.901	0.883	0.834	0.773
1.6	1.074	1.048	1.027	0.969	0.899	4.2	0.919	0.897	0.879	0.829	0.769
1.7	1.059	1.033	1.012	0.956	0.886	4.3	0.914	0.892	0.874	0.825	0.765
1.8	1.046	1.020	1.000	0.944	0.875	4.4	0.909	0.887	0.869	0.820	0.761
1.9	1.035	1.010	0.989	0.934	0.866	4.5	0.904	0.882	0.864	0.816	0.756
2.0	1.025	1.000	0.980	0.925	0.858	4.6	0.900	0.878	0.860	0.812	0.753
2.1	1.017	0.992	0.972	0.918	0.851	4.7	0.895	0.873	0.856	0.808	0.749
2.2	1.010	0.985	0.966	0.912	0.845	4.8	0.890	0.868	0.851	0.803	0.745
2.3	1.005	0.980	0.961	0.907	0.841	4.9	0.885	0.863	0.846	0.799	0.741
2.4	1.002	0.978	0.958	0.904	0.838	5.0	0.881	0.860	0.842	0.795	0.737
2.5	1.000	0.976	0.956	0.903	0.837	5.1	0.876	0.855	0.837	0.791	0.733
2.6	0.995	0.971	0.951	0.898	0.833	5.2	0.871	0.850	0.833	0.786	0.729
2.7	0.990	0.966	0.946	0.894	0.828	5.3	0.866	0.845	0.828	0.782	0.725
2.8	0.986	0.962	0.943	0.890	0.825	5.4	0.861	0.840	0.823	0.777	0.721
2.9	0.981	0.957	0.938	0.885	0.821	5.5	0.857	0.836	0.819	0.773	0.717
3.0	0.976	0.952	0.933	0.881	0.817	5.6	0.852	0.831	0.815	0.769	0.713
3.1	0.971	0.947	0.928	0.876	0.813	5.7	0.847	0.826	0.810	0.764	0.709
3.2	0.967	0.943	0.924	0.873	0.809	5.8	0.842	0.821	0.805	0.760	0.705
3.3	0.962	0.939	0.920	0.868	0.805	5.9	0.837	0.817	0.800	0.755	0.700
3.4	0.957	0.934	0.915	0.864	0.801	6.0	0.833	0.813	0.796	0.752	0.697
3.5	0.952	0.929	0.910	0.859	0.797						

表 6-7　上海市基准地价容积率修正系数表（商业用地）

商业容积率	1～2级	3～4级	5～6级	7～8级	9～12级	商业容积率	1～2级	3～4级	5～6级	7～8级	9～12级
1.0	2.190	1.472	1.359	1.257	1.078	3.6	1.042	0.700	0.646	0.598	0.512
1.1	2.110	1.418	1.309	1.211	1.038	3.7	1.031	0.693	0.640	0.592	0.507
1.2	2.033	1.366	1.261	1.167	1.000	3.8	1.021	0.686	0.633	0.586	0.502
1.3	1.957	1.315	1.214	1.123	0.963	3.9	1.010	0.679	0.627	0.580	0.497
1.4	1.882	1.265	1.168	1.080	0.926	4.0	1.000	0.672	0.620	0.574	0.492
1.5	1.811	1.217	1.124	1.039	0.891	4.1	0.991	0.666	0.615	0.569	0.488
1.6	1.743	1.171	1.081	1.000	0.857	4.2	0.981	0.659	0.608	0.563	0.482
1.7	1.676	1.126	1.040	0.962	0.824	4.3	0.970	0.652	0.602	0.557	0.477
1.8	1.612	1.083	1.000	0.925	0.793	4.4	0.961	0.646	0.596	0.552	0.473
1.9	1.549	1.041	0.961	0.889	0.762	4.5	0.951	0.639	0.590	0.546	0.468
2.0	1.488	1.000	0.923	0.854	0.732	4.6	0.942	0.633	0.584	0.541	0.463
2.1	1.430	0.961	0.887	0.821	0.704	4.7	0.933	0.627	0.579	0.535	0.459
2.2	1.374	0.923	0.852	0.788	0.676	4.8	0.923	0.620	0.572	0.529	0.454
2.3	1.327	0.892	0.824	0.762	0.653	4.9	0.914	0.614	0.568	0.524	0.449
2.4	1.284	0.863	0.797	0.737	0.632	5.0	0.905	0.608	0.561	0.519	0.445
2.5	1.246	0.837	0.773	0.715	0.613	5.1	0.896	0.602	0.556	0.514	0.441
2.6	1.210	0.813	0.751	0.694	0.595	5.2	0.887	0.596	0.550	0.509	0.436
2.7	1.176	0.790	0.729	0.675	0.578	5.3	0.878	0.590	0.545	0.504	0.432
2.8	1.146	0.770	0.711	0.658	0.564	5.4	0.869	0.584	0.539	0.499	0.428
2.9	1.118	0.751	0.693	0.641	0.550	5.5	0.860	0.578	0.534	0.494	0.423
3.0	1.106	0.743	0.686	0.635	0.544	5.6	0.853	0.573	0.529	0.489	0.419
3.1	1.095	0.736	0.680	0.629	0.539	5.7	0.844	0.567	0.524	0.484	0.415

3.2	1.085	0.729	0.673	0.623	0.534	5.8	0.835	0.561	0.518	0.479	0.411
3.3	1.073	0.721	0.666	0.616	0.528	5.9	0.827	0.556	0.513	0.475	0.407
3.4	1.063	0.714	0.659	0.610	0.523	6.0	0.818	0.550	0.508	0.470	0.403
3.5	1.052	0.707	0.653	0.604	0.518						

表 6-8 上海市基准地价容积率修正系数表（办公用地）

办公容积率	1～3级	4～6级	7～8级	9～10级	办公容积率	1～3级	4～6级	7～8级	9～10级
1.0	1.386	1.325	1.194	1.025	3.6	1.036	0.990	0.892	0.766
1.1	1.369	1.309	1.179	1.013	3.7	1.027	0.982	0.885	0.760
1.2	1.352	1.293	1.165	1.000	3.8	1.017	0.972	0.876	0.752
1.3	1.336	1.277	1.151	0.988	3.9	1.008	0.964	0.868	0.746
1.4	1.320	1.262	1.137	0.976	4.0	1.000	0.956	0.861	0.740
1.5	1.304	1.247	1.123	0.964	4.1	0.988	0.945	0.851	0.731
1.6	1.288	1.231	1.109	0.953	4.2	0.976	0.933	0.841	0.722
1.7	1.273	1.217	1.096	0.942	4.3	0.964	0.922	0.830	0.713
1.8	1.258	1.203	1.084	0.930	4.4	0.951	0.911	0.821	0.705
1.9	1.243	1.188	1.071	0.919	4.5	0.941	0.900	0.811	0.696
2.0	1.229	1.175	1.059	0.909	4.6	0.930	0.889	0.801	0.688
2.1	1.214	1.161	1.046	0.898	4.7	0.919	0.879	0.792	0.680
2.2	1.200	1.147	1.034	0.888	4.8	0.908	0.868	0.782	0.672
2.3	1.187	1.135	1.022	0.878	4.9	0.897	0.858	0.773	0.663
2.4	1.174	1.122	1.011	0.868	5.0	0.886	0.847	0.763	0.655
2.5	1.161	1.110	1.000	0.859	5.1	0.876	0.837	0.755	0.648
2.6	1.148	1.098	0.989	0.849	5.2	0.865	0.827	0.745	0.640
2.7	1.135	1.085	0.978	0.839	5.3	0.855	0.817	0.736	0.632
2.8	1.123	1.074	0.967	0.831	5.4	0.844	0.807	0.727	0.624
2.9	1.111	1.062	0.957	0.822	5.5	0.834	0.797	0.718	0.617
3.0	1.100	1.052	0.947	0.814	5.6	0.824	0.788	0.710	0.609
3.1	1.089	1.041	0.938	0.805	5.7	0.814	0.778	0.701	0.602
3.2	1.078	1.031	0.929	0.797	5.8	0.805	0.770	0.693	0.595
3.3	1.067	1.020	0.919	0.789	5.9	0.795	0.760	0.685	0.588
3.4	1.056	1.010	0.910	0.781	6.0	0.785	0.750	0.676	0.581
3.5	1.046	1.000	0.901	0.774					

说明：1. 容积率低于 1.0 时按容积率为 1.0 对应的地面价计算；
2. 容积率高于 6.0 时按容积率为 6.0 对应的楼面价计算；
3. 当宗地容积率介于上述所列的容积率之间时，可用直线插值法确定其对应的修正系数。

第四节 土地交易

2012 年，上海土地受房地产市场严厉调控影响，整体土地市场较为低迷。出让总金额持续下降，为 924 亿元，较 2011 年减少 28%，较 2010 年相比减少 35%，较 2009 年减少 14%，这是三年来首次跌破千亿元。2012 年土地交易以工业和其他类型地产为主，据统计，2009 年以来，该类型地块占各类土地成交面积比例分别为 40%、39%、60%、66%，体现于随着楼市调控的深入，经营性用地成交比重逐渐缩小的特征，这也是造成成交金额出现较大幅度回落的主要原因。虽然 2012 年出现了同比下滑，但四季度土地市场的一轮红火，依旧可以照亮 2013 年。

一、2012 年土地供应分析

2012 年上海土地市场共有 223 批公告，共计 629 幅土地面市。供应面积合计为 21 091 184.95 平方米。覆盖的区域有宝山、长宁、崇明、奉贤、虹口、黄浦、嘉定、金山、闵行、浦东、普陀、青浦、松江、徐汇、杨浦及闸北 16 区。其中 433 幅土地为工业用地，其余均为非工业用地（见图 6-1，表 6-9）。

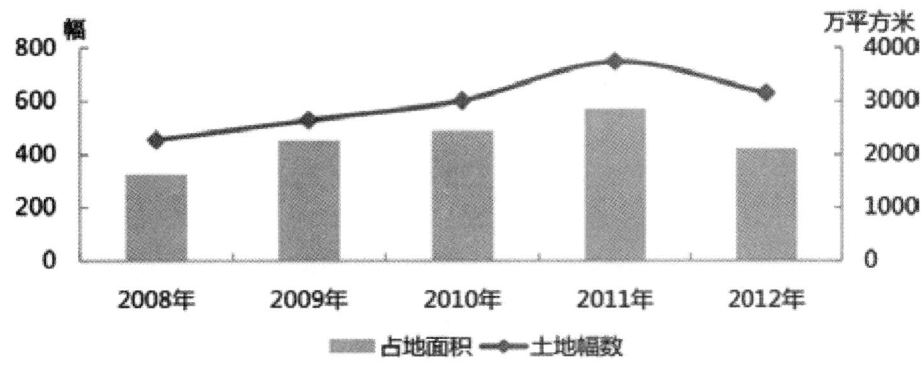

数据来源：CRIC

图 6-1 2012 年上海市土地市场供应走势

表 6-9　212 年土地使用权出让情况

指　标	出让地块	出让面积
	幅	万平方米
总　计	684	2 462.55
商业服务	98	296.63
住　宅	133	684.97
工矿仓储	449	1 470.29
公共建筑	4	10.66

资料来源：上海统计年。

从供地区域来看，嘉定、新浦东、奉贤、松江、金山、闵行、青浦八个行政区成交面积超过 150 公顷，其中，嘉定、原浦东、奉贤三区分别以 355.51 公顷、321.02 公顷、283.59 公顷位列前三甲，有地块推出的中心区中，杨浦区成交量相对较大，为 18.78 公顷，最低的是长宁区为 0.85 公顷，而卢湾、静安两区已无地可推。2012 年嘉定区成为年度的土地成交冠军，该区成交宅地 20 幅，合 116.36 公顷，占全区三分之一，其中商品住宅用地 10 幅，合 52.30 公顷，另外含有住宅性质的综合性地块也有 17.45 公顷成交。

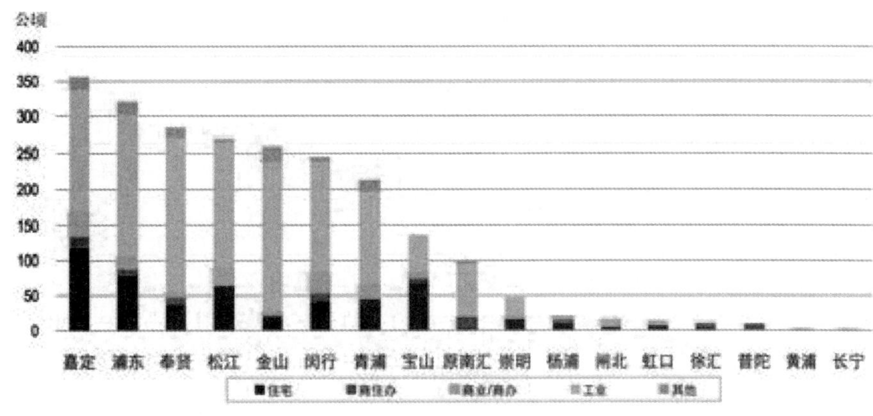

图 6-2　2012 年上海各区土地成交情况

从月度情况看，呈现出两轮上扬，第一轮为 4 月到 9 月，第二轮为 10 月到 12 月，但整体情况依旧不佳（见图 6-3）。

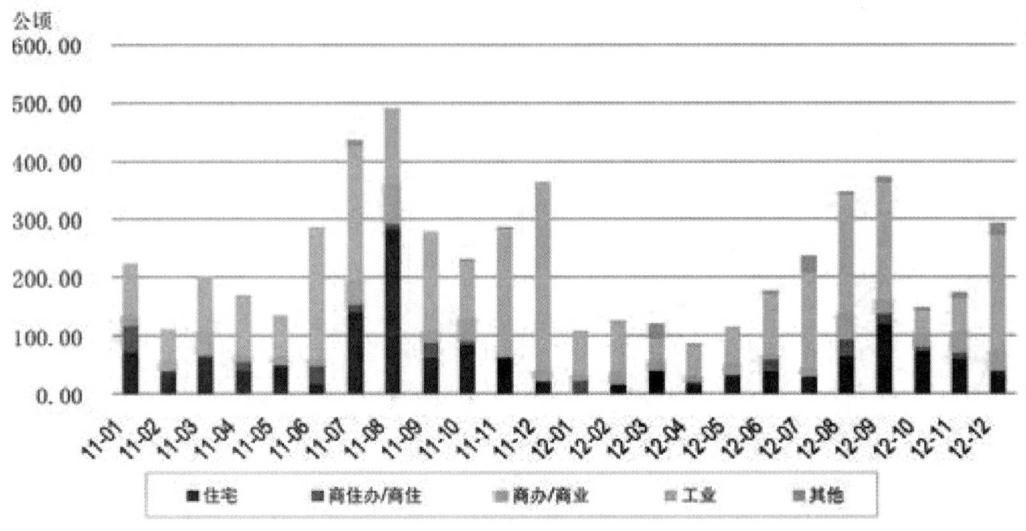

图 6-3 2012 年上海市土地每月供应情况

二、2012 年土地成交分析

2012 年上海土地市场成交 221 批公告，共计 638 幅土地。成交地块总面积为 22 621 202.15 平方米，成交总价为 9 647 731.0 万元。成交土地中有 189 幅为非工业用地，其余为工业用地。2012 年共成交 86 幅住宅用地（含保障性住宅用地），2012 年 154 号公告浦东新区浦兴社区 Y000902 编制单元 19-04 地块为成交楼板价最高的一幅，被嘉华（中国）投资有限公司旗下的华控有限公司以 67 100 万元成功竞得，折算其楼板价为 21 682 元 / 平方米（见图 6-4，表 6-10、表 6-11）。

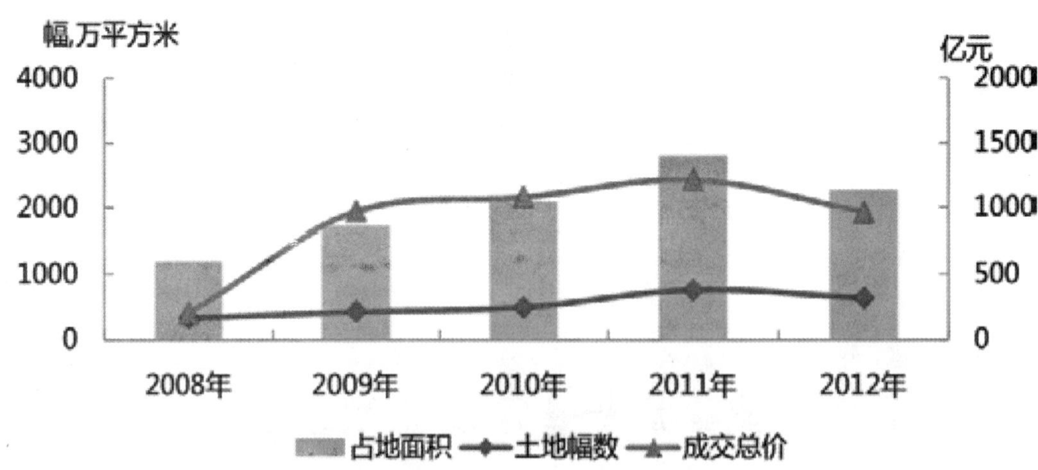

图 6-4 2008 ～ 2012 年上海市土地市场成交走势

表 6-10 2012 年土地成交总价前十名

地块名	出让面积（平）	土地性质	拿地企业	溢价率	成交总价（万元）
海门路 55 号地块	40 577.4	商办	上海国际港务（集团）股份有限公司，威旺置业有限公司	21.11%	568 000
徐汇区漕河泾社区 278a-05、278b-02、278b-04 南站商务区地块	107 486.2	商办	上海万科房地产有限公司、上海玖致酒店管理有限公司、广州港捷企业管理有限公司、绿地地产集团有限公司	0.00%	543 100
徐汇区滨江 XH129B-02、XH129D-01 地块	66 530.1	商住办	上海保利建锦房地产有限公司，信保（天津）股权投资基金管理有限公司	42.86%	450 000
杨浦区平凉街道 22、23 街坊地块	66 762.5	22 街坊地块：商办；23 街坊地块：商办、居住用地	上海盛垣房地产开发有限公司（保利置业）	0.03%	325 940
黄浦区 594（北块）、596 街坊地块	18 675.5	商办	上海外滩滨江综合开发有限公司、中国太平洋财产保险股份有限公司		277 000
虹口区江湾镇街道 A03-10 地块	60 641.1	动迁安置房	彩虹湾置业（上海）有限公司	0.00%	224 075
黄浦江沿岸综合开发 E18 单元 1-12 地块	11 788.7	商业用地	上海申电投资有限公司	0.00%	205 000
闵行区虹桥商务区核心区北片区 11 号地块	112 863.5	商住办	上海沪彤置业有限公司	0.00%	203 202
宝山区杨行镇杨鑫社区 BSPO-0115 单元 18-10 地块	102 027.6	居住用地	绿地地产集团有限公司	56.36%	184 500
闸北区 470 街坊 6 丘地块	45 683.3	居住用地	上海象屿置业有限公司	25.18%	183 000

表 6-11 2012 年上海市土地成交单价前十名

地块名	出让面积（平方米）	土地性质	拿地企业	成交总价（万元）	溢价率
黄浦区 594（北块）、596 街坊地块	18 675.5	商办	上海外滩滨江综合开发有限公司、中国太平洋财产保险股份有限公司	277 000	/
黄浦江沿岸综合开发 E18 单元 1-12 地块	11 788.7	商业用地	上海申电投资有限公司	205 000	0.00%
徐汇区滨江 XH129B-02 XH129D-01 地块	66 530.1	商住办	上海保利建锦房地产有限公司，信保（天津）股权投资基金管理有限公司	450 000	42.86%
杨浦区五角场街道 313 街坊地块	2 076.9	商办	石家庄联邦伟业房地产开发集团有限公司	15 678	0.64%

海门路 55 号地块	40 577.4	商办	上海国际港务（集团）股份有限公司，威旺置业有限公司	568 000	21.11%
东大名路 1060 号地块	9 658.8	商办	绿地地产集团有限公司	88860	0.00%
黄浦江沿岸 E20 地块（E-4-2 地块）	9 003	商办	上海万得信息技术股份有限公司	80 089	0.25%
浦东新区浦兴社区 Y000902 编制单元 19-04 地块	17 193.2	居住用地	华控有限公司（嘉华集团）	67 100	39.50%
杨浦区 1 街坊地块	9 092.3	商办	建发房地产集团有限公司、厦门建发集团有限公司、厦门建发股份有限公司	64 006	25.49%
闸北区 470 街坊 6 丘地块	45 683.3	居住用地	上海象屿置业有限公司	183 000	25.18%

2012 年，上海土地市场规模再度萎缩。其中经营性用地成交 190 幅，成交面积共计 802.38 万平方米，同比减少 39.97%。土地出让金共计 875.78 亿元，同比减少 25.98%。

住宅用地成交 55 幅，成交面积 304.01 万平方米，同比减少 36.86%，土地出让金 393.27 亿元，同比减少 16.4%；商业用地成交 84 幅，成交面积 206.02 万平方米，同比减少 32.48%，土地出让金 356.67 亿元，同比减少 28.78%；保障房用地成交 51 幅，成交面积 292.35 万平方米，同比减少 46.85%，土地出让金 125.83 亿元，同比减少 40.65%（见表 6-12、表 6-12）。

表 6-12 2011 年上海市经营性用地总成交面积变化

	总成交面积（万平方米）	住宅用地	商业用地	保障房用地
2012 年	802.38	304.01	206.02	292.35
2011 年	1 336.7	481.51	305.12	550.06

表 6-13 2011 年上海市经营性用地总成交金额变化

	总成交金额（亿元）	住宅用地	商业用地	保障房用地
2012 年	875.78	393.27	356.67	125.83
2011 年	1 183.22	470.41	500.8	212.01

2012 年上海土地市场呈“前低后高”的走势，上半年成交量偏少，除 6 月外，其他 5 个月，成交面积均未超过 50 万平方米。自 7 月份开始，上海土地市场开始发力，成交量逐月走高，成交面积在 11 月达到全年最高，为 157.56 万平方米，因多幅高价地块的拍出，土地出让金在则 12 月达到全年最高，为 233.12 亿元，这也是全年唯一一个超过 200 亿元的月份（见图 6-5、图 6-6、图 6-7）。

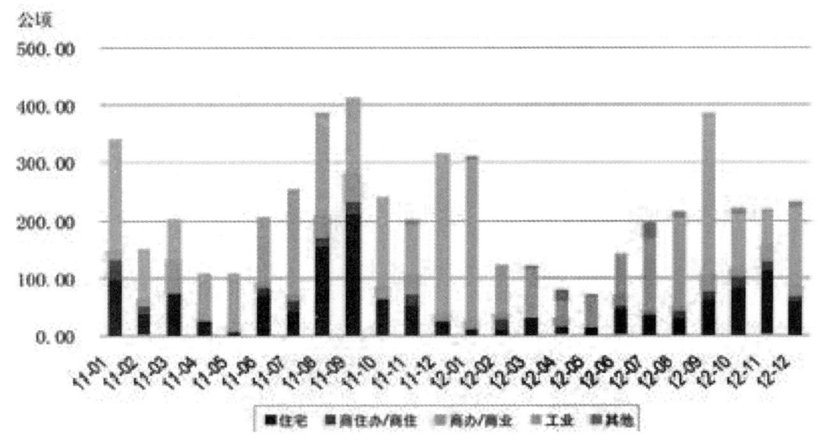

图 6-5　2012 年上海市每月土地成交情况

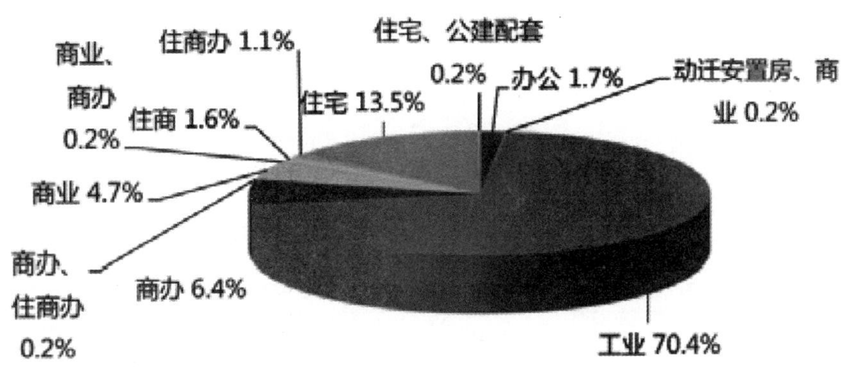

数据来源：CRIC

图 6-6　2012 年土地成交用途结构

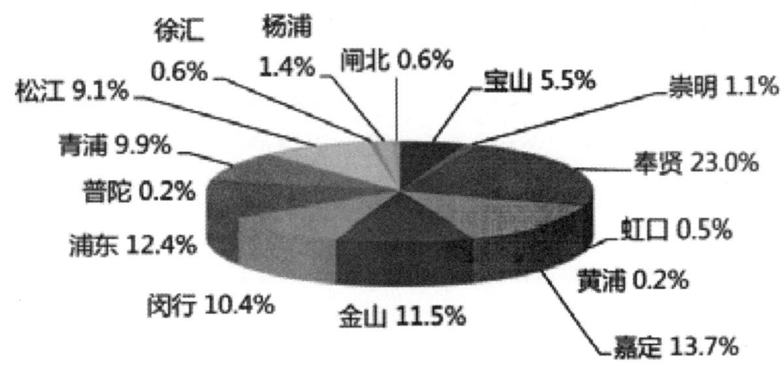

数据来源：CRIC

图 6-7　2012 年土地成交区域结构

三、成交地块溢价率分析

2012 年共有 81 幅地块以高于底价的价格成交，其中溢价幅度最高的为 2012 年 46 号公告嘉定区嘉定新城 D10-24 地块，起始价 3 268 万元，由上海万卓投资有限公司以 17 500 万元的价格拍得，溢价率为 435.5%，楼板价为 16 063 元 / 平方米。而在这 81 幅地块中，工业地块有 23 幅，占比较去年有大幅下降，值得注意的是，高溢价率成交土地主要集中在工业用地及商办用地，这是由于相比住宅地块，商办类地块供应量较大，在住宅市场持续受到调控的环境下，不少企业愿意尝试商办，或者综合地块的开发，间接反映在商办用地高溢价成交现象频出（见图 6-8，表 6-14、表 6-15）。

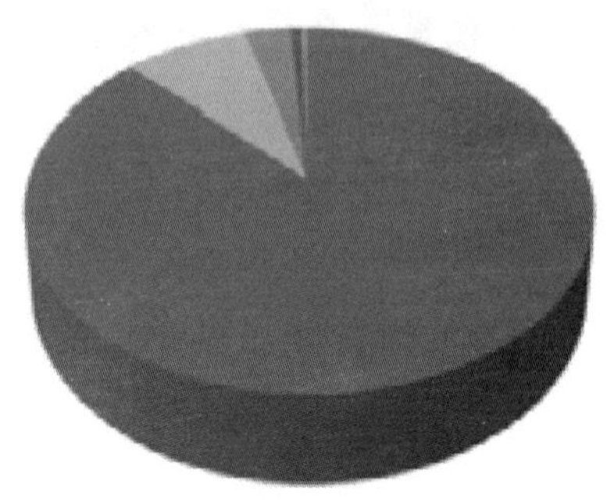

数据来源：CRIC

图 6-8 上海市土地成交溢价率分布图

表 6-14 2012 年土地成交溢价率分析表

溢价率	成交幅数	比重
0%	554	87.2%
0% ～ 50%	54	8.5%
50% ～ 100%	20	3.1%
100% ～ 150%	5	0.8%
150% 以上	2	0.3%

数据来源：CRIC

表 6-15 2012 年土地溢价率前十名

地块名	土地性质	拿地企业	成交总价（万元）	溢价率
嘉定区嘉定新城 D10-24 地块	商业用地	上海万卓投资有限公司	17 500	435.50%
四平路街道 265 街坊 7/1 丘地块	办公楼	上海市政工程设计研究总院（集团）有限公司	13 100	136.68%
赵巷镇嘉松公路西侧地块	商业用地，办公楼	元祖投资有限公司	38 100	111.85%
华新镇新凤北路东侧地块	商业用地	上海生宏生活服务有限公司和徐志良、俞志刚、赵忠	3 360	81.23%
徐泾镇海天花园西侧地块	居住用地	上海招商置业有限公司	88 600	75.06%

嘉定区德园南路以东、银翔路以南地块	商办	上海容基投资有限公司	4 900	72.72%
奉贤区庄行镇B-08-02 区域地块	居住用地	上海新湾投资发展有限公司	40 000	69.30%
浦东新区新希望产业园区 D-11 地块	商业用地	张计旺	6 600	63.08%
浦东新区唐镇新市镇 A-5-3 地块	办公楼，商业用地	上海恒生置业有限公司	52 000	59.80%
嘉定区马陆镇复华路以西、叶城路以南地块（17-01）	居住用地	信义置业（香港）有限公司	39 108	59.24%

第七章 房地产金融

第一节 房地产金融概述

一、房地产开发投资

2012 年，在宏观调控严厉实施的大背景下，上海房地产开发投资总额下降趋势明显。增长率受到宏观调控的影响波动频繁，全年形势不容乐观。上海市全年完成房地产开发投资 2381.36 亿元，比上年增长 9.7%。其中住宅投资开发额为 1 451.94 亿元，办公楼开发投资额为 262.85 亿元，商业营业用房开发投资额为 293.75 亿元。

二、房地产信贷利率

2012 年货币环境持续向好，在三次降准和两次降息后，货币供应量（M2）和人民币贷款余额的增速分别由年初 12.4% 和 15.0% 的较低水平，提升到 11 月的 14.1% 和 15.9%，虽然仍为 2007 年以来的较低水平，但已走出资金最为紧张窘迫的低谷（见表 7-1、表 7-2）。

表 7-1 金融机构人民币存款基准利率调整情况表（2002 ～ 2012） 单位：年利率 %

调整时间	活期存款	定期存款					
		三个月	半年	一年	二年	三年	五年
2002.02.21	0.72	1.71	1.89	1.98	2.25	2.52	2.79
2004.10.29	0.72	1.71	2.07	2.25	2.70	3.24	3.60
2006.08.19	0.72	1.80	2.25	2.52	3.06	3.69	4.14
2007.03.18	0.72	1.98	2.43	2.79	3.33	3.96	4.41
2007.05.19	0.72	2.07	2.61	3.06	3.69	4.41	4.95
2007.07.21	0.81	2.34	2.88	3.33	3.96	4.68	5.22
2007.08.22	0.81	2.61	3.15	3.60	4.23	4.95	5.49
2007.09.15	0.81	2.88	3.42	3.87	4.50	5.22	5.76
2007.12.21	0.72	3.33	3.78	4.14	4.68	5.40	5.85
2008.10.09	0.72	3.15	3.51	3.87	4.41	5.13	5.58
2008.10.30	0.72	2.88	3.24	3.60	4.14	4.77	5.13
2008.11.27	0.36	1.98	2.25	2.52	3.06	3.60	3.87
2008.12.23	0.36	1.71	1.98	2.25	2.79	3.33	3.60
2010.10.20	0.36	1.91	2.20	2.50	3.25	3.85	4.20
2010.12.26	0.36	2.25	2.50	2.75	3.55	4.15	4.55
2011.02.09	0.40	2.60	2.80	3.00	3.90	4.50	5.00
2011.04.06	0.50	2.85	3.05	3.25	4.15	4.75	5.25
2011.07.07	0.50	3.10	3.30	3.50	4.40	5.00	5.50
2012.06.08	0.40	2.85	3.05	3.25	4.10	4.65	5.10

注：资料来源于中国人民银行网。

表 7-2 金融机构人民币贷款基准利率的历年调整情况表 单位：年利率 %

调整时间	六个月以内（含六个月）	六个月至一年（含一年）	一至三年（含三年）	三至五年（含五年）	五年以上
2002.02.21	5.04	5.31	5.49	5.58	5.76
2004.10.29	5.22	5.58	5.76	5.85	6.12
2006.04.28	5.40	5.85	6.03	6.12	6.39
2006.08.19	5.58	6.12	6.30	6.48	6.84
2007.03.18	5.67	6.39	6.57	6.75	7.11
2007.05.19	5.85	6.57	6.75	6.93	7.20
2007.07.21	6.03	6.84	7.02	7.20	7.38
2007.08.22	6.21	7.02	7.20	7.38	7.56
2007.09.15	6.48	7.29	7.47	7.65	7.83
2007.12.21	6.57	7.47	7.56	7.74	7.83
2008.09.16	6.21	7.20	7.29	7.56	7.74
2008.10.09	6.12	6.93	7.02	7.29	7.47
2008.10.30	6.03	6.66	6.75	7.02	7.20
2008.11.27	5.04	5.58	5.67	5.94	6.12
2008.12.23	4.86	5.31	5.40	5.76	5.94
2010.10.20	5.10	5.56	5.60	5.96	6.14
2010.12.26	5.35	5.81	5.85	6.22	6.40
2011.02.09	5.60	6.06	6.10	6.45	6.60
2011.04.06	5.85	6.31	6.40	6.65	6.80
2011.07.07	6.10	6.56	6.65	6.90	7.05
2012.06.08	5.85	6.31	6.40	6.65	6.80
2012.07.06	5.60	6.00	6.15	6.40	6.55

注：资料来源于中国人民银行网。

三、房地产信贷情况

2012 年，上海市金融机构继续贯彻中央稳健货币政策，各商业银行严格控制房地产信贷，收紧了房地产开发贷款，也收紧了个人房贷业务。

2012 年末，上海主要中外资银行房地产贷款余额 10 700 亿元，同比增长 7.5%，增幅同比下降 1.7 个百分点。

2012 年末，房地产开发贷款余额 4 544 亿元，同比增长 17.3%，增幅同比上升 2.5 个百分点；余额比年初增加 508 亿元，同比多增 110 亿元。全年超七成（72%）的房地产贷款增量来自保障性住房等开发类贷款，开发类贷款增量占比同比上升 14.1 个百分点。

2012 年末，个人住房贷款余额 5198 亿元，同比增长 3.6%，增幅同比下降 1.4 个百分点。结构上，首套房贷款余额占比 87%，比年初上升 4.5 个百分点，表明去年沪上商业银行的住房按揭贷款主要以解决刚性需求为主，贷款结构继续优化。一手房贷款余额占比 59%，与 2012 年年初持平。

2012 年末，上海地区房地产不良贷款余额 41 亿元，不良贷款率 0.38%，比年初下降 0.02 个百分点，低于全行业平均不良贷款水平。其中，个人房贷不良余额为 25 亿元，不良率为 0.41%。

四、2012 年上海市房地产金融运行特点

（一）房地产信贷继续收紧

2012 年，为促进房地产市场平稳健康发展，国家坚持房地产宏观调控政策不动摇，通过严格实施差别化住房信贷政策、税收政策和限购措施，抑制投资投机性需求，支持合理自住用房需求；加大保障房建设力度，增加市场有效供给。房地产开发投资增速继续回落，保障性安居工程建设快速推进，房地产贷款增速整体回落，金融对保障性住房建设的支持力度进一步增强。2012 年房地产资金来源中来自于国内贷款为 975.78 亿，占所有资金 18.35%，和 2011 年占比基本持平。保障房建设任务主要由地方政府和房地产国企承担。国家支持符合条件的地方政府融资平台和其他企业发行企业（公司）债券、上市公司债券、多渠道资金筹集建设资金；鼓励商业银行发放公共租赁住房等保障性住房中长期贷款；住房公积金增值收益在提取贷款风险准备金和管理费用后，全部用于廉租住房和公共租赁住房建设；继续推进利用住房公积金贷款支持保障性住房建设的试点工作。

（二）房地产资本和金融资本加快融合

2012 年，中国大中型房地产开发企业由于拿地成本提高、开发规模扩大和跨区域经营，加快了房地产资本与金融资本的融合速度和规模。中国房地产开发企业对于国内贷款依赖度已经下降到 15% 左右，而“自筹资金”和“其他资金”已占到资金总量的 85% 左右。一些大型品牌房地产企业的工作重点，已经从开发建设、市场销售拓展到社会融资。

（三）房地产基金和信托在规模和数量上都有了新的进展

2012 年房地产基金和信托在规模和数量上都有了新的进展；旭辉集团和新城发展在香港证券市场上市，一改房企几年来无法上市融资的局面。一批企业在海外资本市场上成功进行了配股和发债。少数企业通过境外借壳上市的办法，获得海外融资资格。

第二节 房地产融资渠道

一、房地产融资渠道概述

房地产企业融资渠道主要有两种：一是内部融资渠道。内部融资主要包括自有资金、预收的购房定金或购房款、企业职工内部集资等。二是外部融资渠道。外部融资又可分为债务性融资和权益性融资。其中债务性融资的渠道有：银行贷款、发行企业债券、融资租赁、债务性信托和资产证券化；权益性融资渠道有：合作开发、权益性信托、房地产产业投资基金、房地产企业上市、股权投资等。

当前上海房地产主要的融资渠道主要还是自有资金和商业银行贷款，但随着信托、专业的房地产信托基金（REITS），以及境外的投资银行、基金、境外地产基金、境外直接投资机构等进入中国的房地产领域，房地产企业的融资渠道日渐拓宽，融资渠道也在慢慢实现多元化。多种融资渠道逐步打开，呈现多样化的趋势，这对未来中国房地产企业具有深远的影响。

2012 年，金融机构继续贯彻中央稳健货币政策，各商业银行严格控制房地产信贷，各种融资渠道难得松动（见表 7-3、表 7-4）。

表 7-3 2009 ～ 2012 年上海市房地产资金来源情况表 单位：亿元

指 标	2009	2010	2011	2012
资金来源合计	3 609.25	4 443.85	4 627.98	5 316.93
上年末结余资金	681.86	1 214.56	1 421.05	1 348.42

本年资金来源小计	2 927.39	3 229.29	3 206.93	3 968.51
国内贷款	637.14	819.57	741.18	975.78
利用外资	25.4	96.05	43.55	26.12
# 外商直接投资	22.71	65.52	41.01	26.12
自筹资金	622.21	1 070.88	1 192.87	1 385.96
其他资金	1 642.64	1 242.78	1 229.32	1 580.66

表 7-4　2012 年上海市房地产企业本年到位资金情况

指 标	资金（亿元）	资金（亿元）	增长（%）	比重（%）
本年到位资金合计	3 206.93	3 968.51	23.75	100
国内贷款	741.18	975.78	31.65	24.6
利用外资	43.55	26.12	-40.02	0.7
自筹投资	1 192.87	1 385.96	16.19	34.9
其他资金	1 229.33	1 580.66	28.58	39.8

数据来源：上海市统计局。

二、主要房地产融资渠道

（一）内部融资

上海房地产开发商内部融资中，自有资金、预收的购房定金是其资金的一个重要来源，而其中又以预售款最受重视，因为预售款的财务成本很低而监控条件极松。据统计，2012 年，上海房地产投资资金来源合计 5 316.93 亿元，比 2011 年增长 14.9%。上年末结余资金 1 348.42 亿元，自筹资金 1 385.96 亿元，其他资金 1 580.66 亿元。

（二）外部融资

1. 国内银行贷款

除了自筹资金和预售款外，银行贷款是当前房地产融资的另一个重要渠道。不过近年来，受国家宏观调控，2012 年上海房地产开发资金来源中，国内银行贷款为 975.78 亿元，在全部来源资金中占比 18.35%，较上一年度有所上升。

2. 利用外资

近年来外资银行逐渐在中国大陆开展房地产信贷业务。2004 年 2 月，花旗、汇丰、东亚和瑞穗四家外资银行获准对中资企业人民币贷款业务。2005 年 5 月底，渣打银行成为首家推出商业房地产贷款业务的外资银行，这为商业地产开发商拓宽融资渠道带来了新的希望。2006 年，更多的外资金融机构涌入，更多的外资金融产品出现。同时，上海的一些房地产发展商也纷纷谋求与国际基金合作，以拓宽融资渠道。海外投资基金进军上海房市的脚步因此已经加快，包括美国雷曼兄弟、澳洲麦格理银行、美国洛克菲勒等著名跨国房产投资基金纷纷进入上海。

外资正以越来越大的规模和越来越快的速度进入中国房地产市场。随着国家房地产调控政策加大，房地产泡沫的预期，以及国内外经济危机的发展。上海房地产企业利用外资呈逐年减少的趋势。2011 年上海市房地产企业利用外资 43.55 亿元，而 2012 年上海市房地产企业只有 26.12 亿，较 2011 年减少 40.02%，占本年到位资金的 0.7%，继续了上一年的大幅减少。

3. 信托融资

信托业务是和银行业、证券业、保险业一起构成现代金融四大支柱。上海的信托投资公司一共有五家，分别是华宝信托投资有限公司、上海国际信托投资有限责任公司、上海爱建信托投资有限责任公司、中海信托投资有限责任公司和中泰信托投资有限责任公司。信托公司可经营以下本外币业务：受托经营资金信托业务；受托经营动产、不动产及其他财产的信托业务；受托经营国有允许从事的投资基金业务，作为基金管理公司发起人从事投资基金业务；经营企业资产重组、购并及项目融资、公司理财、财务顾问等中介业务；受托经营国务院有关部门批准的国债、企业债券承销等多项业务。

房地产信托投资基金这个新的金融工具既为投资房地产的人提供了金融产品，也为房地产发展提供了新的融资工具。

2012 年，地产信托发行规模五年来首降，集合地产信托成立规模仅为 1764 亿元，同比大幅减少了 35%。这也是最近五年来，地产信托发行规模首度出现下滑的走势。据统计，2012 年房地产信托成立规模占比为 22%，仅高于 2007 年 13% 的历史低位，而且平均预期收益也呈现下降趋势，跌至 10% 以下。而且房地产信托余额占比从 2011 年三季度以来持续下降，从 2011 年三季度末的 17.24% 高位降至目前的 9.85%，下降了 7.39 个百分点，全年房地产资产余额基本维持在 6 900 亿元上下，而信托资产规模却从 4.81 万亿元上涨至 7.47 万亿元，其占比也下降了近 5 个百分点。伴随着房地产信托余额占比的持续下降，同样也要看到房地产信托的风险正在逐渐释放。

4. 股票融资

国内 IPO 的优势在于筹资量大、融资能力强，资金使用时间长、分散风险等，但也存在门槛高，对房地产企业规模和经营都有较高要求，融资成本相对较高。境外 IPO 可以采取内地企业在境外直接上市，设计境内权益的境外公司在境外直接上市，国内 A 股上市公司的境外分拆上市等方式。境外 IPO 具有上市过程简单，再融资灵活性强、难度低等优点。近来国内企业纷纷去香港上市，其数量超过国内 IPO 数量，极个别在新加坡上市。

2012 年，房地产行业面临的政策环境延续了 2011 年从紧从严的整体态势，实质上是对上一年调控政策的深化。由于房地产企业融资的调控政策持续从紧，上市房地产公司面临的融资环境延续了 2010 年以来逐渐紧缩的态势，各融资渠道难见松动。 A 股房地产 IPO 全面暂停。不过，旭辉集团和新城发展在香港证券市场上市成功，一改房企几年来无法上市融资的局面。一批企业在海外资本市场上成功进行了配股和发债。少数企业通过境外借壳上市的办法，获得海外融资资格。

第三节 住房公积金

一、住房公积金管理机构

上海市住房公积金管理委员会，是市人民政府领导下的住房公积金管理的决策机构。主要职责：依据有关法律、法规和政策，制定和调整住房公积金的具体管理措施，并监督实施；拟订住房公积金的具体缴存比例；确定住房公积金的最高贷款额度；审批住房公积金归集、使用计划；审议住房公积金增值收益分配方案；审批住房公积金归集、使用计划执行情况的报告。

上海市公积金管理中心是直属市政府的不以营利为目的的独立的事业单位。主要职责：编制、执行住房公积金的归集、使用计划；负责记载职工住房公积金的缴存、提取、使用等情况；负责住房公积金的核算；审批住房公积金的提取、使用；负责住房公积金的保值和归还；编制住房公积金归集、使用计划执行情况的报告；承办市政府和市住房公积金管理委员会决定的其他事项。

二、2012 年度上海市住房公积金制度执行情况

2012 年，上海住房公积金管理积极贯彻国家宏观调控政策，以扩大住房公积金制度覆盖面和提升服务水平为抓手，创新驱动，转型发展取得良好成效。住房公积金运行安全平稳有序，归集额、缴存人数、提取额等各项业务指标稳步增长，“投贷结合”，支持保障性住房建设取得新进展。

（一）住房公积金缴存情况

2012 年上海市单位和职工个人住房公积金缴存比例为各 7%，补充住房公积金缴存比例为各 1% ～ 8%。

2012 年住房公积金和补充住房公积金缴存额为 594.64 亿元，同比增长 19.16%。其中，住房公积金缴存额为 458.66 亿元，补充住房公积金缴存额为 135.98 亿元。至 2012 年底，住房公积金和补充住房公积金缴存总额为 3 745.06 亿元（见图 7-1）。

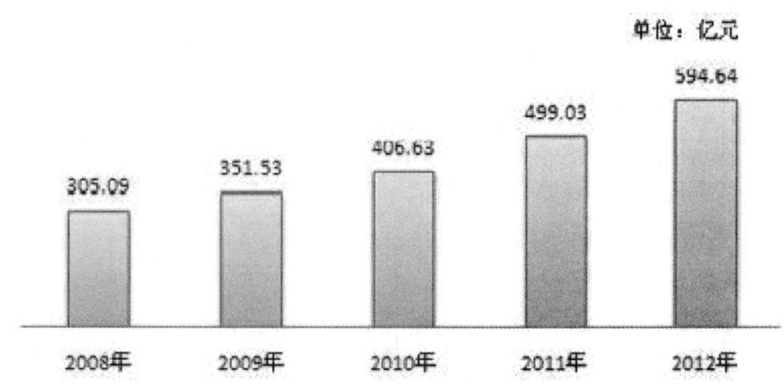

图 7-1　2008 ～ 2012 年住房公积金缴存额

2012 年末全市缴存住房公积金职工 487.58 万人，比 2011 年末增加 37.40 万人；缴存补充住房公积金职工 105.22 万人，比 2011 年末增加 7.48 万人。

（二）住房公积金提取情况

2012 年提取住房公积金和补充住房公积金 282.30 亿元，同比增长 17.42%。其中，住房公积金提取 219.33 亿元，补充住房公积金提取 62.97 亿元。全年因归还个人购房贷款提取住房公积金和补充住房公积金 192.65 亿元；因购房一次性提取、租房提取住房公积金和补充住房公积金 20.33 亿元。两者合计提取 212.98 亿元，占提取总量的 75.44%；其它因退休、户口迁出上海市等提取 69.32 亿元，占提取总量的 24.56%。

2012 年中，按提取住房公积金支付物业服务费或租金、购买共有产权保障房（经济适用住房，下同）贷前提取、非合作商业银行借款人提取还贷等政策提取的金额 5 亿元，约 1.6 万人次（见图 7-2）。

图 7-2 2012 年住房公积金提取情况

至 2012 年底，上海市职工累计提取住房公积金和补充住房公积金 1 939.96 亿元。

表 7-5 住房公积金缴存、提取情况表 单位：亿元

项目		2012 年	2012 年底累计
缴存	合计	594.64	3 745.06
	住房公积金	458.66	2 984.63
	补充住房公积金	135.98	760.43
提取	合计	282.30	1 939.96
	住房公积金	219.33	1 552.17
	补充住房公积金	62.97	387.79

2012 年底，住房公积金和补充住房公积金的缴存余额为 1 805.10 亿元。

三、住房公积金贷款情况

（一）个人购房贷款

2012 年，发放住房公积金个人购房贷款 410.38 亿元，发放户数 11.18 万户，分别较上年上升 54.83％和 52.52%。其中，发放共有产权保障房购房贷款 41.10 亿元，发放户数 1.63 万户，分别为上年的 12.9 倍和 13.6 倍。至 2012 年底，上海市累计向 167.53 万户职工家庭发放住房公积金贷款 3 008.60 亿元，累计支持购房建筑面积约 1.52 亿平方米。

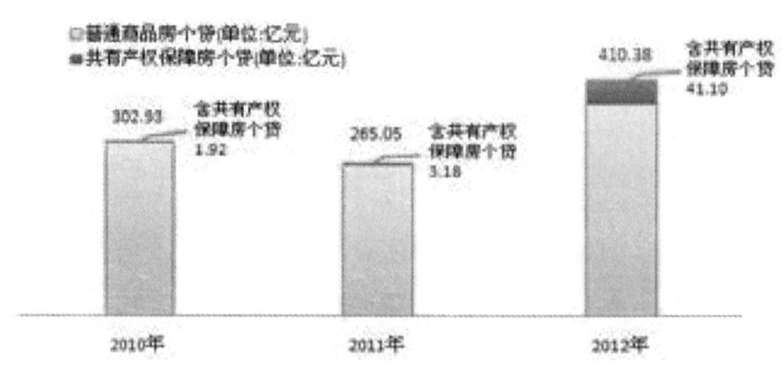

图 7-3 2010 ～ 2012 年住房公积金个人购房贷款结构

2012年住房公积金个人购房贷款回笼情况正常，共回笼本金192.99亿元。至2012年底，已累计回笼住房公积金个人购房贷款本金1 588.10亿元。贷款余额1 420.50亿元，未结清贷款户71.29万户。

2012年，住房公积金个人购房贷款风险控制良好。至2012年底，三期以上（含三期）户数逾期率为1.14‰，金额逾期率为0.09‰。

（二）支持保障性住房建设项目贷款

2012年，发放保障性住房建设项目贷款23.80亿元。至年底，累计发放项目贷款30.32亿元，其中城市棚户区改造安置用房项目13.06亿元；公共租赁住房项目14.31亿元；共有产权保障房项目2.95亿元（见图7-4）。

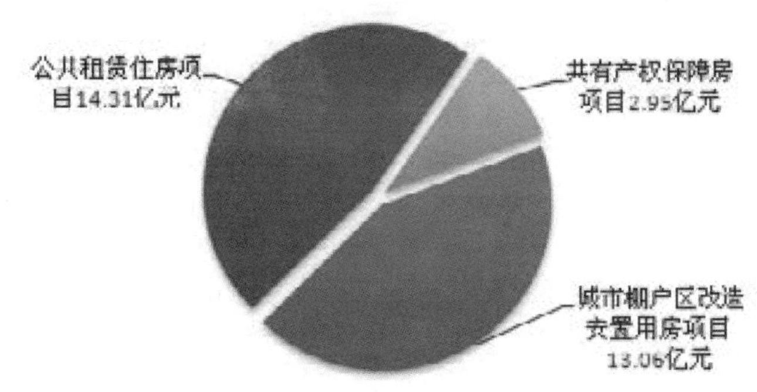

图7-4 保障性住房建设项目贷款结构

四、住房公积金财务情况

（一）资产与负债

截至2012年底，住房公积金资产总计2 028.55亿元。其中，住房公积金存款473.68亿元，增值收益存款65.15亿元，应收利息5.78亿元，其他应收款33.12亿元（其中廉租住房、公共租赁住房32.65亿元），委托贷款1 450.82亿元（包括个人购房贷款1 420.50亿元、支持保障性住房建设项目贷款30.32亿元）。

截至2012年底，住房公积金负债和净资产总计2 028.55亿元。其中，住房公积金1 805.10亿元，应付利息21.28亿元，其他应付款3.32亿元，城市廉租住房建设补充资金68.26亿元，贷款风险准备金 130.59亿元。

（二）增值收益

2012年住房公积金各项业务收入77.22亿元。其中，存款利息收入13.62亿元，贷款利息收入62.81亿元，国家债券利息收入0.58亿元，其他收入0.21亿元；各项业务支出41.95亿元。其中，支付缴存人利息支出38.53亿元，支付归集手续费1.17亿元，支付贷款手续费1.99亿元，其他支出0.26亿元。全年实现增值收益35.27亿元。

（三）增值收益分配和使用

根据国务院《住房公积金管理条例》和财政部《住房公积金财务管理办法》的规定，2012年住房公积金增值收益中，提取贷款风险准备金22.11亿元，提取管理费用0.72亿元（其中信息系统建设与维护及全市服务网点运行等专项经费0.38亿元），提取城市廉租住房建设补充资金 12.44 亿元。

2012 年，城市廉租住房建设补充资金根据国家规定用于廉租住房和公共租赁住房 12.01 亿元。其中，廉租住房装修费用支出 0.15 亿元；购置公共租赁住房及其装修支出 11.86 亿元。

五、主要工作情况

（一）政策调整

继续严格执行国家及上海市房地产宏观调控政策，住房公积金个贷政策在支持购买首套自住和改善型住房需求同时，严格限制和抑制投资、投机性贷款需求。

进一步完善提取政策。出台了《低收入经济困难职工家庭提取住房公积金支付物业服务费试行办法》、《上海市非住房公积金合作银行借款人申请提取住房公积金归还个人住房贷款操作规范》，进一步扩大住房公积金提取使用范围。

（二）扩大住房公积金制度覆盖面

宣传、执法并举。创新宣传方式，在媒体上播放住房公积金卡通片，扩大了住房公积金宣传效果。同时以实施《住房公积金行政执法管理办法》为契机，开展市、区两级联动的“维权执法专项行动”，集中对部分不缴、少缴住房公积金单位进行执法检查。全年共完成执法检查单位 1 215 家，对 3 家单位实施行政处罚。

（三）支持保障性住房建设

继续大力支持保障性住房建设。利用住房公积金增值收益投资公共租赁房。继“尚景园”公租房项目成功运营后，经管委会批准，又成功收购了“晶华坊”公租房项目，收购总价 11 亿元。利用结余资金贷款支持保障性住房建设。2012 年，第二批保障性住房建设项目贷款获得住房城乡建设部等国家三部委批准，住房公积金贷款总规模 113.62 亿元。截至 12 月底，已发放贷款 23.8 亿元。

（四）信息化建设

扎实推进应用级灾备系统建设。上海市住房公积金信息系统应用级灾备项目建议书经市建交委、市发改委、市经信委等部门论证审核，通过立项；稳步推进计算机系统顶层设计；会同建设银行启动了住房公积金历史信息系统建设；新开设了网站“服务大厅”功能，并开通了英文版网站和智能手机客户端功能。

（五）加强服务

2012 年是公积金服务的主题年，推出了一系列服务新举措。完善住房公积金缴存方式，推广网银支付、委托扣缴等缴存方式，逐步扩展建行审核性业务网点，方便广大缴存单位；延长服务时间，部分网点实行一周六天工作制，方便职工双休日办理业务；在全国率先开通 12329 服务热线，提供每周七天不间断的人工接听或自动语音服务。

六、2012 年上海住房公积金运行特点

（一）缴存单位、缴存人数、归集额再创新高，中小企业缴存单位占比大幅上升。

扩大住房公积金制度覆盖面是住房公积金管理的重中之重。2012 年，市公积金中心采取多种措施，通过多种方式和渠道积极推动缴存人数和归集额的较快增长。一是加强宣传，不断扩大住房公积金的社会知晓度。通过针对新设立单位和未正常缴存单位的宣传、制作住房公积金公益短片在大众传媒上播放等手段，提高住房公积金的社会影响力；二是以实施《上海市住房公积金行政执法管理办法》为契机，开展执法维权专项行动，提高单位和职工缴交住房公积金的法制意识；三是通过增加缴存方式和网点、延长服务时间等措施，方便缴存单位和缴存职工缴交、提取使用住房公积金。多管齐下，推动了新开户单位数、缴存人数和归集额的较快增长。据统计，全年新开户单位达 2.9 万户，同比增长 30%；新增缴存人数 65.5 万人；归集住房公积金 556.44 亿元，同比增长 19.06%。缴存单位数、缴存人数和归集额再创历史新高。近五年住房公积金缴存单位、缴存人数和归集额变动情况见下图：

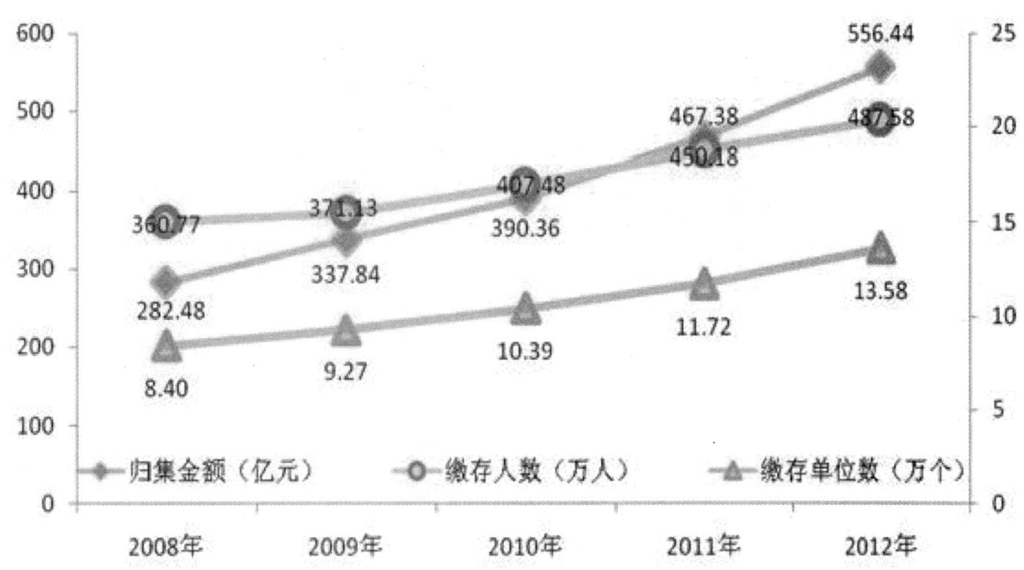

图 7-5　近五年住房公积金缴存单位、缴存人数和归集额变动情况

进一步分析发现，在 2012 年缴存企业中，民营企业缴存人数增幅最高，达到 27.3%，其次是三资企业、集体企业和国有企业，增幅分别为 6.5%、6.4%、2.8%。2012 年不同所有制企业缴存人数增幅见下图：

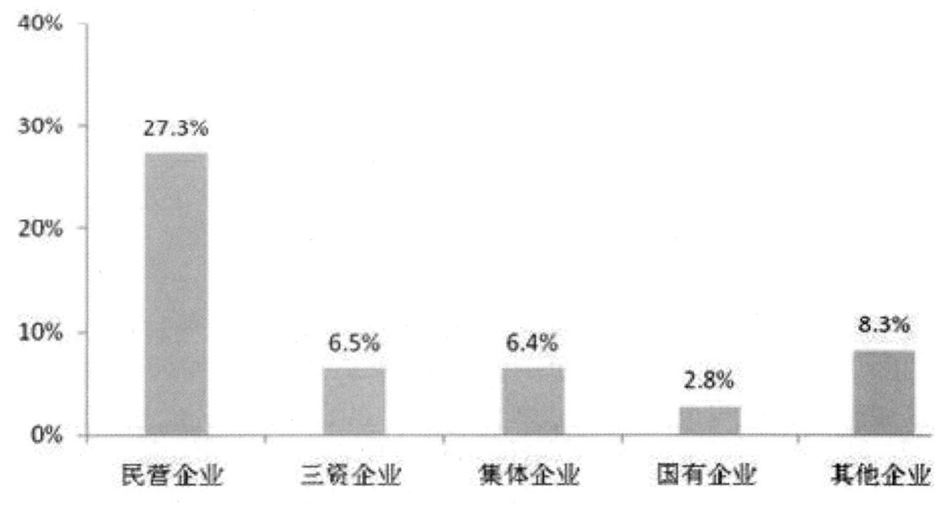

图 7-6　2012 年不同所有制企业缴存人数增幅

在 2012 年新增的缴存企业中，中小企业占比日趋上升。其中，1 ～ 5 人的企业占比 70.6%、1 ～ 10 人的占比 84.5%，均同比上升约 2 个百分点。而 50 人以上的企业仅占新增缴存企业的 2.3%。2012 年新增缴存企业中各种规模企业的占比情况见下图：

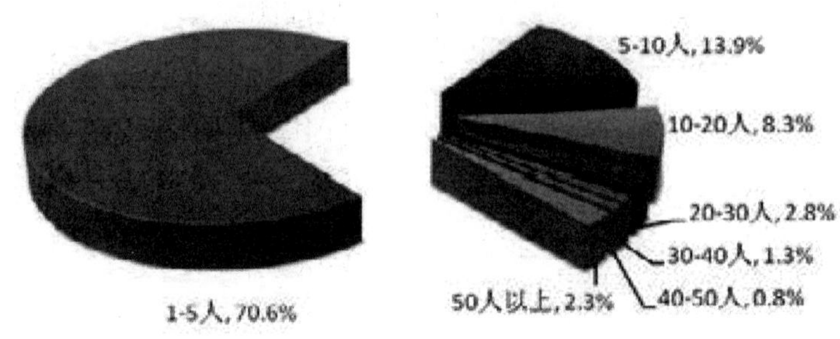

图 7-7　2012 年新增缴存企业中各种规模企业占比情况

上述缴存人数的增长和结构变化客观地反映了上海在创新驱动、转型发展战略推动下，各种所有制企业共同发展，中小企业日益增多的趋势。

（二）住房公积金提取使用渠道日趋多样，提取使用结构发生变化。

2012 年，上海市住房公积金提取金额较快增长，增幅较上年同期上升了 11 个百分点，达到 17.42%。和近五年的提取额增幅相比，处于较高水平。下图为 2008 ～ 2012 年提取额增长率：

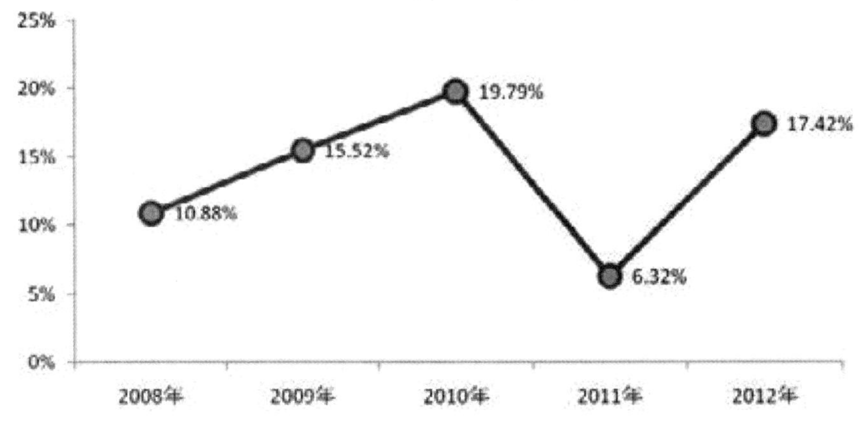

图 7-8　2008 ～ 2012 年提取额增长率

提取额较快增长的主要原因是住房消费类提取和销户类提取增长较快。其中住房消费类提取额增长 14.49%，销户类提取额增长 27.47%。在住房消费类提取中，除了冲还贷提取额增长外，新的提取使用政策也助推了提取额的增长。2012 年上海市先后推出了提取住房公积金支付物业服务费、非合作商业银行借款人按月提取还贷等使用政策，加之前年推出的提取住房公积金支付租金、购买共有产权保障房（经济适用住房）贷前提取政策等，2012 年，约有 1.6 万人次按新政策提取了住房公积金，提取额达 5 亿元，超过了历年同类提取的规模。

销户类提取主要是离退休提取和非沪籍职工劳动关系迁出上海市提取两类，两者之和一直占销户类提取额的 94%。其中劳动关系迁出上海市提取近几年增长较快，2012 年的同比增幅为 43.4%，比离退休提取额增幅高约 18 个百分点。由于连续几年劳动关系迁出上海市提取增幅较快，其在提取额中的所占比重由 3% 上升到 9%，相比之下，离退休提取所占比重较上年下降，这也反映了上海市劳动力要素市场的变化。

（三）刚性需求带动住房公积金个贷增长，对购买共有产权房贷款力度进一步加大。

2012 年，在继续实施房地产市场宏观调控政策的影响下，上海市商品住宅销售价格相对稳定；央行年内两次降息，商业银行的个人购房贷款利率和住房公积金购房贷款利率双双下降，贷款成本降低。价格的相对稳定和较宽松的货币政策推动了住房需求的释放。据市统计局资料，上海商品住宅销售面积从 8 月开始环比增长，1 ～ 12 月全年商品住宅销售面积 1592.63 万平方米，同比增长 8.1%。受上海市商品住宅销售量增长影响，2012 年住房公积金普通商品房（除共有产权保障房外）个贷发放 369.28 亿元，同比增长 41%。8 月份住房公积金普通商品房个贷发放达到全年最高规模，为 46.4 亿元；下半年发放额在高位小幅波动，全年的月均发放额为 30.77 亿元。

2012 年上海市商品住宅销售面积与住房公积金普通商品房个贷发放情况见下图：

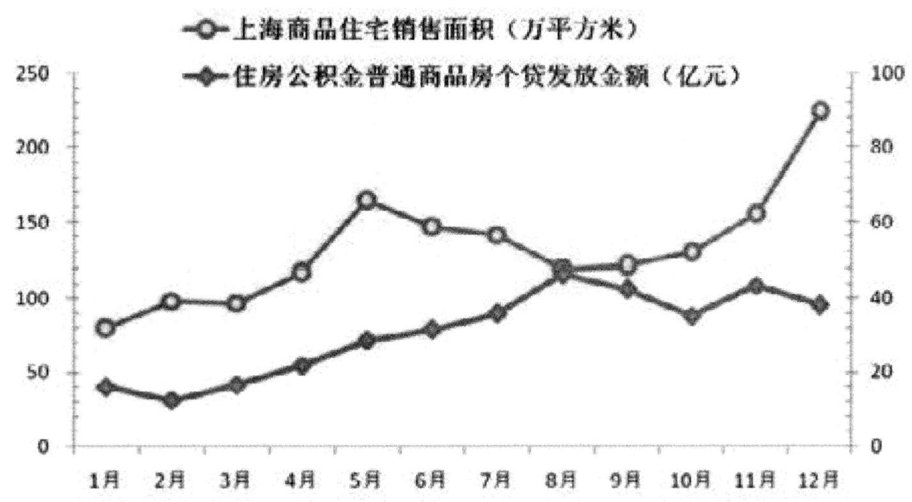

图 7-9　2012 年上海市商品住宅销售面积与住房公积金普通商品房个贷发放情况

除市场化的刚性住房需求外，共有产权保障房（经济适用房）个贷的大幅增长也是推动 2012 年住房公积金个贷发放规模增长的重要原因。2012 年共向共有产权保障房三个批次发放了公积金个人购房贷款 41.10 亿元，是 2011 年全市共有产权保障房个贷额 3.18 亿元的 12.9 倍；发放户数 1.63 万户占全市已签约申购家庭的 55%。对三个批次申购家庭的户均贷款额分别为 24.9 万元、25.5 万元、27.4 万元。户均贷款额的逐批提高反映了住房公积金个贷对共有产权保障房购买家庭的支持力度进一步加大。

（四）“投贷结合”，支持保障性住房建设取得新进展。

2012 年，经市住房公积金管委会批准，市公积金中心分别利用住房公积金增值收益投资公租房，利用结余资金贷款支持保障性住房建设，形成了“投贷结合”的良好局面，在支持保障性住房建设方面取得了新的进展。

在投资公租房方面，整体收购新江湾城“尚景园”2 200 套公租房后，2012 年初完成室内装修并正式向社会招租。截至 2012 年底，已有 1 581 户符合条件的住房公积金缴存职工家庭办理了签约手续，出租率达 71.9%。2012 年内，市公积金中心再次利用增值收益收购了上海晶城“晶华坊”公租房项目。晶华坊共有各类房型住宅建筑面积 11.67 万平方米（1680 套）。目前晶华坊公租房已进入装修阶段。尚景园和晶华坊两个公租房项目的成功收购标志着上海在探索住房公积金增值收益使用方面走出了一条新路。

在贷款支持保障性住房建设方面，2011 年上海市成为利用结余资金贷款支持保障性住房建设首批试点城市的基础上，2012 年上海市申报的第二批保障性住房建设项目贷款经住房城乡建设部等国家三部委批准，进一步扩大了试点规模。第二批项目包括两个共有产权保障房（经济适用房）项目、三个公共租赁房项目和八个棚户区改造安置用房项目，住房公积金贷款总规模 113.62 亿元。截至 2012 年底，已按项目建设进度累计发放项目贷款 30.3 亿元，有力地支持了保障性住房项目的建设。

（五）受存贷款利率调整等影响，住房公积金增值收益同比增加。

在多重因素的影响下，2012 年上海市住房公积金业务收支顺差加大，增值收益较快增长。主要原因：一是央行降息的影响。2012 年 6、7 月央行两次下调存贷款利率，住房公积金的存贷款利率也随之降低。由于降息后存贷款利率的生效时差和息差效应，住房公积金利息收入增加，利息支出相对减少。二是保障性住房项目贷款影响。按照相关规定，利用住房公积金结余资金支持保障性住房建设项目贷款利率可按五年期以上住房公积金个贷利率上浮 10%。2012 年共发放项目贷款 23.8 亿元，相应增加了利息收入。三是存款利率上浮影响。2012 年 6 月央行发布调整利率决定时规定将金融机构存款利率浮动区间的上限调整为基准利率的 1.1 倍。市公积金中心及时协调金融机构按浮动上限调整存款利率，存款利息收入因此有所增加。

第三篇

行业

ALMANAC OF
SHANGHAI REAL ESTATE

第八章 房地产开发

第一节 房地产开发概述

2012年，全国房地产开发投资71 804亿元，比上年名义增长16.2%（扣除价格因素实际增长14.9%），增速比1～11月份回落0.5个百分点，比2011年回落11.9个百分点。其中，住宅投资49 374亿元，增长11.4%，增速比1～11月份回落0.5个百分点，占房地产开发投资的比重为68.8%。东部地区房地产开发投资40 541亿元，比上年增长13.9%，增速比1～11月份回落0.9个百分点；中部地区房地产开发投资15 763亿元，增长18.3%，增速回落1.1个百分点；西部地区房地产开发投资15 500亿元，增长20.4%，增速提高0.9个百分点。

2012年，上海房地产开发投资达2 381.36亿元，比上年增长9.7%，占全社会固定资产投资的45.3%，同比提高2.5个百分点。其中商品住宅投资1 451.94亿元，比上年增长3.8%，占全部房地产开发投资的61%；办公楼投资262.85亿元，增长13.7%，占11%；商业用房投资293.75亿元，增长24.4%，占12.3%。受保障性住房建设力度加大的影响，商品住宅中“90平方米以下住宅”完成投资632.67亿元，比上年增长24.7%，占全部住宅投资的43.6%，比上年提高7.3个百分点。

具体来说，上海市的房地产开发行业相关情况如下：

一、开发投资

（一）固定资产投资

固定资产投资是国民经济再生产活动的一个重要部分。固定资产投资额是以货币形式表现的在一定时期内建造和购置固定资产的工作量以及与此有关的费用总称。它是反映固定资产投资规模、结构和发展速度的综合性指标。按照现行国家统计制度，全社会固定资产投资包括建设改造、房地产开发、城乡集体经济单位、城乡私人建房和其他经济单位投资。

上海市2012年 全年完成全社会固定资产投资总额5 254.38亿元，比2011年的5 067.09亿元的总额增加3.7%。其中，第一产业投资11.20亿元，减少37.8%；第二产业投资1 294.14亿元，增加0.3%；第三产业投资3 949.04亿元，增加5.1%，其中住宅投资总额为1 451.94亿元，增长了3.8%（见图8-1）。

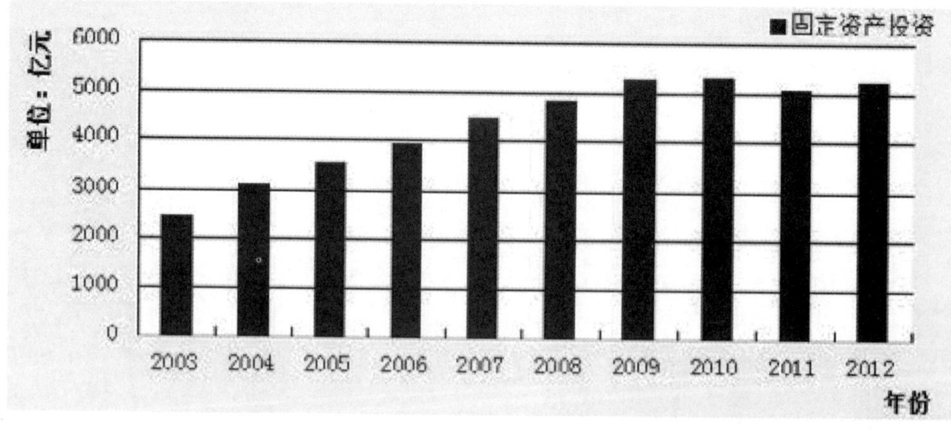

图8-1 2003～2012年上海市固定资产投资总额走势图（单位：亿元）

（二）房地产开发投资

房地产开发投资是指各种登记注册类型的房地产开发公司、商品房建设公司及其他房地产开发法人单位和附属于其他法人单位实际从事房地产开发或经营活动的单位统一开发的包括统代建、拆迁还建的住宅、厂房、仓库、饭店、宾馆、度假村、写字楼、办公楼等房屋建筑物和配套的服务设施，土地开发工程（如道路、给水、排水、供电、供热、通讯、平整场地等基础设施工程）的投资；不包括单纯的土地交易活动。

1. 房地产开发投资总额

2003 ～ 2012 年，上海市房地产开发总额基本呈逐年上升趋势，增长趋势固定资产投资在 2011 年有所回调，而房地产投资一路高歌。从 2009 年开始增长速度稍有加快，2009 年全年完成房地产开发投资 1 464.18 亿元，比上年增长 7.1%，2010 年房地产开发投资总额增长 35.3%，2011 年比 2010 年有所放缓增长 9.6%，2012 年较上年增长 9.7%，比上一年增速略高。

从固定资产总额和房地产开发总额曲线对比来看，2005 年到 2009 年，房地产开发额占固定资产总额的比例趋于变小，基本建设、更新改造及其它投资等额度占比越来越大。但从 2010 年起，房地产开发总额占固定资产总额的比重变大，2011 年达 42.8%，2012 年更是达到 45.3%，这种发展值得忧虑。（见图 8-2，表 8-1）

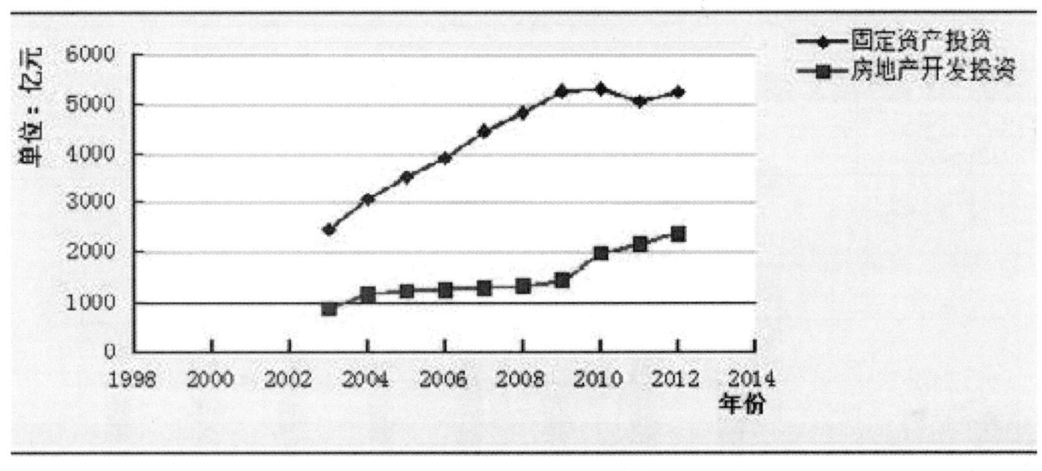

图 8-2　2003 ～ 2012 年上海市房地产开发投资总额趋势图（单位：亿元）

表 8-1　2003 ～ 2012 年房地产开发总额占全社会固定资产投资总额比率　单位：亿元

年份	固定资产投资总额	房地产开发总额	房地产开发总额占固定资产投资总额比率（%）
2003	2 452.11	901.24	36.8%
2004	3 084.66	1 175.46	38.1%
2005	3 542.55	1 246.86	35.2%
2006	3 925.09	1 275.59	32.5%
2007	4 458.61	1 307.53	29.3%
2008	4 829.45	1 366.87	28.3%
2009	5 273.33	1 464.18	27.8%
2010	5 317.67	1 980.68	37.2%
2011	5 067.09	2 170.31	42. 8%
2012	5 254.38	2 381.36	45. 3%

2. 房地产开发投资各月情况

2012 年，上海房地产开发投资在上年高基数的前提下仍保持较快增长，主要有以下两方面原因：一是保障性住房建设全面铺开。全市保障性住房投资 479.22 亿元，比上年增长 42.9%。二是受项目建设周期影响，建安工程投资增长较快。从投资构成看，代表项目开工建设进度的建安工程投资为 1480.38 亿元，比上年增长 13.5%，占房地产开发投资的比重为 68.2%，成为拉动房地产开发投资增长的重要因素（见图 8-3，表 8-2）。

表 8-2 上海市 2012 年 2 ～ 12 月房地产开发投资额

月份	本月	比去年同月增长（%）	本月累计
2012 ～ 02	174.81	13.0	315.86
2012 ～ 03	155.95	-13.3	471.81
2012 ～ 04	141.38	-2.7	613.18
2012 ～ 05	207.94	41.3	821.12
2012 ～ 06	221.30	34.9	1 042.43
2012 ～ 07	189.14	0.8	1 231.57
2012 ～ 08	217.47	23.3	1 449.04
2012 ～ 09	215.82	10.8	1 664.86
2012 ～ 10	229.79	-12.7	1 894.65
2012 ～ 11	255.42	2.7	2 150.07
2012 ～ 12	231.29	32.5	2 381.36

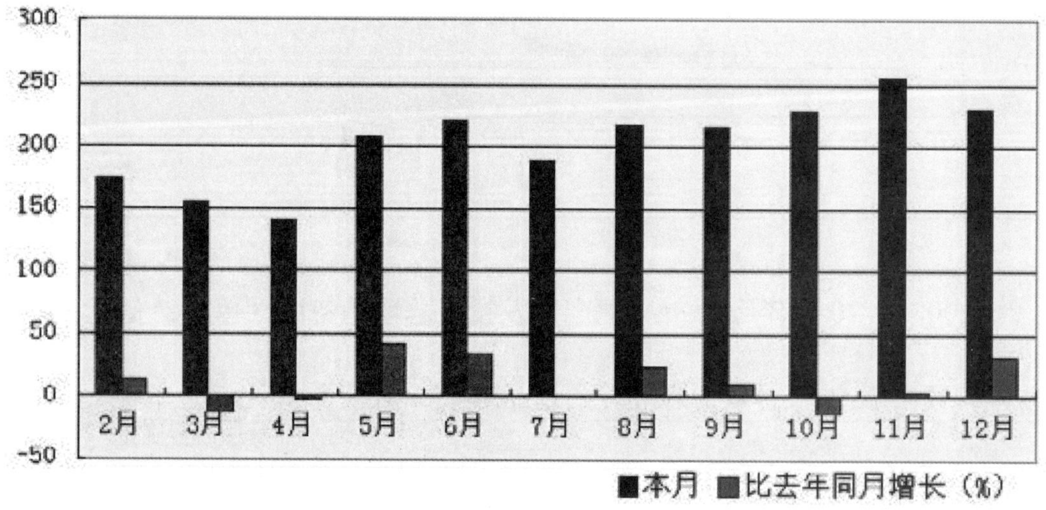

图 8-3 2012 年各月上海市房地产开发投资月度情况（单位：亿元）

其中，2012 年 2 ～ 12 月上海市住宅投资额月度情况如表 8-3 所示。

表 8-3 2012 年 2 ～ 12 月上海市住宅投资额 单位：亿元

月份	本月投资额	比去年同月增长（%）	本月累计
2012 ～ 02	120.04	19.0	205.42

2012～03	88.26	-18.2	293.67
2012～04	92.70	2.7	386.38
2012～05	129.27	43.3	515.65
2012～06	147.16	17.3	662.81
2012～07	115.83	-1.7	778.64
2012～08	122.52	17.5	901.16
2012～09	132.64	1.3	1 033.80
2012～10	110.30	-26.3	1 144.10
2012～11	138.52	-22.7	1 282.62
2012～12	169.32	43.6	1 451.94

二、开发规模

（一）土地开发规模

2012 年全年，上海市出让土地共 684 幅，出让面积为 2 462.55 万平方米（见表 8-4）。

表 8-4　2012 年上海市土地出让权使用情况

指　标	出让地块（幅）	出让面积（万平方米）
总　计	684	2 462.55
商业服务	98	296.63
住　宅	133	684.97
工矿仓储	449	1 470.29
公共建筑	4	10.66

（二）房地产开发规模

2012 年全年，上海市房地产开发施工面积为 13 249.97 万平方米，竣工 2 305.06 万平方米，建筑面积竣工率为 17.4%。从 2001 至 2007 年，施工面积总体为上升趋势，增长较为平稳，2008 年以后施工面积有所减少，2012 年较 2010 年又有增长；竣工面积趋势呈倒 W 状，先升后降的情况，在 2007 年达到最大值后，2008 以来大幅度减少直至 2010 年逐渐回升，2012 年继续回升，已接近 2009 年水平（见表 8-5）。

表 8-5　2003～2012 年上海市房地产施工面积与竣工面积

年　份	施工面积（万平方米）	其　中	竣工面积（万平方米）	其　中	建筑面积竣工率（%）	其　中
		# 住　宅		# 住　宅		# 住　宅
2003	11 023.24	6 974.27	3 582.34	2 280.79	32.5	32.7
2004	12 291.81	7 873.44	4 932.57	3 270.43	40.1	41.5
2005	14 477.85	8 267.24	4 873.82	2 819.35	33.7	34.1
2006	14 596.49	8 085.28	4 901.46	2 746.80	33.6	34.0
2007	14 979.37	7 789.91	5 068.46	2 843.62	33.8	36.5
2008	14 083.52	7 060.19	3 828.79	1 899.40	27.2	26.9
2009	13 553.64	6 581.16	2 970.92	1 522.07	21.9	23.1
2010	11 295.03	7 313.85	1 941.25	1 396.05	17.2	19.1
2011	12 983.32	8 386.26	2 240.62	1 549.66	17.3	18.5
2012	13 249.97	8 315.68	2 305.06	1 609.13	17.4	19.4

1．商品房新开工面积

2012年上海住宅新开工面积除1、2月外，3～12月每月累积均比2011年同期呈现负增长，全年同比降低25.2%。月度具体新开工情况如表8-6所示。

表8-6 2012年各月上海市商品房新开工面积 单位：万平方米

月 份	本月累计	比去年同期增长（%）
2012～01～02	518.23	25.8
2012～03	783.28	-19.8
2012～04	948.15	-24.4
2012～05	1 293.28	-15.3
2012～06	1 467.41	-16.3
2012～07	1 596.82	-19.3
2012～08	1 984.17	-17.1
2012～09	2 119.86	-20.0
2012～10	2 338.01	-19.5
2012～11	2 532.45	-23.1
2012～12	2 724.05	-25.2

2．商品房施工面积

施工面积是指报告期内施工的全部房屋建筑面积。包括本期新开工的面积和上期开工跨入本期继续施工的房屋面积，以及上期已停建在本期恢复施工的房屋面积。本期竣工和本期施工后又停缓建的房屋，其建筑面积仍计入本期房屋施工面积中。

2012年商品房施工面积同比略有增长（见表8-7、表8-8）。

表8-7 2005～2012年上海市商品房施工面积情况表 单位：万平方米

指 标	2005	2006	2007	2008	2009	2010	2011	2012
施工面积	10 462.39	10 938.75	10 766.72	10 390.67	9 961.60	11 295.03	12 983.32	13 249.97
住 宅	8 091.85	7 988.73	7 642.79	6 872.10	6 550.73	7 313.85	8 386.26	8 315.68
#别墅、高档公寓	1 652.89	1 381.80	1 492.75	1 337.61	1 302.04	1 584.11	1 682.51	1 425.77
办公楼	630.38	723.78	935.23	1 084.47	958.64	1 103.18	1 158.34	1 284.68
商业营业用房	951.58	1 074.06	1 131.86	1 222.53	1 112.33	1 292. 96	1 365.89	1 449.91
其 他	788.58	1 152.18	1 056.84	1 211.57	1 339.90	1 585.04	2 072.83	2 199.69

表8-8 2012年各月上海市商品房施工面积 单位：万平方米

月 份	本月累计	比去年同期增长（%）
2012～01～02	10 361.76	22.2
2012～03	10 964.00	12.4
2012～04	11 277.02	11.5
2012～05	11 787.71	12.7
2012～06	12 057.50	12.1
2012～07	12 199.04	10.5
2012～08	12 605.29	8.3
2012～09	12 754.27	6.9

2012～10	13 011.22	6.7
2012～11	13 189.87	4.8
2012～12	13 249.97	2.1

3．商品房竣工面积

竣工面积是指在报告期内房屋建筑按照设计要求已经全部完工，达到住人和使用条件，经验收鉴定合格（或达到竣工验收标准），正式移交使用单位的各栋房屋建筑面积的总和。2012 年上海市商品房在建规模增速放慢，9 月份出现负增长，10 月略微增加，11 月累积增速又现负增长，还好全年转正。

表 8-9　2004～2012 年上海市商品房竣工面积情况表　　单位：万平方米

指　标	2005	2006	2007	2008	2009	2010	2011	2012
房屋竣工面积（万平方米）	3 095.74	3 274.27	3 380.12	2 475.04	2 104.98	1 941.25	2 240.62	2 305.06
住宅	2 739.91	2 699.11	2 752.45	1 763.33	1 508.81	536.66	646.06	1 609.13
# 别墅、高档公寓	419.44	343.99	406.39	234.45	205.00	178.27	199.44	275.91
办公楼	87.05	108.53	138.89	205.67	135.02	74.23	118.45	206.87
商业营业用房	1125.18	239.39	256.46	221.56	201.05	87.13	137.63	177.65
其他	156.59	227.24	232.32	284.49	260.10	81.91	109.44	311.41
房屋竣工价值（亿元）	946.77	1 011.31	1 046.58	624.12	705.80	779.93	1011.57	1 060.07
住宅	811.02	799.75	829.59	405.83	441.11	536.66	646.06	692.63
# 别墅、高档公寓	214.64	178.81	211.22	66.46	98.49	178.27	199.44	183.52
办公楼	57.37	71.55	62.97	76.15	81.70	74.23	118.45	135.49
商业营业用房	38.50	82.16	87.49	69.50	78.35	87.13	137.63	106.09
其他	39.88	57.85	66.53	72.64	104.64	81.91	109.44	125.87

表 8-10　2012 年各月上海市商品房竣工面积　　单位：万平方米

月　份	本月累计	比去年同期增长(%)
2012～01～02	244.54	24.7
2012～03	428.90	20.4
2012～04	601.59	15.8
2012～05	768.75	12.5
2012～06	974.16	16.3
2012～07	1125.99	8.7
2012～08	1292.15	2.8
2012～09	1381.77	-4.0
2012～10	1507.83	0.3
2012～11	1609.86	-3.7
2012～12	2305.06	2.9

第二节 房地产开发主体

2012 年，上海房地产开发企业在经历上一年行业整体发展瓶颈的情况下，通过一系列积极调整，开始逐渐走出经营困境，实现了新的突破。

一、房地产开发企业的资质

上海住房保障和房屋管理局资料显示，2012 年上海共有 4 844 家房地产开发企业。其中，一级资质企业 24 家，二级资质企业 367 家，三级资质企业 448 家，四级资质企业 0 家，未定等级企业 4 005 家。资质企业较上年略有增加（见表 8-11）。

表 8-11 2012 年上海一级资质的房地产开发企业的名单

上海城建置业发展有限公司	天地源股份有限公司
上海陆家嘴金融贸易区开发股份有限公司	上海房地产经营（集团）有限公司
上海地产（集团）有限公司	上海鹏欣房地产开发有限公司
上海昌鑫（集团）有限公司	中华企业股份有限公司
农工商房地产（集团）股份有限公司	上海市浦东新区房地产（集团）有限公司
上海市漕河泾新兴技术开发区发展总公司	上海永业企业（集团）有限公司
上海瀛通（集团）有限公司	旭辉集团股份有限公司
上海景瑞地产（集团）股份有限公司	复地（集团）股份有限公司
上海顾村房地产开发（集团）有限公司	上海嘉定区房地产（集团）有限公司
上海华丽家族（集团）有限公司	上海万科房地产有限公司
华能房地产开发公司	上海建工房产有限公司
上海古北（集团）有限公司	大华（集团）有限公司

二、上海房地产开发企业在全国排名

由搜房中国发布的“2012 中国百强房地产开发企业”中，绿地控股集团有限公司、新城控股集团有限公司、复地（集团）股份有限公司、恒盛地产控股有限公司、农工商房地产（集团）股份有限公司、上置集团有限公司、旭辉集团股份有限公司、上海爱家豪庭房地产集团发展有限公司、上海景瑞地产（集团）股份有限公司、上海三盛宏业投资（集团）有限责任公司、上海城开（集团）有限公司、上海中房置业股份有限公司、上海市上投房地产有限公司、上海证大房地产有限公司、上海红星美凯龙房地产有限公司、上海三湘股份有限公司、上海保集（集团）有限公司等上海企业入选。

三、上海房地产开发企业 50 强

由上海市房地产协会研究发布的“2011 ～ 2012 年上海房地产开发企业 50 强研究”显示，入榜企业基本与上届入榜名单大体相同，有 8 家是新入榜的企业，有 35 家企业排名有所变化，其中 24 家名次上升，11 家名次下降，上升最快的企业名次提高了 26 位，下降最快的企业名次退后了 16 位，反映出较为强劲的竞争态势。而从排名靠前的企业与排名靠后的企业的差距上也能看出，排名首位的销售面积和销售金额是排名末位的 90 倍和 326 倍。随着竞争的不断加剧，企业之间的分化进一步凸显（见表 8-12）。

表 8-12 2011 ～ 2012 年上海房地产开发企业 50 强

绿地控股集团有限公司	上海汇成房产经营有限公司

复地（集团）股份有限公司	上海达安企业股份有限公司
上海万科房地产有限公司	上海市上投房地产有限公司
大华（集团）有限公司	上海三湘（集团）有限公司
上海中星（集团）有限公司	上海市漕河泾新兴技术开发区发展总公司
上海建工房产有限公司	上海静安地产（集团）有限公司
农工商房地产（集团）股份有限公司	上海万业企业股份有限公司
上海城投置地（集团）有限公司	上海西部企业（集团）有限公司
中华企业股份有限公司	上海嘉定区房地产（集团）股份有限公司
上海市浦东新区房地产（集团）有限公司	上海刚泰置业有限公司
旭辉控股（集团）有限公司	上海中环投资开发（集团）有限公司
上海城建置业发展有限公司	上海江海置业有限公司
上海城开（集团）有限公司	上海中建房产（集团）有限公司
中海发展（上海）有限公司	上海瀛通（集团）有限公司
上海住宅科技投资股份有限公司	上海安居房产开发有限责任公司
合生创展上海合生房地产开发有限公司	上海永业企业（集团）有限公司
嘉凯城集团中凯有限公司	上海智富企业发展（集团）有限公司
上海宝华企业集团有限公司	上海荣惠置业有限公司
仁恒置地上海公司	上海东鼎投资集团有限公司
东渡国际集团有限公司	上海中大亮桥房地产有限公司
上海金外滩（集团）发展有限公司	上海华江建设发展有限公司
上海新城万嘉房地产有限公司	上海闵行置业发展有限公司
上海鹏欣（集团）有限公司	上海顾村房地产开发（集团）有限公司
上海绿洲投资控股集团有限公司	上海凯迪企业（集团）有限公司
上海新长宁（集团）有限公司	上海保辉房地产开发有限公司

2012 年，50 强企业销售面积为 1308 万平方米，相比 2011 年提高了 46%；同时，销售金额达到 1410 亿元，相比 2011 年提高了 38%（见图 8-4、图 8-5）。

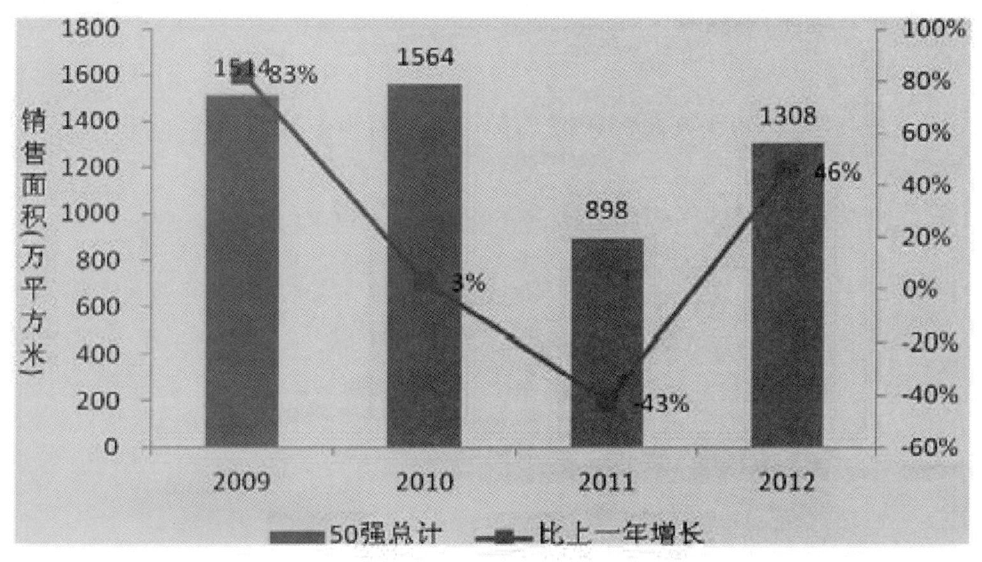

图 8-4　2009 ～ 2012 年上海开发企业 50 强销售面积

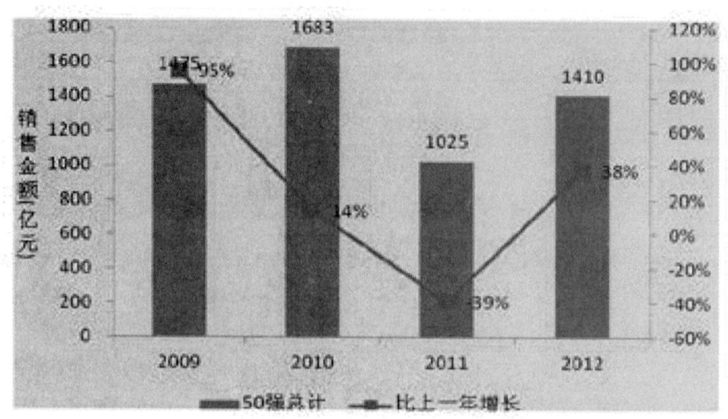

图 8-5　2009 ～ 2012 年上海开发企业 50 强销售金

在行业集中度方面，从销售面积来看，50 强前 10 位和前 20 位企业销售面积占 50 强总销售面积的比重在 2011 年有所下降之后，2012 年又呈现上升态势；而从销售金额来看，50 强前 10 位企业的销售金额占 50 强销售总金额的比重略有下降，而排名前 20 位企业的销售金额则始终保持上升态势，这都说明了 50 强企业的行业集中度有所增强（见图 8-6、图 8-7）。

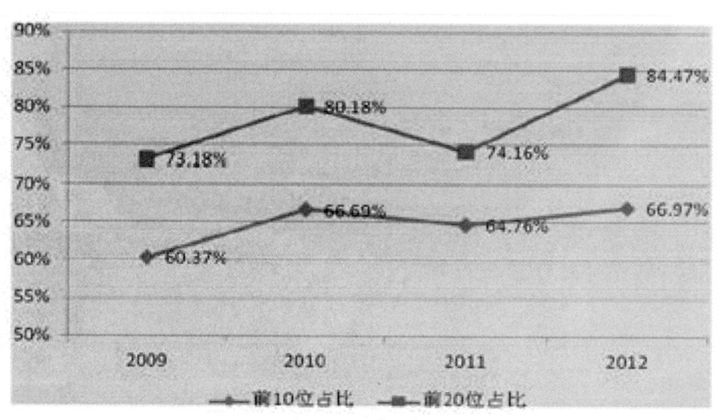

图 8-6　50 强的前 10 位与前 20 位销售占比（销售面积）

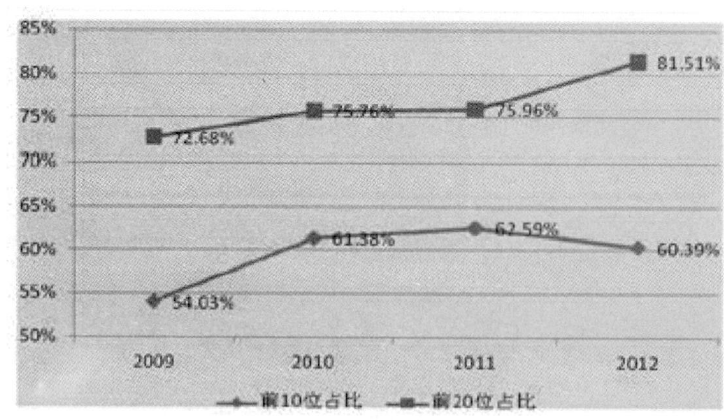

图 8-7　50 强的前 10 位与前 20 位销售占比（销售金额）

从 50 强企业在建面积、新开工面积、待开发土地面积三个方面来看，由于受到宏观调控对于资金和土地储备的影响，2011 ～ 2012 年各项指标较历史高位有所回落，但总体保持上升态势。尤其在 2012 年，随着宏观调控政策的消化，以及资金状况的好转，企业开始积极拿地、增加项目供应，在建面积和待开发土地面积都开始恢复增长态势，表现出平稳的发展后劲（图 8-8）。

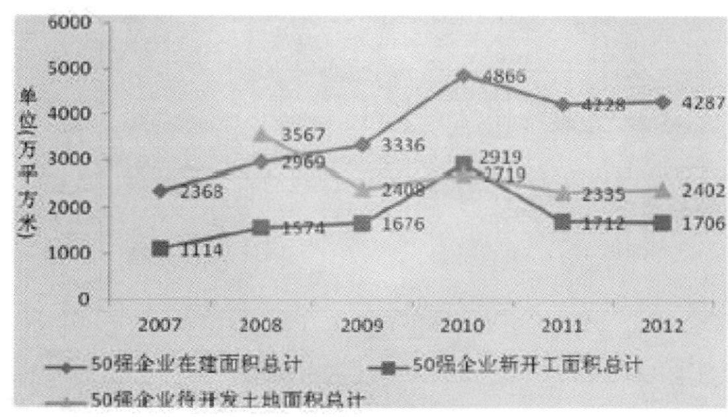

图 8-8　上海开发企业 50 强开发后劲分析

2012 年，随着刚性购房需求的不断释放，以及商业地产领域的不断突围，本地房企通过“降价销售、以价换量”等方式促进销售，房地产企业整体业绩保持着相对稳定的增长态势。同时，50 强企业纷纷通过放缓新开工建设、控制拿地规模和速度、以及持续调整新增土地储备的分布格局以应对阶段性市场波动，从而表现出较强的抗波动能力，开始逐渐走出困境。销售业绩前 10 强的企业见下表：

表 8-13　2011 ～ 2012 年上海开发企业 50 强销售业绩前十位

排序	企业名称
1	绿地控股集团有限公司
2	复地（集团）股份有限公司
3	上海万科房地产有限公司
4	大华（集团）有限公司
5	上海中星（集团）有限公司
6	上海建工房产有限公司
7	上海城投置地（集团）有限公司
8	农工商房地产（集团）股份有限公司
9	中海发展（上海）有限公司
10	上海城建置业发展有限公司

从下图 50 强企业的销售情况、出租情况等经营指标可以看出，2011 年 50 强房企无论在销售和物业出租方面都处在近年来的低谷。销售面积、销售金额、出租面积、出租收入分别下降了 -42.59%、-39.11%、-27.70%、-23.47%；2012 年，企业经营各方面数据均有大幅度提高，其中出租收入一项上涨尤为显著，达到了 76.50%。这主要得益于房企在住宅销售受到宏观调控影响较大的情况下，转战商业地产等持有型物业经营，以租金收入来释放物业销售不畅给企业经营带来的压力。在销售利润方面，绿地仍然走在前列，复地集团进入前三，大华下跌一位。

表 8-14 2011 ～ 2012 年上海开发企业 50 强利润总额前十位

排序	企业名称
1	绿地控股集团有限公司
2	上海万科房地产有限公司
3	复地（集团）股份有限公司
4	大华（集团）有限公司
5	农工商房地产（集团）股份有限公司
6	中华企业股份有限公司
7	上海城投置地（集团）有限公司
8	合生创展上海合生房地产开发有限公司
9	上海城开（集团）有限公司
10	上海中星（集团）有限公司

在市场调整与整合的过程中，50 强企业的市场地位进一步巩固，从销售面积、销售金额的分布情况看，前 4 位企业的销售面积和销售金额分别占到了 50 强企业的 48% 和 43%。

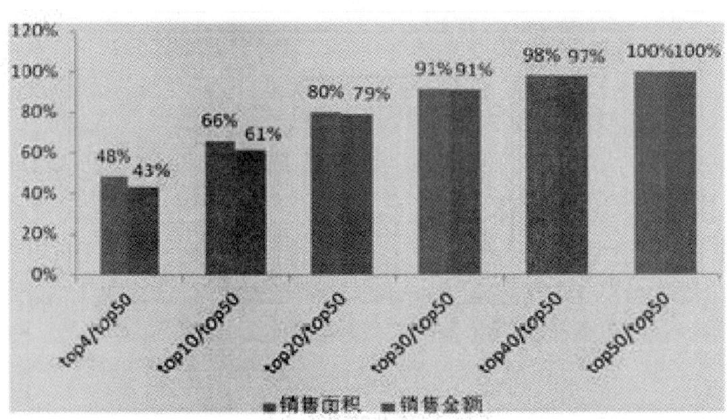

图 8-9 50 强企业销售业绩累计百分比

在带动行业集中度提高的同时，50 强内部阵营间的分化也日趋明显，强者恒强的态势越发显现。从上榜企业名单来看，绿地集团连续多年排名首位，前 10 位的企业排名也较为稳定。如下图所示，排名前 4 位的企业利润总额占 50 强总利润总额的 59%。

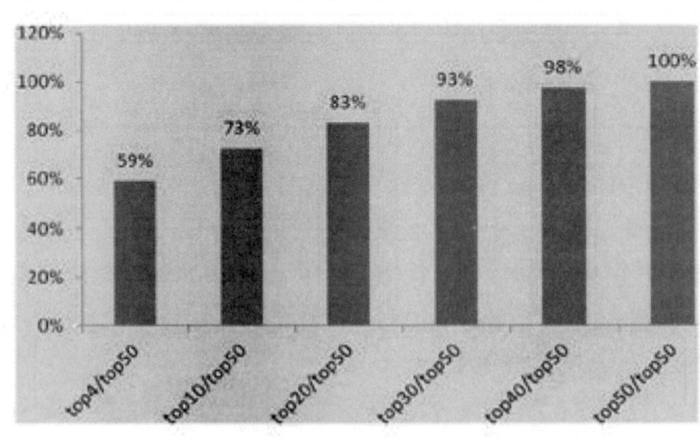

图 8-10 50 强企业利润总额累计百分比

50 强企业的内部竞争也较为激烈，从排名的变化方面可以看出共有 35 家企业的排名发生了变化，其中降幅最大的企业排名退后了 16 位，而升幅最大的企业排名则提高了 26 位，凸现出竞争的激烈程度。

2012 年 50 强净资产增长仅为 2%，企业成长面临较大考验。从前十强排名来看，绿地、万科、复地凭借强大的资金实力、销售渠道和品牌优势，仍然占据前三甲。

表 8-15 2011 ～ 2012 年上海开发企业 50 强经济实力前十位

排序	企业名称
1	绿地控股集团有限公司
2	上海万科房地产有限公司
3	复地（集团）股份有限公司
4	上海中星（集团）有限公司
5	大华（集团）有限公司
6	上海城投置地（集团）有限公司
7	中华企业股份有限公司
8	农工商房地产（集团）股份有限公司
9	上海城开（集团）有限公司
10	上海宝华企业集团有限公司

说明：本表中各企业集团的净资产为集团本部公司的“所有者权益合计”与其本市和外地各项目公司的“（所有者权益合计－注册资金）× 股权比例”之和。

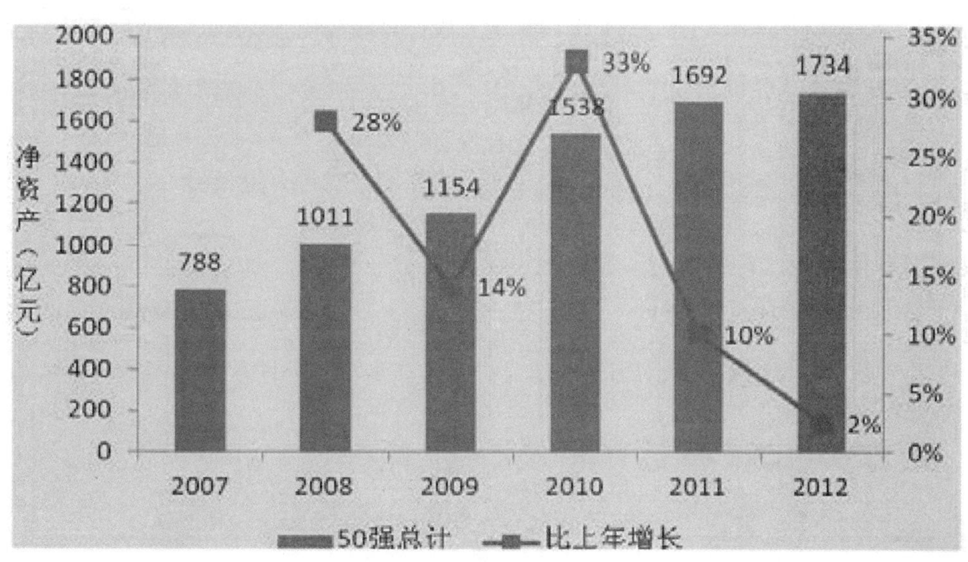

图 8-11 上海开发企业 50 强净资产规模变化趋势

在 50 强开发企业普遍面临成长压力的情况下，领先企业通过灵活的销售策略、严格的成本控制以及战略制定与执行等层面的措施，进一步巩固了领先优势。从 50 强企业净资产分布情况看，排名前 4、10、20 位的企业，净资产规模占到 50 强企业总计的 42%、62% 和 77%。与去年相比，排名前 4、10、20 位企业净资产规模占比分别提高了 6%、11%、4%，这进一步表明上海房地产开发行业标杆企业具备更强的应对市场变化、竞争压力的能力。

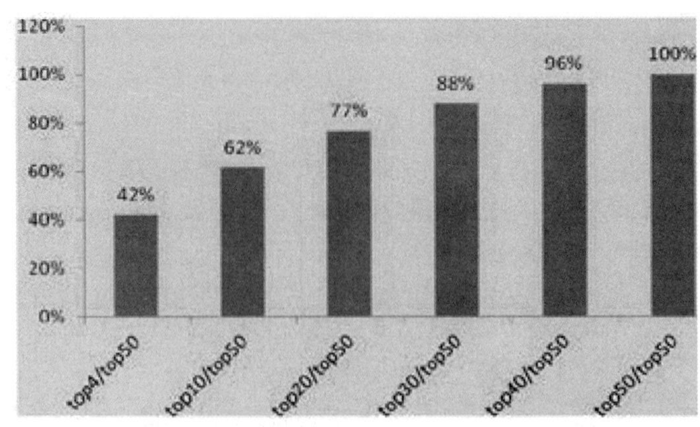

图 8-12 上海开发企业 50 强净资产规模累计百分比

房地产业一直是上海市国民经济发展的重要动力之一，房地产企业也是财政税收的重要来源之一。尽管遭遇史上最严厉的宏观调控，房地产企业的纳税额依然高于本市其他行业企业。2012 年上海市税务局公布的纳税百强企业名单中，房地产企业成绩依然“名列前茅”。前十强企业中，绿地、复地和上海万科占据前三甲。

表 8-16 2011 ～ 2012 年上海开发企业 50 强纳税额前十位

排序	企业名称
1	绿地控股集团有限公司
2	复地（集团）股份有限公司
3	上海万科房地产有限公司
4	大华（集团）有限公司
5	中华企业股份有限公司
6	农工商房地产（集团）股份有限公司
7	上海中星（集团）有限公司
8	嘉凯城集团中凯有限公司
9	上海城开（集团）有限公司
10	上海城投置地（集团）有限公司

说明：本表中各企业集团纳税额为集团本部公司及其在本市与外地项目公司纳税额之和，各项目公司的纳税额按股权比例折算。

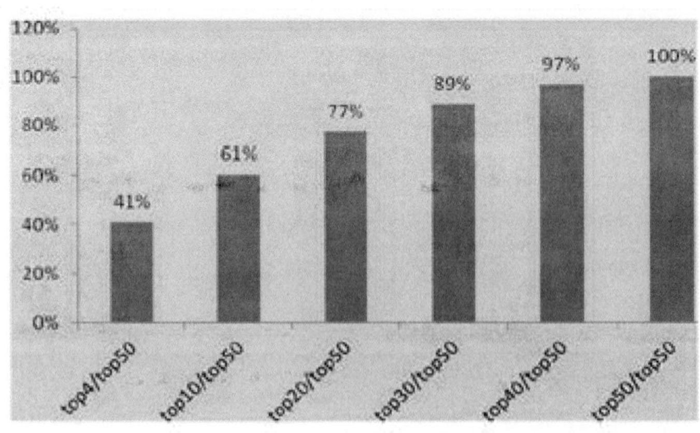

图 8-13 上海开发企业 50 强纳税额累计百分比

2011～2012年，受整体市场环境影响，上海50强开发企业纳税（营业税及附加、企业所得税两项）总额为330亿元，相比2009～2010年的383亿元有所下降。从2011～2012年50强纳税分布情况看，排名靠前的企业依然占据了大部分份额。

第九章 房地产营销

第一节 房地产营销概述

2012 年上海市商品房由于受相关政策影响，一直处于低位运行态势。虽然截止第四季度末市场有恢复的信号产生，但整体而言市场走势基本和上一年相同。2012 年上海商品房共成交 1 898.9 万平方米，同比增加 5.7%；其中商品住宅（不含配套房）成交 936.8 万平方米，同比增加 28.6%，2012 年商品住宅成交虽低位快速反弹，但仍明显低于近 5 年年均 1 087 万平方米的成交量，并且不及 2010 年水平。

一、商品房销售额

2012 年，上海市商品房销售额为 2 669.49 亿元，比较 2011 年增加 3.9%。其中，住宅销售额达到 2 208.96 亿元，办公楼销售额为 234.62 亿元，商业营业用房销售额为 194.62 亿元。2012 年商品房销售走出 2011 年的观望气氛浓厚，除办公楼外各类指标都有所增加，其中住宅更是较上年大涨 11.5%，接近 2010 年水平。

表 9-1 上海市 2007 ～ 2012 年商品房销售额

指　　标	2007	2008	2009	2010	2011	2012
商品房销售额（亿元）	3 089.35	1 895.45	4 330.22	2 959.94	2 568.88	2 669.49
住宅	2 706.30	1 608.47	3 620.23	2 395.35	1 981.91	2 208.96
# 别墅、高档公寓	654.04	333.23	996.81	852.62	637.27	661.35
办公楼	214.67	172.29	438.43	307.67	371.81	234.62
商业营业用房	131.19	77.51	192.73	197.57	181.66	194.62
其他	37.19	37.17	78.84	59.34	33.49	31.29

从商品房销售额总体来看，2007 ～ 2012 年间，2008 年受金融危机影响严重，有大幅额度降低，2009 年是上扬趋势。2010 年到 2011 年商品房销售额呈下降趋势。尽管国家宏观政策变化不大，但是经过 2011 年企业自身销售策略的调整，2012 年各类商品房的销售指标较上年都有较大改观。

二、商品房销售面积

2012 年上海市商品房实际销售面积共有 1 898.46 万平方米，较 2011 年略增 7.2%。其中住宅销售面积 1 592.63 万平方米，办公楼销售面积 234.56 万平方米，商业营业用房 120.01 万平方米（见表 9-2）。

表 9-2 上海市 2007 ～ 2012 年商品房销售面积　　单位：万平方米

指标	2007	2008	2009	2010	2011	2012
商品房销售面积	3 694.96	2 296.12	3 372.45	2 055.53	1 771.30	1 898.46
住　　宅	3 279.17	1 965.86	2 928.04	1 685.35	1 473.72	1 592.63
# 别墅、高档公寓	503.14	259.49	450.42	341.71	237.32	234.56
办公楼	150.93	145.87	203.00	162.89	147.40	111.73
商业营业用房	198.38	117.27	126.49	125.56	95.57	120.01

其　他	66.47	67.12	114.92	81.72	54.61	74.10

从 2007 ～ 2012 年销售面积总体走势来看，2008 年下降明显，成为销售洼地。2009 年有较高的增长，2010、2011 年又逐渐下降，2012 年有所回升。从分类市场来看，主要销售面积的发生均在住宅市场，走势与总体商品房销售量保持一致。

从全年度来看，上半年延续了 2011 年的冷淡之势，不过逐渐趋好，到 10 月份比去年同期增长转正，11 月份比去年同期增长更是达到 7.5%，12 月份虽然下降了 0.3 个百分点，但是全年任然保证了 7.2% 的增长。（见表 9-3）。

表 9-3　2012 年 1 ～ 12 月商品房销售面积　　单位：万平方米

月　份	本月累计	比去年同期增长（%）
2012 ～ 01 ～ 02	202.99	-13.9
2012 ～ 03	316.47	-14.8
2012 ～ 04	442.58	-15.9
2012 ～ 05	624.63	-10.7
2012 ～ 06	793.66	-8.8
2012 ～ 07	953.98	-7.8
2012 ～ 08	1093.31	-7.8
2012 ～ 09	1229.94	-5.9
2012 ～ 10	1426.30	0.6
2012 ～ 11	1609.58	7.5
2012 ～ 12	1898.46	7.2

从商品住宅销售面积来看，趋势与整个商品房市场较为一致，到 2012 年年底，比去年同期增长有较高增长。（见表 9-4）。

表 9-4　2012 年 1 ～ 12 月商品住宅销售面积　　单位：万平方米

月　份	本月累计	比去年同期增长（%）
2012 ～ 01 ～ 02	178.27	-8.4
2012 ～ 03	275.20	-9.9
2012 ～ 04	392.70	-8.0
2012 ～ 05	556.67	-0.9
2012 ～ 06	702.87	-1.2
2012 ～ 07	844.24	-1.6
2012 ～ 08	962.89	-0.8
2012 ～ 09	1 083.91	2.0
2012 ～ 10	1 213.28	6.0
2012 ～ 11	1 368.68	13.0
2012 ～ 12	1 592.63	8.1

三、商品房销售价格

2012 年，上海市商品房平均销售价格为 14 061 元每平方米，较 2011 年下降 3%。其中，住宅的平均售价为 13 870 元每平方米，比上年略增 3%，办公楼为 20 999 元每平方米，商业营业用房为 16 217 元每平方米（见表 9-5）。

表 9-5 上海市 2007 ～ 2012 年商品房平均销售价格 单位：元 / 平方米

指标	2007	2008	2009	2010	2011	2012
商品房销售价格	8 360.98	8 255.01	12 840	14 400	14 503	14 061
住 宅	8 253.003	8 182.017	12 364	14 213	13 448	13 870
# 别墅、高档公寓	12 999.17	12 841.73	22 130.68	24 161	26 853	28 195
办公楼	14 223.15	11 811.2	21 597.54	18 888	25 225	20 999
商业营业用房	6 613.066	6 609.534	15 236.78	15 735	19 008	16 217
其 他	5 595.005	5 537.843	6 860.425	7 261	6 133	4 223

四、出租市场情况

2012 年，上海市商品房出租面积为 1 355.20 万平方米，较 2011 年小幅增长 3.8%。2007 至 2012 年出租面积增长趋势较为平稳（见表 9-6）。

表 9-6 2007 ～ 2012 年商品房出租情况 单位：万平方米

指标	2007	2008	2009	2010	2011	2012
商品房出租面积	1 128.69	1 141.19	1 222.91	1 262.47	1 305.47	1 355.20
住 宅	110.38	92.74	102.63	85.72	87.68	92.43
# 别墅、高档公寓	86.85	73.79	74.36	76.18	75.40	73.26
办公楼	343.60	352.89	425.55	516.18	578.23	643.83
商业营业用房	270.42	318.01	349.91	373.34	392.70	396.45
其 他	404.28	377.55	344.82	287.23	246.86	222.48

第二节 房地产营销主体

房地产市场可以分为一级市场、二级市场以及三级市场。不同的房地产市场具有不同的交易主体和营销主体。在一级市场中，政府是卖方，用地单位是买方；在二级市场中，最重要的交易是新上市商品房的交易，因此主要的营销主体是房地产开发商和代理商；在三级市场中，房地产中介起着信息交流、信用担保等促进交易完成的作用，是市场交易的重要环节，是市场的“催化剂”，因此，三级市场中的主要营销主体是中介公司。

一、房地产营销主体的结构

除了房地产开发企业外的营销主体可分成两类，即房地产代理公司和房地产中介公司。

（一）房地产代理公司

房地产代理公司是指专门从事地产领域专业服务的咨询类公司，主要业务范围包括商品房屋的估价、营销、策划、销售等。

由上海房地产经纪行业协会主办的第十二届“金桥奖”评选活动中，上海房屋销售（集团）有限公司、同策房产咨询股份有限公司、上海策源置业顾问有限公司等 20 家企业代表获得“2012 营销代理企业 20 强”。2012 年，“营销代理 20 强”总销售面积达 587.46 万平方米，比 2011 年增加 151.68 万平方米，占全市商品房销售总量的 44%，占比份额提高了 24.6%，行业集中度越来越高。

表 9-7　2012 营销代理企业 20 强

上海房屋销售（集团）有限公司	上海赢佳房地产经纪有限公司
同策房产咨询股份有限公司	上海精稳房地产咨询有限公司
上海策源置业顾问有限公司（策源地产）	上海三湘房地产经纪有限公司
上海聚泰房地产经纪有限公司(新聚仁机构)	上海锦和房地产经纪有限公司
上海中原物业代理有限公司	上海荒岛房产工作室有限公司
上海华燕置业发展有限公司	上海杰星房地产经纪有限公司
上海汉宇房地产策划营销有限公司	上海嘉德伟业房地产经纪有限公司
上海金丰易居房地产顾问有限公司	上海开启房地产投资咨询有限公司
上海新联康投资顾问有限公司	上海天地行房地产营销有限公司
戴德梁行房地产咨询（上海）有限公司	上海新长宁房产销售有限公司

（二）房地产中介公司

房地产中介公司是主要从事是二手房交易。2005 年上海中介数量达到历史的最高峰，约有 2 万家门店。2006 年中介行业竞争加剧，门店数量淘汰到 8 000 左右，2007 年门店数下降到 7 000 家左右。进入 2008 年以来，楼市调控、成交量萎缩使得房地产经纪行业出现大洗牌。数据显示，年底尚在正常交易运营的中介门店数量仅剩两三千家。这几年随着房地产市场的活跃，房地产经纪企业得到了一定发展，据上海市住房保障与房屋管理局统计，2012 年上海市房地产经纪公司约有 3 000 多家，门店数已恢复到 11 939 家，而排名前几的中介公司门店加起来也只有 1 000 家左右，上海房地产经纪企业集中度还有待提高。

由上海房地产经纪行业协会主办的第十二届“金桥奖”评选活动中，中原地产、21 世纪不动产、德佑地产、汉宇地产、我爱我家、太平洋房屋等 20 家房地产中介企业获得本届金桥奖“2012 房屋中介企业 20 强”。2012 年，“房屋中介 20 强”交易总面积达 388.21 万平方米，比 2011 年增加 139.43 万平方米，占全市存量房交易总量的 22%，占比份额提高了 4.2%。

表 9-8　2012 房屋中介企业 20 强

上海亚业房地产经纪有限公司（21 世纪不动产）	上海宝原物业顾问有限公司
上海房屋置换股份有限公司	上海志远房地产经纪有限公司
上海汉宇房地产顾问有限公司	上海康开房产经纪有限公司
上海住商房地产经纪有限公司	上海仁丰房地产经纪有限公司
上海福美来房地产经纪有限公司	上海九间伴房地产经纪有限公司
上海明明房产经纪有限公司	上海申展房地产经纪有限公司
上海台庆房地产经纪有限公司	上海中原物业顾问有限公司
易居臣信房地产经纪（上海）有限公司	上海德佑房地产经纪有限公司
上海信义房屋中介咨询有限公司	上海我爱我家房屋租赁置换有限公司
上海合富置业顾问有限公司	上海太平洋房屋服务有限公司

二、房地产营销主体的市场定位

在市场定位上，不同类型的地产和中介公司专注于不同的市场。市场的基本划分是：高端市场，主要包括甲级写字楼、顶级豪宅、商铺、别墅等；中端市场，以中、高档住宅、高档豪宅为主；低端市场，主要业务是普通住宅的买卖和租赁。

目前，上海的高端市场主要由外资企业所垄断，如第一戴维斯、仲量联行、戴德梁行、高力国际等。中端市场一般由港台企业和部分规模较大的上海本地企业占据，如信义、美联、中原、易居中国等。低端市场则被大量小规模的代理和中介公司占领。

第十章 物业管理

第一节 物业管理概述

一、2012 年上海物业管理市场概况

（一）物业管理概况

2012 年，上海市具有资质的物业服务企业约有 3 172 多家，其中一级资质企业 107 家，二级资质 454 家，三级资质（包括暂定）为 2 843 家。

（二）上海物业行业发展的特点

2011 年修订后的《上海市住宅物业管理规定》开始实施，上海市物业管理法制环境进一步得到完善。市场环境日趋成熟，物业管理行业整体呈现持续、健康、快速发展的态势，为居民创造了良好的居住环境，推进了和谐社会的构建。

1．上海物业行业发展比较快，十几年的时间从企业数，从物业覆盖率来看，发展都比较快，现在处在一个活跃发展期；

2．上海物业行业的覆盖率比较高，各种类型的楼盘和住宅，物业都有覆盖。此外，上海的物业还延伸到一些公众物业，例如地铁、寺庙等；

3．法制化程度高，《物业管理条例》、《物权法》等法规的出台，上海及时完善配套了地方的法制法规，使物业企业的行为可以做到有法可依，保证了行业在规范下发展。这些法律法规多数也成为其他地方立法的蓝本。

4．行业内行政监督有利，政府对于法规的执行非常看重，通过人大和纪检部门的测评督察，以及文明办和行业办的执法检查这两个抓手，使各项行业法规得到有效的贯彻落实。

5．业主大会的建立，使得业主与物业企业的协调更加顺畅，业主权益进一步得到保护。

（三）物业小区情况

上海市共有住宅物业小区 10 800 个，2012 年，上海市全国示范小区共 19 个，分别有御景园小区、徐汇苑小区、香榭丽花园、西部俊园、万科四季花城、上南花城等。上海市物业管理优秀住宅小区共评选出 97 家，各区分布数量情况如表 10-1。

表 10-1 上海市物业管理优秀住宅小区

闵行	9	奉贤	3
青浦	2	黄浦	3
静安	5	松江	5
徐汇	7	杨浦	7
嘉定	5	普陀	7
金山	4	闸北	4
宝山	2	虹口	5
浦东（南汇）	16	崇明	3
长宁	10		

（四）行政管理体制

上海已逐渐形成三级行政管理体制：

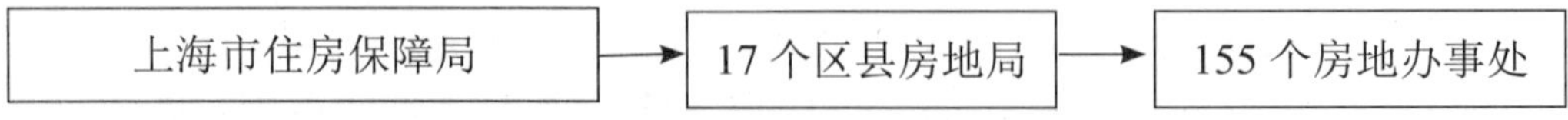

本着“两级政府、三级管理、四级网络”的原则，将居住物业管理纳入社区综合管理范畴，并正在探索“区、街道、小区三级”协调、监督、考核的长效管理机制，由街道办事处（乡镇政府）定期组织召开有相关单位参加的居住物业管理联席会议，对居住物业管理中存在的综合问题，及时进行协调解决。

（五）房屋维修的专业化机构

上海现已建立了一个全市性的房屋维修监督中心和22个房屋应急维修中心，并要求他们在小区内的醒目处公开报修电话，急修，2小时到场，24小时处置；小修三天解决，中、大修项目可行采取应急措施，安排计划后予以解决。另外，落实必要力量，确保做到全年365天、每天24小时受理居民报修以确保全市人民的正常生活。

（六）商品住宅维修资金（见表10-2）

表10-2　上海市商品住宅维修资金专户年度归集和划转统计表（2012年）

单位	当年归集金额（元）	当年划转金额（元）	当年新增归集金额（元）
浦东新区	756 407 780.21	430 581 367.60	325 826 412.61
奉贤区	174 158 639.74	75 907 160.45	98 251 479.29
黄浦区	48 078 578.36	21 817 749.88	26 260 828.48
杨浦区	95 461 667.00	61 600 637.79	33 861 029.21
虹口区	47 979 919.58	73 744 770.03	-25 764 850.45
闸北区	115 067 162.49	51 428 228.80	63 638 933.69
普陀区	164 366 092.81	76 897 838.84	87 468 253.97
静安区	61 151 160.83	3 144 459.75	58 006 701.08
长宁区	64 572 219.52	77 438 105.25	-12 865 885.73
徐汇区	93 645 629.48	68 479 774.61	25 165 854.87
宝山区	391 289 923.42	146 984 502.16	244 305 421.26
闵行区	263 613 668.22	182 267 608.77	81 346 059.45
嘉定区	319 674 174.01	93 197 263.86	226 476 910.15
金山区	52 460 517.07	80 170 224.37	-27 709 707.30
青浦区	156 128 174.89	116 017 772.34	40 110 402.55
松江区	281 813 708.13	224 152 235.23	57 661 472.90
崇明县	93 683 018.85	27 850 061.68	65 832 957.17
合计	3 179 552 034.61	1 811 679 761.41	1 367 872 273.20

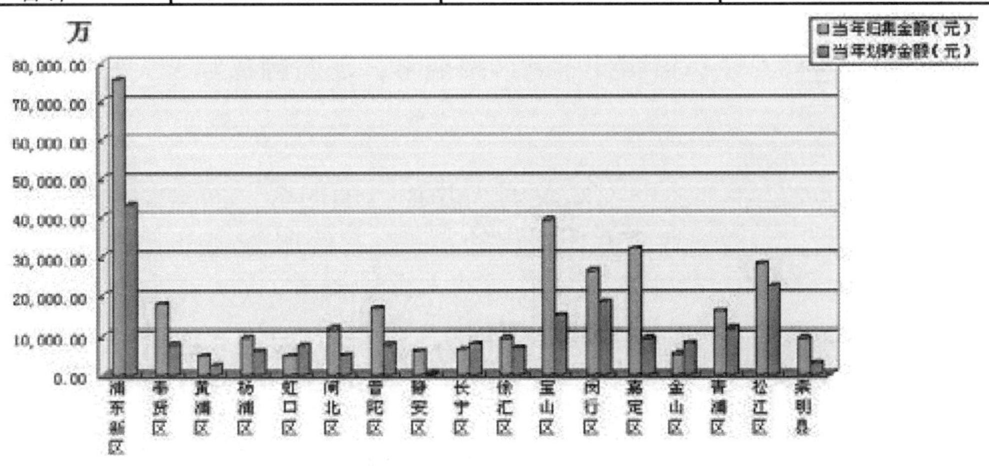

注：净归集金额=归集金额-划转金额。

图10-1　上海市2012年各区商品住宅维修资金专户年度归集和划转情况

二、物业管理基本服务内容

物业管理涉及的领域很广泛，其基本内容按服务的性质和提供的方式可分为以下三类：

（一）常规性的公共服务。

是物业管理企业向所有业主提供的最基本的公共性的管理和服务，目的是为了确保物业的完好与正常使用，保证物业管理区域内的秩序和环境。具体内容和要求应在物业管理合同中明确规定，物业管理企业有义务按时按质提供约定的服务，业主享受服务时也不需要事先进行约定。常规性公共服务一般包括以下内容：

1．房屋建筑主体的管理，包括房屋的日常养护和修缮。

2．房屋设备、设施的管理，包括卫生设备、电气工程设备和智能化技术设备的养护、管理和维修，以保持房屋及其配套设备设施的正常使用。

3．环境卫生管理服务，为净化物业环境、保持社区卫生进行的服务。

4．绿化管理服务，为了美化环境，使环境更舒适、健康进行的服务。

5．治安管理服务，为防盗、防破坏及人为突发事故而对物业进行的一系列管理。

6．消防管理服务，为保护业主人生、财产安全进行的防范性管理。

7．交通管理服务，对物业区域内车辆道路的管理，以保证交通顺畅和便利。

除以上所列公共服务外，物业管理企业还应为所管物业进行档案和资料的管理，以保障物业公司和业主的沟通，更好地掌握各类管理的状况。

（二）针对性的专项服务。

是物业管理企业为提高住用人的工作、生活条件和质量，为满足其中一些住户、群体和单位的特定需要而提供的各项服务。物业管理企业事先设定各种便民服务项目，并将服务内容、质量和收费标准公布，以便住用人需要时自行选择。专项服务是指上是一种代理服务，属于物业经营服务。专项服务涉及日常生活的方方面面，内容繁杂，一般有以下几大类：

1．日常生活类，包括衣食住行等各方面的家政、家务服务。

2．商业服务类，指物业企业提供的各种商业经营服务项目，如商业网点的开设管理。

3．文化、教育、卫生、体育类，包括相关设施的建立与管理，以及各类活动的展开。

4．金融、中介服务类，指由具有相关金融知识或具有相应资格的员工为业主办理保险、金融业务，或接受业主委托开展各类中介代理服务，如进行房地产评估与公证等。其中有些工作需要委托其他具有相应资质的机构和人员进行。

5．社会福利类，指带有社会福利性质的各项服务，如照顾孤寡老人等，一般以低偿或无偿方式提供。

（三）委托性的特约服务。

是物业管理企业为满足业主的个别需求而为其提供的服务，通常是在物业管理合同中未要求，专项服务中未设立，而由业主专门提出的需求。特约服务实质上是专项服务的补充，当有较多的业主有某种需求时，物业企业可将其纳入专项服务。

三、物业管理主要环节

物业管理是房地产开发的延续和发展，是一个完整、复杂的系统工程。为保证物业管理的有效运行，从规划设计到全面运作，每一个环节都紧密相连不可忽视。

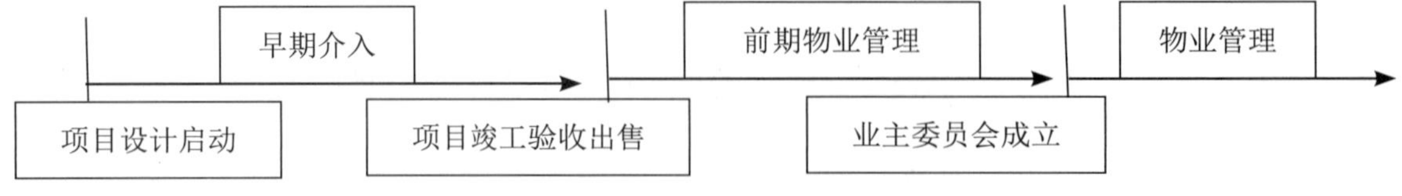

图 10-2 物业管理主要环节

见图 10-2 清楚地界定了物业管理的三大阶段，传统的物业管理仅只房屋出售业主入住后的物业管理，但随着物业管理的现代化发展，早期介入和前期物业管理的重要性越发显现。以下是物业管理的 7 个具体环节，有的环节可能会跨越不同的阶段。

（一）物业管理的早期介入

物业管理企业在接管物业之前就参与介入房地产开发的规划设计、施工建设等各个阶段，从业主和物业管理运作的角度对物业的环境布局、功能规划、楼宇设计、材料选用、配套设施、施工质量、竣工验收等各方面提供意见，协助开发商把好关，以确保物业的设计和建造质量，为物业投入使用后的良好管理以及避免纠纷提供条件。

物业管理的早期介入在未确定物业管理企业之前由开发商主持，一旦确定了前期物业管理企业，则早期介入就进入了前期物业管理，由物业管理企业主持运作。

（二）选聘物业管理企业

首次选聘物业管理企业由房地产开发企业在预售房屋之前进行并完成。房地产开发企业应根据物业类型、功能等客观条件以及住用人的群体特征和需求等主观条件来规划物业消费水平，确定物业管理的档次和相应的管理服务标准，选聘具有相应资质的物业管理企业，并与之签订前期物业服务合同。选聘过程，一般通过招标形式，2012 年，共有 419 个项目的物业选聘通过公开招标形式。

（三）人员选聘与培训

签订前期物业服务合同后，物业管理企业即着手进行前期准备。首先应根据所管物业的规模和特点合理设置机构和各岗位。其次则需选聘专业的管理和技术人员，其中管理人员和一些特殊工种应取得相关执业资格证书，其他人员应由专业人员进行培训。

（四）制定规章制度

应依据有关法律、法规、政策和示范文本，结合所管物业的实际情况，制定一些必要、适用的规章制度，包括业主公约和其他管理文件如各项守则、管理规定、员工岗位职责及工作程序等。物业销售前，应由建设单位制定业主临时公约并向物业买受人明示。

（五）物业的接管验收

物业接管验收是关系到今后物业管理工作能否顺利进行的重要环节，包括新建物业的接管验收和原有物业的接管验收。开发商或业主委员会应向物业管理企业移交有关物业的所有资料，办理交接手续，完成后即标志着物业管理正式启动。物业管理企业应当在物业服务合同终止时将资料交给业主委员会。

（六）用户入住

大量的用户入住发生在物业交付使用的初期，物业管理企业需通过各种宣传手段使用户了解物业管理的有关规定，配合日后的管理工作。当房屋出售并交付使用的建筑面积达 50% 以上，或者首套房屋出售并交付使用已满两年的，应当召开首次业主大会会议，成立业主大会。

（七）建立档案资料

包括业主或住户的资料和物业的档案资料。物业档案资料是对前期建设开发成果的纪录，是以后实施物业管理时不可少的依据，也是更换物业管理企业时必须移交的资料。

（八）物业管理的正常运作

用户入住物业管理证实启动后，物业管理企业全面实施物业管理所做的各项工作，即物业的日常管理和维修养护，基本内容已在上文中介绍。

四、物业管理收费

根据上海市房屋土地资源管理局和上海市物价局发布的《上海市住宅物业服务分等收费暂行办法》，上海市从 2005 年 10 月 1 日起开始实行菜单式的物业管理收费模式。

《上海市住宅物业服务分等收费标准》将住宅物业服务项目分为综合管理服务、公共区域清洁卫生服务、公共区域秩序维护服务、公共区域绿化养护服务，以及共用部位、共用设施设备的日常运行、保养及维修服务五项，根据服务内容、服务要求和设施设备配置等情况，除第五项外均从低到高划分为一到五级，分别规定最高收费标准，第五项也按各项内容的不同标准划分为多个等级（见表 10-3）。

表 10-3　上海市住宅物业服务分等收费标准　　单位：元 / 平方米

项目	服务内容	分级最高标准				
		一级	二级	三级	四级	五级
综合管理	管理处设置	0.09	0.14	0.2	0.26	0.35
	管理人员要求					
	服务时间					
	日常管理与服务					
公共区域清洁卫生	楼内公共区域	0.07	0.11	0.15	0.21	0.28
	楼外公共区域					
公共区域秩序维护	人员要求	0.1	0.16	0.27	0.4	0.5
	门岗					
	巡逻岗					
	技防设施和救助					
	车辆管理					
公共区域绿化养护	草坪	1.3	2	3	4.5	6.5
	树木					
	花坛花境					
共用设施保养及维修	公共部位	0.04	0.07		0.1	
	供水系统	多层 0.03；高层 0.06			0.06	
	排水系统	0.04				
	公共照明	多层		0.03	0.06	0.08
		高层		0.05	0.08	0.1
	消防系统	0.015		0.03		
	避雷系统	0.015				
	弱电系统	多层 0.02；高层 0.01			0.08	
	升降系统	0.4				
	水景（动力）	按实分摊				
	保险费用及其他	按实分摊				

注：第四项绿化养护等级收费标准的单位是每年每平方米绿地面积，分摊公式为：
每月每平方米建筑面积绿化养护费用 = 收费标准 × 绿地面积 ÷ 可分摊建筑面积 ÷12

该收费标准对每一条服务内容均规定了非常详细、具有可操作性的标准，如楼梯扶手是每日擦一次还是隔日擦一次。各住宅物业管理区域可以按照自身需求，分别选择适合的服务项目标准并进行组合，相应的物业服务收费标准即为各物业服务项目收费标准的总和，采用包干式结算。各物业服务项目的收费标准原则上不超过规定的相应最高收费标准，因提供分等收费暂行办法中未涵盖的服务内容和设施设备而提高物业服务水平的，可适当提高收费标准，但需经区（县）价格主管部门确认备案。

业主大会成立前的物业服务收费，由建设单位根据物业特点和服务要求，选择服务项目、服务等级并拟定收费标准，并报物业所在地的区县价格主管部门确认，在确认的收费标准范围内进行物业管理招标或确定协议价格。业主大会成立后的物业服务收费，则由业主大会与物业管理企业根据实际情况“点单”，并按暂行办法规定协商具体的收费标准。

物业管理期间，业主应按时交纳物业服务费。前期物业服务费用，在前期物业服务合同生效之日至出售房屋交付之日的当月，由建设单位承担。出售房屋交付之日的次月至前期物业服务合同终止之日的当月发生的物业服务费用，由物业买受人按照房屋销售合同约定的前期物业服务收费标准承担；房屋销售合同未约定的，由建设单位承担。

物业服务收费一般以每月每平方米建筑面积为计价单位，经业主大会同意也可以每月每户为单位。物业管理企业应按规定实行明码标价，做到价目齐全、内容真实、标示醒目、字迹清晰，并可采取公示栏、公示牌、收费表、收费清单、收费手册、多媒体终端等方式在物业管理区域内进行公示。物业服务收费明码标价的内容包括：物业管理企业名称、服务内容、服务标准、计费方式、计费起始时间、收费项目、收费标准、监督举报电话等。

五、2012 年上海市物业管理行业的发展概况

2004 年上海制定《上海市住宅物业管理规定》，后根据《中华人民共和国物权法》、国务院《物业管理条例》和其他有关法律、行政法规以及结合上海实际情况，又对《上海市住宅物业管理规定》进行修订，并于 2011 年 4 月 1 日起施行。

（一）建立双重政府监督指导机制

建立住房保障局与乡镇、街道双重指导与监督机制。住房保障局指导与监督范围：业主大会、业委会（参与筹备、派代表、监管资料等业务指导）；物业公司、项目（小区）经理（发资质、资格证等）；维修基金（紧急状态审核、备案，代为组织等）；建筑物、构筑物，设施设备及场地（核定管理区域、招投标、保修金监管等）。乡镇、街道指导与监督范围：建立住宅小区综合管理工作制度；业主大会、业委会（组建、日常运作。接受报告，派代表任组长、代行职权、督促移交、备案等）。

（二）加强了物业服务企业资质管理

对一些社会反映差的企业实施关停并转，取消了 326 家物业服务企业资质，并以此为抓手，加大工作力度，推品牌战略，推规模化、集约化经营管理，让那些市场反映好、企业形象佳、顾客满意度高，专业化程度也比较高的企业，迅速扩大市场份额。

（三）建立全市物业服务热线

集中力量构建全市统一的“962121”物业服务和招投标平台，“962121”物业服务热线受理全市居民物业服务诉求，包括咨询、投诉、应急维修。热线按照受理、派单、处置、反馈、回访、统计 6 个环节业务流程，对政府管理、企业服务进行全过程监管。

（四）加强行政执法

对违法搭建、违规装修、改变房屋使用性质、群租等行为大力整治，做出行政处罚、责令限期改正。对附有违法建筑并结构相连的房屋在房地产登记部门予以注记，限制其产权抵押和转移登记。

（五）强化业主自我管理

一是加强业委会管理。根据《物权法》以及相关要求，修订了业主大会议事规则、相关管理规约示范文本，并在普陀、长宁、闸北区的 9 个住宅小区试点，进一步探索在街道办事处（乡镇人民政府）、房地部门共同指导下，由居民委员会牵头负责的业主大会组建、换届、运作模式。二是制定与《物权法》衔接的相关政策。推出了《关于贯彻实施中华人民共和国物权法，做好本市物业管理有关工作若干意见的通知》，就业主大会表决业主人数和面积的计算，建筑物及其附属设施的费用分摊、收益分配，以及《物权法》实施后业主大会议事规则、业主公约的修订予以了明确。

（六）加强维修资金管理

针对部分小区维修资金使用中存在的不规范现象，试点开展了维修资金使用审价、审核和审计，并开发了相应的信息系统功能，通过中介机构和运用信息手段帮助业主把好维修资金使用关。

第二节 物业管理主体

一、物业管理企业数量

物业管理企业是指对建成投入使用的房屋及其附属设备设施、相关场地实施专业化管理，并为业主和使用人提供全方位、多层次的有偿服务及创造良好的生活和工作环境，具有独立法人资格的经济实体。2012 年，上海市具有资质的物业服务企业约有 3172 多家，

二、物业管理企业资质

（一）物业管理企业资质管理

根据建设部颁布的《物业管理企业资质管理办法》，凡在上海市行政区域内经工商局注册登记，有物业管理经营内容，并拟在上海市从事物业管理活动，具有独立法人资格的物业管理企业，应当自领取营业执照之日起30日内，向企业注册地的区县局申请物业管理资质。

企业申请一级资质的，由区（县）房地局负责受理，经初审合格的报市房地资源局，由市房地局审核后报送建设部，由建设部办法资质证书。企业申报二、三级资质的，由区（县）房地局负责受理、审核、核发资质证书。

新设立的物业管理企业，其资质等级按照最低等级核定，并设一年的暂定期。

一级资质物业管理企业可以承接各种物业管理项目。

二级资质物业管理企业可以承接 30 万平方米以下的住宅项目和 8 万平方米以下的非住宅项目的物业管理业务。

三级资质物业管理企业可以承接 20 万平方米以下住宅项目和 5 万平方米以下的非住宅项目的物业管理业务。

（二）物业管理企业资质评级标准

1. 一级资质：

（1）注册资本人民币 500 万元以上；

（2）物业管理专业人员以及工程、管理、经济等相关专业类的专职管理和技术人员不少于 30 人。其中，具有中级以上职称的人员不少于 20 人，工程、财务等业务负责人具有相应专业中级以上职称；

（3）物业管理专业人员按照国家有关规定取得职业资格证书；

（4）管理两种类型以上物业，并且管理各类物业的房屋建筑面积分别占下列相应计算基数的百分比之和不低于100%：

- 多层住宅200万平方米；
- 高层住宅100万平方米；
- 独立式住宅（别墅）15万平方米；
- 办公楼、工业厂房及其它物业50万平方米。

（5）建立并严格执行服务质量、服务收费等企业管理制度和标准，建立企业信用档案系统，有优良的经营管理业绩。

2. 二级资质：

（1）注册资本人民币300万元以上；

（2）物业管理专业人员以及工程、管理、经济等相关专业类的专职管理和技术人员不少于20人。其中，具有中级以上职称的人员不少于10人，工程、财务等业务负责人具有相应专业中级以上职称；

（3）物业管理专业人员按照国家有关规定取得职业资格证书；

（4）管理两种类型以上物业，并且管理各类物业的房屋建筑面积分别占下列相应计算基数的百分比之和不低于100%：

- 多层住宅100万平方米；
- 高层住宅50万平方米；
- 独立式住宅（别墅）8万平方米；
- 办公楼、工业厂房及其它物业20万平方米。

（5）建立并严格执行服务质量、服务收费等企业管理制度和标准，建立企业信用档案系统，有良好的经营管理业绩。

3. 三级资质：

（1）注册资本人民币50万元以上；

（2）物业管理专业人员以及工程、管理、经济等相关专业类的专职管理和技术人员不少于10人。其中，具有中级以上职称的人员不少于5人，工程、财务等业务负责人具有相应专业中级以上职称；

（3）物业管理专业人员按照国家有关规定取得职业资格证书

（4）有委托的物业管理项目；

（5）建立并严格执行服务质量、服务收费等企业管理制度和标准，建立企业信用档案系统。

（三）物业管理企业资质结构

据上海房屋土地管理局资料统计，上海市具有资质的物业服务企业约有3172多家，其中一级资质企业107家，二级资质454家，三级资质（包括暂定）为2843家。

三、2012年物业管理企业排名

由中国房地产TOP10研究组和中国指数研究院两家权威研究机构共同组成的“中国物业服务百强企业成长性TOP10”发布的报告中，上海证大物业管理有限公司与银湾物业管理连锁集团分别于2011年和2012年入围，其中上海银湾物业管理连锁集团还入围了“2012中国特色物业服务领先企业”的名单。

表 10-5 2012 中国物业服务百强企业成长性 TOP10

序号	企业名称	序号	企业名称
1	佳兆业物业管理（深圳）有限公司	6	北京凯莱物业管理有限公司
2	北京市均豪物业管理股份有限公司	7	广东中奥物业管理有限公司
3	深圳市彩生活服务集团有限公司	8	上海银湾物业管理连锁集团
4	深圳市金地物业管理有限公司	9	廊坊市幸福基业物业服务有限公司
5	融创物业管理有限公司	10	重庆鸥鹏物业管理有限公司

表 10-6 2012 中国特色物业服务领先企业

企业名称	特色领域
绿城物业服务集团有限公司	园区生活服务体系
中航物业管理有限公司	机构物业
保利物业管理有限公司	亲情和院——亲情特色服务
北京凯莱物业管理有限公司	城市综合体物业服务
深圳市卓越物业管理有限公司	高端商用物业
广东中奥物业管理有限公司	白金管家
广州广电物业管理有限公司	企业后勤管家
上海银湾物业管理连锁集团	1+N 物业连锁商业模式
鑫苑物业服务有限公司	六心服务理念、五位一体服务模式
中化金茂物业管理（北京）有限公司	绿色物业服务
港联物业（中国）有限公司	商业地产运营服务
浙江开元物业服务有限公司	酒店物业
杭州佰全物业管理有限公司	高速公路物业
浙江颐景园物业服务有限公司	颐尚生活——中式居住文化服务体系
廊坊荣盛物业服务有限公司	阳光服务

第四篇

类型

ALMANAC OF
SHANGHAI REAL ESTATE

第十一章 住宅市场

第一节 住宅市场供给与需求

一、住宅市场供给与需求概述

2012 年，在经历了 2011 年的住宅市场的压抑后，市场得以释放。根据上海搜房数据监控中心统计，上海商品住宅共计成交 78 257 套，较去年大涨 23.9%；成交面积 938.7 万平方米，同比也大幅提升了 28.9%；签约均价 22 461 元 / 平方米，与去年基本持平，小幅上扬 2.0%。全市 17 个区县中大浦东以超过 200 万方的签约量全市居首，另外，嘉定、宝山二区的成交面积也均超过了 100 万平方米，分别为 145.5 万平方米和 127.0 万平方米的签约面积位居二三位。2012 年末的申城楼市非常红火，成交量更是连续 4 个月上扬，12 月超 120 万方的成交量创下了自 2011 年以来的最高月度成交记录。

二、住宅供给情况

2012 年上海市商品住宅由于受到“限购令”的影响，市场信心不足，供应一直处于低位运行的态势。全年供应量为 889.40 万平方米，和去年相比下降 16.68%；自 2009 年以来，商品住宅新增供应持续下滑，2012 年达近 5 年以来最低水平（见图 11-1）。

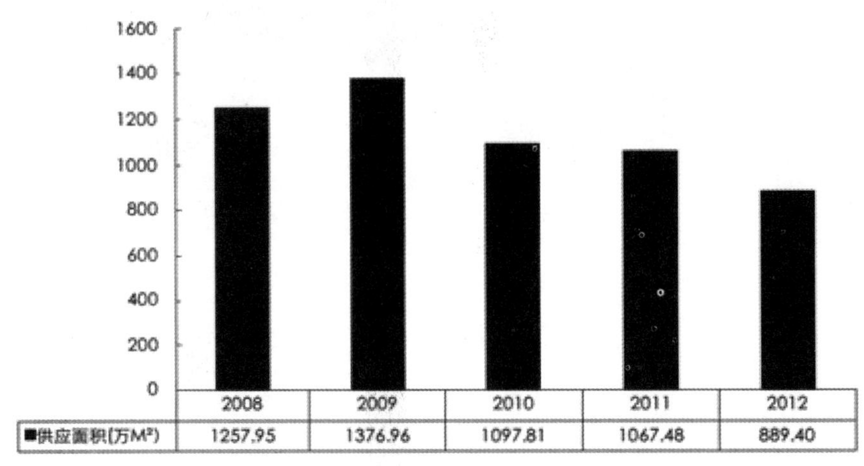

	2008	2009	2010	2011	2012
■供应面积(万M²)	1257.95	1376.96	1097.81	1067.48	889.40

数据来源：CRIC

图 11-1 上海市 2008 年至 2012 年商品住宅供应量走势

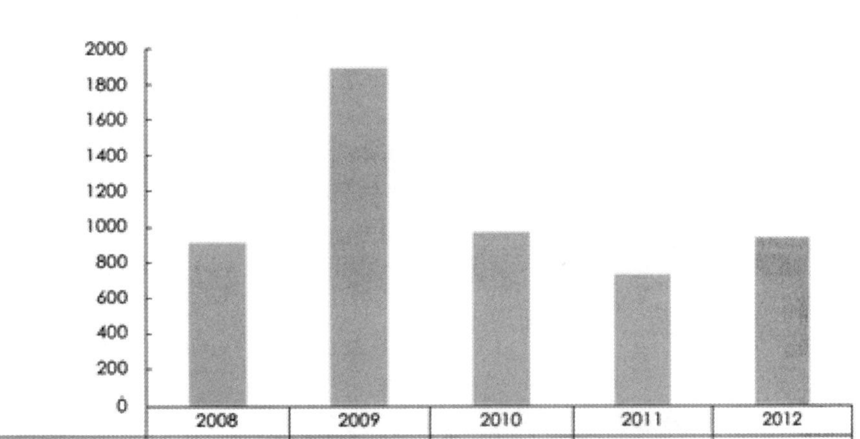

数据来源：CRIC

图 11-2 上海市 2008 年至 2012 年商品住宅供应量走势

2012 年，嘉定、宝山和南汇供应面积位居前三位，占比均超过 10%。从区域分布看，2012 年商品住宅新增供应面积前三位依次是嘉定、宝山和南汇，上市面积分别为 180.25、116.08、106.2 万平方米，占比分别为 18.2%、11.7%、10.7%，其余区县均低于 100 万方。

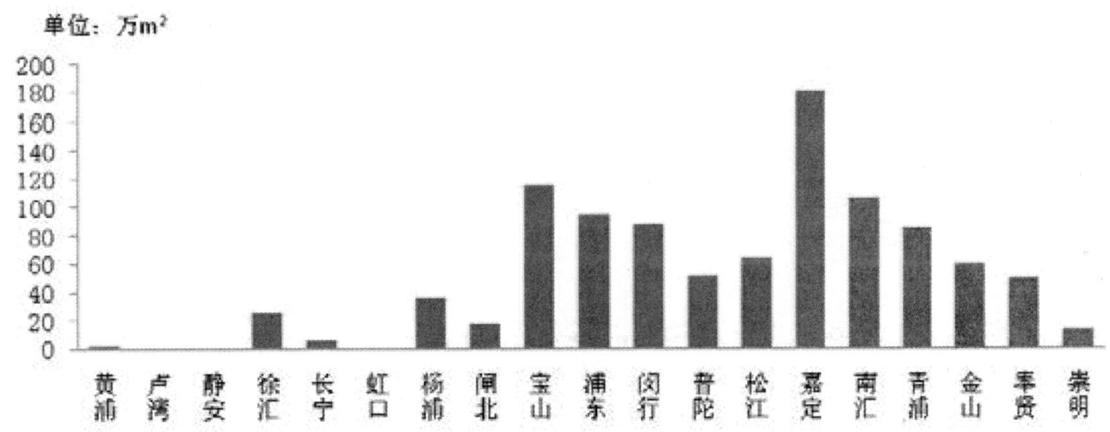

数据来源：CREIS 中指数据。

图 11-3 2012 年上海各区县商品住宅供应情况

2012 年，上海市住宅项目总计开盘约 399 次，同比 2011 年下降约 1.5%，月均推盘约 33 个。剔除重复开盘情况，全年共有 218 个项目入市，与 2011 年的 267 个相比则下降了近 2 成。

从区域来看，浦东新区以 47 个居各区县之首，嘉定区和宝山区分别以 32 个和 26 个位居 2、3 席，三区共开盘 107 个，占比全市近半数。开盘项目数量超过 20 个的还有青浦区的 22 个，而黄浦区以 1 个项目开盘排名末尾。一方面来说可以认为这三区大量的新盘入市促进了成交量的走高，一方面也可以说是此三区成交情况的良好吸引了区内项目不断的推盘，而在中心城区，尤其是以静安、虹口等内环内区域，由于原本成交量就十分有限，使得区内的项目对于推盘也很难提起兴趣。

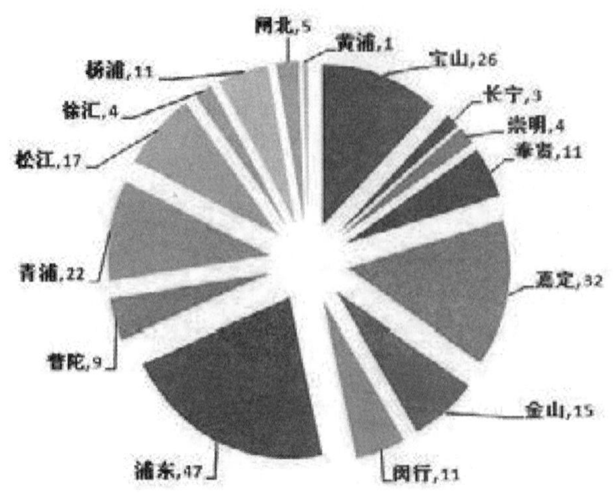

数据来源：上海搜房数据监控中心

图 11-4　2012 年上海 17 区县开盘分布图

三、住宅成交情况

（一）整体成交分析

2012 年，由于受政策影响，第 一、二季度市场延续去年低位运行态势，而随着宏观面经济的持续下行，相关信贷政策的微调，整个房地产行业四季度市场开始回暖。全年商品住宅（不含配套房）成交 78257 套，936. 8 万平方米，同比增加 28. 6%，2012 年商品住宅成交虽低位反弹，但仍明显低于近 5 年年均 1087 万平方米的成交量，并且不及 2010 年水平。全市 17 个区县中大浦东以超过 200 万平方米的签约量全市居首，另外，嘉定、宝山二区的成交面积也均超过了 100 万平方米，分别为 145. 5 万平方米和 127. 0 万平方米的签约面积位居二三位。

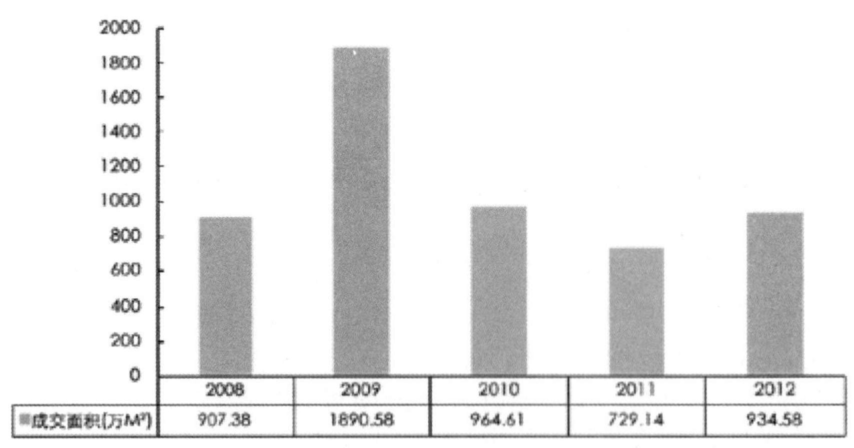

数据来源：CRIC

图 11-5　上海市 2008 年至 2012 年商品住宅供应量走势

（二）成交结构分析

纵观 2012 年的上海楼市，2012 年的楼市较上年有明显的回升，市场在三月份迎来了第一波成交高峰，之后虽有回落，但在六月份楼市成交再度上攻至了 100 万方以上的高位；而自五月份开始，每个月的成交面积更是都保持在 80 万方以上；从四季度开始，月度成交量几乎一直是上年同期的一倍以上。

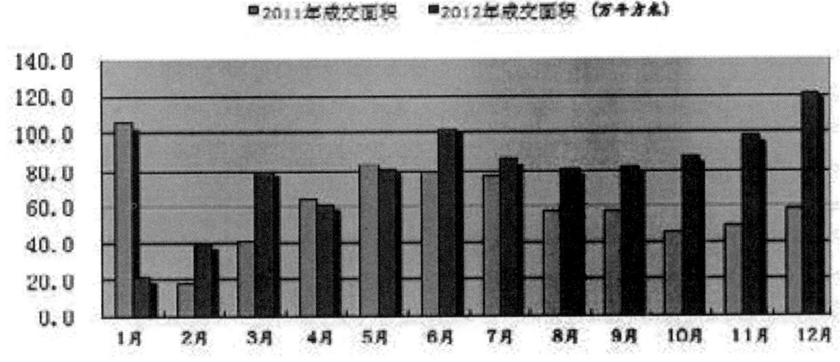

图 11-6　2011-2012 年月度成交量走势

全年共计成交面积 938.9 万平方米，较 2011 年大幅提升了 28.7%。全市 17 个区县中大浦东以超过 200 万方的签约量全市居首，另外，嘉定、宝山 2 区的成交面积也均超过了 100 万平方米，分别为 145.5 万平方米和 127.0 万平方米的签约面积位居二三位。浦东、嘉定、宝山三区由于刚需项目相对集中且房源的供应量十分充足，一直都是最受购房者关注的区县之一。但备受购房者关注的宝山区从今年下半年开始因区内一批热销盘已告售罄或因进入尾盘销售阶段之后销售进度开始时变缓，同时区内楼盘的推盘量也处于相对较低水平，因此使宝山区的成交量大打折扣，虽然宝山依旧保持着全市领先的地位，但从今年四季度开始，闵行、青浦二区的关注度日渐升温，加之区域内有大量新盘以较高的性价比优势入市，吸引了大批购房者。因此，该两区的成交量也出现了突飞猛进，虽然在 2012 全年的成交量为位于全市各区排行的第二梯队，但该二区年末的成交量已经超越宝山位居全市前列。

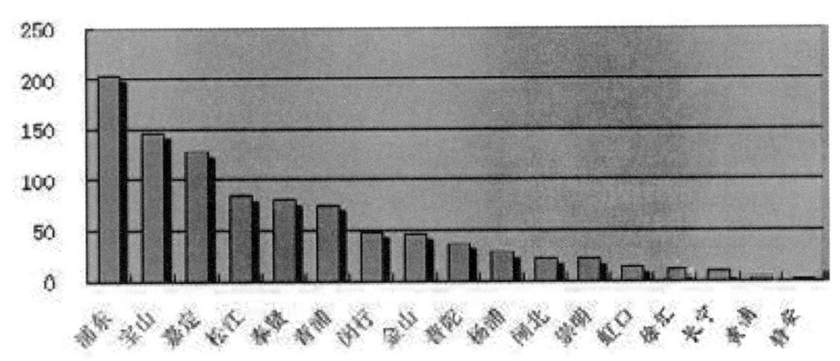

图 11-7　2012 年各区县成交面积对比

四、住宅市场供需关系

2012 年，全年上海市商品住宅呈现出“供降求升”的市场走势，供应低于往年，但成交略好于去年，供求比为 1.05，市场基本实现供求平衡。

第二节　住宅价格与租金

一、住宅成交价格

2012 年度上海住宅签约均价 22 461 元 / 平方米，与去年基本持平，小幅上扬 2.0%。纵观整个 2012 年的住宅市场，月度签约均价呈现出的极大的波动，全年最低成交均价为二月份的 19 824 元 / 平方米，较最高的七月份相差了近 5 000 元 / 平方米。

自 2011 年底 2012 年初星河湾集团率先拉开的豪宅“以价换量”的序幕之后，越来越多的中高端项目开始效仿，使楼市成交重心在短期内向中高端物业靠拢，直接带动上海房地产市场的整体签约均价出现上扬，导致了 2012 年六至七月份的月度成交均价达到了 2.4 万元 / 平方米以上的高位。随着中高端市场再度归于平稳，成交重新回到了刚需绝对主导的状态，成交均价也开始逐渐走平，特别是从十月份以来，成交均价连续三个月涨跌幅在 1% 以内。但同时，由于市场整体回暖，成交面积不断走高，开发商也开始缺乏降价促销的动力，后市房价基本以稳为主同时伴随小幅上扬（见图 11-8、图 11-9）。

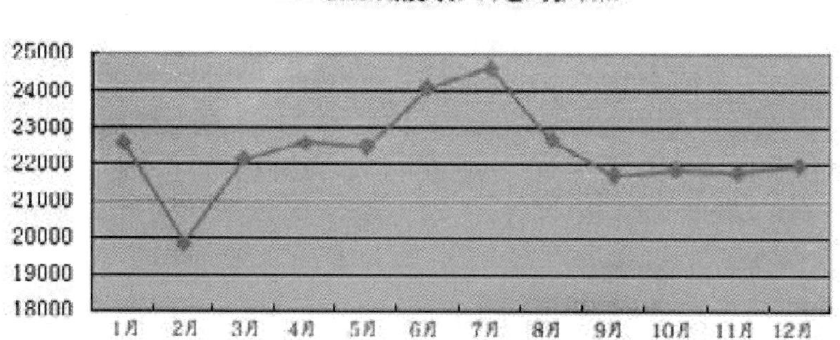

图 11-8　2012 年月度成交均价

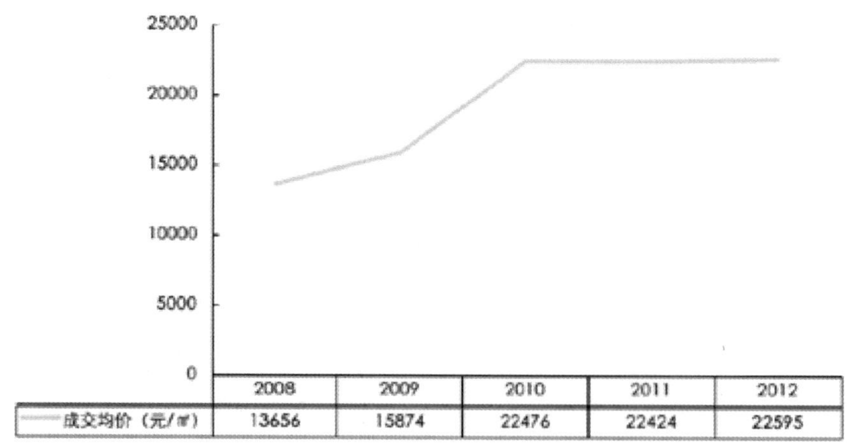

图 11-9　2008 ～ 2012 年上海商品住宅成交均价走势

从区域年内成交均价走势来看，全年各环线区域新建商品住宅平均销售价格分别为：内环线以内为 55 518 元 / 平方米，内外环线之间为 20 667 元 / 平方米，外环线以外为 10 782 元 / 平方米。剔除共有产权住房和动迁安置住房等保障性住房后的市场化新建商品住宅的区域分布，全年各环线市场化新建商品住宅平均销售价格分别为：内环线以内为 55　518 元 / 平方米，内外环线之间为 29　281 元 / 平方米，外环线以外为 16　541 元 / 平方米。全市 17 个区县中，有 7 个区县 2012 年内成交均价出现下跌，最大跌幅为静安区的 45.24%，最小跌幅为闸北区的 11.36%；另有 10 个区县均价 2012 年内出现上涨，涨幅最大的是奉贤区，为 43.34%，其次是崇明县，涨幅为 42.39%；涨幅最小的是虹口区，为 7.08%。

从区域成交均价同比走势来看，全市 17 个区县中，有 4 个区县 2012 年成交均价同比 2011 年出现上涨，分别是浦东新区、奉贤、普陀和虹口，其中虹口区涨幅最大，为 25.29%。

而从各区县 2012 年的成交均价来看，上海搜房网数据监控中心分析师张银萍表示，成交均价高于 3 万元 / 平方米的有 8 个，分别是普陀、杨浦、徐汇、闸北、长宁、新黄浦区、虹口和静安，其中新黄浦区成交均价最高，报于 68　927 元 / 平方米（见图 11-8）。

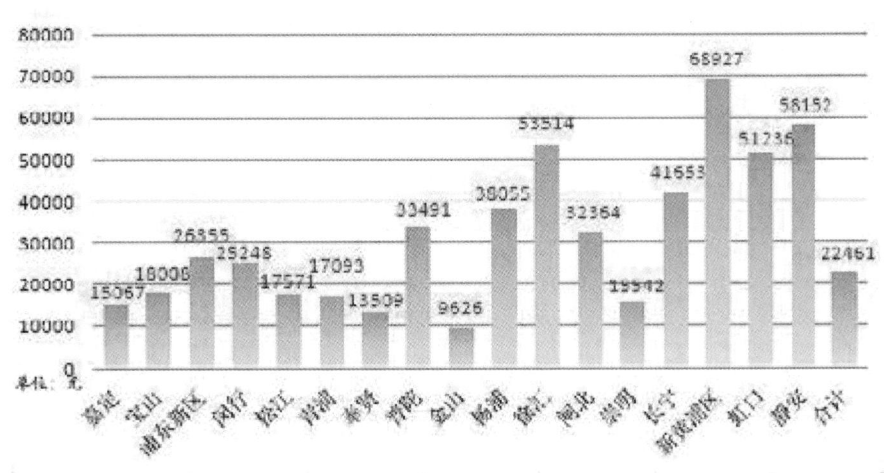

图 11-10　2012 年上海各区县商品住宅成交均价

二、住宅租金

2012 年，随着“限购令”的再次缩紧，上海很多单身人士和外来户口在沪有购房愿望的人，由于未婚和无沪籍等条件限制无法购房，尽管手里握着大量的资金，他们也只能转向租赁市场。在 2012 年上海租金价格走势方面，相比 2011 年有所上涨，自 2012 年初春节过后至 8 月传统毕业季，租赁住宅市场都处于热租高峰期，市场反应都较为良好，8 月达到最高点，租金价格为 3145 元 / 月 . 套，而 5 月份受到毕业季影响，当月租金同比去年上涨了 6.52%，9 月至 11 月住宅租赁市场淡季则表现平平，12 月份楼市逐渐回暖，租金同比去年上涨了 5.12%。

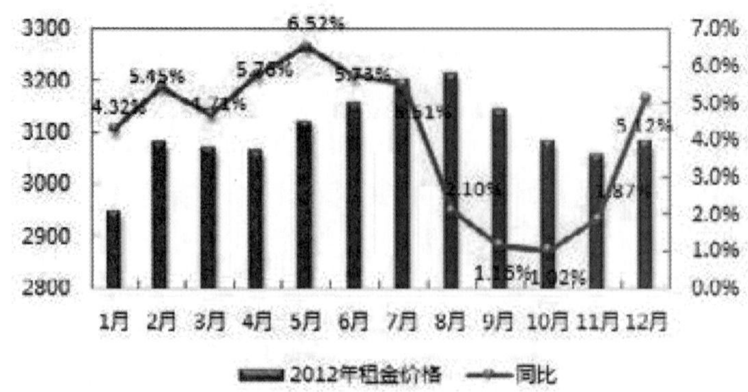

数据来源：搜房网二手房数据监控中心

图 11-11 2012 年上海租金价格及同比走势图

上海一居、二居以及三居的租金价格在 2012 年整体变化不大，一居在 8 月份租金达到最高，为 2 389 元 / 月，2 居在 7 月份达到最高，为 3 115 元 / 月，3 居也是在 7 月份租金价格为全年顶峰，为 4 021 元 / 月。

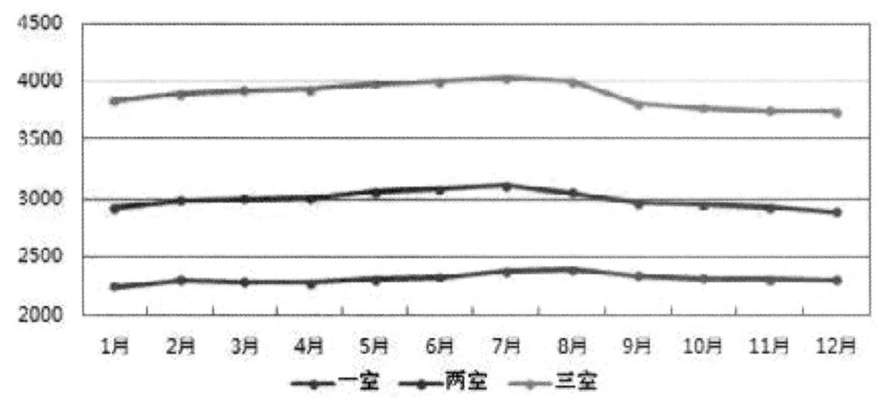

数据来源：搜房网二手房数据监控中心

图 11-12 2012 年上海各户型租金走势图

第三节 二手住宅市场

一、2012 年上海二手住宅市场概况

2012 年，楼市政策方面虽然延续着 2011 年的主旋律，继续由调控政策作为主导，并且“十八大”之后政府一再重申严格控制房地产价格，坚持宏观调控绝不放松，但这一年房地产市场整体状态依旧“稳中略升”。各大开放商采取“以价换量”的营销模式取得了很大的成功。一手住宅市场的红火也相继带动了二手住宅市场的活跃度，由于前一年度被迫积压的刚需年初受到开发商“以价换量”策略的鼓动，纷纷涌入市场，改善性需求群体成为了二手住宅的重要力量。

1、2月份成交受上年楼市低迷影响，再加上春节的因素，使得成交量一直没有太大起色，1月份更是只有4029套成交量。3月份后，随着一手市场的火热，加诸各大楼市利好消息的出台，成交量猛增至15880套，之后成交量一直在一个平稳的量中上下波动。全年最高点出现在12月份，成交套数为21550套。

2012年上海二手房挂牌均价的高点出现在年尾的11月份和12月份，其中12月份的挂牌均价成为顶点，为25111元/平方米。由于受上年楼市整体低迷所影响，2012年的挂牌价最低点则是出现在年初的2月份，为22485元/平方米。由于上年楼市的低迷，囤积了大量的刚需购房者群体，年初大量的开发商“以价换量”的营销手段使得购房者迫切入市，快速带动了年初的楼市活跃度。二手住宅价格也随之“水涨船高”。加诸各大行放宽首套住房的贷款利率，重回8.5折的利好消息，使得刚需群体的提前入市，上海楼市出现了“红五月”的现象。二手住宅房源在5-7月份被迅速消化，以至于后期房源不足，加诸刚需的提前释放使得楼市传统热季“金九银十”表现惨淡，由于整年楼市呈现上升趋势，刚需业主对市场预期乐观，议价空间不断减少，使二手房市场在年末出现了“翘尾”，并以“暖冬”为2012年度二手住宅市场画上了句点。

表11-1　主要年份存量住宅交易情况（2005～2012）　　单位：万平方米

年份	2005	2006	2007	2008	2009	2010	2011	2012
住宅	1 608.20	1 375.22	1 715.05	1 107.17	2 490.58	1 522.21	1 058.71	1 136.17

二、月度情况分析

2012年，全年二手房的成交量呈现“低靡→复苏→平稳→高涨→回落→高涨”，成交价格则基本呈现的是“下跌→调整→企稳→微涨”的走势。“回暖”显然已成为2012年最大的楼市特征，从单月的成交情况看，以下几月表现较为突出。随着1、2月份楼市触底，为支持刚需购房，两会前后多个城市楼市政策出现积极微调。上海从3月1日起大幅调高普通住宅划分标准。消息一出，触底的楼市在3月便迎来了久违的小阳春，二手住宅成交量达到了1.56万套，同比上涨30.5%，但二手房价格仍维持低位运行。受到央行一个月内二度降息、首套房贷利率优惠、中高端客户淡季反购入市增强等多重利好因素的影响，6、7月份二手房市场拉开了反季热销的序幕，尤其是7月份成交量高达1.93万套，创下近18个月以来的新高。随着十八大的谢幕，房地产调控政策进一步趋稳，2012年也临近尾声。峰回路转的是，由于房价反弹预期增强，买卖双方对于价格预期的天平发生了倾斜，这迫使不少刚性置业者提前入市，11月二手住宅成交量达到1.97万套，刷新今年月度新高，同比涨幅更是超200%。

上海二手房挂牌价格在12月份为25 111元/平方米，是今年挂牌价格最高的月份，同比上涨了3.07%。受2011年楼市整体低迷的影响，整个2012年可以说都在消化2011年的楼市存量，挂牌价格同比都为负数，在2月份达到最低点-18.96%，之后价格不断回升靠近2011年的同期水平。直到11月份同比出现了正数，为4.13%也是全年最高值。

数据来源：搜房网二手房数据监控中心

图 11-13　2012 年上海市二手市场挂牌价格及同比走势图

2012 年上海二手房挂牌套数和挂牌价一样呈现直线上扬的态势，只在 11 月有所回落。挂牌量在 1 月份受 2011 年房地产市场整体不景气影响，跌入全年低谷，挂牌量仅为 456317 套;之后挂牌套数一路上涨，在 10 月达到全年峰值，1　209　162 套，且从 8 月开始挂牌量就维稳在 100 万套以上；11 月出现了小幅的下滑后，12 月再次上扬。

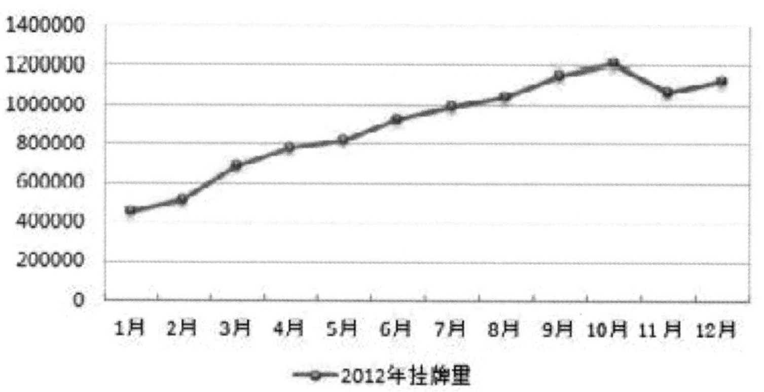

数据来源：搜房网二手房数据监控中心

图 11-14　2012 年上海市二手市场挂牌数量走势

第十二章　写字楼市场

第一节　写字楼市场供给与需求

2012年写字楼市场成交呈现先抑后扬之势，且走出较为少见的“金九银十”行情，并于12月翘尾收官。其中，9月份成交在环比上涨的同时，同比亦上扬17.7%，为2012年月成交同比首次上涨，10月同比涨幅进一步扩大至57%，上海写字楼成交呈现真正“金九银十”行情。随着11月、12月同环比涨幅的继续上扬，2012年上海写字楼成交面积较2011年跌幅最终收窄至10%以下。

一、上海写字楼市场特征

2012年非核心商务区依然是上海写字楼市场新增供应的集中地，随着上海核心商务区甲级写字楼租金的持续走高，交通、配套较好的非核心区域优质写字楼迎来发展机遇。另外，在楼市限购政策下，这些区域的商住楼亦吸引了不少投资者入市。2012年上海写字楼市场的表现可以概括为以下几大特征：

（一）甲级写字楼租金继续上行，速度放缓

2012年，在全球经济疲软的背景下，上海经济保持平稳。上海国际贸易中心和金融中心的地位正逐步提升，累计已有约60家跨国公司在上海设立了亚太区总部或者亚洲区总部，约393家跨国公司在上海设立了地区总部，约349家设立了外资研发中心。受益于跨国公司和内资公司继续扩大上海版图，上海甲级写字楼需求保持旺盛，甲级写字楼租金继续攀升，但受全球经济影响，租赁市场增速放缓。写字楼交易市场也非常活跃，多个写字楼项目录得整层交易，包括黑石集团斥资人民币18.23亿元购得静安区华敏帝豪大厦低区25个楼层，折合单价约每平方米人民币47 500元。

（二）一些大型企业搬离核心商圈

2012年，一方面业务增速减缓及租金高企制约了租户的承租能力，一些跨国公司对于扩张仍持谨慎态度。另一方面市中心整层办公空间目前非常有限，上述因素促使租户认真考虑搬迁至非核心商务区域的可行性。相比较而言，次中心高品质，配套设施齐全的写字楼得到越来越多的来自航运和制造等对租金成本敏感型行业的租户的青睐。第四季度，全市优质写字楼平均租金环比下降0.8%。

二、写字楼市场供给分析

2012年办公市场量价齐跌，供应创近5年新低。上海写字楼新取得预售许可证共计92个，新增可售写字楼面积170.14万平方米，相较于2011年分别下跌26.98%、28.04%（见图12-1）。

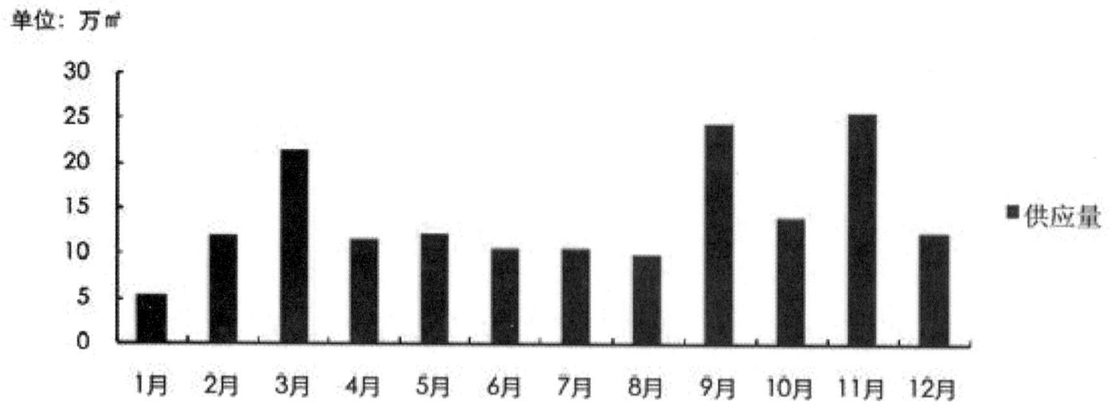

数据来源：CRIC

图 12-1 2012 年 1 ～ 12 月供应量走势图

从图 12-2 可以看出，2012 年 1 至 12 月，月度供应量起伏大，呈两极分化状，第一季度供应稳步增长，9 月供应大幅上升，11 月达到当年最高值。下半年新增供应的走高，源于上海写字楼成交市场的良好表现给了开发商入市的信心。

全年上海写字楼新增供应面积前三甲区县依次为嘉定、浦东、奉贤，3 区总计供应面积约为 83.80 万平方米，占比全市新增供应面积的 49.25%。其中，嘉定写字楼成交面积约为 23.81 万平方米，亦位列区县成交之首。另外，2012 年除闵行、嘉定、奉贤、青浦、徐汇、静安、闸北等 7 区新增供应面积超过 2011 年外，其余 10 个区均较去年有明显下跌。其中，宝山新增面积为 76 567 平方米，仅占比 2011 年的 17.49%，创区县最大降幅，长宁区新增供应为零（见图 12-2）。

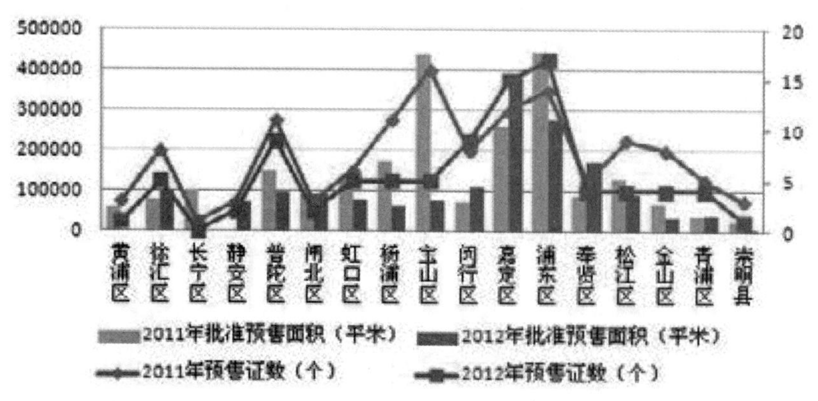

图 12-2 2011 ～ 2012 年上海各区县写字楼新增供应走势

三、写字楼市场成交量分析

从成交来看，2012 年，上海写字楼成交面积共计成交 17 020 套、167.6 万平方米，同比 2011 年成交套数增加 2 070 套、上涨 13.85%；成交面积减少约 13.42 万平方米、同比下跌 7.41%（见图 12-3）。

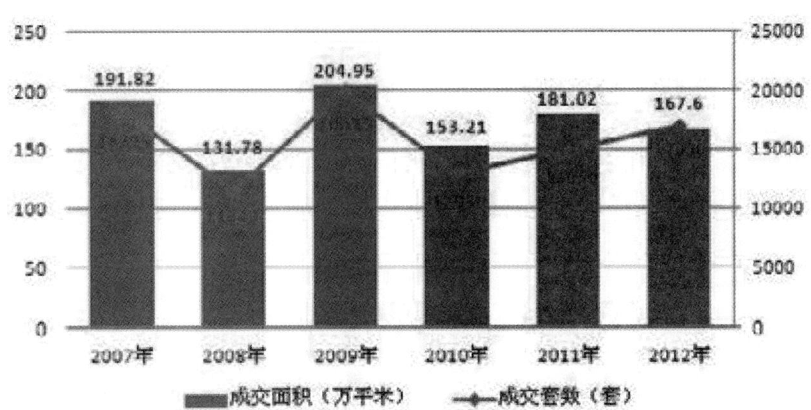

图 12-3　2007 ～ 2012 年上海市写字楼成交量走势图（单位：万平方米）

（一）成交量

全年成交呈现先抑后扬之势，且走出较为少见的“金九银十”行情，并于 12 月翘尾收官。其中，9 月份成交在环比上涨的同时，同比亦上扬 17.7%，为 2012 年月成交同比首次上涨，10 月同比涨幅进一步扩大至 57%，上海写字楼成交呈现真正“金九银十”行情。随着 11 月、12 月同环比涨幅的继续上扬，2012 年上海写字楼成交面积较 2011 年跌幅最终收窄至 10% 以下。成交面积共计成交 17020 套、167.6 万平方米， 同比 2011 年成交套数增加 2 070 套、上涨 13.85%；成交面积减少约 13.42 万平方米、同比下跌 7.41%（见图 12-4）。

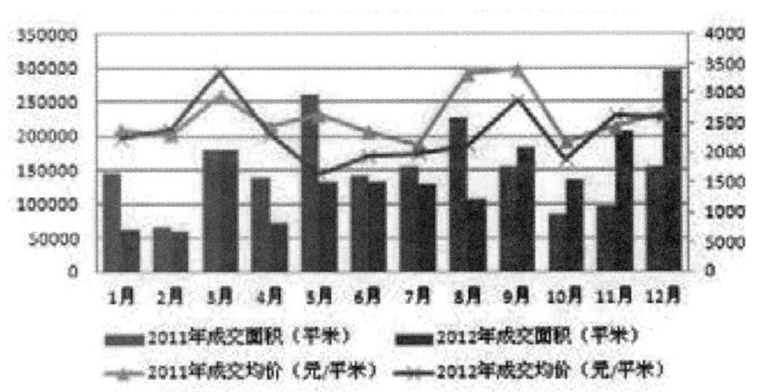

数据来源：上海市房地产交易中心

图 12-4 2011 ～ 2012 年上海写字楼每月成交走势图对比

（二）成交区域

2012 年，非核心商务区依然是上海写字楼市场新增供应的集中地，随着上海核心商务区甲级写字楼租金的持续走高，交通、配套较好的非核心区域优质写字楼迎来发展机遇。另外，在楼市限购政策下，这些区域的商住楼亦吸引了不少投资者入市。

全年，嘉定成交 3 415 套、23.81 万平方米，排行年度区县成交套数及成交面积榜首。在以成交套数为基准的核算基础上，奉贤成交 2 398 套，排行第二；松江成交 2 202 套，排行第三；另，2012 年度，长宁、卢湾 2 区成交最少，其中长宁成交 47 套、卢湾成交 65 套。在以成交面积为基准的核算基础上，闸北成交 20.34 万平方米，排行第二；宝山成交 14.98

平方米，排行第三（见图 12-5）。

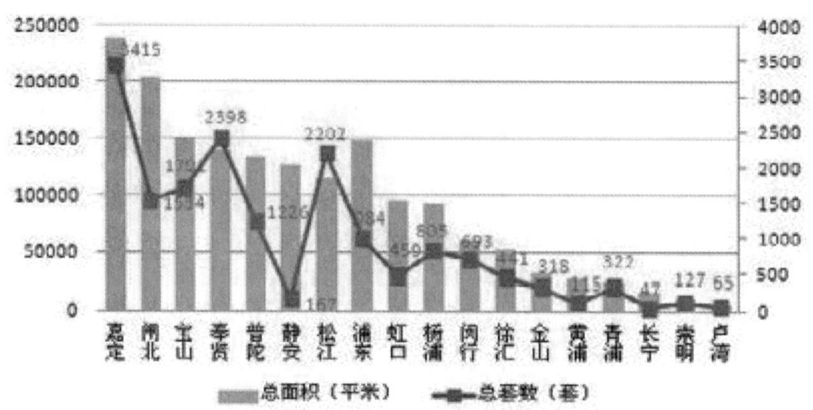

图 12-5 2012 年上海写字楼各区县成交情况图

四、写字楼市场供需关系分析

2012 年，上海市销售型办公类物业供应总量为 170.04 平方米，成交量为 167.72 平方米，供求比例为 1：0.99，供略大于求，整体市场供应量自 2007 年以来逐年上市，连涨 4 年后，2012 年首次下跌。受限购政策持续下、多个小户型商住项目的热销，且这些项目单套面积基本在 50 ～ 70 平方米左右，整体拉高了今年办公成交套数（见图 12-6）。

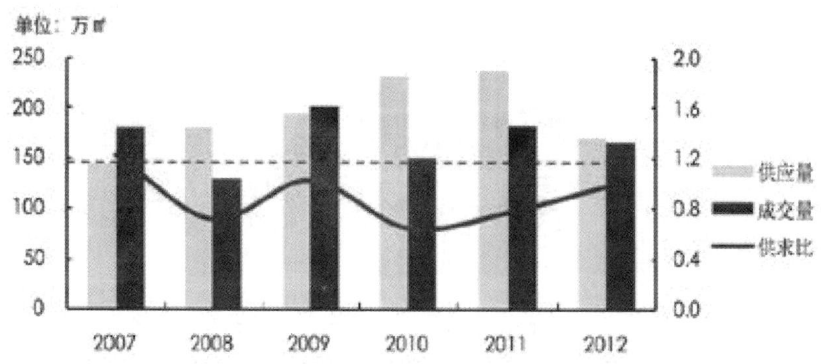

图 12-6 2007 ～ 2012 年上海市办公产品供求走势图

第二节 写字楼市场价格与租金

上海写字楼 2012 年共计成交 407.51 亿元，成交均价为 24 314 元 / 平方米，相较于 2011 年分别下跌 17.40% 和 6.80%。上海写字楼成交均价自 2007 年连续上涨 4 年后，2012 年首次出现下跌（见图 12-7）。

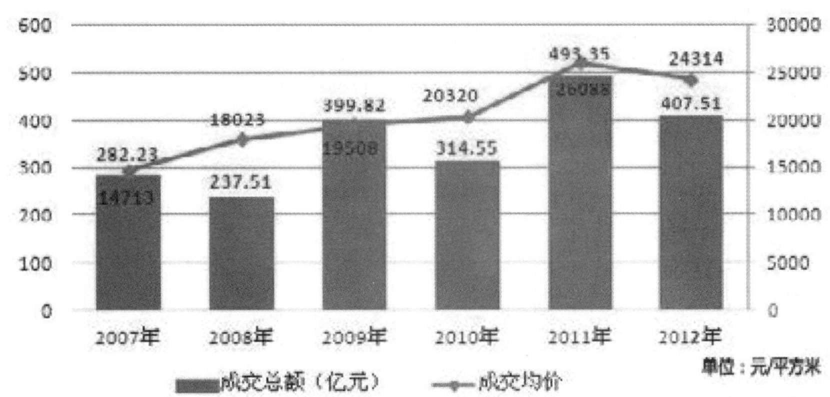

数据来源：中国指数研究院。

图 12-7 2007 ～ 2012 年上海市写字楼成交均价走势图

自 2007 年以来，上海写字楼年度成交套数和成交面积有起有伏，成交总额也有涨有落，成交均价却连续 4 年上涨。2012 年成交均价结束上涨，出现首次下跌，究其原因，一方面 2012 年热销的商住项目多集中在外郊环区域，属于价格洼地；另一方面，2011 年环球金融中心以超过 8 万元 / 平方米的单价成交 3.36 约万平方米，2012 年大额整购的写字楼项目多位于潜力商务区，且部分为园区型办公物业，对于成交均价的拉升乏力。

第三节　写字楼市场细分情况分析

2012 年，位于静安南京西路板块的甲级写字楼项目华敏帝豪大厦以 40 561 元 / 平方米的均价，成交约 9.5 万平方米，总成交金额达 38.53 亿元，排名上海写字楼 2012 年成交面积排行榜榜首。位于奉贤南桥新城的综合体项目卓越世纪中心共计成交 9.06 万平方米，排名第二；位于松江新城的综合体项目上海松江万达广场成交 5.59 万平方米，排名第三。

2012 年上海写字楼热销项目中，大宗物业整购是一大亮点，且集中于新增供应较为稀缺的内环内区域，这些区域的甲级写字楼项目多为租赁型物业，一旦这些优质物业由租转售，其较高的入驻率及物业本身的升值潜力，即会吸引资本市场的关注。此外，上海“三个中心”的建设、国际欧债危机的影响等因素，使得更多的跨国企业将办公总部移居上海，诸如上海国际研发总部基地等园区型物业，逐渐成为办公市场的一种热销产品。

表 12-1　上海写字楼 2012 年成交面积前 10 名

排名	项目名称	区县 & 板块	环线	成交面积 平方米	成交 套数	成交均价 元 / 平方米
1	华敏帝豪大厦	静安南京西路	内环内	94 981.84	50	40 561
2	卓越商务中心	奉贤南桥新城	外郊环	90 579.81	1660	13 656
3	上海松江万达广场	松江松江新城	外郊环	55 909.7	1111	16 169
4	隆宇国际商务广场	闸北不夜城板	内环内	54 197.38	187	35 829
5	悦合国际广场	嘉定真新	外郊环	40 798.54	359	30 952
6	上海国际航运服务中心	虹口北外滩	内环内	35 153.92	18	66 000
7	沪东财富国际广场	杨浦五角场	内中环	34 334.99	112	31 532

8	中铁中环时代广场	闸北彭浦	中外环	34 062.44	156	21 152
9	中海万锦城	闸北不夜城	内环内	32 088.25	447	27 901
10	绿地领海	宝山大场	外郊环	30 834.3	482	9 494

第十三章　商业地产市场

第一节　商业地产市场供给与需求

一、商业地产市场供求概述

2012 年，上海楼市由于限购令的一再升级，投资者中观望者居多，但相比于住宅市场，商业物业销售受到政策调控影响的程度还是比较小的。

2012 年，上海商业房产总体供应量为 182.1 万平方米，同比 2011 年有 18.9% 的下降。总体成交量为 150.3 万平方米，同比 2011 年下降 19.6%。商业房产供求比为 1：0.8，与 2011 年基本持平，中心商圈租金上涨、空置率上升但依然不减投资者对商业市场的热情。

二、商业地产市场供应量分析

2012 年，调控政策的收紧使得很多项目减少了推盘量，很多项目还采取了延期开盘的策略，上海商业房产供应总量为 182.1 万平方米，同比 11 年下降 19%。

受楼市持续调控的影响，成交量相比去年同期也有所减少。全年呈现前紧后松的局面，上半年在低位振荡起伏；下半年呈阶梯状上升（见图 13-1）。

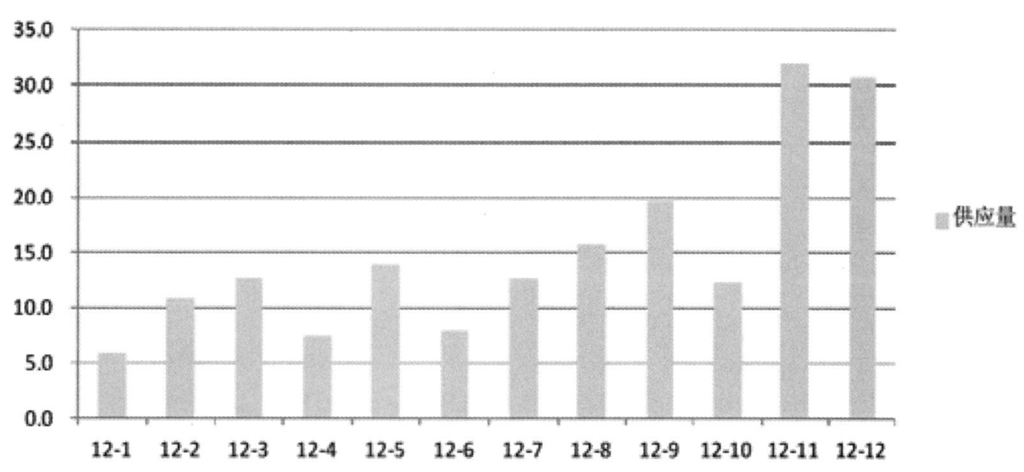

图 13-1　2012 年上海市商业营业用房供应量走势

三、商业地产市场成交量分析

2012 年上海商业房产总体成交量为 150.3 万平方米，同比 11 年，大幅下降了 20%，继 2011 年后再次大幅下挫（见图 13-2）。

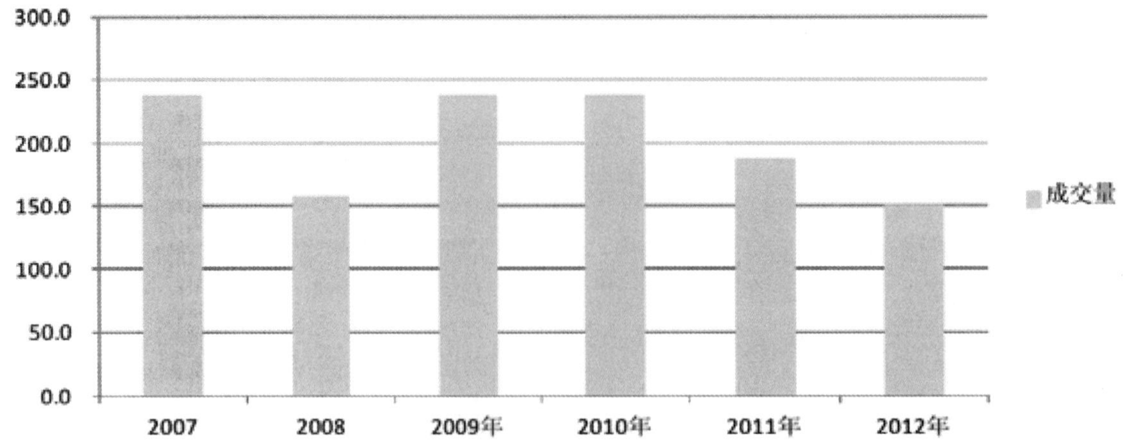

数据来源：CRIC

图 13-2 2007 ～ 2012 年上海市商业营业用房成交量走势 （单位：万平方米）

上海商业地产全年成交跌宕起伏，总成交量较上年下滑厉害。但是，总体趋势成增加趋势，甚至在年底成交量明显增加，超过 20 万平方米（见图 13-3）。

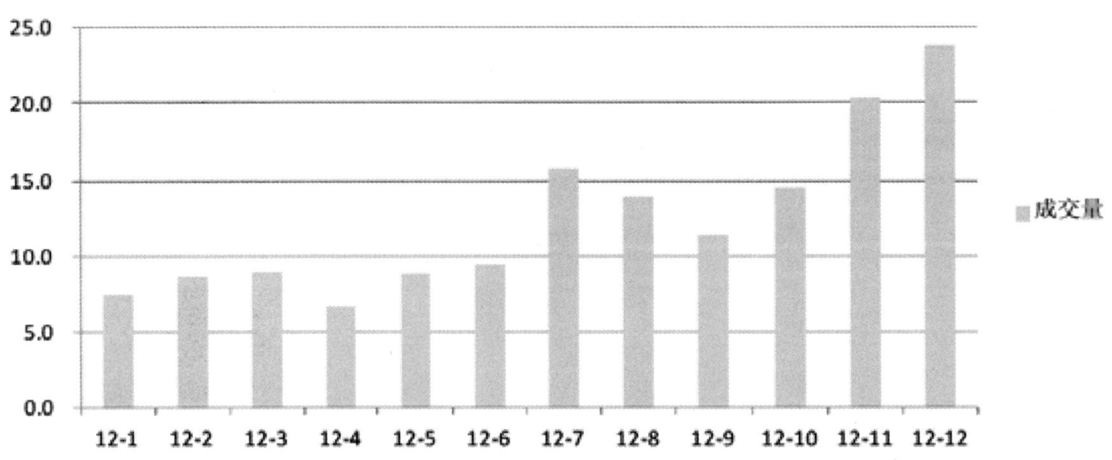

数据来源：CRIC

图 13-3 2012 年 1 ～ 12 月上海市商业营业用房成交量走势（单位：万平方米）

四、商业地产成交价格分析

2012 年上海商业房产成交均价为 18 866 元 / 平方米，同比 2011 年 16 765 元 / 平方米的均价上涨 13%。中心城区商铺价值的高居不下，远郊区县大型市场的商铺也乘着市场不断增值，引起了全市成交均价大幅上涨（见图 13-4）。

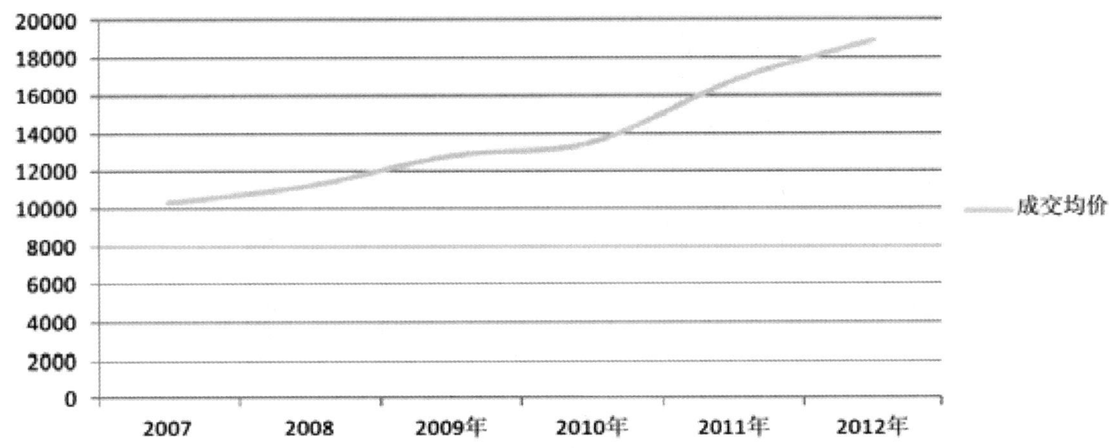

数据来源：CRIC

图 13-4　2007 ～ 2012 年上海市商业营业用房成交均价走势

从月度均价走势来看，除了 2、7、8、10 月市场单月成交均价较低外，其余月份成交均价均较高，尤其是 11 月和 12 月，成交均价更是在重点成交个案的拉动下达到了 22 000 元 / 平方米以上（见图 13-5）。

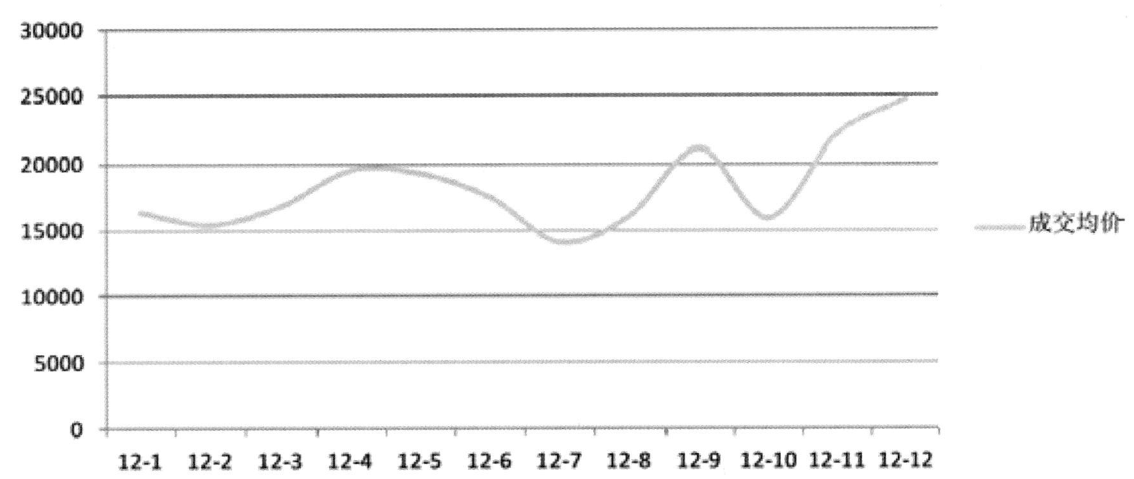

数据来源：CRIC

图 13-5　2012 年上海市商业营业用房成交均价走势

五、商业地产市场供求关系

2012 年上海市商业房产供求比为 1：0.8，市场表现为供过于求，较去年的整体市场供求两方面均大幅下降，商铺市场的稳定性使投资者不着急出手，部分投资者仍在比较、观望（见图 13-6）。

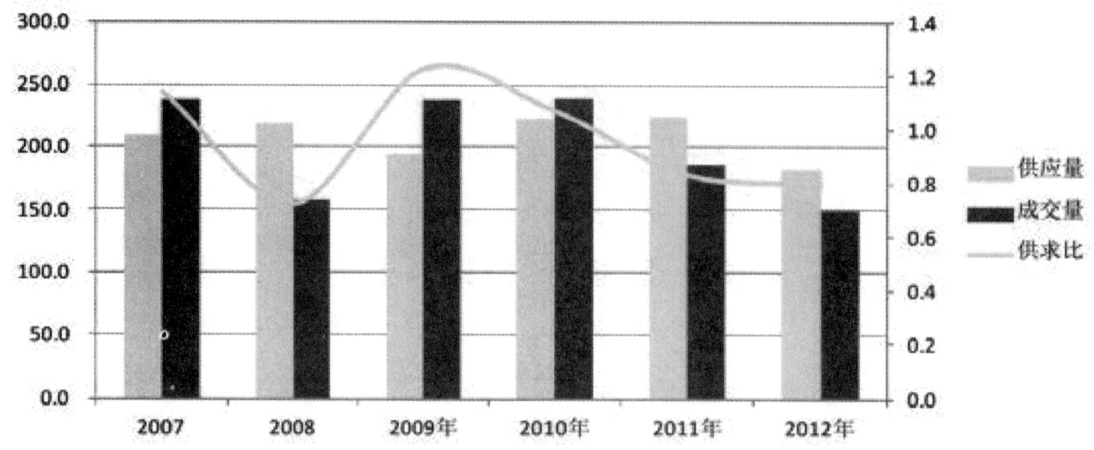

数据来源：CRIC

图 13-6 2007 ～ 2012 年上海市商业营业用房供求走势

全年市场整体表现供过于求。供求比高开低走，由于政策的影响，振荡调整。

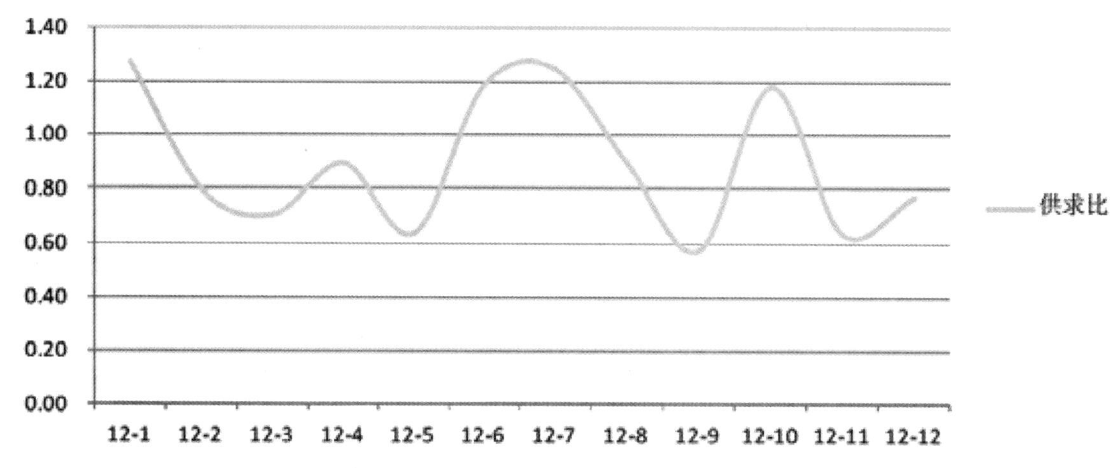

数据来源：CRIC

图 13-7 2012 年上海市商业营业用房供求比走势

第二节 商铺市场分析

2012 年，上海楼市共计成交商铺 10 892 套，较上年下滑 25.18%，成交面积共计 150.39 万平方米，同比下降 19.27%；签约均价 18 869 元 / 平方米，同比上扬 12.22%。

从近 8 年的商铺成交走势中不难看出，住宅调控的挤出效应对提振商铺成交量难以为继，2005 ～ 2007 年伴随经济大环境繁荣的驱动，商铺市场获得了较好的上升空间，但 2008 年全球金融危机使得商铺成交进入低谷，而近三年商铺成交也出现了逐年的下滑，这一方面源于 2010 年肇始、2011 年达到顶点的楼市调控大环境，一方面则源于全球经济衰退的持续影响，因此未来商铺成交量的上升还有待于宏观经济的整体复苏（见图 13-8）。

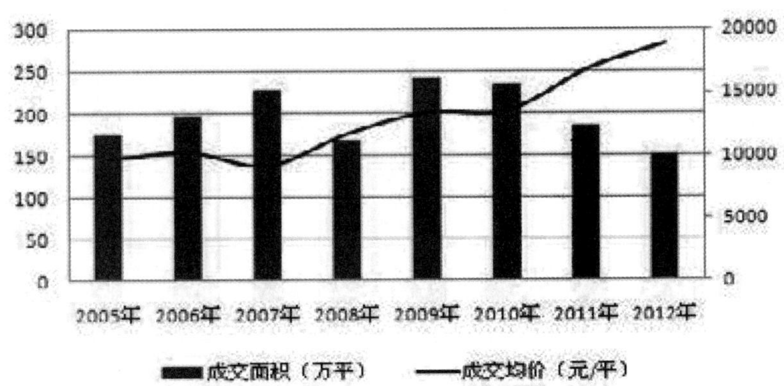

数据来源：上海房地产交易中心。

图 13-8　2005 ～ 2012 年上海商铺成交走势

从全年走势来看，仅有 2 月、10 月、11 月、12 月四个月超过 2011 年同期成交面积。其中，2011 年春节假期位于 2 月，而 2012 年则是 1 月春节之后进入 2 月的成交小爆棚，因此实则可以说，2012 年上海商铺成交直到第四季度才开始真正意义上的回暖（见图 13-9）。

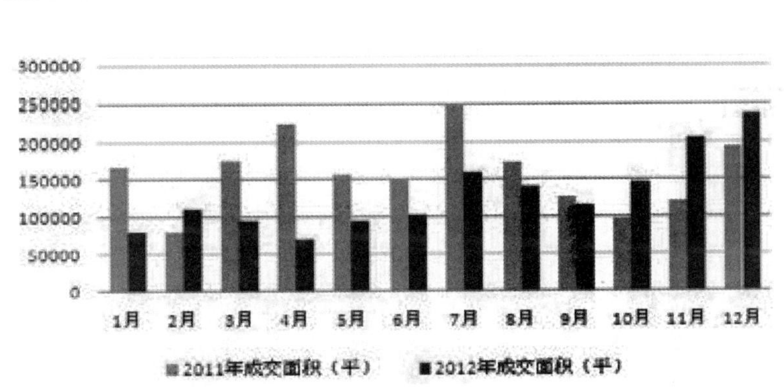

数据来源：上海房地产交易中心

图 13-9　2011 ～ 2012 上海商铺各额季度成交量走势

2012 年度上海商铺签约均价 18 869 元 / 平方米，同比上扬 12.22%；成交总金额 283.77 万元，成交量虽有所下滑但受均价拉动，同比降幅仅 9.40%。纵观整个 2012，月度签约均价在 7 月、10 月虽有两次较大幅度的下滑，但整体涨势显著。其中 12 月成交均价高达 24 685 元 / 平方米，超 2012 全年上海住宅 22 461 元 / 平方米的签约均价，且相比商铺 1 月 16 165 元 / 平方米的成交均价，高出近 9 000 元 / 平方米（见图 13-10）。

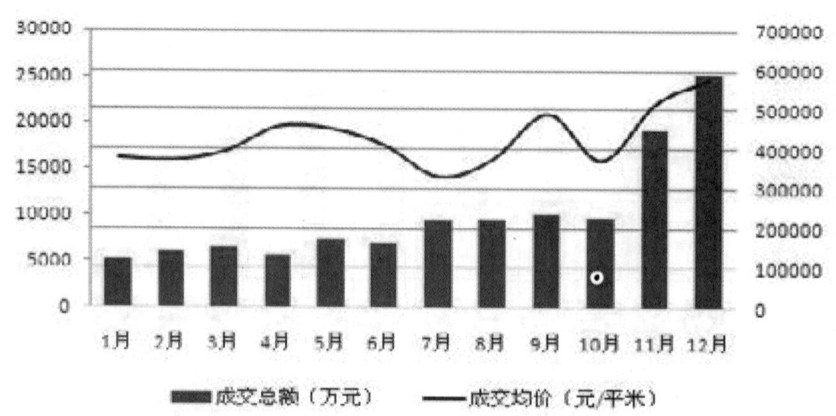

图 13-10 2012 年上海商铺月度成交总额及均价

2012 年度上海商铺共计成交面积 150.39 万平方米，较 2011 年下降 19.27%。全市 17 个区县中大浦东以近 32 万方的签约量全市居首，另外，嘉定、松江 2 区的成交面积也均超 20 万平方米，分别以 22.67 万平方米和 20.09 万平方米的签约面积位居二三名，而以上三者也是 2012 新增供应量最集中的区域。另外，2012 全年新增供应 180.92 万平方米，年内供求比 1.20:1，商铺市场整体呈现供过于求的局面（见图 13-11）。

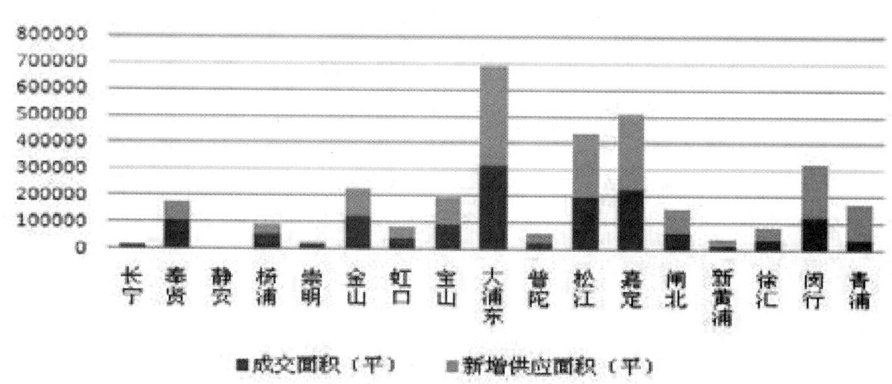

图 13-11 2012 年各区县供求比

第十四章　别墅市场

一、别墅市场概况

2012 年，上海别墅 1 ～ 11 月供应 110.42 万平方米，同比 2011 年下跌 37.59%。成交 4 657 套，同比上涨 6.54%，成交面积达 105.77 万平方米，同比微涨 3.89%。成交均价为 26 363 元 / 平方米，同比下跌 13.85%。上海共有 13 区县获得交投，其中浦东以 24 万平方米的总成交面积位列第一，松江、宝山、青浦、闵行 4 区成交量也在 10 万平方米以上。成交前十名中，低总价的经济型别墅占据了 8 席。而其中多半集中浦东周康、航头、奉贤海湾区域。在前十名中，基本是联排别墅。

二、别墅供应量分析

在 2012 年，随着国家政策的再次紧缩，上海别墅供应面积持续下跌，同比 2011 年下跌 37.59%。从区域分布上看，浦东 22.4 万平方米占据第一位，嘉定 21.2 万平方米屈居其次。嘉定区的别墅用地存量是上海最多的区县。2012 年 1 ～ 11 月上海别墅新增供应量为 110.42 万平方米，比起 2011 年同期的 178.66 万平方米，减少近三分之一的供应量。在禁墅令后，新增供应量持续下跌，纯独栋别墅供应量鲜有增长，而市场上别墅供应量多半来自公寓加别墅的复合型物业，这样间接降低了别墅的容积率。禁墅令的作用，一定程度上约束了新增别墅的供应量。在新增量分布上，2011 年上半年供应量远超下半年，而 2012 年情况并非如此，去除 4 月供应量 22 万平方米的特例外，下半年的供应普遍好于上半年同期。上海豪宅在下半年集中成交，而独栋别墅在当下“禁墅令”调控下，买一套少一套已板上钉钉。上海独栋别墅目前存量仅 3 700 多套。稀缺性逐渐体现，独栋别墅正受到市场高端买家的追捧。

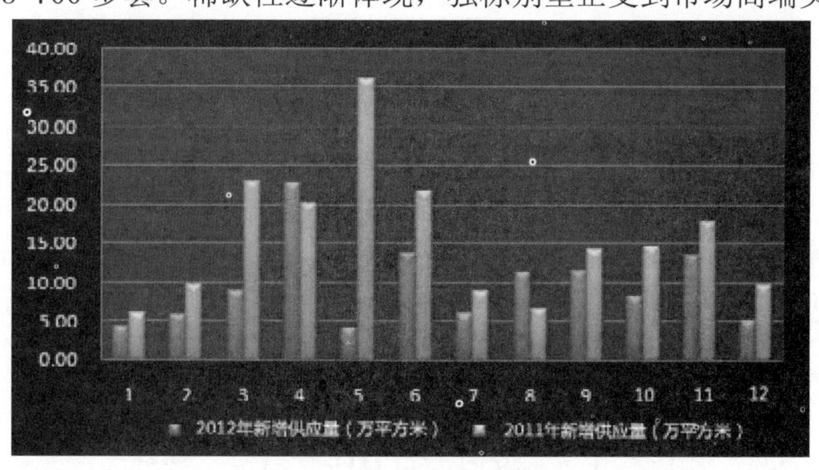

图 14-1　2012 上海别墅市场供应量

三、别墅成交量分析

2012 年，上海别墅全年成交 4 657 套，同比上涨 6.54%、成交面积达 105.77 万平方米，较上年同期微涨 3.89%。

全年成交走势先抑后扬，3 月成为全年成交量上升的分水岭，成交量环比 2 月翻番。随着 3 月传统销售旺季的到来，伴随着春季企业促销活动的展开，在三月这个节点上推出优惠措施的楼盘大多获得了不俗的跑量成绩。3 月总成交套数达 351 套。仅接着的 4 ～ 5 月，依旧保持着 3 月的上涨势头，成交量稳步上升。5 月成为了全年成交量的高位。7 ～ 8 月两月的成交量优于传统旺季 9 ～ 10 月，随后的年末，11 ～ 12 月的成交量一路飙升，每月近 500 套的去化量为 2012 年完美收关。

2012 年上海别墅成交旺季在年中 5 ～ 6 月及年末 11 ～ 12 月，无论是上半年还是下半年，成交量都集中于末端。2012 年 11 ～ 12 月总成交量 23.2 万平方米，同比上涨 70.58%，市场成交量年末翘尾之势显著。

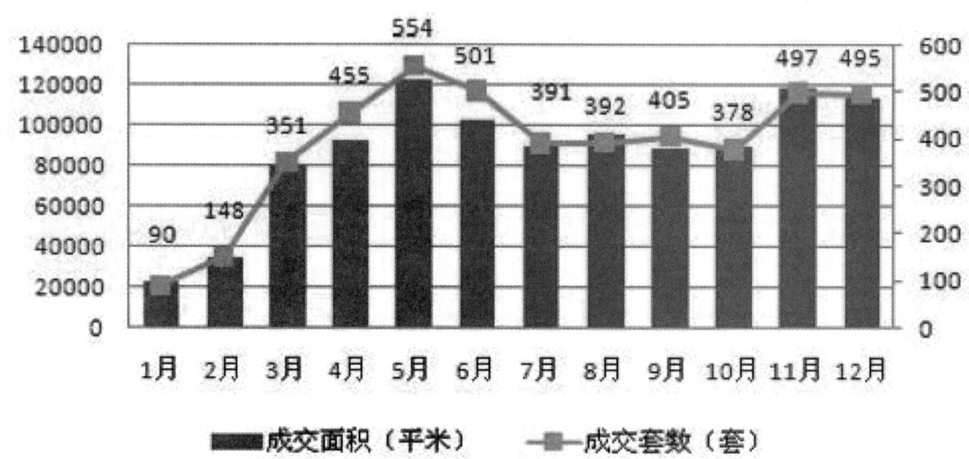

图 14-2 2012 年上海别墅月成交走势图

四、别墅成交价格分析

2012 年上海别墅成交均价为 26 363 元 / 平方米，同比下跌 13.85%。一月别墅成交量萎缩的情况下，高端项目破冰起航抬升了成交均价，远洋博堡、上海绿城玫瑰园等都有去化。随之而来的 2 ～ 6 月，仅 3 月的成交均价逼近 30 000 元 / 平方米外，其余月份维持在 25 000 元 / 平方米上下。从第三季度起，上海豪宅的成交量一路上行，但经济型别墅成交量的存在，拉低了成交均价。因此三季度别墅的成交均价并没有明显的上涨，整体均价也在 2.5 万 / 平方米均线上下震荡。

在 9 ～ 10 两月，上海独栋别墅共计成交 146 套，成交面积达 4.8 万平方米，成为今年成交量较高的两个月份，相比今年 1 ～ 8 月的单月成交情况，豪宅的销售活跃度有所升温。

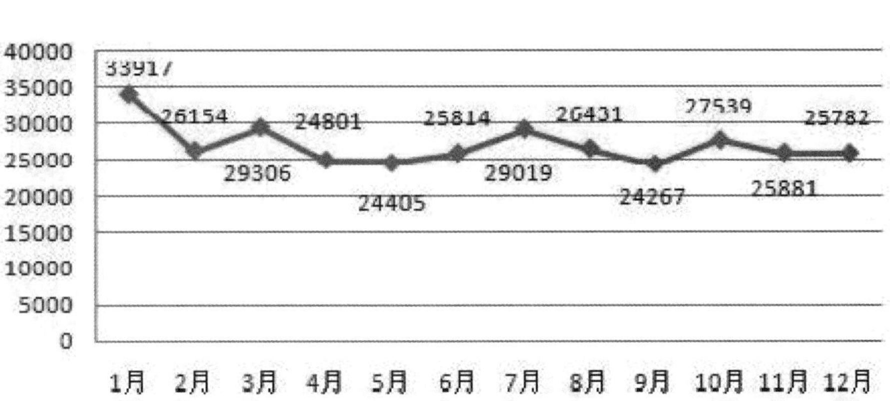

图 14-3　2012 年上海别墅月成交均价走势图

五、别墅区域市场分析

2012 年全年上海共有 13 区县获得交投，其中浦东以 24 万平方米的总成交面积位列第一，松江、宝山、青浦、闵行 4 区成交量也在 10 万平方米以上。

大浦东别墅在上半年斩获 12 万平方米的成交量，在下半年成交持续跟进的情况下，下半年近 13 万平方米的成交量反超上半年，辖区内的长泰东郊御园 7 ～ 9 月集中签约，第三季度成交量占全年成交总量 7 成之多。另外，莫奈庄园下半年的成交量提升较大。近年来，周浦、川沙、航头、惠南板块成为了热点区域，随着迪士尼的迁入，区域版块内的交通、周边配套日趋完备，板块本身主打经济小户型别墅，受到了二次置业用户的青睐。此外，下半年浦东东郊板块的豪宅放量，九间堂别墅、东郊紫园、东郊壹号等高端盘跑量去化。

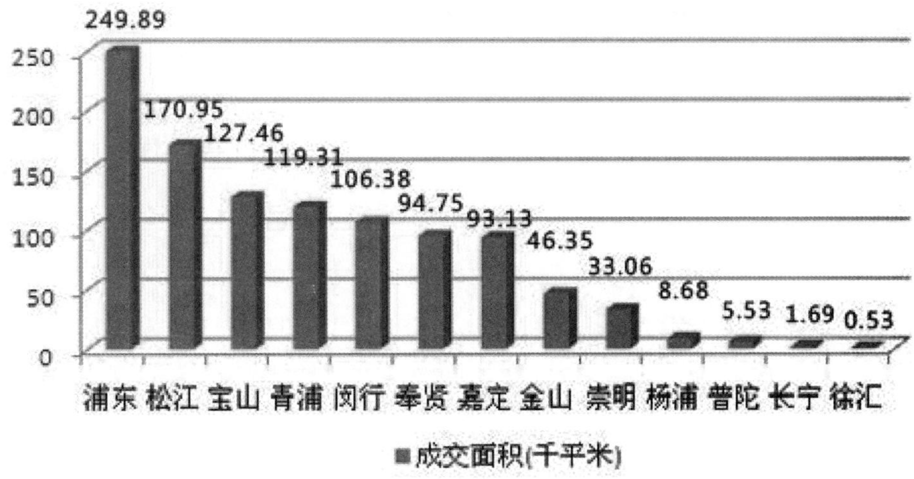

数据来源：金丰易居

图 14-4　2012 年上海别墅成交区域分布图

六、热点楼盘分析

2012 年上海别墅成交前十名中，低总价的经济型别墅占据了 8 席。而其中多半集中浦东周康、航头、奉贤海湾区域。在前十名中，基本是联排别墅，唯一例外的招商海廷也推出小独栋（300 平方米左右）产品。2012 年小户型别墅置业需求优于往年，以 180 ～ 250 平方米左右的联排小户型更受到市场认可，再加上其别墅均价仅 1.4 ～ 2.2 万 / 平方米之间，较普通公寓更有竞争力。

表 14-1 2012 年上海别墅成交前十名

排名	项目名称	区域	板块	成交套数	成交均价（元/平方米）	成交面积（平方米）
1	长泰东郊御园	浦东新区	航头板块	191	21 695	36 820
2	御沁园	浦东新区	周康板块	172	24 314	32 787
3	保利叶语别墅	宝山区	顾村板块	128	25 898	31 479
4	两河流域	浦东新区	航头板块	139	21 465	31 319
5	沿海郦墅别墅	松江区	新桥板块	109	19 324	25 812
6	宝华北岸郡庭	宝山区	月浦板块	232	20 466	25 693
7	兰郡九里	嘉定区	嘉定新城板块	106	13 121	24 849
8	莫奈庄园	浦东新区	周康板块	108	29 234	23 410
9	招商海廷	奉贤区	海湾板块	89	19 129	22 894
10	万科清林径别墅	浦东新区	新场板块	123	20 497	21 716

数据来源：金丰易居。

第五篇

区域

ALMANAC OF
SHANGHAI REAL ESTATE

第十五章 上海主要区域房地产市场

2012 年，全市 17 个区县中，有 7 个区县成交均价出现下跌，最大跌幅为静安区的 45.24%，最小跌幅为闸北区的 11.36%；另有 10 个区县均价 2012 年内出现上涨，涨幅最大的是奉贤区，为 43.34%，其次是崇明县，涨幅为 42.39%；涨幅最小的是虹口区，为 7.08%。

从区域成交均价同比走势来看，全市 17 个区县中，有 4 个区县 2012 年成交均价同比 2011 年出现上涨，分别是浦东新区、奉贤、普陀和虹口，其中虹口区涨幅最大，为 25.29%。

而从各区县 2012 年的成交均价来看，成交均价高于 3 万元 / 平方米的有 8 个，分别是普陀、杨浦、徐汇、闸北、长宁、新黄浦区、虹口和静安，其中新黄浦区成交均价最高，报于 68 927 元 / 平方米（见图 15-1、图 15-2，表 15-1）。

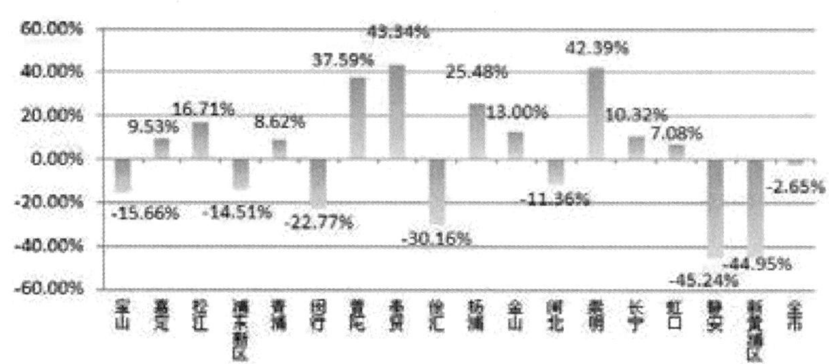

图 15-1 2012 年上海市各区县成交均价变化

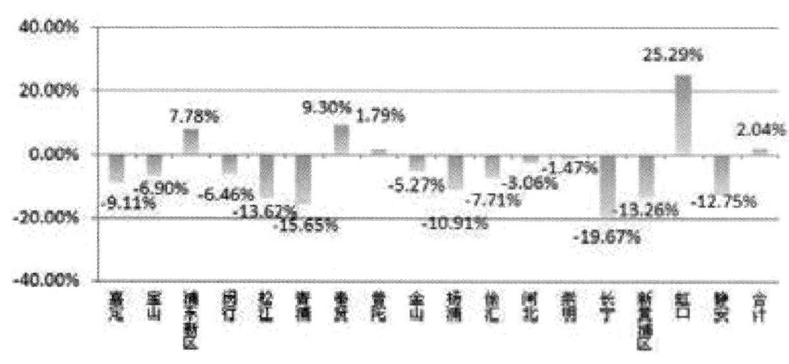

图 15-2 2012 年上海市各区县成交均价同比走势

表 15-1 2011 年上海各区住宅成交均价变化幅度表

全市	嘉定	徐汇	长宁	静安	普陀	奉贤	虹口	金山
↑ 2.00%	↓ 9.1%	↓ 7.7%	↓ 19.7%	↓ 12.8%	↑ 1.8%	↑ 9.3%	↓ 25.3%	↓ 5.3%
闵行	黄浦	浦东	宝山	闸北	松江	崇明	青浦	杨浦
↓ 6.5%	↓ 13.3%	↑ 7.8%	↓ 6.9%	↓ 3.1%	↓ 13.6%	↓ 1.5%	↓ 15.7%	↓ 10.9%

第一节　浦东新区房地产市场

一、房地产投资情况

2012 年，浦东新区房地产投资总额整体与去年基本持平，同比微涨 1.8%，涨幅低于全市平均水平，全年投资总金额为 600.3 亿元。

从各类型房地产投资情况看，除商业用房同比仍保持较快增长外，住宅、办公楼投资总额双双出现小幅下滑。其中住宅类投资增速下滑更加明显，金额同比下滑 8.3%，回落至 370.85 亿元；办公楼的投资金额则微弱下滑 0.8%，为 51.99 亿元。可见，2012 年度浦东新区房地产投资重心明显向商业用房倾移，住宅类投资增速趋缓情况较前三季度进一步显现。

投资结构的变化首先与持续性的商品住宅市场调控有关，更与浦东新区十二五规划中重点提出的几大区域后期发展建设定位相关。如受陆家嘴、浦东世博两大板块辐射影响的前滩板块，规划方案已在 2012 年正式批复出炉，规划明确：前滩未来将建成陆家嘴金融城辅助、扩张功能区，这对于浦东新区商业地产市场发展而言，是迎来新的发展机遇与高潮，预计后期商业用房的投资增速仍将维持相对高位；办公楼类房地产投资或也将被同步带动。就当前的宏观背景情况看，未来保障房建设将成为住宅类投资的主要增长点（见表 15-2）。

表 15-2　2012 年 1 ～ 12 月浦东新区房地产投资情况

类型	金额（亿元）	同比增长（%）
住宅	370.85	-8.3
办公楼	51.99	-0.8
商业用房	84.43	35.5
总计	600.3	1.8

二、房地产开发情况

2012 年度，浦东新区房地产施工总量同比保持低速、稳定增长，总面积为 3 527.25 万平方米、同比涨幅为 0.4%。

其中，办公楼施工量同比明显减缩，降幅为 9.7%，较前三季度明显扩大，办公楼类物业存量、空置率仍表现较高，对施工增量或起到一定抑制作用。商业用房施工量则中止了前三季度的下滑走势，转而小幅走高，施工量同比上涨 3.4%，施工量在四季度明显增加。值得一提的是，在住宅类施工量整体呈小幅下降的前提下，保障性住房施工量仍保持较快增长，今年总施工面积为 1 389 万平方米，同比增加 5.3%，充分表明浦东新区为努力实现、完成保障房建设任务，仍然保持着大力推进的工作势头，另一方面也体现出商品住宅的的施工规模明显收缩（见表 15-3）。

表 15-3　2012 年浦东新区房地产施工情况

类型	面积（万平方米）	同比增长（%）
住宅	2 280.68	-0.7
保障性住房	1 389	5.3
办公楼	320.66	-9.7
商业用房	387.6	3.4
总计	3 527.25	0.4

2012 年度浦东新区房地产竣工总量有较显著增长，全年竣工面积达 626.96 万平方米，同比涨幅达 28.5%。与施工量情况有所不同，商业用房竣工量同比减缩超过 50%，而在 2012 年施工量明显上涨的带动下，浦东新区商业用房步入建设高峰期，2013 年的竣工量或应有较大幅度的提升。保障性住房竣工量出现明显增长，竣工面积同比上涨近 300% 达 335.85 万平方米，住宅整体竣工面积也相应提升，进一步表明浦东新区 2012 年度在大力推进保障房建设方面，取得了非常良好的工作成效。此外，全年办公楼竣工量也较 2011 年有显著增加，竣工面积同比大幅上涨 42.6%，为 80.95 万平方米，鉴于 2012 年施工量并未出现明显缩减，预计 2013 年办公楼竣工量仍将会保持高位（见表 15-4）。

表 15-4 2012 年浦东新区房地产竣工情况

类型	面积（万平方米）	同比增长（%）
住宅	433.38	51.5
保障性住房	335.85	299.6
办公楼	80.95	42.6
商业用房	36.17	-50.5
总计	626.96	28.5

三、土地市场情况

2012 年浦东新区全年出让经营性用地 37 幅，同比 2011 年减少 49.32%，占全市出让总量的 18%，出让面积总计 124.75 公顷，同比减少 44.92%，占全市出让面积的 14%；成交方面，浦东新区全年成交经营性用地 32 幅，同比下滑 52.24%，占全市成交幅数的 17%，成交土地总面积为 116.24 公顷，相比同期也有 45.94% 的跌幅，占全市总量的 15%，土地出让金总额为124.02亿元，同比减少45.53%，占全市出让金额总量的14%，受到全市土地市场偏冷的影响，浦东经营性用地市场也出现了疲软（见图 15-3）。

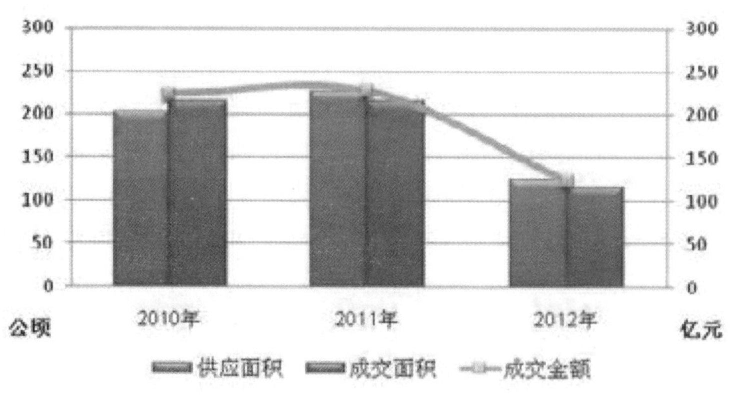

图 15-3 浦东新区 2010 ～ 2012 年度经营性用地供求走势

浦东新区全年供应住宅用地 17 幅，供应面积为 85.22 公顷，占全市住宅用地供应总量的 15%。其中商品住宅（包括商住类）用地供应 6 幅，同比去年下滑近五成，占全市商品住宅用地供应幅数的 10%，供应面积为 24.44 公顷，同比减少 53.18%，占全市总量的 9%。保障性用地供应 11 幅，供应面积为 60.78 公顷，同比分别减少 45%、43.73%。成交方面，浦东新区全年成交住宅用地 17 幅，成交面积为 85.22 公顷，占全市住宅用地成交总量的

15%。其中商品住宅（包括商住类）用地成交 6 幅，成交面积为 24.44 公顷，同比分别减少 33.33%、45.14%，土地出让金为 35.17 亿元，同比下滑 6.46%，土地成交平均地价为 14 390 元 / 平方米，同比上涨多达 70.5%。保障性用地成交 11 幅，成交面积为 60.78 公顷，同比分别减少 45%、43.73%（见图 15-4）。

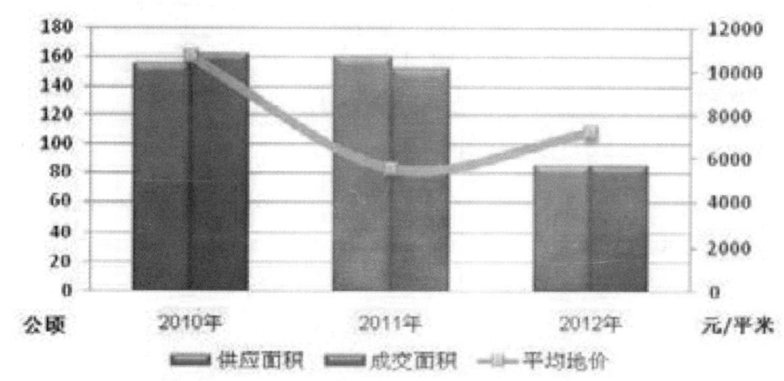

图 15-4　浦东新区 2010 ～ 2012 年度住宅用地供求走势

浦东新区全年出让商办用地 20 幅（其中 17 幅为浦东北片区地块，3 幅为南片区地块），供应幅数同比减少了 52.38%，占全市该类用地供应总量的 21%，供应面积为 39.53 公顷，同比减少 40.33%，占全市总量的 13%。全年成交商办用地 15 幅，同比减少 60.53%，占全市商办用地成交总量的 18%，成交面积为 31.02 公顷，同比减少 50.34%，占全市成交比重 13%，土地出让金为 62.44 亿元，相比同期有超五成的跌幅，土地成交平均地价为 20,129 元 / 平方米，同比下跌 11.91%（见图 15-5）。

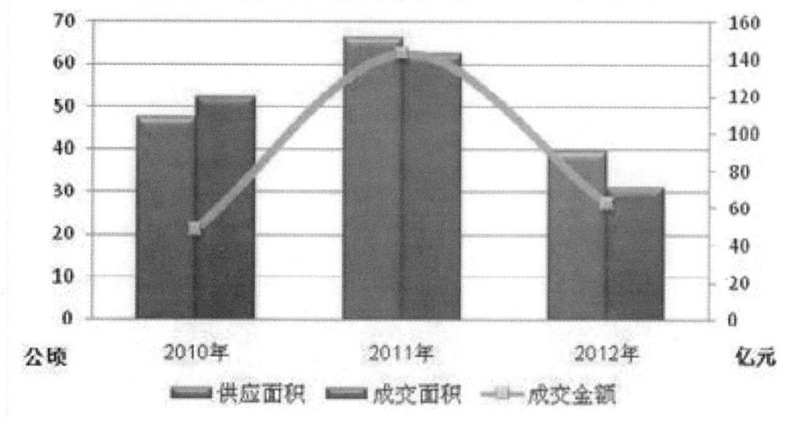

图 15-5　浦东新区 2010 ～ 2012 年度办公用地供求走势

第二节　闵行区房地产市场

一、房地产市场概况

2012 年，闵行区委区政府紧紧围绕民生问题，进一步加快保障性住房建设步伐。房地产投资较上年下降 5.3%，为 173.8 亿元，住宅投资 125.7 亿元，保障性住宅投资 87.1 亿元，同比增长 0.03%，占到房地产投资一半以上。全区房地产业新开工面积 226.3 万平方米，同比下降43.7%，竣工面积125.7万平方米，同比下降41.4%。新建商品房销售面积175.5万平方米，同比下降10.3%。

二、房地产投资情况

2012年，全区完成房地产开发投资173.8亿元，同比下降5.3%，占全社会固定资产投资比重52.8%。从物业类型来看，住宅投资125.7亿元，占房地产开发投资的72.3%，其中别墅及高档公寓占住宅投资21.1%；办公楼投资占住宅投资4.8%，同比增长2.5倍；商业营业用房投资占住宅投资8.4%，同比增长56.6%。

三、保障性住房建设情况

2012年，全区保障性住房投资87.1亿元，同比略增0.03%，占房地产投资50.1%。保障性住房中，限价商品住宅（动迁安置房）完成投资53.7亿元，占保障性住房投资61.7%；经济适用房完成投资30.7亿元，占保障性住房投资35.2%；公共租赁房完成投资2.7亿元，占保障性住房投资3.1%。

四、商品房交易状况

2012年，全区房地产交易市场总体呈现降幅不断收窄的态势，从全年成交情况来看，成交量均逐月走高，存量房交易在11月份首次实现同比增长，销售出现回暖迹象。

全区新建商品房销售面积175.5万平方米，同比下降10.3%，降幅比上年缩小13.8个百分点。其中期房销售面积59.3万平方米，同比增长10.6%；现房销售面积116.2万平方米，同比下降18.2%。从各月销售情况来看，12月份当月销售面积为全年销售的最高值。从季度销售情况来看，二季度、三季度、四季度销售面积环比增幅分别为24.4%、30.0%、29.4%。房地产业实现税收74.7亿元，同比增长12.4%，增幅比上年提高11个百分点（见图15-6）。

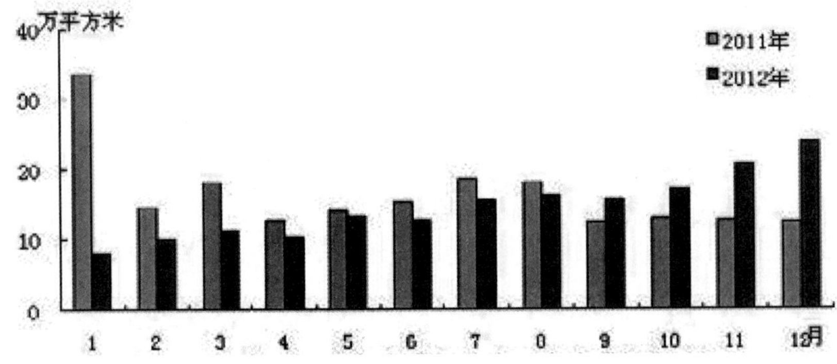

图15-6 2011～2012年闵行区各月新建商品房当月销售情况

全区存量房销售面积175.1万平方米，同比增长11.3%，增幅比上年提高41个百分点。从各月销售面积来看，4月份开始逐月回升，11月份为全年当月销售最高值，达22.9万平方米，1～11月累计交易额同比首次转正。从季度销售情况来看，第三、四季度明显高于第一、二季度，第三、四季度销售面积达114.1万平方米，高出第一、二季度53.1万平方米，第四季度销售面积比上年同季增长83.7%。实现契税15.0亿元，同比下降25.7%（见图15-7）。

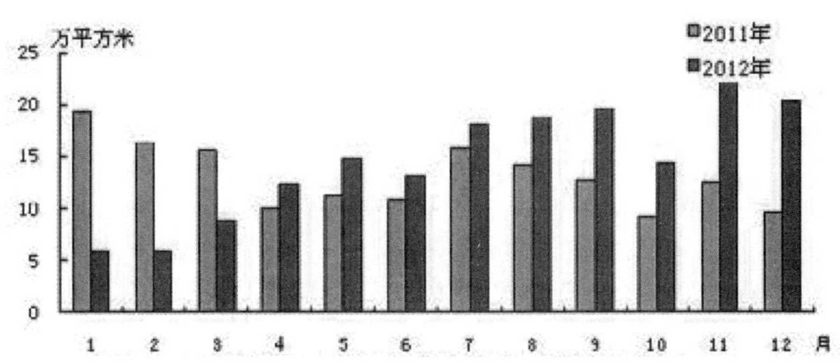

图 15-7　2011 ～ 2012 年闵行区各月存量房当月销售情况

房屋施工、竣工面积有所下降，保障性住房建设速度有所放缓。2012 年，全区房屋施工面积 1 257.3 万平方米，同比下降 6.2%，其中：保障性住房施工面积占全区房屋施工面积的 49.7%。保障性住房中，限价商品住宅（动迁安置房）施工面积占保障性住房施工面积的 61.3%；经济适用房施工面积占保障性住房施工面积的 36.7%；公共租赁房施工面积占保障性住房施工面积的 1.8%。

全年，全区房地产业新开工面积 226.3 万平方米，同比下降 43.7%，其中：保障性住房新开工面积占全部新开工面积 35.9%。保障性住房中，限价商品住宅（动迁安置房）新开工面积占保障性住房新开工面积的 83.4%；经济适用房新开工面积占保障性住房新开工面积 16.6%。

全年，竣工面积 125.7 万平方米，同比下降 41.4%。按项目的性质来看，保障性住房竣工面积占总竣工面积的 47.5%。

第三节　松江区房地产市场

一、房地产市场概况

2012 年松江启动了新一轮的发展规划，松江新城国际生态商务区正式开工建设。松江城市综合功能得到不断完善，能级将得到不断提升，在城镇化步伐明显加快，宏观调控趋常态化的背景下，松江区房地产市场告别了 2009 年过快增长，投资投机性需求旺盛的非理性期，也告别了 2010 年密集调控政策后的买卖双方僵持遇冷期，2012 年投资性需求被控，刚性需求逐步复苏。

二、房地产投资情况

2012 年，全区实现房地产投资 142.22 亿元，比上年同期下降 16.4%，处在理性回归通道，但降幅自年初的下降 27.4%，逐步回升至年底的下降 16.4%，降幅较年初回升了 11 个百分点，房产投资降幅在逐步回稳收窄（见图 15-8）。

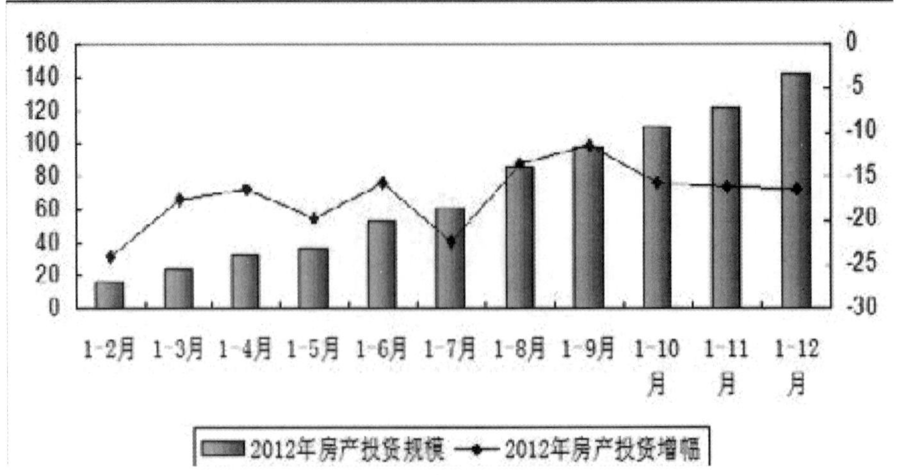

图 15-8 2012 年松江区房产投资总量增幅趋势图

三、房地产价格及销量情况

2012 年，剔除保障房因素影响，全区商品房实际成交均价为 17188 元 / 平方米，比上年同期下降 5.2%，销售面积、销售额小幅微增，商品房销售均价平稳回落，预示市场正平稳健康回暖，随着房价的小幅微降，越来越多的刚性、改善性消费群体选择入市，符合房产调控初衷。

全区新建商品房销售面积 210.69 万平方米，比上年同期增长 27.6%，实现新建商品房销售额 237.83 亿元，比上年同期增长 18.3%，新建商品房销售额增速低于销售面积增速 9.3 个百分点，表明在限购政策下，投资性需求被遏，刚性需求成为市场主导，在经历政策消化的对峙期后，刚性需求平稳释放。

全区存量房交易面积 85.02 万平方米，比上年同期增长 5.1%，存量房交易套数 8 270 套，增长 5.4%，存量房交易金额 105.29 亿元，增长 5.8%，从时间序列来看，1 ～ 4 月各月处于低谷期，5 月开始，回暖势头逐步显现，月均增幅为 65.1%，到 12 月，单月增幅达到 126%，存量房市场全年先降后升的特性表明市场在平稳地逐步回升变暖（见图 15-9）。

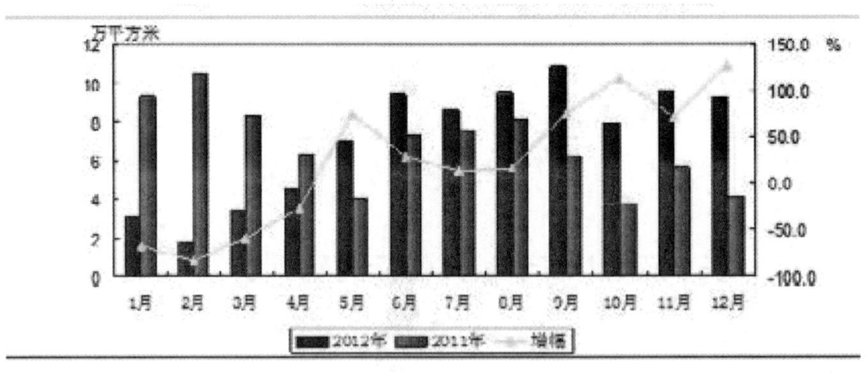

图 15-9 2011 ～ 2012 年松江各月存量房交易面积趋势图

2012 年，全区 90 平方米以下住宅成交 120.62 平方米，增长 96.3%，拉动商品房销售面积增长 3.5 个百分点，占全部商品房销售面积的 57.2%，占比较上年同期提高 20 个百分点，小户型成交面积的的回升主要是保障房集中搭桥供应形成，超八成的成交面积为保障房，由此在房地产市场上，更多的刚性需求通过保障房而得到平稳的释放（见图 15-10）。

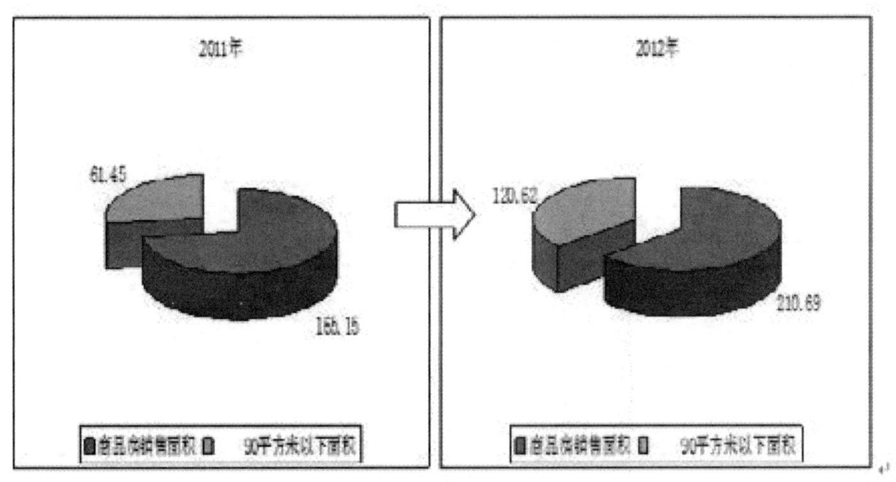

图 15-10　2011 年、2012 年 90 平方米一下住宅占商品房销售面积比例图

四、保障房建设情况

松江区对保障性安居工程严格按照规定渠道落实资金，2012 年，全区实现保障房投资 41.93 亿元，比上年同期下降 8.7%，处在下降区间，但这与房产投资整体回归理性不无关系，从降幅看，保障房投资降幅低于房地产投资降幅 7.7 个百分点，占全区房地产投资总额 29.5%，占比较去年同期提高了 2.2 个百分点。

为建立健全“四位一体”为特征的住房保障体系，全面落实保障房各项目标任务，松江区对保障性安居工程建设用地供应计划实行单列，并确保供应。2012 年全区在建保障房施工面积 362.7 万平方米，同比增长 4.4%，占总施工面积 34.4%，占比较去年同期提高 3 个百分点。2012 年，保障房竣工面积 77.81 万平方米，比上年同期增长 81.0%，保障房施工、竣工面积在房地产投资建设整体低位理性的情况下，保持了较快增长是政府将民生工作落到实处的重要体现。

全区保障房销售面积 110.32 万平方米，比上年同期增长 47.2%。其中新凯基地三期今年共完成搭桥供应 41.31 万平方米，为黄埔、静安等四区提供保障房 5972 套，新凯三期 A、B 块基本完成了落户安置，大型居住社区项目得到了有序的分配。

五、企业到位资金状况

2012 年，全区房地产企业实际到位资金 383.97 亿元，比上年同期下降 5.6%，其中国内贷款 285.79 亿元，下降 8.2%，自筹资金 80.86 亿元，下降 28%，以定金预收款、个人按揭贷款为主的其他资金来源 145.07 亿元，在货币政策微调下，增长 14.3%。房企资金链依然处在一个趋紧的状况，值得我们关注（见表 15-5）。

表 15-5 2012 年松江区房地产企业资金构成 单位：亿元

	2012 年	同比增长（%）	占比（%）	占比（±%）
本年资金来源合计	383.97	-5.6	100.0	——
上年末结余资金	98.18	-3.9	25.6	0.4
本年资金来源小计	285.79	-6.1	74.4	-0.4
国内贷款	59.86	-8.2	15.6	-0.4
银行贷款	59.61	52.5	15.5	5.9
非银行金融机构贷款	0.25	-99.0	0.1	-6.4
自筹资金	80.86	-28.0	21	-6.6
其他	145.07	14.3	37.8	6.6
定金及预收款	106.65	20.5	27.8	6.0
个人按揭贷款	25.73	3.5	6.7	0.6

第四节 上海市其他地区房地产市场

一、宝山区

2012 年，宝山区房地产开发投资 211.5 亿元，同比下降 23.1%，投资从 4 月份开始出现降幅，其主要原因在于土地购置费用的快速回落。从构成看，建筑工程 146.4 亿元，增长 2.7%，安装工程 17.0 亿元，增长 1.3%，设备购置 1.2 亿元，下降 15.8%，土地购置费等为主的其他费用 46.8 亿元，同比下降 59.0%，数据显示，土地购置费的快速回落，是促使房产投资总量下降的主因，如果剔除土地费因素影响，1 ～ 12 月全区房地产开发投资同比增长 1.2%，未出现大幅下降。全年房地产开发企业实际到位资金 548.9 亿元。

房地产开发企业房屋施工面积 1214.2 万平方米，同比下降 4.6%，其中住宅施工面积 834.1 万平方米，同比下降 9.3%；办公楼施工面积 89.2 万平方米，同比增长 2.8%；商业营业用房施工面积 99.8 万平方米，同比增长 18.7%。商品房销售面积 267.1 万平方米，同比下降 1.5%，虽然仍然处在下降区间，但降幅比上半年收窄了 10.5 个百分点。商品房销售均价为 12 975 元 / 平方米，由于保障房项目销售面积占到总销售的 40.7%，而销售额占总量的 24.0%，降低了房地产市场销售平均价格，如果剔除保障房因素影响，全区商品房均价在 16627 元 / 平方米，与上年同期相比下降 10.6%，从房价趋势图来看，房价的波动比较平稳，仍处在平稳运行的轨道中。全区共有 45 个保障房项目，全区完成保障房投资 58.6 亿元，同比增长 65.3%，占房产投资比重为 27.7%，所占比重同比提高 14.8 个百分点（见图 15-11）。

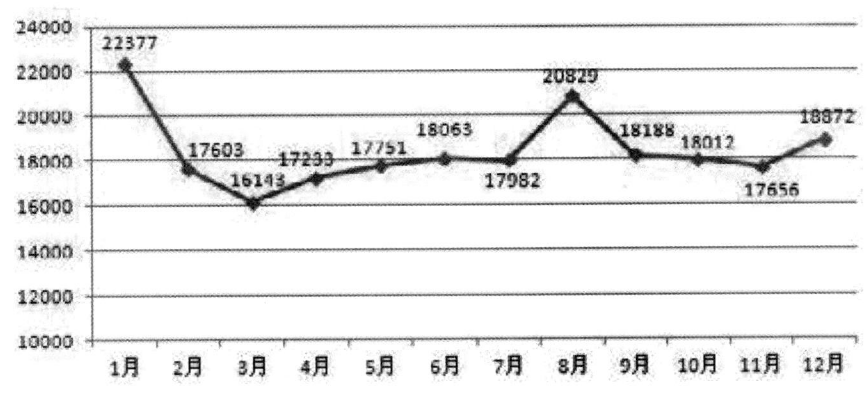

图 15-11 2012 年宝山区商品住宅成交均价走势

二、嘉定区

2012 年，嘉定区重点推动新城“一核两翼”范围内保利、龙湖、金地、合景、新光等住宅、商业商务配套建设。全年完成房地产开发投资 226.7 亿元，比上年下降 5.3%。其中住宅投资 134.1 万平方米，比上年下降 8.3%。商品房新开工面积 427.7 万平方米（房管局口径），比上年下降 20.2%；竣工面积 408.6 万平方米，比上年增加 31.0%。商品房现房销售面积 105.5 万平方米，比上年下降 15.5%，销售额 103.4 亿元，比上年增长 16.7%；期房销售面积 128.8 万平方米，比上年下降 5.9%，销售额 186.1 亿元，比上年下降 9.7%。

2012 年，商品住宅成交均价报于 15 067 元 / 平方米，同比下跌 9.1%。从全年走势来看，嘉定区商品住宅价格 2012 年稳中有升，12 月的成交均价比 1 月份上涨近 10 个百分点，不过同比 2012 年仍下跌。

嘉定区继续推进保障房建设。全年完成保障性住房投资 52 亿元，比上年减少 6.6%，占房地产投资总额 22.9%。施工面积 334.3 万平方米，比上年减少 16.6%，占全区施工面积的 23.7%。其中，新开工面积 118.8 万平方米，比上年减少 41.3%，占全区新开工面积的 27.8%。继续加快动迁安置房建设，完成动迁安置房地块项目认定 5 幅，总建设用地 21 公顷，规划建设总量约 48 万平方米（见图 15-12）。

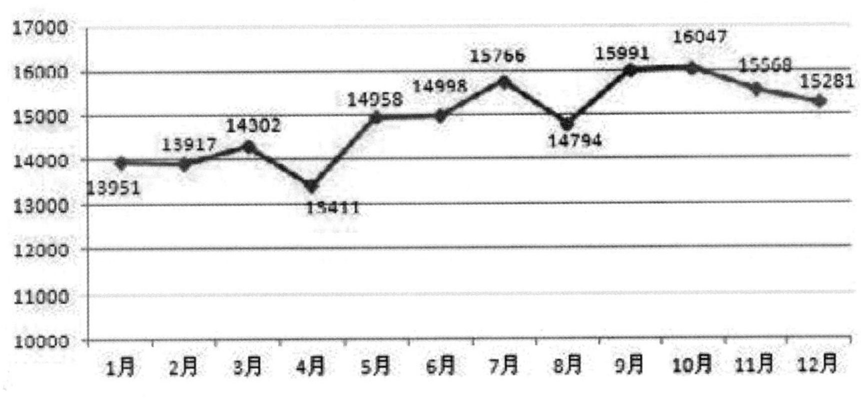

图 15-12 2012 年嘉定区商品住宅成交均价走势

三、静安区

2012 年，静安区房地产企业全年营收 60.52 亿元，同比下降 26.6%。全年上缴税收 32.20 亿元，同比下降 4.95%，占全区税收总收入的比重 14.15%。全年住宅无新开工面积，竣工面积 3.08 万平方米。全年累积预售商品房 16 套，预售面积 0.34 万平方米，预售总额 2.93 亿元；累积销售商品房 436 套，销售面积 4.14 万平方米，其中商业办公面积 2.31 万平方米，销售总额达 9.98 亿元。至 2012 年末，区域内共有各类房屋面积 1611，30 万平方米，其中：居住房屋面积 838.89 万平方米，非居住房屋面积 772.41 万平方米，各类房屋中，商务楼宇 114 幢，建筑面积 450.09 万平方米（见表 15-6）。

表 15-6　2011 年末静安区域内各类房屋分类情况　　单位：万平方米

居住房屋	建筑面积	非居住房屋	建筑面积
合计	838.89	合计	772.41
花园住宅	20.91	工厂	105.60
公寓	691.08	学校	41.54
联列住宅	0.85	办公建筑	360.57
新式里弄	85.98	商场店铺	100.91
旧式里弄	31.80	旅馆	77.09
低标住宅(7)	3.41	医院(7)	33.23
其他	4.92	其他	49.02

2012 年，上海静安区商品住宅成交均价 58 152 元 / 平方米，同比下跌 12.8%。从全年走势来看，静安区一季度成交均价较高，二季度开始持续走低。上海搜房网数据监控中心分析师张银萍表示，由于静安区可售一手商品住宅较少，2012 年全年总计成交 79 套，因此区域均价走势受当季成交项目影响较大（见图 15-13）。

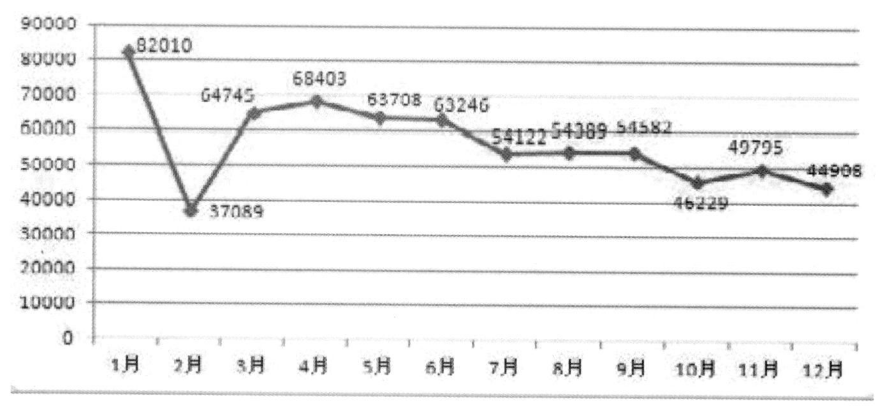

图 15-13　2012 年静安区商品住宅成交均价走势

三、普陀区

2011 年普陀区全年房地产业实现增加值 64.76 亿元，可比增长 7.3%。全年实现区级税收 29.5 亿元，增长 3.9%，占区级税收比重为 47.2%，比上年下降 1.64 个百分点。全年完成商品房投资 138.15 亿元，增长 4%。其中，国有经济完成投资 48.15 亿元，增长 36.9 %；私营经济完成投资 40.45 亿元，下降 27.4%；外商及港澳台经济完成投资 5.06 亿元，下降 81.4%。按用途分，住宅投资 75.72 亿元，办公楼投资 17.35 亿元，商业营业用房投资 13.08 亿元。全年住宅施工面积 221.14 万平方米，住宅竣工面积 27.94 万平方米，分别下降 12.6% 和 61%。商品房销售保持增长。全年商品房出售 5971 套，增长 9.9%；销售面积 54.78 万平方米，下降 2.7%；销售金额 138.06 亿元，增长 15%。全年存量房成交 11526 套，增长 31.5%；成交面积 77 万平方米，下降 0.8%；成交金额 148.03 亿元，增长 9.6%。年末在区注册的房地产开发企业 96 户。

全年商品住宅成交均价 33 491 元 / 平方米，同比上涨 1.8%。从走势来看，普陀区 2012 年成交均价走出了一条“漂亮”的上涨曲线，其中 12 月份的成交均价为全年最高，报于 36412 元 / 平方米，比 1 月份涨幅高达 37.6%。上海搜房网数据监控中心分析师张银萍表示，普陀区 2012 年成交均价的一路走高，和区域内高端项目中海紫御豪庭的热销不无关系，据统计，中海紫御豪庭 2012 年共计成交 114 818.22 平方米，排名年度成交面积第二，该项目成交均价高达 38 985 元 / 平方米，拉高了整个区域的成交价格（见图 15-14）。

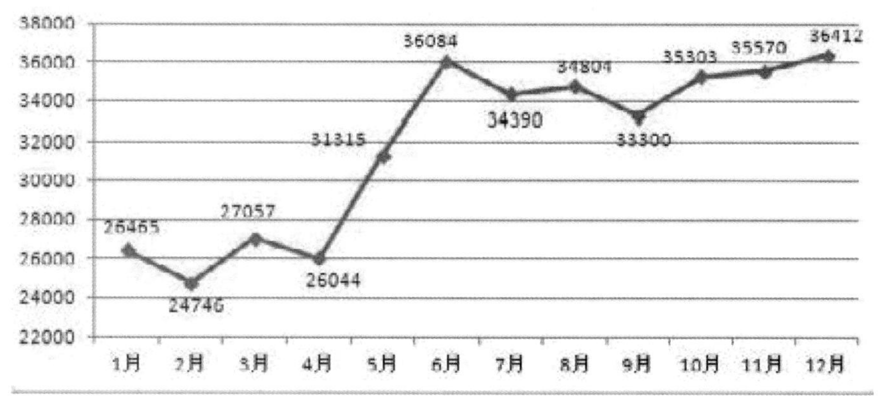

图 15-14　2012 年普陀区商品住宅成交均价走势

四、青浦区

2012 年，青浦区房地产投资 193.3 亿元，增长 2.6%。其中，保障性住房投资 74.8 亿元，增长 56.5%，占房地产投资比重 38.7%。房地产主要项目是新城一站崧泽花园完成投资 8.8 亿元，徐泾新虹桥君悦湾完成投资 9.4 亿元、新城一站动迁安置房 B 区完成投资 12.9 亿元。

开发项目 153 个，施工面积 893.8　万平方米，比上年增长 17.7　%。其中，新开工面积 270.4　万平方米，下降 22.7　%。竣工面积 174.2　万平方米，增长 45.7　%。其中，保障性住房项目 35 个，施工面积 379 万平方米，占 42.4%。其中，新开工面积 142.5 万平方米，占 52.7%。保障性住房竣工面积 46.3 万平方米，占 26.6%。

商品房销售面积 96.4 平方米，比上年增长 42.5　%。其中，住宅销售 87.9 万平方米，增长 39.8%。以房屋性质划分，普通商品房销售 72.1 万平方米，占 74.8%；保障性住房销售 24.3 万平方米，占 25.2　%。

商品房销售额 126 亿元，比上年增长 21.2　%。其中，住宅销售 118.7 亿元。以房屋性质划分，普通商品房销售 114.4 亿元，占 90.8%；保障性住房销售 11.6 亿元，占 9.2　%。

商品住宅成交均价 17　093 元 / 平方米，同比下跌 15.7%。从全年走势来看，房价主要在 15000 ～ 19000 元 / 平方米之间徘徊。成交均价同比下跌主要是由于 2012 年青浦区刚需产品成交相比别墅更为活跃，热销项目例如富力桃园、逸皓华庭、东渡青筑等（见图 15-15）。

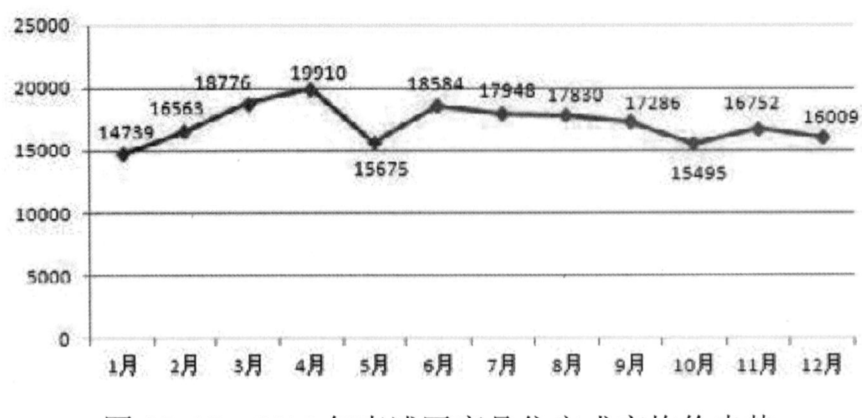

图 15-15 2012 年青浦区商品住宅成交均价走势

五、奉贤区

2012 年，奉贤区房地产业投资 131.3 亿元，同比增长 29.6%。新开工项目和重大项目成为投资增长的重要引擎，新开工项目完成投资 98.0 亿元，同比增长 24.9%。

全年实现房地产业增加值 18.6 亿元，比上年下降 10.2%。全年房地产开发投资 131.3 亿元，比上年增长 29.6%。房屋施工面积 705.3 万平方米，下降 6.0%，其中，新开工面积 102.5 万平方米，下降 64.7%；房屋竣工面积 52.5 万平方米，下降 45.5%。房地产销售在保障房拉动下有所回暖。全区商品房销售面积 86.0 万平方米，同比增长 12.8%；其中，住宅销售面积为 71.7 万平方米，同比增长 15.0%；全区商品房销售额 83.2 亿元，同比下降 13.4%。全区空置房面积 44.8 万平方米，同比下降 20.4%。

商品住宅成交均价报于 33 491 元 / 平方米，同比上涨 1.8%。从全年走势来看，除了 1 月份成交均价较低，为 9 345 元 / 平方米，2 月至 12 月份奉贤区成交价格走势起伏不大，主要在 12 500 元 / 平方米至 15 000 元 / 平方米之间波动。

七、金山区

2012 年，金山区房地产投资完成 30.6 亿元，同比增长 19.3%。土地出让面积 244.2 万平方米，同比下降 35%，成交面积 218.8 万平方米，同比下降 42%，土地成交总额 14.6 亿，下降 32%。住宅新增供应面积 53.4 万平方米，同比增加 7%，销售面积 36 万平方米，同比新增 31%。

商品住宅成交均价 9 626 元 / 平方米，同比下跌 5.3%。从全年走势来看，金山区商品住宅成交均价有二个月高于 1 万元 / 平方米，最低时报于 8 822 元 / 平方米。金山区由于距离上海传统的中心商圈较远，在售商品住宅以区域客户消化为主，且区域内项目一直以来多选择低价路线，金山区是 2012 年成交均价最低的一个区。不过随着 22 号线的通车，沿线商品住宅成交 2013 年有望攀升（见图 15-16）。

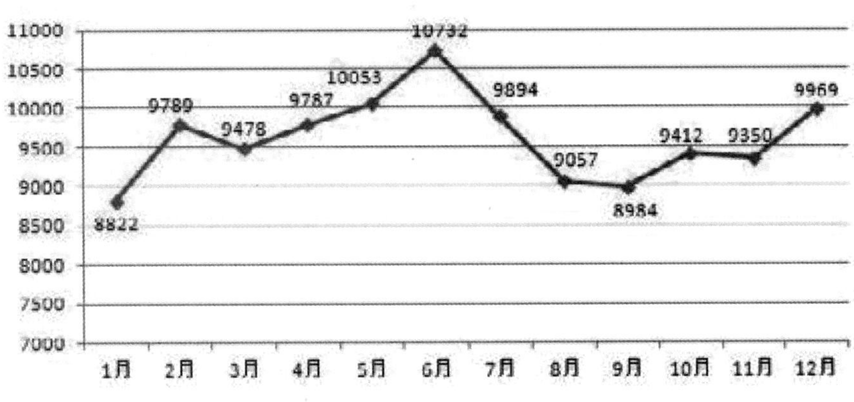

图 15-16 2012 年金山区商品住宅成交均价走势

八、闸北区

2012年,闸北区房地产开发投资120.84亿元,比上年增长22.1%,占投资总额的87.03%。房屋建筑施工面积809.33万平方米,比上年增长2.4%,房屋建筑竣工面积178.96万平方米,比上年增长2.0%。

旧区改造历年都是闸北的重要工作。闸北区坚持"聚焦苏河湾、聚焦结转基地,由南向北、成片推进",全年累计完成动迁居民4 071户,拆除旧房屋建筑面积11.6万平方米,其中二级旧里以下面积7.24万平方米。重点推进青云路537弄、6街坊天星大楼东块二次征询工作;实施51.4万平方米平改坡综合改造。完成新龙广场、中粮新兰西北块等10个基地收尾;完成70个小区"清洁家园"硬件设施改造及8.04万平方米旧里直管公房全项目修缮。

房地产业全年实现增加值44.39亿元,比上年增长7.4%,商品房新开工面积97.30万平方米,其中住宅建筑面积69.49万平方米,办公用房25.27万平方米,商业用房2.44万平方米,厂房0.11万平方米。全年商品房竣工面积100.64万平方米,其中住宅建筑面积45.69万平方米,办公用房42.38万平方米,商业用房10.95万平方米,厂房1.62万平方米。

全年商品房交易4088套,销售面积46.48万平方米,成交金额123.38亿元;存量房交易7215套,销售面积48.07万平方米,成交金额79.64亿元。

商品住宅成交均价32 364元/平方米,同比下跌3.1%。从全年走势来看,6～10月是闸北区成交均价变化最小的5个月份,不过12月份闸北区商品住宅"以价换量"趋势明显,据统计,12月份闸北区成交面积环比上涨41.6%,但成交价格环比下跌12.7%。

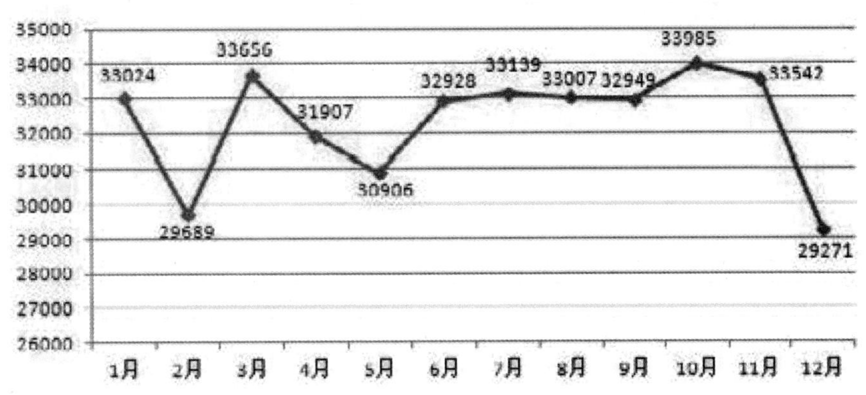

图 15-17 2012 年闸北区商品住宅成交均价走势

九、崇明县

2012 年，崇明县房地产投资 38.2 亿元，下降 40.5%；占全县投资总量的 28.9%，所占比重比上年减少了 20.1 个百分点。

住宅成交均价 15 542 元 / 平方米，同比下跌 1.5%。从全年走势来看，崇明县商品住宅成交稳中有升，年底“翘尾”，连续两个月上涨。崇明县成交均价远高于金山区，主要是受到区域内别墅项目的成交拉动，并且崇启大桥开通以及地铁线路的规划、区域内湿地等项目的开发建设给崇明县发展带来利好（见图 15-18）。

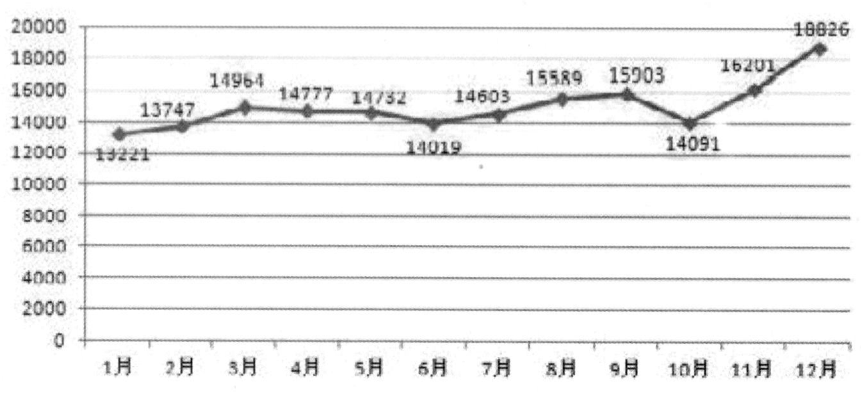

图 15-18 2012 年崇明县商品住宅成交均价走势

十、杨浦区

2012 年，杨浦区房地产全年完成投资 117.02 亿元，同比增长 15.0%，其中，功能性房产完成投资 60.65 亿元，同比增长 13.3%；商品住宅完成投资 43.01 亿元，同比增长 6.1%；保障性住房完成投资 13.36 亿元，同比上升 73.2%；更新和技术改造完成投资 13.92 亿元，同比增长 51.0%。

保障性住房方面，完成 50 万平方米旧住房综合改造，启动居民旧改 6 200 余户，完成 5 066 户；启动 7 个基地征收、完成 8 个基地收尾。保障性住房新开工 20 万平方米、竣工 19 万平方米；筹措公共租赁房 1 000 套； 新增廉租受理 2 994 户，落实配租 1 008 户，发放租金 6 720 万元；共有产权房有 2 640 户家庭确认选房，有 1 184 户购得房屋。

商品住宅成交均价报于 38 055 元 / 平方米，同比下跌 10.9%。从全年走势来看，除 1、2 月份外，杨浦区成交均价走势平稳，且变化幅度较小，主要在 37 300 元～ 39 800 元 / 平方米之间徘徊。

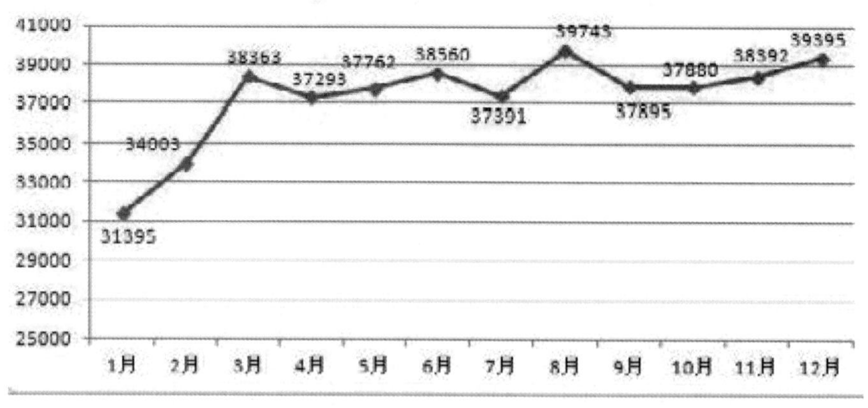

图 15-19 2011 年杨浦区商品住宅成交均价走势

十一、长宁区

2012 年，长宁区商品房投资 58.46 亿元，增长 12.6%，其中，住宅投资 16.42 亿元，下降 25.8%。经济楼宇开工项目 5 个，建筑面积 48.60 万平方米；在建项目 13 个，建筑面积 222.21 万平方米；竣工项目 6 个，建筑面积 46.48 万平方米。

全年房地产市场成交房屋 9 521 套，比上年增长 13.3%；成交面积 94.4 万平方米，增长 5.2%；成交金额 231.4 亿元，下降 5.5%。

用地预审 9 件，土地面积 7.32 公顷；储备用地审批 11 件，土地面积 30.99 公顷；建设用地审批 10 件，土地面积 9.96 公顷；核发建设用地批准书 19 件，土地面积 30.02 公顷；核发划拨决定书 6 件，土地面积 3.39 公顷；土地竣工登记 10 件，土地面积 19.59 公顷；土地修测确权 17 件，土地面积 25.71 公顷。签订国有土地使用权出让合同 21 份，合计有偿使用土地面积 3.08 公顷。

启动旧小区综合整治 101 万平方米，完成拆迁基地 4 幅，居民 2 235 户 1 879 证。拆除面积 6.9 万平方米，其中，拆除旧区面积 6.5 万平方米。区内居住房屋 2 364.06 万平方米。按户籍人口计算的人均住房居住面积 19.17 平方米。享受廉租租金配租家庭 3 082 户，发放租金 2 169 万元。

商品住宅成交均价 41 653 元 / 平方米，同比下跌 15.7%。从全年走势来看，长最高出现在 2 月份，报于 50 514 元 / 平方米，8 ～ 12 月份成交均价走势平稳，维持在 42 500 ～ 47 500 元 / 平方米之间（见图 15-20）。

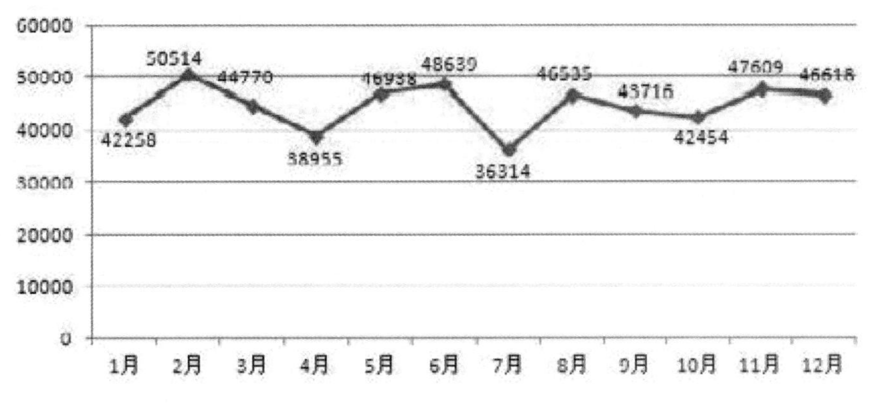

图 15-20　2012 年长宁区商品住宅成交均价走势

十二、虹口区

2012 年，虹口区商品房开发投资额 57.98 亿元，比上年减少 14.0%，其中住宅投资额 11.80 亿元，比上年减少 54.5%；办公楼投资额 11.37 亿元，比上年减少 10.4%；商业用房 29.00 亿元，比上年增长 136.5%。

商品房预售交易面积 6.46 万平方米，比上年减少 48.3%；预售交易金额为 28.42 亿元，比上年减少 35.3%。存量房交易面积 41.35 万平方米，比上年增加 2.0%；存量房交易金额为 88.67 亿元，比上年增加 6.6%。

商品住宅成交均价 51 236 元 / 平方米，同比上涨 25.3%。从全年走势来看，虹口区受当季热销项目影响，均价起伏较大，最高时报于 75122 元 / 平方米，而最低时为 32 921 元 / 平方米。虹口区商品住宅成交均价是 2012 年同比涨幅最大的区，区域内热销的高端项目白金湾对均价的拉升可谓功不可没，该项目在二季度和三季度曾集中成交，成交均价高达92 497元/平方米（见图15-21）。

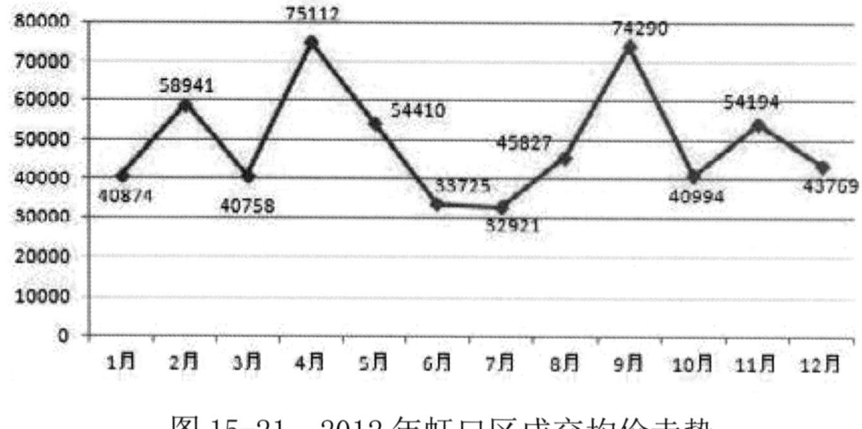

图15-21 2012年虹口区成交均价走势

一三、黄浦区

2012年，黄浦区房地产开发投资82.56亿元。商品住宅施工面积130.25万平方米，住宅竣工面积15.85万平方米，销售面积3.23万平方米。房产交易额达到164.13亿元。其中，商品房预售收入24.03亿元，比上年下降52.1%；商品房销售收入46.35亿元，比上年下降37.8%；存量房成交金额93.75亿元，比上年下降15.5%。房产交易面积59.63万平方米。其中，商品房预售面积3.48万平方米，下降68.7%；商品房销售面积15.53万平方米，比上年下降23.1%；存量房成交面积40.62万平方米，比上年增长8.1%。

商品住宅成交均价68 927元/平方米，同比下跌13.3%。从全年走势来看，作为传统的市中心区域，由原黄浦区与卢湾区合并而成的新黄浦区和静安区情况有相近之处，区域内项目差价较大，最高价与最低价相差在10万元/平方米以上，所以成交均价的变化的偶然性较大，2012年新黄浦区成交均价最高时报于126 634元/平方米，最低时为36 411元/平方米（见图15-22）。

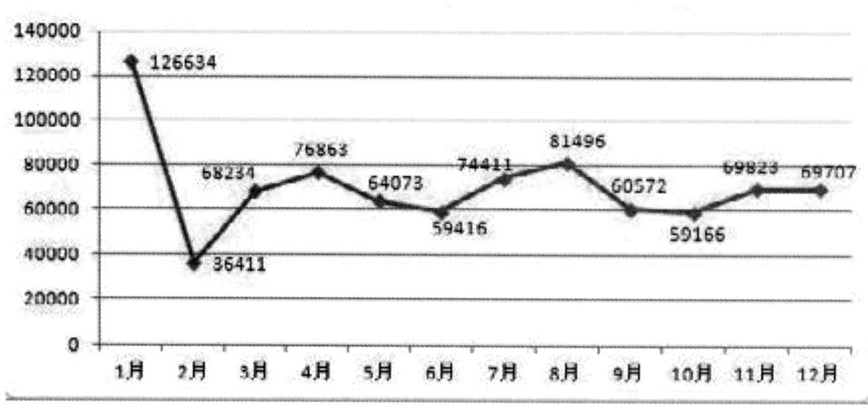

图15-22 2012年黄浦区商品住宅成交均价走势

第十六章　上海周边房地产市场

第一节　浙江省房地产市场概况

2012 年，国家坚持房地产调控不动摇，通过“预调微调”稳增长，在各项政策的综合作用下，浙江省房地产市场总体呈现探底回稳态势，房地产企业经受了市场寒冬的洗礼，产业发展水平得到进一步提升。商品房销售面积总体呈现前低后高、逐季增加、全年增长的态势。中小户型的销售占比有所提高，消费性购房需求逐步释放。商品房价格总体平稳，重点城市住宅市场价格有所下降，房地产开发投资完成额增幅回落，新开工面积与竣工面积明显缩减，土地购置规模有所减少。在调控政策的持续作用下，房地产投资景气水平显著回落。

一、房地产资金供应情况

受到调控政策的影响，浙江很多房地产企业资金都比较紧张。为了缓解资金压力，2012 年初，多数企业都采取了降价促销的手段，加快回笼资金，还有些企业，通过资本运作，降低资产负债率，控制财务风险。

全年，浙江省房地产企业资金来源累计 8　985 亿元，同比下降 13.3%，上年末结余资金 2　454 亿元，同比下降 41.6%；本年来源资金 6　531 亿元，同比增长 6%。。

房地产企业的资金来源主要有国内贷款、利用外资、自筹资金和其他资金来源四种主要渠道，从房地产企业资金来源结构来看，浙江省房地产企业本年度新筹资金中，国内贷款额 1　125 亿元，占比 12.5%，较 2011 年有所增加，结束了 2008 年以来下滑趋势。自筹资金 2　179 亿元，占比 24.25%，这一比例自 2009 年以来基本处于逐步上升过程，包括定金、预收款、个人按揭贷款在内的其他资金 3　211 亿元，占比 35.73%，比 2011 年同期有所增加。（见图 16-1）。

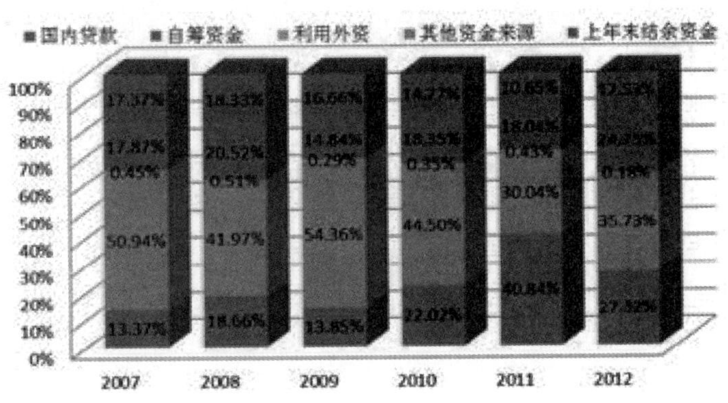

图 16-1　2007 ～ 2012 年浙江省房地产开发企业资金来源结构变化

二、房地产投资

2012 年，浙江省房地产开发投资 5　226 亿元，同比增长 16.8%。按用途来看，其中住宅、办公楼、商业营业用房等三类物业投资分别为 3　437 亿元、306 亿元和 585 亿元，分别增长 16.7%、4.1% 和 9.9%。按构成来看，其中建安工程、其他费用等投资分别为 2　745 亿元和 2　440 亿元，分别增长 18.0% 和 15.3%。其他费用中土地购置费 1　949 亿元，增长 13.5%，占房地产开发投资的比重为 37.3%，对房地产开发投资增长的贡献率为 30.8%。扣除土地购置费后的房地产开发投资 2 758 亿元，增长 18.9%（见图 16-2）。

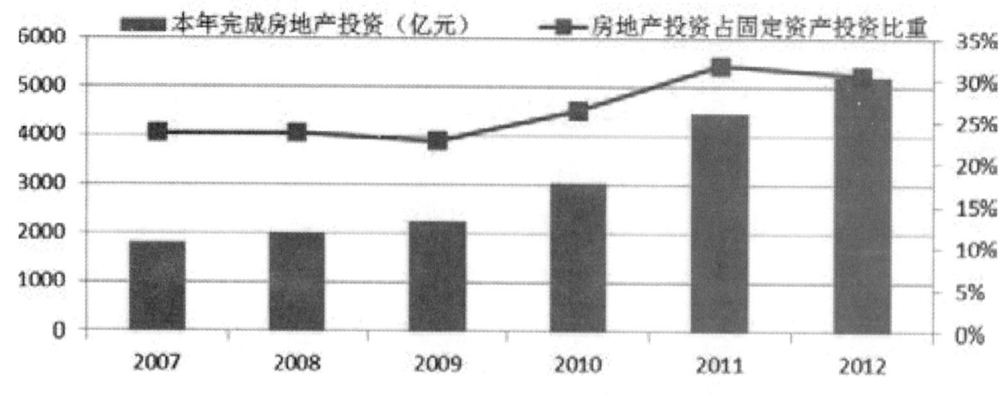

图 16-2 2007 ～ 2012 年浙江省完成房地产投资额变化情况

从投资结构来看，2012 年，浙江省住宅、办公楼、商业营业用房等三类物业投资分别为 3 437 亿元、306 亿元和 585 亿元，分别增长 16.7%、4.1% 和 9.9%（见图 16-3）。

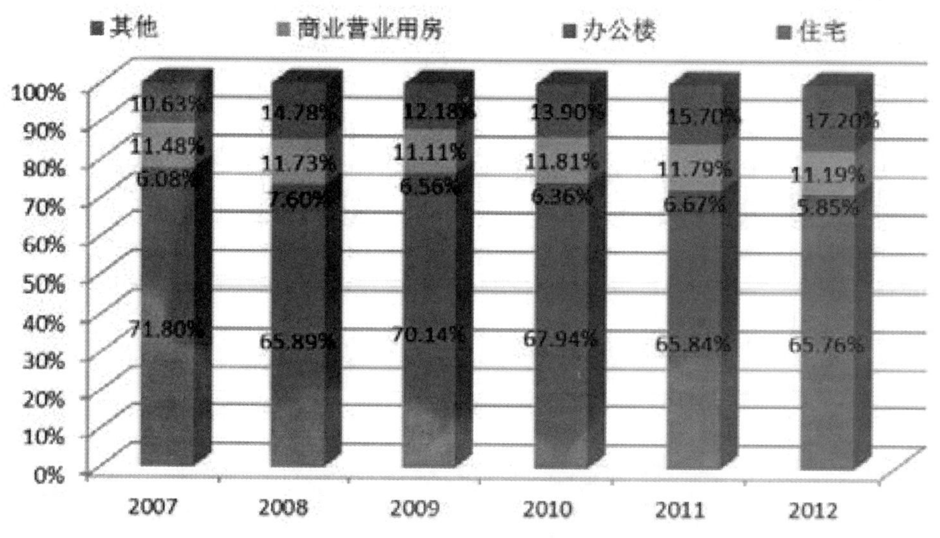

图 16-3 2007 ～ 2012 年浙江省房地产投资结构变化情况

从投资主体来看，不同所有制企业完成投资额基本保持稳定，民间投资比例达 80% 左右。从投资区域来看，杭州、宁波、温州三个城市房地产投资规模最大，约占全省房地产投资额的 60.6%。

三、房地产开发

2012 年，浙江省房屋施工面积 33 423 万平方米，增长 11.7%，今年以来增速逐季回落，其中住宅房屋施工面积 21 656 万平方米，增长 10%。新开工面积 7 817 万平方米，同比下降 23.4%，其中住宅新开工面积 4 947 万平方米，下降 25.6%。房屋竣工面积 4 293 万平方米，下降 5.2%，其中住宅竣工面积 2 917 万平方米，下降 4.5%。

与全国比较，全国房地产新开工面积较上年下降 7.3%，其中住宅新开工面积下降 11.2%。浙江省房地产新开工面积和住宅新开工面积比全国平均水平下滑幅度更大，表明浙江房企库存压力更大，正在收缩开发规模。

月度来看，2012 年 5 月和 8 月出现了本年度的两个高峰，分别为 895 万平方米和 888 万平方米。而 7 月的新开工面积最低，只有 386 万平方米。（见图 16-4）。

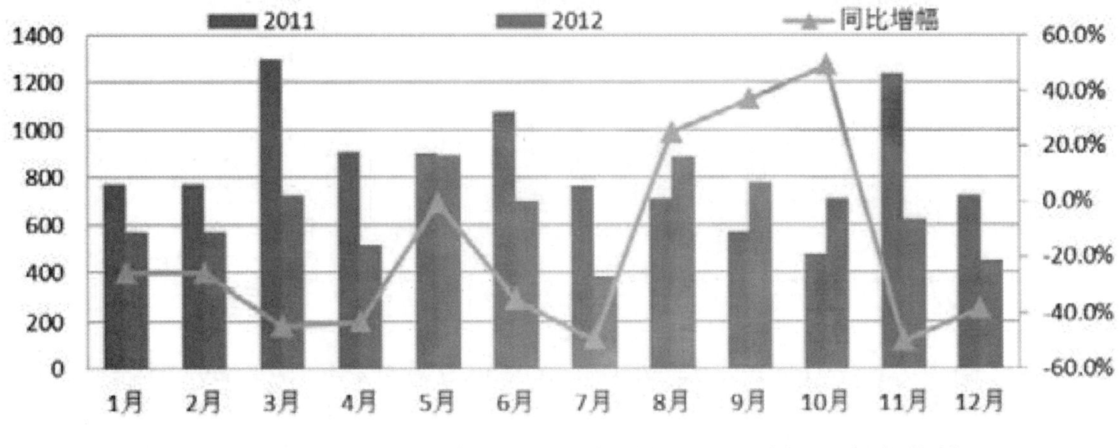

图 16-4　2011 ～ 2012 年浙江省房屋新开工面积月度变化情况

分用途来看，2012 年，全省商品住宅开工面积占比持续下滑，从 2007 年的 73.5% 下滑到 2012 年的 63.3%，充分说明浙江省的开发企业正在主动调整产品结构，寻求住宅以外的其他类型房地产项目机会（见图 16-5）。

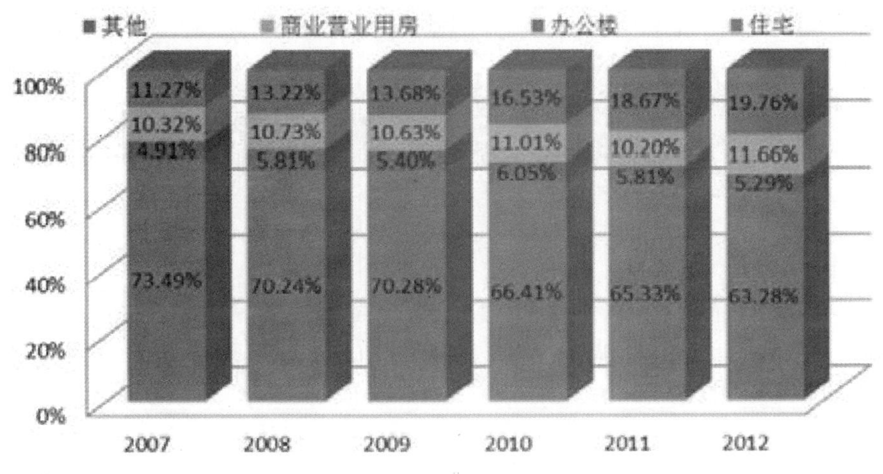

图 16-5　2007 ～ 2012 年浙江省房屋新开工面积结构变化情况

四、商品房销售

2012 年浙江省房地产市场销售结束了 2011 年下半年的低迷状态，表现出“前高后低”的走势，年初市场表现差强人意，二季度，开发商迫于资金压力，加大了促销力度，市场回暖，这种趋势持续到年底，刚性需求得到进一步释放。全年，商品房销售面积 4 005 万平方米，同比增加 13.4%；其中，商品住宅成交面积 3　316 万平方米，同比增加 20.3%。商品房销售额 4　263 亿元，同比增加 14.3%；商品住宅销售额 3　541 亿元，同比增长 21.0%（见图 16-6）。

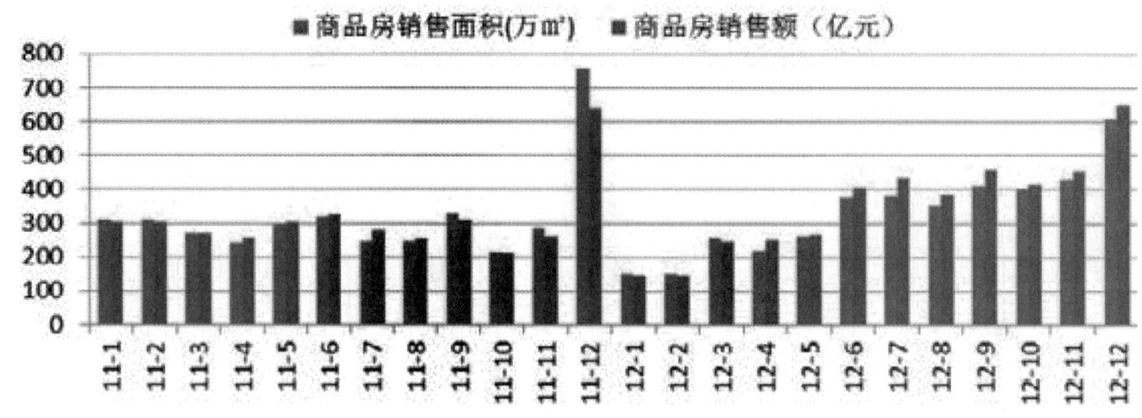

图 16-6 2011 ～ 2012 年浙江省商品房销售规模月度变化情况

分类型来看，2012 年全省商品住宅销售面积占全部商品房销售面积比例明显上升，可见 2012 年浙江商品房销售的主要支撑依赖于住宅市场（见表 16-1）。

表 16-1 2008 ～ 2012 年浙江省各种用途房屋销售面积占比（%）

商品房类型	2008	2009	2010	2011	2012
住宅	83.14	85.88	79.69	78.55	82.80
办公楼	4.24	3.60	5.65	5.91	4.71
商业营业用房	7.85	6.55	9.53	9.81	8.30
其他	3.63	4.77	3.96	5.13	5.73

五、房地产价格

从省内部分城市来看，2012 年杭州、宁波、温州、金华四个城市新建商品住宅价格总体表现为下降趋势，其中温州降幅最大，金华的新建商品住宅 1、2 月份为同比升高，其余月份也是同比下降（见图 16-7）。

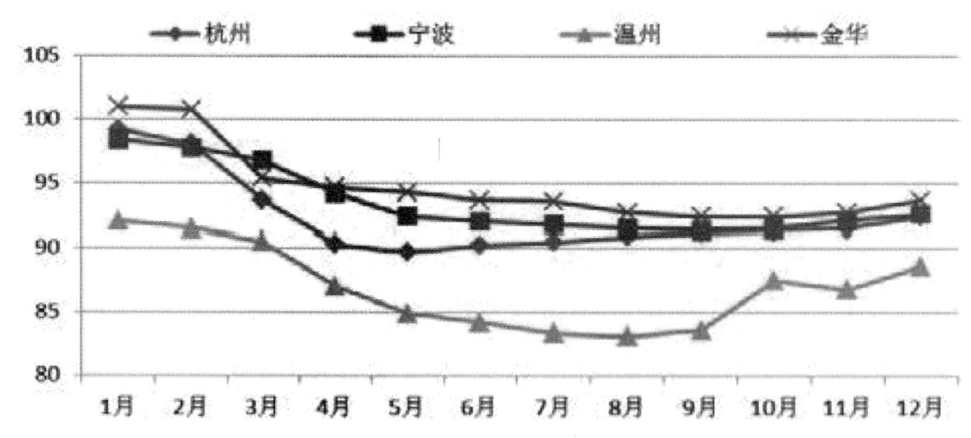

图 16-7 2011 ～ 2012 年杭州、宁波、温州、金华新建商品住宅同比价格指数

与新建商品住宅相比 2012 年浙江省省杭州、宁波、温州、金华二手住宅价格探底回稳。

根据国家统计局数据，杭州、宁波、温州、金华二手住宅价格指数在 5 月份以前同比下降，6 月份开始回稳，前期降幅最大的城市是温州。（见图 16-8）。

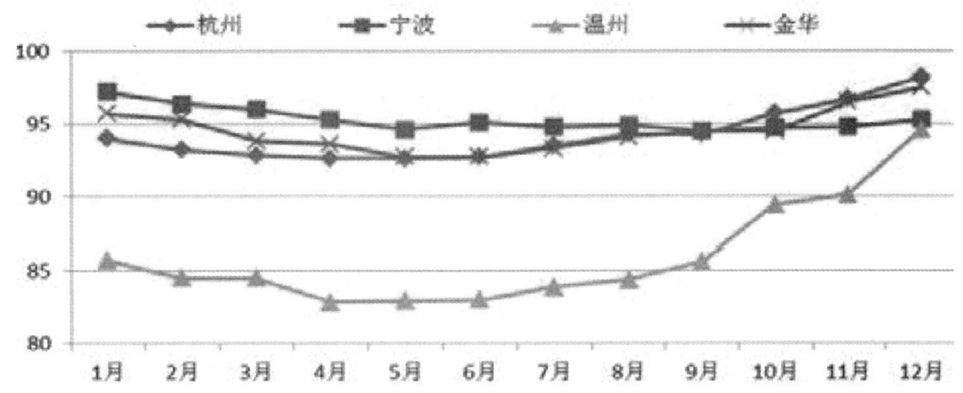

图 16-8　2011 ～ 2012 年浙江省杭州、宁波、温州、金华二手住宅同比价格指数

五、土地市场状况

受资金成本的上升，筹措资金的困难，2012 年浙江省房地产企业购置土地行为趋于保守。2012 年，浙江房企土地购置面积和土地交易价格同比大幅下挫。其中，土地购置面积为 1 256 万平方米，同比下降 42.6%，土地成交额 650 亿元，同比下降 37.9%。（见图 16-9）。

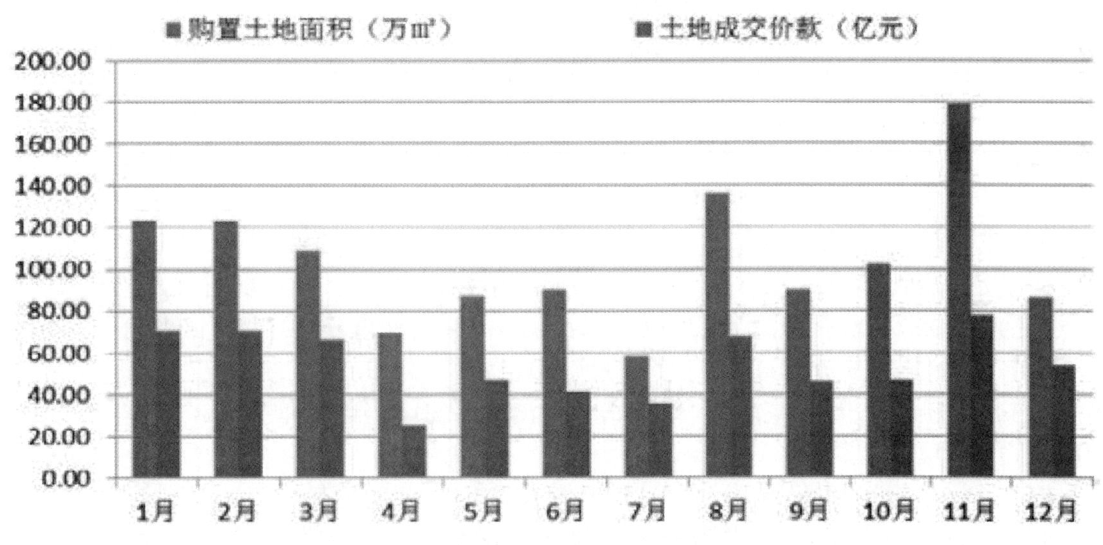

图 16-9　2012 年浙江省房地产企业土地购置规模月度变化情况

2012 年，土地待开发面积开始回落。至年底，全省待开发土地面积为 1 909 万平方米，同比下降 27%（见图 16-10）。

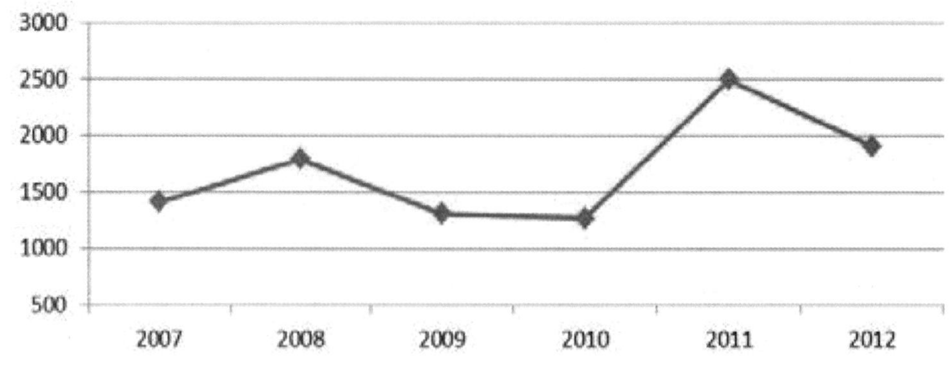

图 16-10 2007 ～ 2012 年浙江省房地产企业待开发土地面积变化情况

第二节 南京市房地产市场概况

2012 年，南京市认真贯彻落实房地产市场宏观调控政策，落实保障性住房建设任务，支持居民购买首套住房，抑制投机性购房，全面强化市场监管，全市房地产市场整体保持平稳发展势头。房地产市场在经过两年调控之后，刚性需求得到了释放，房地产开发投资 1 015.76 亿元，房屋施工面积 6 050.06 万平方米，新开工面积 1 462.31 万平方米，竣工面积 1 699.73 万平方米，全年新建商品房销售面积 950.87 万平方米，销售额 960.98 亿元。

一、开发投资情况

2012 年，南京市房地产开发投资 1 015.76 亿元，比 2011 年增长 13.3%，增速比 2011 年回落 5.5 个百分点。分月看，1 ～ 2 月同比增长 14.9%，之后回落至 1 ～ 4 月的 10.0%，后又开始小幅回升，1 ～ 8 月增长 15.8%，是 2012 年南京市房地产开发投资增速最高的月份，之后增速又有所下滑，至 11 月份，全市房地产开发投资累计增速回落至 9.8%，创下近三年来增速最低月，全年增速最终稳定在 13.3%。

其中，住宅投资 676.36 亿元，比 2011 年增长 4.4%，增速比 2011 年回落 10.7 个百分点，占房地产开发投资比重 67.7%，较 2011 年回落了 4.6 个百分点。在住宅投资中，90 平方米及以下住宅投资 295.06 亿元，比 2011 年增长 28.9%，增速较 2011 年回落了 18.6 个百分点；90 ～ 144 平方米住宅投资 254.27 亿元，比 2011 年下降 9.9%，增速较 2011 年回落了 1.8 个百分点；144 平方米以上住宅投资 127.03 亿元，比 2011 年下降 7.1%，增速较 2011 年回落了 15.8 个百分点。

非住宅类投资 339.4 亿元，比 2011 年增长 36.4%，增速较 2011 年提高了 6.8 个百分点。其中，办公楼 74.51 亿元，同比增长 57.5%，增速较 2011 年提高了 3.5 个百分点；商业营业用房 104.16 亿元，比 2011 年增长 29.2%，增速较 2011 年提高了 33.1 个百分点；其他房屋投资 160.73 亿元，比 2011 年增长 33.0%，增速较 2011 年回落了 23.1 个百分点。

房屋施工面积 6 050.06 万平方米，比 2011 年增长 7.2%，增速较 2011 年回落了 25.0 个百分点。其中：住宅施工面积 4 229.09 万平方米，比 2011 年增长 4.5%，增速较 2011 年回落 31.8 个百分点；办公楼施工面积 313.28 万平方米，同比增长 18.4%，增速较 2011 年回落 17.6 个百分点；商业营业用房施工面积 590.22 万平方米，比 2011 年增长 3.6%，增速较 2011 年提高了 0.4 个百分点；其他房屋施工面积 917.47 万平方米，比 2011 年增长

17.4%，增速较 2011 年回落 9.5 个百分点。

新开工面积 1 462.31 万平方米，比 2011 年下降 30.4%。2012 年一季度，新开工面积同比增长 25.3%，从四月开始，增速持续负增长，并且降幅较大，同比降幅在 30.0% 左右徘徊。下降的主要因素是：2011 年四月份南京四大保障房片区全面施工建设，基数较大所致（见图 16-11）。

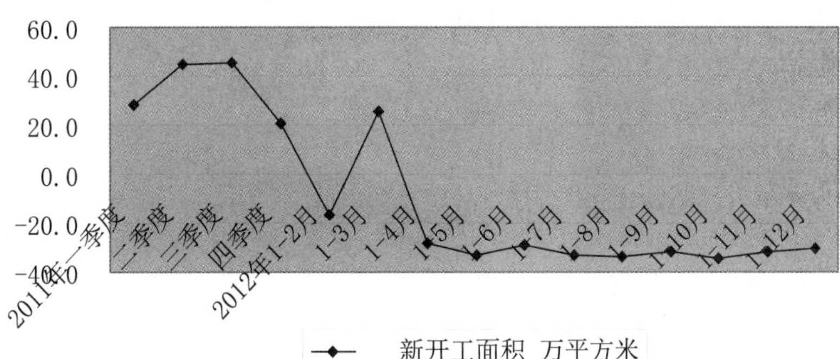

图 16-11　2011 年以来新开工面积增速

竣工面积 1 699.73 万平方米，比 2011 年增长 45.4%，增速较 2011 年提高了 32.9 个百分点。主要是四大保障房片区在建面积的一半以上竣工交付，竣工面积占全市竣工面积的比重为 21.1%。从分类情况看：2012 年住宅竣工 1 362.23 万平方米，商业营业用房竣工 111.94 万平方米，其他商品房竣工 187.57 万平方米，分别比 2011 年增长 57.6%、5.7% 和 27.3%；办公楼竣工 37.97 万平方米，比 2011 年下降 26.5%。

二、商品房销售情况

2012 年一季度后，南京市商品房销售增幅由负转正，随后逐月呈平稳增长态势。全年新建商品房销售面积 950.87 万平方米，比 2011 年增长 23.9%。销售额 960.98 亿元，比 2011 年增长 34.5%，增速较 2011 年提高了 43.7 个百分点。

分季度看，一季度、上半年、前三季度和全年商品房销售面积分别同比增长 0.5%、11.2%、20.5% 和 23.9%；商品房销售额分别增长 -0.1%、11.3%、29.0% 和 34.5%（见图 16-12）。

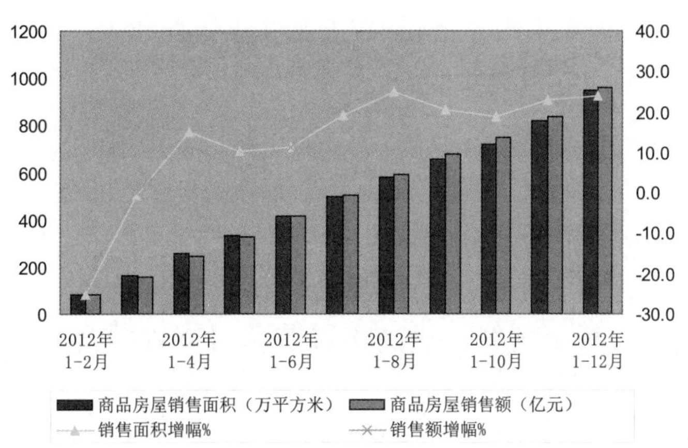

图 16-12　2012 年商品房销售面积、销售额情况走势图

其中，商品住宅销售面积 876.25 万平方米，比 2011 年增长 28.7%，高于全市新建商品房销售增幅 4.8 个百分点，增速较 2011 年提高了 38.5 个百分点；办公楼销售 32.93 万平方米，比 2011 年下降 14.0%，增速较 2011 年回落了 145.0 个百分点；商业营业用房销售面积 29.23 万平方米，比 2011 年下降 16.5%，增速较 2011 年提高了 3.1 个百分点；其它房屋销售面积 12.46 万平方米，比 2011 年下降 7.8%，增速较 2011 年回落了 42.3 个百分点。

2012 年开年之初，住宅销售受宏观调控政策作用的影响，一季度住宅销售同比下降 3.2%，随着住宅市场供应的加大以及优惠政策的吸引，随后各季的增速分别为 16.7%、26.9% 和 28.7%；而具有商住两用性质的办公楼销售成相反趋势，一季度办公楼销售同比增长 163.1%，销售较为红火，而上半年、前三季度和全年的增速同比分别下降 25.5%、29.4% 和 14.0%，单季销售分别为 7.65 万平方米、4.54 万平方米和 10.15 万平方米，均低于一季度的单季销量。

三、房地产价格

2012 年南京楼市回暖明显，房价连续 7 个月上涨，整体房价上扬 0.38%。南京八大板块中城南、河西、仙林、江宁、江北五大板块均呈现不同幅度的上涨；而城中、城东、城北板块则出现下跌。楼盘涨价的原因较多，如刚需出现阶段性的供不应求、优惠幅度降低造成变相价格上涨等。成交量的大幅增长推动了房价的触底反弹，主要是刚需房源上涨。由于改善性需求者追求更加舒适、高档的住房，这也在一定程度上进一步拉高了不少楼盘甚至板块的价格（见图 16-13）。

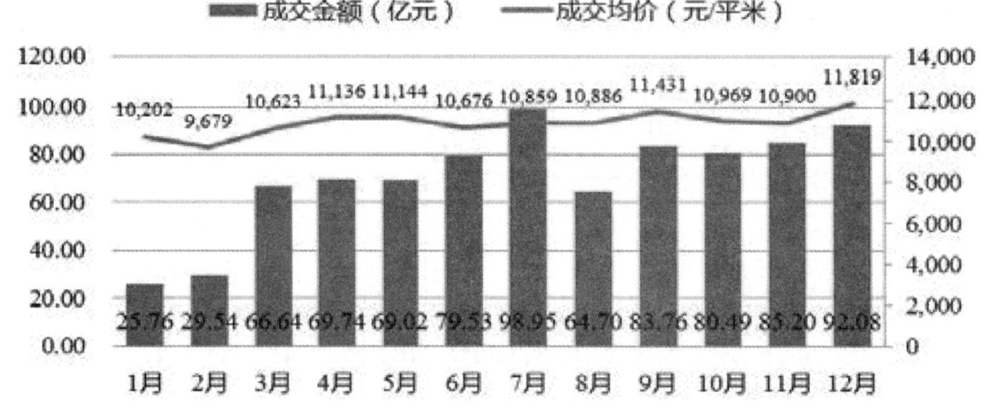

图 16-13 2012 年南京商品住宅逐月成交均价及金额走势

第三节 苏州市房地产市场

一、概述

2012 年，中央及相关部委继续坚持房地产调控政策从紧取向。一方面，多个地方政府为支持合理自住需求，调整公积金制度，提高购置首套房贷款额度，信贷环境整体趋好为房地产市场带来利好；另一方面，严格执行差异化信贷政策和限购政策，抑制投资投机性需求，通过督查等方式确保政策落实到位。依照中央政策规定，苏州一方面，除了对首套房的信贷支持外，对于二套房首付比例的条件仍未放松，而三套以上房屋的贷款仍旧严格限制、停贷，严格执行差异化政策。

二、房地产成交情况分析

苏州商品住宅成交面积同比大涨 99.18%。2012，苏州楼市成交回暖明显，成交量同比倍增。经过了 2010 ～ 2011 年政策环境的不稳定与对后期楼市的观望，让购房者延迟了购房时间，到了 2012 年，购房者已经适应了政策，且推出了鼓励首套房购买者的利好政策，压抑的需求集中爆发，出现了成交量倍增行情（见图 16-14）。

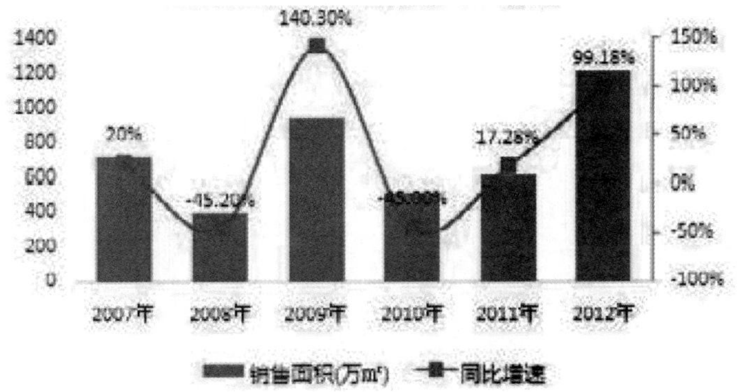

图 16-14　2007 ～ 2012 年苏州商品住宅成交走势

一季度迅速回暖，二、三季度成交稳定，四季度小幅震荡趋于平稳。2012，苏州楼市成交回暖明显。从各季度成交情况来看，第一季度中，1 月份实际成交 1 010 套，受春节假期影响，成交低迷在所难免；2 月份成交 2 444 套，3 月份成交 4 733 套，倍增式阶梯状态成交走势，出现了市场回暖的积极信号；第二季度至第三季度，每月成交套数均超过 4 450 套，每月成交量均超过 45 万平方米，已经接近 2011 年成交最高月份，（2011 年 1 月份，成交面积 48.9 万平方米，为全年成交面积最高的月份），市场表现积极；第四季度，受开发商推盘节奏放缓，市场供应不足，10 月份成交量达到了 4 337 套，成交面积为 55.6 万平方米，为下半年成交低点，但市场需求旺盛驱使成交继续回升，至 12 月份达到了 5 582 套，成交面积为 656 507.3 平方米，为全年成交的最高峰。

2012 年苏州保障性住房集中放量，第四季度成交萎靡。2012 年苏州楼市保障性住房成交量占比一度超过商品住房，但第四季度成交占比出现了迅速滑坡现场，苏州保障性住房成交阶段性成交现场明显（见图 16-15）。

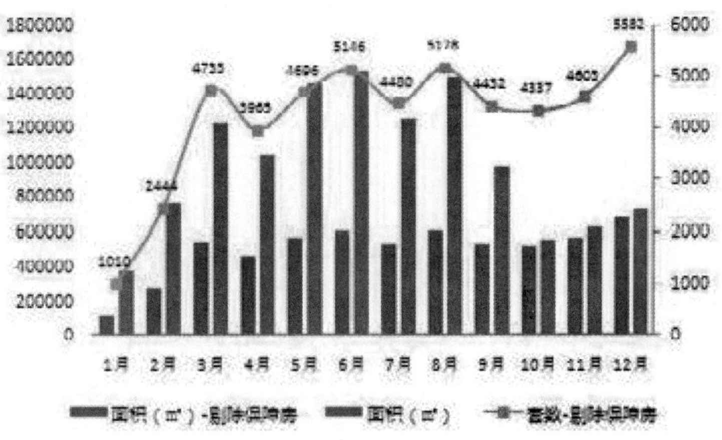

图 16-15　2012 年苏州商品住宅成交走势

工业园区成交占比近 4 成，吴中区成交排行第二，高新区成交垫底。2012 年工业园区成交 437.42 万平方米，占比为36%，是全市成交量最大的区域；吴中区成交 273.64 万平方米，占比 23%，紧追工业园区；姑苏区成交 257.98 万平方米，占比 21%，其中保障性住房成交贡献成分较高；相城区成交 143.43 万平方米，占比 12%；高新区成交 95.79 万平方米，占比 8%，为全市成交最少的区域（见图 16-16）。

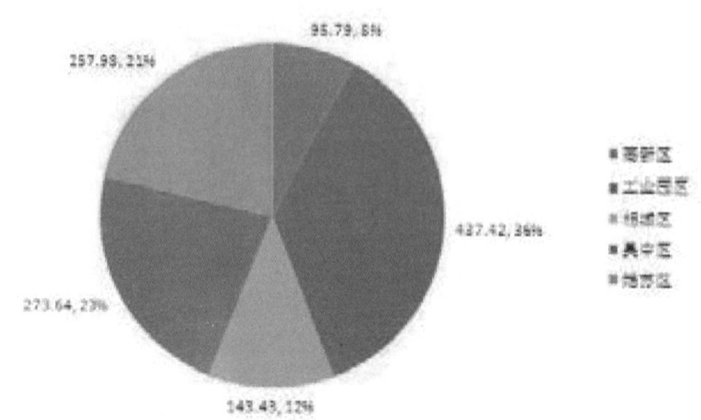

图 16-16　2012 年苏州商品住宅成交区域分布图

三、房地产供求情况分析

2012 年，苏州市区全年累积新增上市面积为 647 万平方米，同比增幅为 2.09%，从历年供应走势来看，虽然比 2011 年稍有增幅，但整体仍处于低水平。3 月楼市井喷式供应，各月涨幅不一，市场回暖明细。从各月供应走势来看，1 月份受春节的影响，新增供应出现萎缩，仅供应 6.7 万平方米，同比降幅高达 65.6%，为全年度供应最少月份；2 月份市场出现回暖迹象，环比增幅达 180.0%；3 月份商品住宅供应达 102.6 万平方米，为全年供应最大月份，环比增幅更是达到了 443.3%，主要受 2011 年压抑的购房需求的集中释放，造成市场供不应求，开发商见机入市，刺激需求，故新增顺势而增；4 月份供应走势平稳，5 ～ 9 月份新增供应一直处于增长状态，至 9 月份达到了除三月份的最高值；进入第四个季度，10 月份开始，大部分开发商在前大半年出货量已经基本接近年度任务，为了获取更多利润，放缓推盘节奏，新增供应出现明显下滑；11 ～ 12 月份刚需客户急需市场发力，开发商推盘热情增长，供应态势趋于稳定（见图 16-17、图 16-18）。

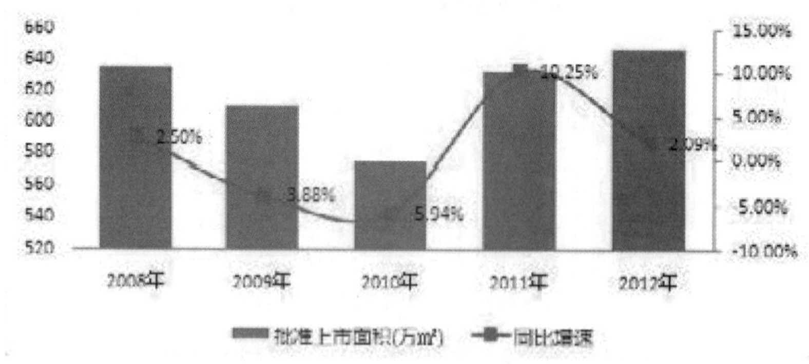

图 16-17　2008 ～ 2012 年苏州商品住宅新批上市面积增速

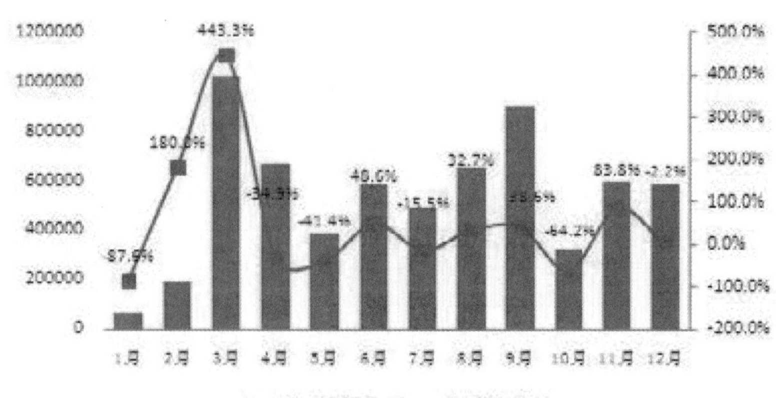

图 16-18　2012 年苏州商品住宅新批上市面积及增速

四、房地产价格分析

2012 年商品住宅成交均价 11 253 元 / 平方米（剔除保障性住房）上半年刚需为主力均价稳步下降，下半年均价开始企稳回升。从 2012 年各月成交均价走势来看，1 月份商品住宅实际成交均价为 12 826 元 / 平方米，位于市场最高点，从 2 月份开始，实际成交均价逐步回落，这与市场产品供应结构相关，开发商主推刚需小户型，价位自然比起大户型较为实惠便宜，市场表现自然为量增价跌；这样的情况一致持续到了上半年开始，下半年价格开始回升，刚需市场的火热及政策的有利环境，推动了整个市场产品的回暖，改善型需求及高端产品市场开始发力，成交均价一度超过 11 000 元 / 平方米，表现较为明显的为第四季度，成交均价高达 11 500 元 / 平方米，苏州楼市已经完全走入 11 000 元 / 平方米的平均线（见图 16-19）。

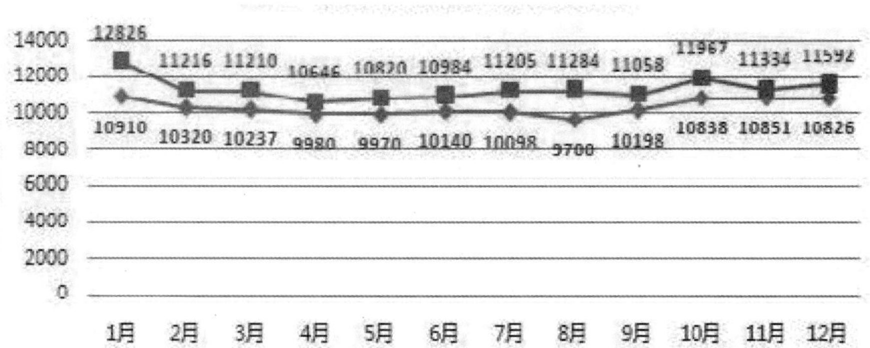

数据来源：微资讯研究院。

图 16-19　2012 年苏州楼市住宅均价走势

相比前两年，价格有所下降，回升趋势明显。2011 年相比 2010 年，各月成交均价涨势明显；2012 年价格下调形势明显，并一度低于 2010 年均价，这与商品住宅成交产品的产品结构及其相关；但是从 9 月份开始，市场进入了成交均价的拐点，涨幅远超 2011 及 2010 年成交均价，价格回升趋势明显（见图 16-20）。

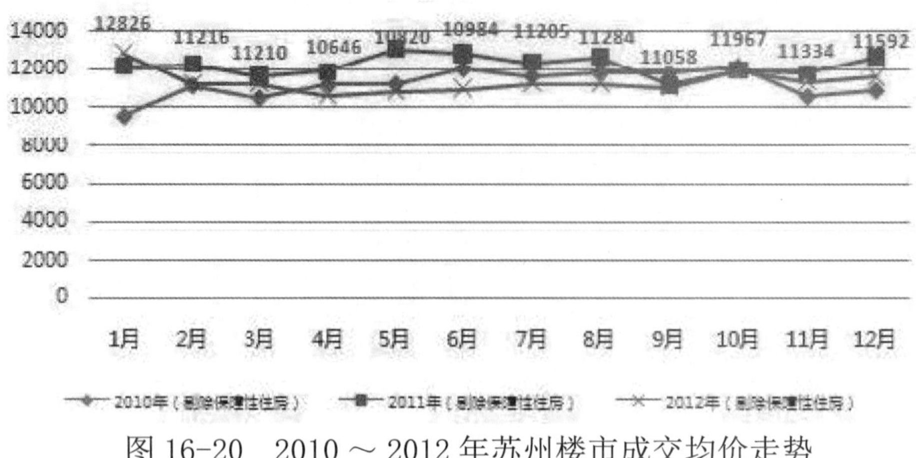

图 16-20 2010 ～ 2012 年苏州楼市成交均价走势

第四节 杭州房地产市场

一、房地产总体情况分析

2012 年，杭州商品房市场在调控深化背景下，品牌房企放弃价格底线，主动以价换量有效激发市场需求，全年成交量超越 2011 年。

全年出让土地面积 468.84 万平方米，其中 85% 均为下半年成交，住宅用地平均楼面价为 6 218 元 / 平方米，较 2011 年的 5 763 元 / 平方米有同比上涨 7.89%。2012 年商品房全年供应 1 020.4 万平方米，同比上涨 17.01%，成交 899.32 万平方米，同比大幅上涨 97.15%；成交均价为 14 971 元 / 平方米，同比下滑 11.9%。

二、房地产投资分析

全市完成房地产开发投资 1 597.36 亿元，增长 22.6%，增幅比上年回落 13.6 个百分点。其中商品住宅投资 1 001.74 亿元，增长 24.2%；办公楼投资 141.83 亿元，增长 10.5%；商业营业用房投资 137.78 亿元，下降 5.8%；其他投资 316.01 亿元，增长 42.7%。商品住宅、办公楼、商业营业用房和其他住宅占全部商品房投资比重分别为 62.7%、8.9%、8.6%，19.8%（见图 16-21）。

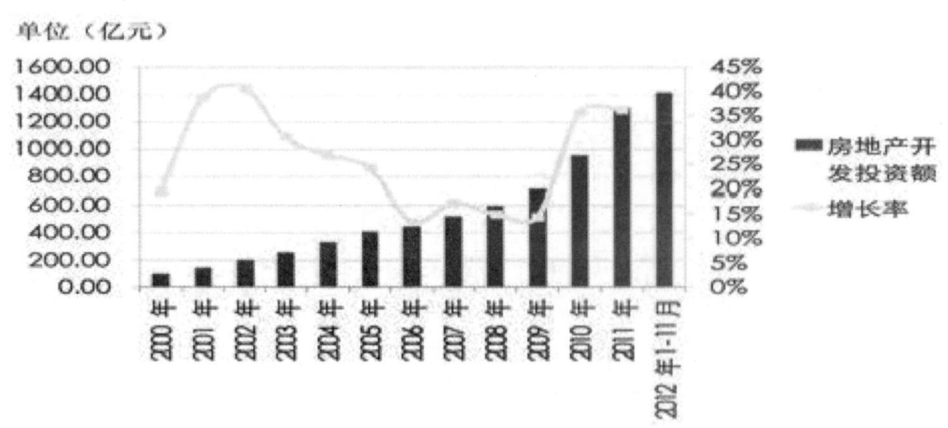

图 16-21 2000 ～ 2012 年杭州房地产开发投资走势图

全市房屋施工面积 8 284.91 万平方米，增长 7.6%，增幅较上年回落 16 个百分点。房屋新开工面积 1 816.03 万平方米，同比下降 26.9%。其中住宅新开工面积 1 027.89 万平方米，下降 28.5%；办公楼、商业营业用房和其他房屋新开工面积 788.14 万平方米，下降 24.7%。房屋竣工面积 1 055.09 万平方米，下降 13.8%。其中住宅竣工面积 674.01 万平方米，下降 19.8%；办公楼、商业营业用房和其他房屋竣工面积 381.07 万平方米，下降 0.5%（见图 16-22、图 16-23）。

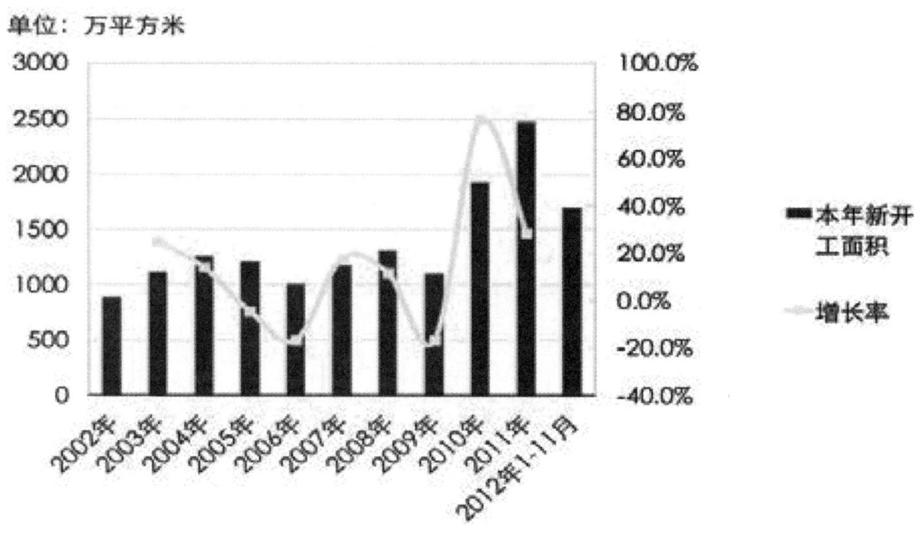

图 16-22　2002 ～ 2012 年杭州房地产新开工面积走势图

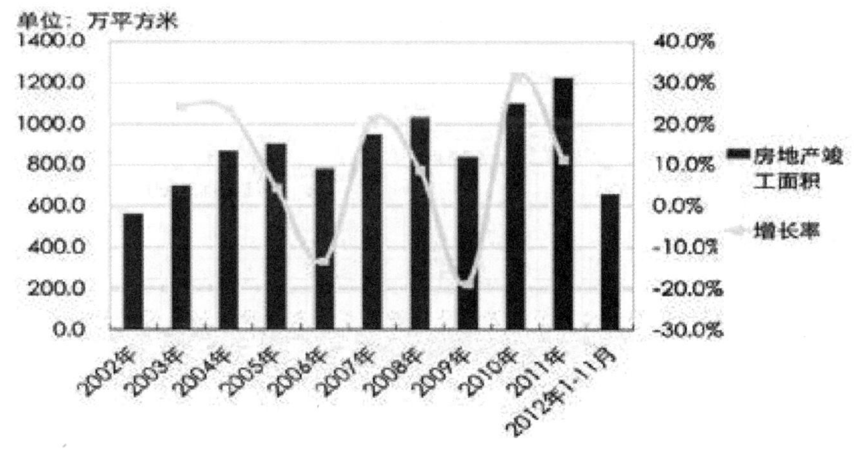

图 16-23　2002 ～ 2012 年杭州房地产竣工面积走势图

三、房地产供求情况分析

2012 年商品房全年供应首次突破一千万平方米关口，达 1 020.4 万平方米，同比上升 17%。商品房共计成交 899.32 万平方米，同比大涨 97.15%。成交高峰出现在年中的 6 月和 7 月，双月成交均过 100 万平方米。2012 年商品房供应在房企生存与财务、债务压力下，以保生存为主，全年共新增商品房 1 020.4 万平方米，同比上涨 17.01%。本年度分别在 5、6 月与 9、10 月以及 12 月期间出现三次供应小高峰，月供应量均在 100 万平方米以上。其中 9 月单月供应力度最大为133.36万平方米。主要原因5～6月市场价格战激烈，房企多主动应战加大推盘；9～10月份则经前期市场信心积累，量价均有良好表现，房企集中压宝“金九银十”，供应量创全年最高值；12月份则为年关抢收季，房企抓住年度指标冲关最后时机，推盘力度较11月有增无减（见图16-24）。

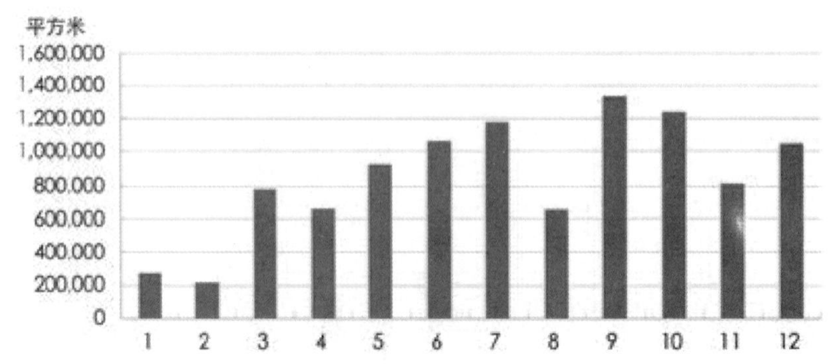

图16-24 2012年月度杭州市商品房供应量走势图

供求方面，供求比波动起伏不大，年中2月至8月份供求基本平衡，直到9月、10月才出现供应明显过于需求迹象，这主要是传统的销售旺季“金九银十”开发商加大了推量，然而随着前期高量的消化，房企优惠降价意愿度下滑导致价格的逐步回归，购房者观望气氛日益浓厚，导致去化减缓（见图16-25）。

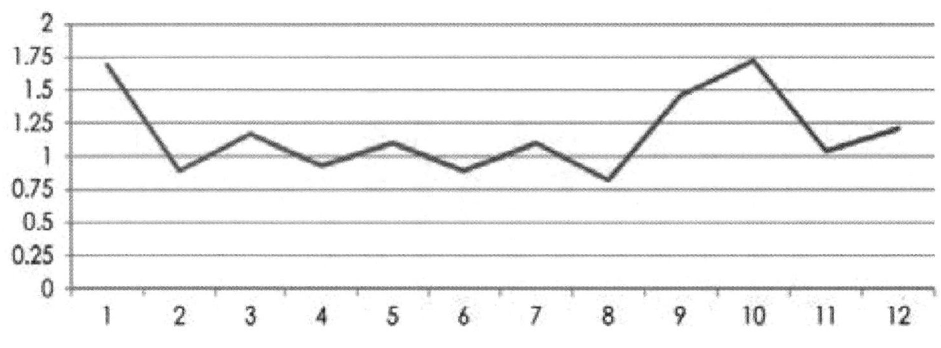

图16-25 2012年杭州商品房月度供求比走势图

2012年受政策打压持续，房企生存压力增大下主动降价自救，由此以价换量拉动市场需求回暖，杭州商品房全年成交一路走高，全年共成交899.32万平方米，较2011年成交总面大幅增加443.16万平方米，大涨幅为97.15%；2012年第二季度表现最为明显，其环比成交大幅回升155.47%，杭州楼市自第二度始进入全面回暖时期（见图16-26）。

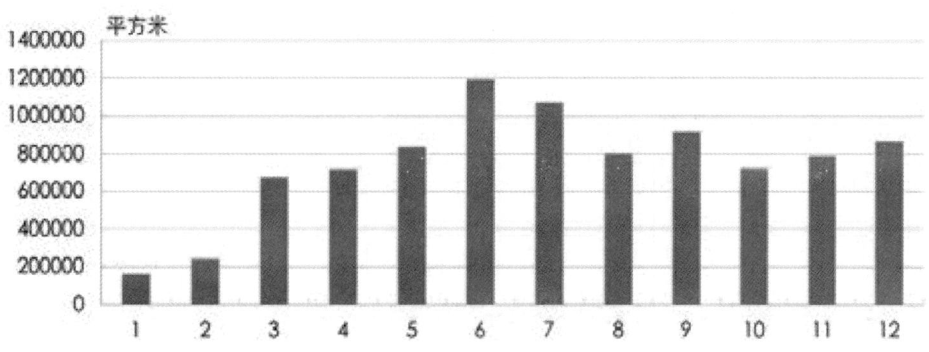

图 16-26　2012 年杭州市商品房月度成交量走势图

四、房地产价格分析

2012 年，杭州商品房在持续高压的调控政策下，房价整体进入下滑通道，全年商品房成交均价为 14 971 元 / 平方米；不过从月度来看，却像是座了趟过山车，呈现探底回升态势，5 月均价最低（13 136 元 / 平方米）较 1 月均价（17 346 元 / 平方米），跌幅达 24.27%；12 月均价（17 130 元 / 平方米）又较 5 月均价最低（13 136 元 / 平方米）回涨 30%；年尾 12 月份均价相当于年初 1 月份均价的 98.7%（见图 16-27）。

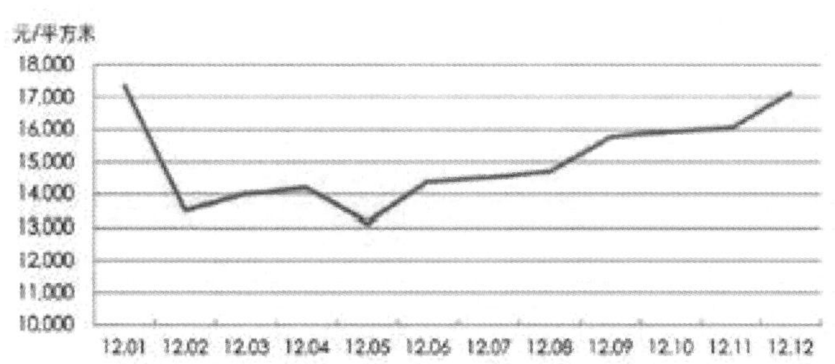

图 16-27　2012 年月度杭州市商品房成交均价走势图

其中，商品住宅成交价格区间主要集中在 15 000 元 / 平方米以下，占比达 6 成，金地热点板块如临平北、下沙、祥符、华丰等成交价格段多在这个区间（见图 16-28）。

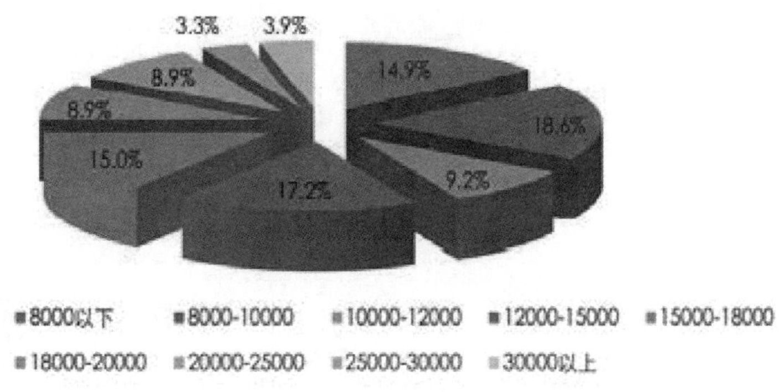

图 16-28　2012 年杭州住宅成交价格段图

前 5 个月商品住宅成交价格为探底过程，6 月开始，价格开始步入回升阶段。而在下半年，不少项目也都降低优惠力度，甚至在四季度出现涨价执着。整体走势呈“降价—筑底—回升”

的U字型态势，月度均价也呈现“1月份16 549元—5月份12 643元—12月份16 358元”过山车式行情（见图16-29）。

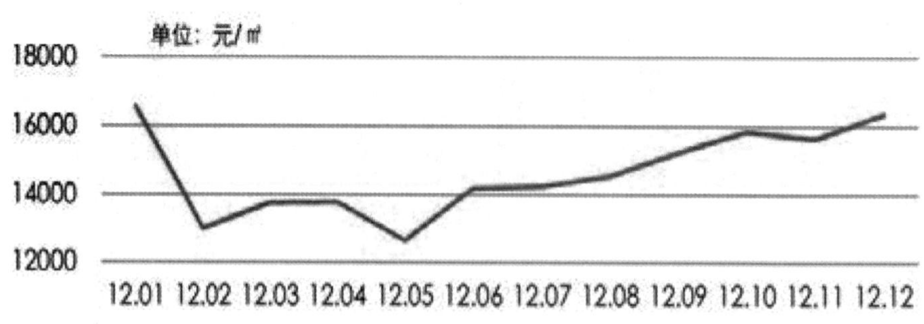

图16-29 2012年月度住宅价格走势图

写字楼成交均价为21 354元/平方米，同比上涨3%。各月成交均价波动起伏，变化较大，整体震荡，价格虽有较大波动，但主要受结构性影响。如5月份为全年最低点，均价15 701元/平方米，较1月最高点28 126元/平方米跌去44%；原因并在于某个项目出现价格大幅下滑，主因在于1月成交榜首项目为杭州国际商务中心，其均价为52 914元/平方米；5月成交榜首项目为旺角城，均价12 856元/平方米（见图16-30）。

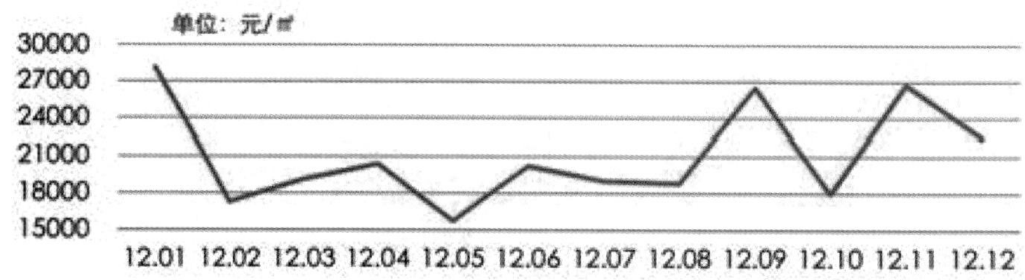

图16-30 2012年月度杭州写字楼成交价格走势图

第六篇

附录

ALMANAC OF SHANGHAI REAL ESTATE

第十七章 房地产政策法规汇编

第一节 综合类

国土资源部关于做好2012年房地产用地管理和调控重点工作的通知

国土资发〔2012〕26号

各省、自治区、直辖市国土资源主管部门，新疆生产建设兵团国土资源局，各派驻地方的国家土地督察局，部机关相关司局（办）：

2011年，国土资源系统上下齐心协力，攻坚克难，较好地落实了《国务院办公厅关于进一步做好房地产市场调控工作有关问题的通知》（国办发〔2011〕1号）要求，城市住房用地管理和调控工作取得明显成效，住房用地供应稳中有升，结构持续优化；保障房用地应保尽保，提前两月完成供地；住房用地价格调整合理，高价地异常情况趋稳，促进了土地市场平稳健康发展。为贯彻落实中央经济工作会议、全国住房保障工作座谈会议和全国国土资源工作会议精神，继续坚持并深入贯彻中央关于房地产市场的调控政策，按照部重点工作安排，切实做好2012年房地产用地管理和调控工作，现将有关问题通知如下：

一、坚持房地产调控政策不动摇，进一步明确重点工作任务

今年房地产用地管理和调控的基本要求和重点任务是：立足本职、有所作为，坚持方向不改变、态度不动摇、力度不放松，上下联动、各负其责，以保障并合理供应住房用地和促进房地产市场持续健康发展为根本出发点，继续严格落实中央各项调控政策措施，加大监管和调控力度，巩固已有调控成果，促进房价合理回归；继续以保障性安居工程用地落实为重点做好住房用地供应工作，努力保持土地市场平稳运行，避免土地供应总量、结构和价格大起大落，合理引导市场预期；继续以促进形成住房有效供应为重点做好已供住房用地的监管工作，加强住房宗地供应和开发利用的动态监测监管，严格督促按合同约定条件建设和开竣工，及时发现处置闲置土地，坚决打击违法转让土地行为。

二、全力抓好住房用地供应，切实惠及民生

做好住房用地供应计划编制、填报和公布工作。各地要认真总结前两年工作，从实际出发，实事求是，全面分析存量可供土地情况、已供住房用地开发利用情况，充分考虑征迁难度加大等困难，科学合理地编制2012年住房用地供应计划。计划总量原则上应不低于过去5年年均实际供应量，其中保障性住房、棚户区改造住房和中小套型普通商品住房用地不低于总量的70%。确保保障性安居工程住房用地。因地制宜，合理增加普通商品住房用地，严格控制高档住宅用地，不得以任何形式安排别墅类用地。3月底前，市、县住房用地供应计划应在土地市场动态监测与监管系统中填报，经省级国土资源主管部门审核报部并抄送各派驻地方的国家土地督察局，同时向社会公布。

大力抓好住房用地供应工作。各地要切实把握好供地时序和节奏，努力保持平稳运行。继续坚持和完善招拍挂制度，总结好经验好作法，积极探索“限房价、竞地价”、“限房价、限套型、竞地价、竞配建”等有效的公开出让方式，推动土地供应转向“稳定市场、保证民生、促进利用”等多目标统筹兼顾的管理。继续稳步推进网上交易试点，做好试点评估、验收工作。各省级国土资源主管部门要加强对不同地区住房市场形势研判分析工作，对房价上涨过快、计划实施缓慢的地区，要督促指导加快供应节奏、加大已供住房用地开发利用的督

查力度。部将分别于今年 7 月、2013 年 1 月向社会公布全国及各省（区、市）住房用地供应计划执行进展和落实情况。

做好住房用地供应计划评估调整工作。各地要在编制住房用地供应计划时，做好应对市场波动的用地安排预案。计划实施过程中要密切跟踪市场走势，定期研判供需变化，评估计划实施效果和预期完成率。按照中央调控要求，市、县根据当地市场形势变化，确需在年中调整住房用地供应计划的，在 6 月底前，可以按照国有建设用地供应计划编制规范要求和保障性安居工程建设任务实施情况调整，同时在线报部并按要求向社会公布。

三、坚决落实保障性安居工程建设用地，实现“应保尽保”

今年继续对保障性安居工程建设用地实行计划指标单列。国务院批准用地城市中心城区经部审查通过的保障性安居工程用地，由部安排计划指标，其它城市由省（区、市）安排计划指标。各省级国土资源主管部门要及时与住房城乡建设（房地产、规划、住房保障）主管部门沟通协调，根据本地区承担的建设任务，分项细化测算用地量，合理提出新增建设用地需求。

对保障性安居工程建设用地特事特办、加快审批。国务院批准用地城市按部规定要求，对保障性住房用地单独组卷，先行申报，其它市、县由各省级国土资源主管部门组织专项报批，计划单列，审批结果于 3 月底前在线报部。保障性安居工程用地要优先安排使用存量土地，鼓励在商品住房小区多安排配建，以有利于方便群众生活和工作，减轻新建设施配套成本压力。

继续对落实国家保障性安居工程建设用地情况实行目标责任考核，由地方各级国土资源主管部门主要负责同志负全责。各地在 3 月底前向社会公布住房用地供应计划时，要将保障性安居工程用地供应计划单独列出向社会公示。部将视各地工作进展情况，不定期开展督促检查，并从 3 季度起对用地落实情况实行月调度，对落实不力的将予以公开通报。

加强利用集体建设用地建设租赁住房试点管理。对于商品住房价格较高、建设用地紧缺的直辖市和少数省会城市，确需利用农村集体建设用地进行租赁住房建设试点的，要按照“严格审批、局部试点、封闭运行、风险可控”的要求，由省级人民政府审核同意试点方案并报部审核批准后，可以开展试点工作。

四、严厉打击违法违规，大力促进开发建设

加强对市县出让公告的审查。各省级国土资源主管部门要依托土地市场动态监测监管系统，进一步完善土地出让公告审核制度，掌握拟出让宗地的具体情况，及时制止违反单宗出让面积规定、捆绑出让、“毛地”出让和容积率低于 1 等违规出让行为。对一年内连续出现两次及以上违规出让的市县，要在全省公开通报，严肃批评。对违法违规出让土地的行为，要依法依规严肃查处。

强化住房用地的供后监管。各地要严格落实开竣工申报制度，在签订出让合同时，约定用地者在项目开工、竣工时或于开竣工前要向国土资源管理部门书面申报。在合同约定期限内未开工、竣工的，通过增加出让合同和划拨决定书条款或签订补充协议等方式，对申报内容进行约定监管。今年上半年，各省级国土资源主管部门负责，建立住房用地供后巡查监管制度。重点是要求市县国土资源主管部门要会同相关部门，充分运用土地市场动态监测监管平台，以按时开竣工为重点，做好住房用地供后开发利用中存在问题的预警、巡查、督办、反馈、通报工作，切实解决好已供土地开发利用中闲置土地、违法转让、擅自改变用途性质、违反合同条款建房等问题的及时发现、及时处置。严肃查处改变保障性安居工程土地用途、改变容积率、违反单套建筑面积标准等问题。部将在今年 7 月下旬抽查部分省（区、市）开展土地利用巡查督办工作情况。

促进已供住房用地开发建设，尽快形成住房有效供应。各省级国土资源主管部门要抓紧开展未竣工住房用地的清查，组织市县国土资源主管部门，以监测监管系统中未竣工的项目为基础，进行全面清理和核实，并于3月底前在监测监管系统中更新有关信息。对已竣工但未在系统中录入的，及时更新竣工信息；对未按期开工的，及时调查认定；对构成闲置的，市县国土资源主管部门应逐宗在国土资源部门户站的中国土地市场网上公开，依法严肃查处并按部要求暂停相关单位参加新的项目竞买资格直至处置完毕；对未按要求在监测监管系统中录入出让合同或划拨决定书的，要及时补录并加强监管。部将按季度对未按时开竣工项目和在建住房用地情况进行通报，并依据监测监管系统数据，对系统数据填报不准确、预警反馈不及时、督办落实不到位的省（区、市）和重点城市开展专项督办。《闲置土地处置办法》修订后，各省要依据新的要求，加强闲置土地预警、处置和公示等工作，促进土地开发利用。

五、强化监测分析和新闻宣传，积极引导市场

各地要进一步加强城市地价动态监测工作，密切关注地价变化，及时、真实、准确、完备、规范在线上报地价监测信息。季度地价涨幅超过10%的，城市国土资源主管部门应及时查找原因，提出对策，向当地政府及省级国土资源主管部门汇报后报部备案。省级国土资源主管部门要组织估价行业协会和专家，加强监督指导。

严格落实和进一步完善房地产用地异常交易地块备案制度，严禁瞒报，杜绝漏报、错报。加强土地出让价格评估管理，完善决策程序，合理确定招拍挂起始价、底价，不得为规避异常交易地块备案制度而随意提高起始价、底价。自今年起，除招拍挂出让中溢价率超过50%、成交总价或单价创历史新高的房地产用地外，流标、流拍的也要通过土地市场动态监测与监管系统及时在线上报。省级国土资源部门要密切关注房地产用地出让价格变化情况，防范住房用地价格非理性上涨。

各地要加强对增量存量土地供应、用地结构、开发利用和价格变化等指标的分析研判，及时准确把握市场预期，做好政策储备和预评估。要适时向社会公布土地供应总量、用地和建房结构、土地价格等市场动态监测监管信息，及时回应人民群众关心关注的热点难点问题，加大主动宣传力度，积极引导舆论，引导市场健康发展，巩固已有的调控成果。

今年是进一步贯彻落实中央调控政策，促进住房价格合理回归的关键年，各级国土资源主管部门一定要坚定不移地按照中央决策和部的工作要求，在政府领导下和相关部门配合协作下，努力克服困难，确保做好以保障性安居工程为重点的城乡住房供地和监管工作，以优异的工作实绩，迎接党的十八大召开。

二〇一二年二月十五日

国土资源部关于严格执行土地使用标准大力促进节约集约用地的通知

各省、自治区、直辖市及副省级城市国土资源主管部门，新疆生产建设兵团国土资源局，解放军土地管理局，各派驻地方的国家土地督察局：

土地使用标准是建设用地审批、土地供应、土地利用评价考核和供后监管的重要政策依据和制度规范。严格执行各类土地使用标准，是落实土地使用标准控制制度的重要内容，是实行最严格的节约集约用地制度的必然要求，是促进转变土地利用方式和经济发展方式的有

效措施。近年来，各地认真执行土地使用标准，严格用地准入，控制建设用地规模，促进了土地节约集约利用。但是，土地使用标准执行的成效还是初步的、阶段性的，一些地方对标准实施不重视，标准使用没有实现全覆盖，对建设用地审批、供应和开发利用的约束力不够等问题还没有从根本上解决。为深入落实节约优先战略，大力推进节约集约用地制度建设，切实提高节约集约用地水平，现就有关问题通知如下：

一、严格执行和不断完善土地使用标准

（一）严格执行各类土地使用标准。对国家发布的《限制用地项目目录》和《禁止用地项目目录》、《工业项目建设用地控制指标》，公路、铁路、民用航空运输机场、电力、煤炭、石油和天然气工程项目建设用地等控制指标，房地产用地宗地规模、容积率控制等各类土地使用标准，各地要坚决贯彻执行。对依法实行招标拍卖挂牌出让的工业和经营性用地等，市、县国土资源主管部门要将土地使用标准的相关控制要求纳入出让方案和出让公告，写入出让合同并严格执行。凡纳入禁止用地项目目录，不符合限制用地项目目录规定条件，投资强度、容积率、建筑系数、行政办公生活服务设施用地所占比重、绿地率不符合工业项目控制指标要求，工程建设项目用地总面积或各功能分区用地面积突破用地指标控制上限，宗地面积和容积率不符合住宅供地条件的各类建设用地，不得办理土地审批、供应和用地手续。本通知发布实施后，其他各类标准、指标、考核要求中，涉及的用地指标不符合国家和地方发布实施的土地使用标准要求的，不得作为办理土地审批、供应和用地的依据。

对国家尚未颁布土地使用标准的，各地应依据本地区资源条件、项目类型及建设要求，制订适用于地方的土地使用标准，进而办理建设用地审批、供地和用地手续。对国家和地方尚未颁布土地使用标准和建设标准的特殊建设项目，应先进行项目节地评价并组织专家评审，依据节地评价结果和专家评审意见，办理用地、供地手续。

对因安全生产、地形地貌、工艺技术等有特殊要求的建设项目确需突破土地使用标准的，用地单位应报请当地国土资源主管部门同意。国土资源主管部门应组织有关专家论证评估，集体决策，合理确定项目用地规模，出具审查意见，报同级人民政府批准后，方可办理相关用地审批、供应手续。

（二）不断完善土地使用标准。各地要按照节约集约用地的原则，在严格执行国家颁布的土地使用标准、满足功能和安全要求的前提下，结合本地土地资源条件、经济社会发展水平、产业发展规划等，抓紧研究制定或修订完善土地使用标准。对国家尚未颁布土地使用标准的产业（事业）项目和重点发展培育的战略性新兴产业，要加大标准研究力度。部将依据国家供地政策和产业政策，适时制订、修订土地使用标准，不断健全完善土地使用标准体系。

二、明确土地使用标准的审查内容和使用环节

（一）对土地使用标准规范格式和实质性内容进行严格审查。自本通知下发之日起，凡报上级审查的建设项目用地，各地要按照部规定的示范格式要求，规范填写建设项目用地报件，明确建设项目用地适用的供地政策和土地使用标准。未按规范格式填写、或项目用地不符合供地政策和土地使用标准要求的，不予受理。地方国土资源主管部门要加快建立和完善土地使用标准审查的制度规范，加大供地政策和土地使用标准的审查力度，切实做到报件格式规范，适用供地政策正确，不超过土地使用标准控制上限。

（二）切实加强土地使用标准使用环节的审查。县级国土资源主管部门要加强对用地单位和勘察设计单位的政策指导，督促其依据土地使用标准要求，合理测算建设项目用地规模，规范编报建设项目可行性研究报告和初步设计文件。依法必须招标拍卖挂牌出让的工业、商业、旅游、娱乐、商品住宅等经营性用地，市、县国土资源主管部门在拟订出让方案和编制

出让文件时，要明确土地使用标准的控制要求，落实国家规定并向社会公示；对经营性用地以外的其他建设项目用地，市、县国土资源主管部门要重点加强报件中土地使用标准适用情况的审核，并对适用标准的真实性负责。

对上报国务院或省级人民政府批准的建设项目用地，省级国土资源主管部门应履行好实质性审查职责，对报件中适用土地使用标准的真实性、合规性负责。对上报国务院批准的建设项目用地，部将重点对省级国土资源主管部门出具的审查内容和意见进行复核性审查，审查中发现未执行土地使用标准、或超过标准未进行论证评估的，将建设项目申报材料退回地方，地方国土资源主管部门应及时纠正整改并重新上报。

三、进一步加强土地使用标准执行的监管和评价

（一）切实加强土地使用标准执行的监管。今后，地方各级国土资源主管部门要把土地使用标准执行情况作为土地供后监管的重要内容，研究制定政策措施，加大工作推进力度。市、县国土资源主管部门要在国有建设用地划拨决定书和出让合同中，及时增补土地使用标准的相关内容。在核发划拨决定书、签订出让合同时，要明确规定或约定建设项目用地总面积、各功能分区面积及土地用途、容积率控制要求、违规违约责任等，划拨决定书和出让合同要及时上传土地市场动态监测监管系统。对突破土地使用标准但已进行论证评估并经人民政府批准的建设项目用地，供地方案、划拨决定书、出让合同、专家评估意见和政府批准文件等相关材料，通过土地市场动态监测监管系统报省级国土资源主管部门备案。省级国土资源主管部门要密切关注市、县出让公告、出让合同、划拨决定书中土地使用标准的确定和执行情况，加强监督检查，对违反土地使用标准控制要求的供地、用地行为，要责令纠正。对报国务院审批的建设项目用地，部将对土地使用标准的执行情况进行重点检查。

自本通知下发之日起，省级国土资源主管部门要对本地区发布实施的土地使用标准进行清理，不符合节约集约用地原则，或不符合国家颁布的土地使用标准要求的，应及时废止。各省级国土资源主管部门要在 2013 年 5 月底前，将土地使用标准清理情况形成书面报告报国土资源部。

（二）定期开展执行土地使用标准的评价。省级国土资源主管部门要积极探索和加快建立土地使用标准执行情况的评价体系，抓紧开展省以下国土资源主管部门土地使用标准执行情况的评价，定期公布评价结果。评价结果可作为制定节约集约用地政策，落实土地使用标准控制制度，修订完善土地使用标准的依据。

四、认真开展土地使用标准的培训和宣传

（一）全面开展土地使用标准的培训。省级国土资源主管部门应于 2013 年上半年前，组织完成本地区系统内相关人员的业务培训，确保国土资源主管部门工作人员熟练掌握和应用土地使用标准。各级国土资源主管部门要会同相关行业主管部门，对用地单位和勘察设计单位开展土地使用标准应用的系统培训，进一步强化其标准控制理念，提高节约集约用地水平。部将适时开展国土资源系统的土地使用标准业务培训。

（二）切实加大土地使用标准的宣传力度。各地要制定切实可行的宣传方案，大力宣传土地使用标准在工程项目设计、建设项目准入、土地供应和审批、土地开发利用、供后监管中的重要作用，为在全社会树立节约集约用地意识，形成用标准管地、用地、节地的工作环境营造良好的舆论氛围。

本文件自下发之日起执行，有效期五年。

二〇一二年九月六日

上海市住房发展“十二五”规划

为推进“十二五”期间本市住房发展，根据《上海市国民经济和社会发展第十二个五年规划纲要》，制定本规划。

一、“十一五”住房发展回顾

“十一五”以来，本市以邓小平理论和“三个代表”重要思想为指导，以科学发展观和构建社会主义和谐社会为主线，坚决贯彻中央的宏观调控政策和市委、市政府的重大决策，紧紧围绕“四个确保”的要求，把住房发展作为推进上海经济发展和改善民生的重点，在加强房地产调控、保持房地产市场健康稳定发展的同时，加快建立健全住房保障体系，努力扩大住房保障覆盖面，积极改善市民的居住条件，较好地完成了“十一五”期间本市确定的住房发展各项目标和任务。

（一）住房市场继续较快发展，市民居住水平不断提高

“十一五”期间，本市积极贯彻落实国家有关房地产市场调控的政策，按照“三个为主”的住房市场发展原则，加强供需双向调节，促进住房市场的健康稳定发展。

1. 住宅建设投资稳步增长

在“保增长、扩内需、调结构、惠民生”政策的推动下，本市逐步加大保障性住房建设力度，住宅建设投资迅速回升。自2008年起，全市住宅建设投资平均每年增加15%。到2010年，住宅建设投资占全社会固定资产投资比例保持在20%左右。“十一五”期间，全市住宅投资完成4667亿元，比“十五”时期增长33%。

2. 住房供应结构明显优化

本市在进一步加强市场调控的同时，积极调整住房供应结构，取得了较好成效。一是中小套型住房成交比例明显提高。90平方米以下中小套型商品住房成交比例由2005年的10.3%提高至2009年的27.2%。加上保障性住房，“十一五”期末，90平方米以下中小套型住房的成交比例已达60%左右。二是保障性住房供应比例逐步增加。商品住房与保障性住房建设比例由2006年的7 ∶ 3调整为2010年的4 ∶ 6，供应比例由2006年的8 ∶ 2逐步调整到2010年的6 ∶ 4。

3. 居民居住条件不断提高

“十一五”期间，全市新建商品住房（含动迁安置房（限价商品房））销售面积为12474万平方米，存量住房成交面积为8209万平方米，分别比“十五”时期增长5%和3%。居民居住条件继续改善，人均居住面积由2005年的14.9平方米增加到2010年的16.7平方米左右；住房成套率由2005年的93%提高到2010年的96%左右。

（二）住房保障体系不断完善，居民住房困难逐步改善

“十一五”期间，本市在保持房地产市场稳定发展的同时，把加大保障性住房建设和供应力度，加快解决中低收入家庭住房困难作为改善民生的重点，不断创新思路、创新机制，完善住房保障体系，扩大住房保障覆盖面，着力解决人民群众的住房困难。

1. 不断扩大廉租住房受益面

突出廉租住房这一重点，着力解决最困难居民家庭的住房问题，基本实现符合条件的申请家庭 “应保尽保”。在住房困难面积准入标准不变的情况下，先后5次调整收入和财产准入标准。政策覆盖面逐步扩大，受益家庭户数大幅增加。到“十一五”期末，新增廉租受益家庭5.7万户，累计受益家庭达7.5万户，是“十五”期末的4倍。同时，不断完善房源筹措机制，多渠道筹措廉租实物配租房源，新增实物配租家庭1.06万户。

2. 稳步启动共有产权保障房（经济适用住房）

积极推进共有产权保障房（经济适用住房）制度，加快解决中低收入居民家庭的住房困难。一是从2007年下半年起，着手研究制订共有产权保障房（经济适用住房）政策，广泛听取社会各方面意见，不断进行修改完善，2009年6月发布了《上海市经济适用住房管理试行办法》。二是加快推进共有产权保障房（经济适用住房）建设。到2010年底，全市开工建设共有产权保障房（经济适用住房）超过1 000万平方米。同时，狠抓规划落地，确保完成2008-2012年开工建设2 000万平方米、30万套共有产权保障房（经济适用住房）的规划目标。三是在总结徐汇、闵行两区试点的基础上，进一步放宽准入标准，完善运作机制，2010年8月已在市中心区和部分有条件的郊区全面推开。

3. 大力推进动迁安置房（限价商品房）建设

按照“建设一批、开工一批、储备一批”的要求，全力推进动迁安置房（限价商品房）的建设。先后两批规划建设31个有一定规模、交通方便、配套良好、多类型住宅混合的大型居住社区，第一批以保障性住房为主的宝山顾村、闵行浦江、浦东周康航、嘉定江桥、浦东三林、松江泗泾等8大基地已相继启动。结合大型居住社区建设，积极发挥市和区两方面积极性，加大动迁安置房（限价商品房）建设和供应力度。全市动迁安置房（限价商品房）开工建设3 250万平方米，竣工2 960万平方米，完成“搭桥”供应2 985万平方米，满足上海世博会和市重大市政工程、重点旧区改造项目的动拆迁需要。

4. 积极探索建立公共租赁住房制度

为增加住房供应总量，调节租赁市场需求，有效缓解部分青年职工、引进人才和来沪务工人员等阶段性居住困难，通过调研和总结相关产业园区、企业单位的经验，市政府办公厅转发了《关于单位租赁房建设和使用管理的试行意见》，引导单位利用自用土地建设单位租赁房，鼓励集体经济组织利用存量集体建设用地建设市场化租赁房。同时，组织相关部门和科研机构积极探索公共租赁住房的政策思路，着手起草公共租赁住房政策。在广泛征求市人大、市政协和社会公众意见后，经过反复修改，形成了具有上海特点的公共租赁住房制度。2010年9月《本市发展公共租赁住房的实施意见》经市政府批准后实施。

（三）坚持机制创新，加快推进旧区改造

加快推进旧区改造，既是上海重大的民生工作，也是社会公平正义的重要体现，市领导高度重视，将加快旧区改造列入市委年度重大课题，组织开展研究，努力破解旧区改造“瓶颈”，创新旧区改造机制，并选择5大重点旧区改造基地，指导做好拆迁安置工作，推动旧区改造工作上一个新台阶。

1. 积极探索旧区改造新工作机制

“十一五”期间，中心城区拆迁成片二级旧里以下房屋343万平方米，受益居民约12.5万户，并在创新机制、完善政策方面取得了新的突破。一是按照“过程全透明、结果全公开”的要求，分别建立了“事前两次征询”、“数砖头”加套型保底、增加就近安置、律师等第三方提前介入等新机制。二是先后制订了《关于贯彻国务院推进城市和国有工矿棚户区改造会议精神加快本市旧区改造工作的意见》、《关于进一步推进本市旧区改造工作的若干意见》、《关于开展旧区改造事前征询制度试点工作的意见》、《关于调整完善本市城市房屋拆迁补偿安置政策试点工作的意见》等配套文件，为加快推进旧区改造、改善居民居住条件提供政策和制度保障。

2. 不断加大旧住房综合改造力度

坚持“拆、改、留、修”并举的原则，不断加大旧住房综合改造力度，改善居民的居住条件和居住环境。“十一五”期间，全市共完成旧住房成套改造116万平方米，旧住房综合改造9 710万平方米。其中，2008年至2010年4月，结合“迎世博600天行动”建筑整治，旧住房综合改造力度进一步加大，其间共完成6 210万平方米旧住房综合改造。

（四）加快住宅产业化，逐步提高房屋质量

“十一五”期间，以“节能、节地、节水、节材和环保”（以下简称“四节一环保”）和提高住宅整体质量为目标，从优化户型设计、加强建筑节能减排和推进住宅全装修等方面入手，不断完善住宅产业化推进机制和管理措施。

1. 加大新建住宅节能减排推进力度

在新建住宅全面实施50%节能标准的基础上，积极实施住宅节能65%标准（居住建筑节能设计标准DG/TJ08-205-2008）的试点。并通过实施新建住宅建筑节能公示制度和出具《新建住宅质量保证书》、《新建住宅使用说明书》等举措，进一步充实住宅建筑节能、性能认定和信息公示等内容，加大节能减排和新材料、新技术、新工艺的推进力度。

2. 建立住宅产业化推进和监管机制

抓住土地出让源头，将住宅全装修作为土地出让的条件，并通过示范项目，逐步形成节能省地型“四高”优秀小区创建平台。住宅产业化已从“点上示范”进入“面上推行”阶段。“十一五”期间，全市全装修住宅的面积约占新建商品住房总面积的20%，住宅整体质量明显提高。

3. 提高住宅建设配套质量

“十一五”期间，按照“同步规划、同步设计、同步建设、同步交付”的要求，居住区公建配套设施竣工面积达到同期住宅竣工面积的12%左右，为购房居民提供了良好的配套服务设施。同时，还出台了《关于推进本市大型居住社区市政公建配套设施建设和管理的若干意见》，针对居民的“开门七件事”，从创新建设和管理机制着手，明确相关配套政策，积极推进大型居住社区市政、公建配套设施建设。

（五）管理机制日益完善，物业服务水平不断提升

住宅物业管理关系到民生、社会和谐，关系到广大居民居住质量和环境。“十一五”期间，面对物业管理存在的种种难题，积极转换观念，开拓思路，研究制定《上海市住宅小区综合管理三年行动计划（2007-2009年）》，明确了具体的工作目标、主要任务和措施，指导本市住宅物业管理工作取得新进展。

1. 积极探索，建立住宅小区综合管理机制

从健全物业管理法规建设入手，创新制度、运作机制。建立了市、区（县）、街道（乡镇）三级住宅小区综合管理联席会议制度，共同推进住宅小区综合管理工作。逐步加强制度建设，先后制订和建立了维修资金监管、物业行业“四查”和物业管理满意度测评等制度，着力提高住宅物业综合管理水平。

2. 加强指导，提高业主自我管理能力

结合《物权法》实施，相继出台了一系列配套性文件，明确业主委员会成立、维修资金使用、物业服务企业选聘规则和业主委员会日常工作制度，增强业主自我管理能力；通过深化社区物业管理党建联建工作，强化街道、居民区党组织对业主委员会组建、换届和日常运作的指导，形成了物业管理和社区管理紧密配合、相互协调的良好局面。“十一五”期间，全市共组建业主委员会7 155个，占符合成立业主大会条件住宅小区的83.62%。

3. 转换管理模式，加大行业行政管理力度

加强物业服务企业资质管理，将物业企业资质和物业管理要求紧密挂钩，提高物业企

业的综合服务水平。积极推进物业管理招投标制度，初步形成公平、公开、公正的市场竞争机制。“十一五”期间，全市实施物业管理招投标项目789个，建筑面积达7 006万平方米。创建962121物业服务平台，通过服务热线，全天候为居民提供服务，居民的满意度有了明显提高。同时，从标准化、制度化和信息化三个方面着手，积极推进基层建设，提高基层物业行政管理能力，更好地推进属地化管理体制和机制的转化。

“十一五”期间，本市住房发展工作虽取得了明显成效，但依然面临着一些问题。一方面，受住宅用地供应不足的影响，住房供应短缺的矛盾依然存在，地价和房价上涨过快的趋势还未得到有效抑制，住房租赁市场发展相对滞后，市场供应结构尚需继续优化；另一方面，共有产权保障房（经济适用住房）和公共租赁住房制度还刚启动，住房保障政策和运作机制有待进一步完善，住房保障覆盖面急需进一步扩大，住房保障与住房市场的发展规模还不协调，与着力改善民生，满足人民群众基本住房需求的目标要求还有一定差距。这些，有待于今后加以解决。

二、“十二五”住房发展面临的形势与背景

随着我国经济增长的逐步恢复，世界经济也开始出现了积极变化，但基础还不稳定、发展还不平衡，国际金融危机影响深远，对我国经济发展提出了新的挑战，加快转变经济发展方式和调整经济结构将更加紧迫。“十二五”时期，中央对上海社会经济发展提出了新的目标，要求上海率先转变发展方式，走在科学发展的前列。这个时期，是本市加快“四个中心”建设、经济发展方式转变和产业结构调整的关键时期，也是上海住房发展方式、重点和结构实现新突破的重要阶段。面对国内外复杂的金融、经济发展与通胀控制双重压力，本市必须积极贯彻中央的决策部署，牢固树立“坚持以人为本，服务百姓安居”的住房发展理念，把“十二五”住房发展放到全市发展的大局中进行科学谋划，围绕经济社会发展的新形势、新目标、新要求，紧紧抓住发展机遇，积极应对发展挑战，攻坚克难，改革创新，围绕重点，聚焦突破，加快解决中低收入家庭住房困难，全面提升市民的居住条件和居住环境，开创社会、经济、环境和谐发展的新局面。

为此，要针对住房市场出现的新情况、新问题，坚持以人为本，将保增长与扩内需、调结构、促改革、惠民生相结合。一方面，积极采取双向调控措施，促进房地产市场的健康平稳发展；另一方面，进一步完善住房保障体系，在加快推进廉租住房制度的同时，相继启动共有产权保障房（经济适用住房）和公共租赁住房制度，扩大住房保障覆盖面。

“十二五”期间，本市住房发展将着力抓好以下五方面重点工作：

（一）突出发展重点，全面推进住房保障工作

改善民生是我国发展社会主义市场经济的根本目标，住房是民生之要。要坚决贯彻党的十七届五中全会精神，按照九届市委十三次全会的部署，抓住主题，把握主线，把保障和改善民生作为本市住房发展的重点，加快推进“四位一体”的住房保障举措，进一步明确目标，落实保障责任。在继续扩大廉租住房覆盖面，做到“应保尽保”的同时，进一步加强政策聚焦，不断加大共有产权保障房（经济适用住房）、公共租赁住房和动迁安置房（限价商品房）的建设和供应力度，向中低收入住房困难家庭和青年职工、引进人才、来沪务工人员等群体提供更多实用、实惠的保障性住房，使改革发展的成果更快地惠及民生。

（二）服务百姓安居，进一步加大旧区改造力度

积极发挥世博后续效应，进一步突出旧区改造公益性质，把“以人为本、重在民生”作为旧区改造的根本目的，一方面，充分尊重群众意愿，维护群众合法权益，实施阳光动迁，切实让群众得到实惠；另一方面，充分发挥政府统筹协调和社会各方参与的作用，进一步完

善旧区改造和旧住房综合改造机制。坚持从居住条件最困难、安全隐患最严重、群众要求最迫切的地块入手，科学规划、分步实施，继续加快成片二级旧里以下房屋改造；坚持“拆、改、留、修”并举，保护、保留、修缮和改造相结合，注重保护历史风貌，因地制宜，不断加强旧住房综合改造，着力提高市民的居住条件和居住环境。

（三）加强市场调控，保持住房市场健康稳定发展

采取坚决措施，有效遏制地价、房价过快上涨，促进住房市场的健康稳定发展。进一步深化完善“三个为主”的市场发展原则，严格执行中央一系列调控政策，积极支持居民自住性和改善性住房消费，抑制投资投机性住房需求。通过进一步调整商品住房供应结构，增加中小套型普通商品住房供应；积极盘活存量住房，培育发展住房租赁市场；加大市场监管力度，整顿和规范住房市场秩序等举措，进一步完善住房市场供应和运行机制，积极发挥市场调节作用，让更多市民通过市场有效解决自己的住房需求。

（四）狠抓节能环保，促进住宅产业现代化

紧紧抓住“十二五”住房建设特别是大型居住社区建设发展的有利契机，将上海世博会展示的绿色、环保、低碳等发展理念，提倡的资源节约、环境友好的生产、生活方式，以及其他解决城市发展难题的经验和做法，尽快转化为长效常态机制。充分利用上海的科技优势，积极开发和推广低碳、节能技术，大力推进节能省地型住宅。并依托住宅产业现代化，切实转变住宅建设模式，走出一条质量好、性能高、污染少、能耗低、技术高、集约型的产业发展新路，为广大市民创造良好的生态宜居环境。

（五）加强物业管理，全面提升居住质量和居住环境

建管并举，进一步深化物业管理体制改革，加强居住物业管理，为广大市民安居乐业创造更加良好的环境。认真总结经验，按照住宅小区综合管理的要求，进一步完善业主自我管理机制，提高业主自我管理能力；继续加强物业行业管理和行政监管力度，进一步规范物业行业行政管理行为，提高行政监管效能；充分发挥社区党组织和居民委员会对业主委员会、业主大会和物业服务企业的指导和监督作用，建立健全相应的协调机制，及时协调解决物业服务纠纷，维护各方合法权益；进一步理顺物业服务收费机制，形成“质价相符、按质论价”的价格形成机制，确保物业服务顺利实施，全面提升广大市民对物业管理服务的满意度。

三、“十二五”住房发展的指导方针和总体目标

（一）指导方针

以邓小平理论和“三个代表”重要思想为指导，深入贯彻落实科学发展观，全面贯彻落实党的十七届五中全会精神，紧紧围绕加快建设“四个中心”和加快实现“四个率先”的总体目标，坚持“以人为本、重在民生”的理念，按照“诚信、规范、透明、法治”的要求，进一步深化“以居住为主、以市民消费为主、以普通商品住房为主”的原则，完善“分层次、多渠道、成系统”的住房保障体系和“健康、稳定、持续、有序”的住房市场体系。按照九届市委十三次全会的部署，切实将推进住房保障、服务百姓安居作为本市住房发展的主线和首要任务，全面推进廉租住房、共有产权保障房（经济适用住房）、公共租赁住房和动迁安置房（限价商品房）为特征的“四位一体”住房保障举措，不断优化住房保障体系，着力解决中低收入住房困难家庭和青年职工、引进人才和来沪务工人员等群体的居住问题；进一步加大住房市场的调控力度，引导居民自住性和改善性住房消费，遏制投资投机性住房需求。积极发挥上海世博会后续效应，通过加快旧区改造和旧住房综合改造，推进节能环保和住宅产业化，增强房屋行政管理力度等措施，全面改善市民的居住条件，提升市民的居住水平。让本市逐步发展成为规划合理、配套齐全、节能环保、服务完备、住有所居、社会和谐的生

态宜居城市。

（二）总体目标

“一个重点”：全面推进“四位一体”的住房保障举措，市、区联手，以区为主，严格落实政府责任制，着力提高保障性住房的建设和供应力度。

“两个加大”：加大保障性住房的政策受益面，着力解决中低收入住房困难家庭的居住问题；加大中小套型普通商品住房的供应比例，优先满足广大市民的自住性和改善性住房需求。

“三个提高”：进一步推进旧区改造和旧住房综合改造，提高居民居住条件和居住环境；进一步加大节能环保和住宅产业化推进力度，提高住宅建设整体质量；进一步完善住宅物业管理体制和机制，提高住宅物业综合管理水平。

四、“十二五”住房发展的具体目标和任务

（一）全面推进住房保障工作

1. 具体发展目标

“十二五”期间，预计开工建设和筹措各类保障性住房6200万平方米、约92万套（间），分别约占新建住宅总面积的50%和总套数的60%左右；包括“十一五”期间开工结转项目在内，预计新增供应各类保障性住房100万套（间）左右。

——进一步扩大廉租住房受益面。到“十二五”期末，预计新增租金配租廉租住房家庭及筹措实物配租房源7.5万（套）户，累计约15万（套）户。不断加大租金配租和实物配租的力度，确保实现符合条件的廉租申请家庭“应保尽保”，基本解决本市低收入家庭的住房困难。

——着力推进共有产权保障房（经济适用住房）制度。预计新开工建设2 000万平方米、新增32万套共有产权保障房（经济适用住房）。其中，“十二五”前两年新开工建设1000万平方米、约16万套，确保完成2008-2012年的建设目标任务；“十二五”后三年，再新开工建设1 000万平方米、约16万套。“十二五”期间，预计新增供应达到预售标准的共有产权保障房（经济适用住房）2 500万平方米、约40万套，明显改善本市中低收入家庭的住房困难。

——积极发展公共租赁住房。通过新建、配建、改建、收购和转化等方式，预计开工建设和筹措公共租赁住房（含单位租赁房）1 000万平方米、约20万套（间）。规划期内，预计新增供应达到竣工交付标准的公共租赁住房900万平方米、约18万套（间）。有效缓解本市青年职工、引进人才和来沪务工人员等的阶段性居住困难。

——进一步加快动迁安置房（限价商品房）建设。计划开工建设动迁安置房（限价商品房）3 200万平方米、约40万套；“十二五”期间，预计新增“搭桥”供应（施工进度达到±0.0）2 500万平方米、约35万套。其中，市属大基地、就近安置房建设1 700万平方米、“搭桥”供应1 500万平方米、约18.75万套；区属项目共建设1 500万平方米，“搭桥”供应1 300万平方米、约16.25万套。

对上述发展目标，将按照中央的统一部署和本市的实际需求，适时适度优化完善。

2. 主要任务

（1）进一步扩大廉租住房受益面

合理放宽廉租住房准入标准，适时调整租金补贴方式，根据租赁对象的收入情况，制定差额补贴办法，进一步扩大廉租住房受益面；充分发挥区和街道的作用，积极推行实物配租新机制，切实提高实物配租比例。通过配建、改造、收购、转化和代理经租等方式，大力筹措廉租适用房源，逐步实现廉租住房与公共租赁住房统筹建设、有效衔接。

（2）着力推进共有产权保障房（经济适用住房）制度

积极调动各方积极性，落实各项优惠政策措施，加快共有产权保障房（经济适用住房）的建设和供应，确保完成2008-2012年和“十二五”规划目标。继续放宽共有产权保障房（经济适用住房）准入标准，扩大共有产权保障房（经济适用住房）的供应范围；进一步完善共有产权保障房（经济适用住房）申请审核、轮候供应机制，在继续加大共有产权保障房（经济适用住房）出售力度的同时，抓紧实施共有产权保障房（经济适用住房）租售转换等供应新模式，多渠道解决本市中低收入住房困难家庭的居住问题。

（3）积极发展公共租赁住房

进一步完善公共租赁住房（含单位租赁房）运行机制和相关配套政策，加大公共租赁住房（含单位租赁房）的建设和供应力度，有效缓解本市青年职工、引进人才和来沪务工人员等的阶段性居住困难。一是坚持“市区联手、以区为主”和“只租不售”的要求，根据投融资渠道、房源的筹措方式，组建一批公共租赁住房专业运营机构，负责公共租赁住房的投资、经营和管理。二是积极采取集中新建、配建、改建、收购和转化等方式，建设和筹集房源。由政府给予政策和资金支持，重点建设和筹集面向社会供应的公共租赁住房；积极引导社会机构多渠道建设和筹集公共租赁住房，促进公共租赁住房投资、经营和管理主体多元化。三是进一步贯彻《关于单位租赁房建设和使用管理的试行意见》，积极鼓励产业园区、大型企事业等单位和农村集体经济组织发展单位租赁房和市场化租赁房。

（4）加快动迁安置房（限价商品房）建设

以大型居住社区建设为重点，进一步加大动迁安置房（限价商品房）建设和供应力度。一方面，按照“政府引导、企业参与、市场运作、服务动迁”和“市、区分工协作，以区为主”的要求，进一步优化建设机制。另一方面，进一步完善和细化相关的配套政策，加快完善外环大市政配套，进一步提升市政、交通和公建的配套水平，尽力满足旧区改造动迁居民的安置需要。

在重点推进“四位一体”住房保障体系的同时，结合本市先进制造业和现代服务业为重点的产业园区的建设，积极创新思路、开展探索试点，稳妥推进定区域、定对象、限房价、限交易的特定限价商品房建设和供应；有序实施特定区域“先租后售”保障性住房政策，以促进产城融合、提升区域功能，解决青年人才的阶段性住房困难，满足合理的住房需求。

（二）积极推进旧区改造

1. 具体发展目标

——加大旧区改造力度。在全面实施事前征询居民意见，充分尊重群众意愿的前提下，中心城区完成350万平方米左右二级旧里以下房屋改造，动迁居民约15万户。基本完成长宁、静安、徐汇等区成片二级旧里以下房屋改造。启动城中村和郊区城镇集中成片棚户简屋改造试点，并逐步推开，积极推进郊区国有农场危旧房屋改造。基本完成宝山区顾村镇、金山区朱泾镇棚户简屋改造试点。

——继续扩大旧住房综合改造范围。预计完成旧住房综合改造和维修5 000万平方米。其中，旧住房成套改造90万平方米，直管公房全项目大修2 000万平方米。进一步扩大旧住房综合改造范围，逐步对上世纪70年代建造的老公房实施综合维修。

——加快推进农民宅基地的置换。根据城乡一体化发展的要求，在充分尊重农民意愿和符合宅基地置换相关规划的前提下，力争完成8.5万户农民、45平方公里的宅基地置换，为上海经济社会发展拓展新的战略空间。

2. 主要任务

（1）抓紧制订出台相关政策文件

按照国务院发布的《国有土地上房屋征收与补偿条例》，吸收本市在“十一五”旧区改造工作中形成并已被实践所证明的成功做法，研究制订并实施《上海市国有土地上房屋征收与补偿实施细则》，加快推进旧区改造；进一步完善居住房屋补偿安置政策，全面推行“数砖头”加套型保底补偿安置方法；进一步规范房屋征收行为，加强房屋征收管理，全面实行房屋征收补偿安置结果公开制度，构建房屋征收补偿安置信息化管理系统，做到征收过程全透明，安置结果全公开。

（2）加快推进旧区改造地块的改造建设进度

突出重点，分类推进。对杨浦、闸北、虹口、原黄浦、普陀等重点区的重点推进项目，加大旧区改造资金支持力度；对已启动但进展缓慢或停滞的项目，采取积极措施，督促开发单位启动改造；对没有按时启动的地块，依法启动土地使用权收回程序。同时，加快设立市、区两级政府旧区改造专项基金，多种渠道筹集资金，积极支持旧区改造。

（3）加大动迁安置房（限价商品房）建设力度

中心城区各区要根据实际情况，积极挖掘潜力，建设就近动迁安置房（限价商品房），满足动迁居民的多元化选择需求，不断加快居民动迁安置进度。

（4）继续开展旧住房综合改造

进一步完善机制，提升综合改造标准和水平，并结合旧住房综合改造，研究拆落地改造、多层住房增设电梯等技术、政策、资金筹措等瓶颈问题，鼓励有条件的旧小区开展试点，进一步改善居民住房条件和居住环境质量。在认真调研的基础上，抓紧制订相关政策，支持市郊国有农场危旧房综合改造工作。

（三）进一步促进住房市场健康平稳发展

1. 具体发展目标

——保持住宅建设投资稳定增长。“十二五”期间，预计全市住宅建设投资总额为4 900亿元，比“十一五”增长5%左右。住宅建设投资总额占全社会固定资产投资比例继续保持在20%左右。

——确保商品住房有效供应。预计新建商品住房6 500万平方米（含按政策规定应配建的保障性住房），销售面积6 000万平方米；切实增加中小套型普通商品住房供应量，确保中小套型住房占新建住房（包括商品住房和保障性住房）的比例不低于70%；进一步盘活存量住房交易，规范和发展住房租赁市场。

2. 主要任务

（1）优先满足居民自住性和改善性住房需求

坚持以居住为主，更加突出鼓励自住性和改善性需求；坚持以市民消费为主，更加突出支持有本市户籍和居住证的市民首次购房需求；坚持以普通商品房为主，更加突出引导购买中小户型住房。加大土地、金融、税收等调控政策执行力度，合理引导住房需求，倡导梯度消费，抑制投资投机性购房需求。

（2）进一步优化住房供应结构

继续调整住房供应结构，满足居民的合理住房消费。一方面，加大普通商品住房用地供应力度，进一步改革完善土地出让方法，抑制住宅用地价格过快上涨。区位条件合适的住宅用地出让，要明确套数、套型面积等控制性指标，增加中小套型普通商品住房供应。另一方面，按照城乡一体化和郊区城镇化发展的要求，结合旧区改造、城市功能布局和大型居住社区建设，合理调整商品住房的布局，明确商品住房建设重点区域。

（3）继续发展存量住房市场

通过规范房地产中介行为，完善存量房交易网上备案管理，加强存量房交易资金监管等措施，积极发展存量住房市场，扩大存量房交易规模，力争使存量住房与市场化新建商品住房的成交面积比例从“十一五”期间的1 ∶ 0.9扩大为“十二五”期间的1 ∶ 0.8。

（4）加快住房租赁市场发展

一方面，进一步完善住房租赁管理制度，规范住房租赁行为，切实保护租赁双方当事人的合法权益，建立稳定、安全的住房租赁关系。另一方面，鼓励机构经营租赁住房的同时，完善户籍、教育和公积金等配套政策，促进居民住房租赁消费，促进住房租赁市场的发展，使“十二五”期间住房租赁面积和承租户数都有较大幅度的增长。

（5）加大住房市场监管力度

建立健全商品住房开发建设、经营全项目全过程监管机制，实施房地产项目跟踪监测和信息披露制度。完善房地产开发企业资质管理和信用档案制度，将企业资质、诚信记录与土地招拍挂挂钩。进一步完善房屋信息系统，建立健全市场预警预报指标体系，加强市场信息的收集，分析和发布，提高对住房市场的监管能力。大力整顿和规范住房市场秩序，加大对囤地不建、捂盘惜售、哄抬房价等违法违规行为的查处力度。

（四）大力推进住宅节能和产业现代化

1. 具体发展目标

——大力推进住宅产业现代化。进一步加大装配式工业化住宅、全装修住宅和住宅性能认定工作的推进力度，力争到“十二五”期末，装配式工业化住宅比例达到20%左右，新建商品住宅全装修比例达到60%左右，实施性能认定率达到30%以上。

——积极发展节能省地环保型住宅。进一步扩大“四节一环保”技术的集成应用。“十二五”期内，新建住宅全面实行建筑节能65%标准，每年创建40个“四节一环保”示范项目。

——重点推进大型居住社区的配套建设。“十二五”期间，在确保住宅建设与市政、公建配套设施同步建设、同步交付的前提下，继续以大型居住社区建设为重点，加快新建住宅小区的配套设施建设，努力创建“统筹规划、配套先行，先地下、后地上”的示范居住社区。

2. 主要任务

（1）完善推进、监管机制，大力推进住宅全装修

在加强住宅全装修产业链建设的前提下，从土地出让、报建、设计和施工招标、设计审图、报监、竣工验收备案和交付使用许可等环节入手，完善住宅全装修推进和监管机制，切实提升住宅全装修质量。

（2）积极采取措施，加快建立具有上海特点的装配式工业化住宅体系

以新城和大型居住社区建设为载体，积极推进住宅产业化和装配式工业化住宅发展。推广住宅设计模数化和材料部品化，积极培育住宅产业化基地和大型住宅产业联盟，并通过行政和经济的激励措施，加快形成具有上海特点的工业化住宅体系和配套的部品体系。以保障性住房和中小套型普通商品住房为重点，逐步扩大装配式工业化住宅体系的应用覆盖率。

（3）不断完善标准体系，加强“四节一环保”技术的集成应用

加大应用研究力度，不断完善“四节一环保”技术集成应用的技术和标准体系，完善住宅新技术应用管理机制。大力推进太阳能等可再生能源利用、住宅建筑节能65%标准，逐步开展建筑能效测评标识。推广以节水型器具应用、人工水景观控制和雨水利用为重点的居

住区节水措施。加大居住区配套公建集中建设力度和地下空间综合利用力度，进一步促进居住区节约用地。

（4）加快制度建设，提高新建住宅的性能和质量

在进一步强化开发企业、勘察、设计、审图、施工和监理等专业机构责任的基础上，积极推进项目法人制和工程项目设计使用年限内的质量终身负责制。进一步加强制度建设，完善分户验收和住宅性能认定制度，探索实施质量保证金或保险制度，为提升新建住宅的质量和性能提供有力的制度保障。

（5）健全管理制度，提高住宅配套能级

健全住宅配套建设管理制度，探索管理新模式。坚持“先规划、后开发，先地下、后地上”的建设理念，注重配套建设的系统性和功能性，按照“条块结合、以块为主”的原则和“储备、计划、实施”的项目管理流程，充分发挥各方面的积极性，建立健全分层分级的住宅配套管理机制和市场化建设机制，以大型居住社区为重点，进一步强化新建住宅的配套建设，为入住市民提供设施更加齐全、服务更加完善、生活更加便捷的宜居环境。

（五）进一步加强住宅物业管理

1. 具体发展目标

——进一步深化改革，理顺住宅物业管理体制，建立“质价相符、按质论价”的住宅物业服务收费价格机制。继续加大行政管理力度，提高行政监管效能，有效提升物业管理服务水平和广大业主的满意度。

——完善业主委员会组建和日常运作制度，加强业主委员会自身建设，提高业主自我管理能力，引导业主依法、理性、有序地参与物业管理。

——进一步完善物业管理市场机制，积极推进物业管理招投标制度。“十二五”期间，新建住宅小区物业管理全面实施项目招投标。

——进一步拓展 962121 物业服务热线功能和服务范围。“十二五”期间，建立覆盖全市住宅小区的物业服务平台，为全市城镇居民家庭提供 24 小时全天候服务。

2. 主要任务

（1）建立行业信用信息管理系统

建立覆盖全行业的物业服务企业和项目（小区）经理信用信息系统，将信用信息作为物业服务企业和项目（小区）经理业绩考评、资质等级和执业资格评定、项目招投标和评优的依据。

（2）完善 962121 物业服务热线功能

构建市住房保障房屋管理局、区住房保障房屋管理局（应急维修中心）、房管办和物业服务企业之间的信息网络，完善物业信息数据库和信息系统的功能，优化操作流程和运行机制，将热线作为受理物业服务投诉、反馈处置情况和接受居民监督的平台。

（3）建立“质价相符、按质论价”的住宅物业服务价格机制

建立政府指导价与市场调节价相结合的物业服务收费价格形成机制，将物业服务收费标准与服务内容、水平相挂钩，解决“同一小区同等服务、不同收费”问题，制定与物业服务等级对应的基准价格和浮动幅度，建立物业服务价格与物业服务成本联动的调价机制，为业主大会与物业服务企业协商确定物业服务内容和收费标准提供参考依据。

（4）进一步提高业主自我管理能力

深化社区物业管理党建联建工作，加强居民区党组织对业主委员会的工作指导；完善业主大会、业主委员会议事决策规则，规范业主自我管理行为，建立健全工作机制和相关的

业务培训制度，提高业主自我管理能力。

五、“十二五”住房发展的政策措施

（一）确保保障性住房和普通商品住房土地供应

1. 优先确保保障性住房建设用地供应。一是根据“十二五”保障性住房的建设目标，在城市总体规划和土地利用总体规划的城市建设用地范围内，依托轨道交通和比较完善的市政和商业服务设施，加快落实规划选址工作，抓紧制定保障性住房用地供应规划和年度计划，并明确各类保障性住房的土地供应比例，确保土地的优先供应。二是根据大型居住社区开发建设需要，在政策许可的范围内，适当调整土地供给方式，参照土地“预审批”的办法，将“十二五”期间大型居住社区建设所需的土地，提前安排落实到位，加快土地储备和前期开发。三是抓紧研究和完善公共租赁住房建设用地出让、租赁、作价入股等有偿使用办法，支持专业运营机构利用国有企业“退二进三”土地、农村存量集体建设用地和其它可利用的零星土地建设公共租赁住房，有效降低公共租赁住房建设成本。

2. 加大中小套型普通商品住房土地供应力度。一方面，根据住房市场运行情况，科学把握土地供应的总量、结构、布局和时序，优先满足中小套型普通商品住房建设用地需要。另一方面，进一步改革完善土地出让评标方法，根据企业资质、诚信记录和规划设计方案等因素进行综合评定，运用市场手段将中小套型住房建设和保障性住房配建比例作为住房用地“招拍挂”条件，增加中小套型住房和保障性住房的有效供应。

（二）运用税收、金融等差别化政策，支持居民自住性和改善性住房消费

积极贯彻国家有关规定，在对现有的信贷和税收政策进行梳理的基础上，结合本市实际，有针对性地对首次购房、第二次购房中的改善性购房和投资投机性购房，制定并实行差别化的信贷、税收政策，认真贯彻执行国家关于个人购买普通住房、非普通住房的税收政策，支持和引导合理的住房消费，抑制投资投机性购房。逐步完善住房税收体制，在合理增加住房保有阶段的税赋的同时，相应减少流通环节税赋。

（三）加强市场监管、维护市场秩序

一是进一步强化商品住房项目跟踪调查制度，切实掌握商品住房项目的建设进度，督促开发企业加快项目建设和上市销售，确保市场的正常供应。二是加大销售现场和合同网上备案的监测力度，进一步规范商品住房销售行为。在试点基础上，加快实施新建商品住房预售和存量住房交易资金监管，切实保护购房人的权益。三是探索建立将企业违法违规信用与其法定代表人、责任人个人信用关联纳入征信系统的制度，进一步加大对房地产企业违法违规行为的查处力度。

（四）加快健全住房保障运作管理机制

进一步完善住房保障运行机制，按照“市、区联手，以区为主”的原则，明确并落实区在房源建设、资金筹措、审核供应和使用管理等方面的责任。一是抓紧完善本市住房保障工作体制、构建坚强有力的组织管理体系。按照“条块结合、协调配合”的原则，加快建立市、区住房保障事务中心和街道（镇乡）住房保障事务工作部门，形成健全的住房保障组织和事务管理网络。二是建立市住房状况信息中心，进一步提高管理能级和信息化管理水平。市、区紧密配合，加快建立全市联网的公共租赁住房服务信息平台，发布房源信息，提供租赁服务，并实施监督管理。三是在明确市、区职责分工的基础上，进一步落实和强化市、区配合、以区为主的住房保障管理机制。四是在保障性住房建设基地动迁、居住社区规划、公交市政、基础设施和商业服务配套等方面，充分发挥所在区的作用，市、区联手，确保大型居住社区建设的顺利推进。

（五）抓紧研究，多渠道落实住房保障资金

一方面，按照国家及本市有关规定，从住房公积金增值收益、土地出让净收益以及市、区（县）两级财政预算安排资金等渠道筹集廉租住房保障资金。另一方面，从本市住房保障体系着手，抓紧研究解决资金保障特别是共有产权保障房（经济适用住房）回购和租赁、公共租赁住房建设和筹措等资金筹集问题。一是抓紧研究制定住房保障资金市与区（县）共同分担办法，进一步健全保障资金使用管理制度。二是探索采用中长期政策性低息贷款、中长期债券、房地产信托投资基金等方式，拓宽保障性租赁住房房源筹集融资渠道。近期，要抓紧研究运用住房公积金、社保和保险资金建立完善公共租赁住房的投融资办法。三是实施有吸引力的优惠政策，支持和引导民间资本投资建设共有产权保障房（经济适用住房）、公共租赁住房等保障性住房，形成政府主导，社会机构、个人共同参与的投资经营新机制。

（六）加快完善住宅节能和产业现代化监管和激励机制

一是认真贯彻实施建筑节能条例，并认真总结经验，制订适合本市实际的促进住宅节能和产业现代化专项法规，明确具体要求和推进监管机制。二是进一步完善行政和经济鼓励措施。研究土地利用、节能专项资金、公积金贷款和金融、税收等优惠措施，鼓励新建住房实施建筑节能和工业化住宅体系。三是加强新建住房的全过程监管，督促引导开发企业和建设单位严格执行建筑节能和产业现代化的有关规定和要求，提高新建住房特别是保障性住房的建设质量。

（七）进一步完善住宅物业综合管理机制

一是以实施新颁布的《上海市住宅物业管理规定》为契机，加快制定物业管理招投标、物业服务企业资质管理等办法，修订《上海市商品住宅维修基金管理办法》等配套政策，完善物业管理政策法规体系，健全物业行业管理制度。二是进一步完善业主委员会组建和换届改选办法，积极探索业主自我管理、引入专业中介机构参与管理和其他管理人代为管理等模式，建立住宅物业管理矛盾综合协调机制。三是进一步完善市、区（县）、房管办三级管理网络，逐步建立管理信息收集、查询、实时监控、分析反馈的行政管理模式和监管机制，通过加强住宅小区综合管理，提高房屋管理水平和居住环境质量。

（八）加强基础管理和目标责任考核机制

一是进一步完善市、区（县）、街道（镇乡）三级网上办公平台，提高住房保障工作信息化水平；进一步健全信息比对渠道，完善住房保障准入条件的核对系统，提高受理审核的效率。二是加强基层住房保障机构和队伍建设，强化业务培训制度，规范窗口服务，提高工作人员业务能力和服务水平。三是加快建立各级政府住房保障工作目标责任制，建立健全住房保障工作绩效评价和考核机制。将监督检查、目标责任考核结果列入区（县）政府目标责任管理和政绩考核范围。

上海市人民政府
二〇一二年二月七日

第二节　土地管理类

最高人民法院关于办理申请人民法院强制执行国有土地上房屋征收补偿决定案件若干问题的规定

法释〔2012〕4号

为依法正确办理市、县级人民政府申请人民法院强制执行国有土地上房屋征收补偿决定（以下简称征收补偿决定）案件，维护公共利益，保障被征收房屋所有权人的合法权益，根据《中华人民共和国行政诉讼法》、《中华人民共和国行政强制法》、《国有土地上房屋征收与补偿条例》（以下简称《条例》）等有关法律、行政法规规定，结合审判实际，制定本规定。

第一条　申请人民法院强制执行征收补偿决定案件，由房屋所在地基层人民法院管辖，高级人民法院可以根据本地实际情况决定管辖法院。

第二条　申请机关向人民法院申请强制执行，除提供《条例》第二十八条规定的强制执行申请书及附具材料外，还应当提供下列材料：

（一）征收补偿决定及相关证据和所依据的规范性文件；

（二）征收补偿决定送达凭证、催告情况及房屋被征收人、直接利害关系人的意见；

（三）社会稳定风险评估材料；

（四）申请强制执行的房屋状况；

（五）被执行人的姓名或者名称、住址及与强制执行相关的财产状况等具体情况；

（六）法律、行政法规规定应当提交的其他材料。

强制执行申请书应当由申请机关负责人签名，加盖申请机关印章，并注明日期。

强制执行的申请应当自被执行人的法定起诉期限届满之日起三个月内提出；逾期申请的，除有正当理由外，人民法院不予受理。

第三条　人民法院认为强制执行的申请符合形式要件且材料齐全的，应当在接到申请后五日内立案受理，并通知申请机关；不符合形式要件或者材料不全的应当限期补正，并在最终补正的材料提供后五日内立案受理；不符合形式要件或者逾期无正当理由不补正材料的，裁定不予受理。

申请机关对不予受理的裁定有异议的，可以自收到裁定之日起十五日内向上一级人民法院申请复议，上一级人民法院应当自收到复议申请之日起十五日内作出裁定。

第四条　人民法院应当自立案之日起三十日内作出是否准予执行的裁定；有特殊情况需要延长审查期限的，由高级人民法院批准。

第五条　人民法院在审查期间，可以根据需要调取相关证据、询问当事人、组织听证或者进行现场调查。

第六条　征收补偿决定存在下列情形之一的，人民法院应当裁定不准予执行：

（一）明显缺乏事实根据；

（二）明显缺乏法律、法规依据；

（三）明显不符合公平补偿原则，严重损害被执行人合法权益，或者使被执行人基本生活、生产经营条件没有保障；

（四）明显违反行政目的，严重损害公共利益；

（五）严重违反法定程序或者正当程序；

（六）超越职权；

（七）法律、法规、规章等规定的其他不宜强制执行的情形。

人民法院裁定不准予执行的，应当说明理由，并在五日内将裁定送达申请机关。

第七条 申请机关对不准予执行的裁定有异议的，可以自收到裁定之日起十五日内向上一级人民法院申请复议，上一级人民法院应当自收到复议申请之日起三十日内作出裁定。

第八条 人民法院裁定准予执行的，应当在五日内将裁定送达申请机关和被执行人，并可以根据实际情况建议申请机关依法采取必要措施，保障征收与补偿活动顺利实施。

第九条 人民法院裁定准予执行的，一般由作出征收补偿决定的市、县级人民政府组织实施，也可以由人民法院执行。

第十条 《条例》施行前已依法取得房屋拆迁许可证的项目，人民法院裁定准予执行房屋拆迁裁决的，参照本规定第九条精神办理。

第十一条 最高人民法院以前所作的司法解释与本规定不一致的，按本规定执行。

上海市市级土地整治项目和资金管理暂行办法

第一章 总 则

第一条 （依据）为加强本市土地整治工作，规范市级土地整治项目管理和资金使用，依据《中华人民共和国土地管理法》、《国务院关于严格规范城乡建设用地增减挂钩试点切实做好农村土地整治工作的通知》（国发〔2010〕47号）和《上海市实施〈中华人民共和国土地管理法〉办法》等相关法律法规，结合本市实际，制订本办法。

第二条 （定义）本办法所称市级土地整治项目是指使用市财政专项资金，对宜农未利用土地、废弃地等进行开垦，对田、水、路、林、村等实行综合整治，增加有效耕地面积，提高耕地质量，改善农业生产条件和生态环境的土地整治项目，包括基本农田建设项目、农村土地综合整治项目和滩涂成陆土地开发整理项目等。

本办法所称的市财政专项资金包括新增建设用地土地有偿使用费、耕地开垦费、土地出让金收入用于农业土地开发的部分等。

第三条 （适用范围）市级土地整治项目应按照本规定做好项目的立项、规划设计、预算、实施和竣工验收工作。

第四条 （管理部门）上海市规划和国土资源管理局（以下简称市规划国土资源局）负责市级土地整治项目的立项、规划设计及预算审批，实施监督检查以及竣工验收等行政管理工作。

上海市财政局（以下简称市财政局）负责市级土地整治资金的统筹安排、拨付使用和监督检查等行政管理工作。

第五条 （配合实施部门）市规划国土资源局所属市级土地整理机构，具体承担土地整治项目管理中的技术性、事务性工作。

区县规划和土地管理局（以下简称区县规土局）配合做好本行政区域内土地整治项目的组织实施。区县规土局应提请区县政府成立土地整治项目实施领导小组，负责协调解决项目实施中的有关问题。

上海市土地储备中心（以下简称市土地储备中心）配合实施滩涂成陆土地开发整理项目的具体工作。

第二章 项目申报立项

第六条 （立项的原则和条件）市级土地整治项目立项遵循“土地相对集中连片、突出综合整治示范效应”的原则，项目申报应符合以下条件：

（一）符合土地利用总体规划等规划要求；

（二）项目区建设规模原则上不低于 300 亩；

（三）项目区土地权属清晰无争议；

（四）滩涂成陆土地开发整理项目的新增耕地率一般应当达到 70%，其他项目的新增耕地率一般应当达到 3% 以上；

（五）项目区建设条件应符合《土地开发整理工程建设技术标准》（上海市工程建设规范 DG/TJ08-2079-2010）的有关规定。

第七条 （项目选址）市级土地整治项目主要选址在土地利用总体规划确定的基本农田保护区、滩涂土地开发重点区域、生态走廊和生态间隔带等区域。

整村推进及实施“田、水、路、林、村”综合整治的项目，可优先予以安排，财政资金予以重点扶持。

第八条 （编制年度计划）区县规土局、市土地储备中心应当在每年 10 月底前向市级土地整理机构申报纳入下一年度市级土地整治项目实施计划的项目。市级土地整理机构经汇总后报市规划国土资源局。

市规划国土资源局根据市财政专项资金情况以及各区县土地整治工作成效等对区县申报项目进行审核后，制定本市下一年度市级土地整治项目实施计划。

第九条 （编制项目可行性报告）列入年度市级土地整治项目实施计划的项目，市级土地整理机构会同区县规土局、市土地储备中心采取招标等公开方式选择具备相应资质的单位，按照有关技术规范组织编制项目可行性研究报告后，报市规划国土资源局申请立项。

第十条 （可行性研究报告评审）市规划国土资源局应当组织有关专家对项目可行性研究报告进行评审。

评审通过的，市规划国土资源局同意项目立项并抄报市财政局；未通过的，根据评审意见修改完善后重新上报。

第三章 规划设计和预算

第十一条 （编制项目规划设计和预算）市级土地整治项目立项后，市级土地整理机构会同区县规土局、市土地储备中心采取招标等公开方式选择具备相应资质的单位，根据有关技术规范编制项目规划设计和预算。

项目规划设计及预算应满足编制施工招标文件和指导施工的需要。

第十二条 （规划设计方案公告）区县规土局应将规划设计方案在项目区公告，征求项目所在地乡镇人民政府、村民委员会和村民的意见。公告期不少于 15 天。

第十三条 （规划设计和预算的审核） 区县规土局、市土地储备中心及编制单位根据征求意见进一步优化规划设计和预算。

市级土地整理机构按照有关规定进行审核，出具审核意见，并报市规划国土资源局审批。

第十四条 （规划设计和预算的评审）市规划国土资源局组织市农业、水务（海洋）等相关行政主管部门和专家对项目规划设计进行评审；市规划国土资源局会同市财政局对项目预算进行财政投资评审。

评审通过的，由市规划国土资源局和市财政局共同下达项目规划设计和预算批复；未通过的，应根据评审意见修改完善后重新上报。

第四章 项目实施

第十五条 （项目实施的制度安排）项目实施按照国家和本市有关规定推行招投标、公告和工程监理等制度，采取合同管理方式。

第十六条 （制定实施方案）区县规土局、市土地储备中心应当根据批复的项目规划设计和预算，制定实施方案，做好实施前的准备工作。

项目实施方案的主要内容包括：项目建设目标和主要技术指标，组织实施机构，工程监理和招投标组织形式，工程进度和资金使用计划，财务、权属、档案等管理制度。

第十七条 （选择施工单位、监理单位）市级土地整理机构应当会同区县规土局、市土地储备中心按规定通过招标等公开方式选定具有相应资质的施工单位、监理单位，并分别签订合同。

第十八条 （接受监督）在项目实施过程中，施工单位应当在项目实施地点设立标志牌，将项目名称、项目批准单位、承担单位、设计单位、施工单位、监理单位、建设规模、主要工程建设任务、建设工期等内容进行公告，接受社会监督。

项目区范围涉及集体土地的，区县规土局应当会同项目所在地的乡镇政府组织当地的集体经济组织或村民代表参与项目实施的监督工作。

第十九条 （监督指导）市级土地整理机构对项目实施进行监督指导，检查项目实施进度、质量、资金使用等情况，并定期向市规划国土资源局提交项目进展情况评估报告。

第二十条 （项目规划设计和预算变更）项目实施严格按照批准的项目规划设计和预算执行，未经批准不得随意变更调整项目规划设计及预算。

项目规划设计变更，由区县规土局、市土地储备中心提出申请，市规划国土资源局审批；项目预算变更（包含物价因素造成预算调整），由区县规土局、市土地储备中心提出申请，经市规划国土资源局审核后报市财政局批准。

第五章 竣工验收

第二十一条 （先行验收和审核）项目施工完成后，区县规土局应进行项目先行验收，并对项目新增耕地面积、建设规模、工程数量和质量、工程决算等负责。市级土地整理机构对项目先行验收情况进行检查复核，确认合格的，报市规划国土资源局申请竣工验收。

滩涂成陆土地开发整理项目由市土地储备中心先行验收通过后报市规划国土资源局申请竣工验收。

第二十二条 （竣工验收）市规划国土资源局会同市财政、农业、水务（海洋）等部门组织项目竣工验收。市级土地整治项目经验收合格的，由市规划国土资源局确认耕地占补平衡指标。

验收不合格的，由市规划国土资源局责令限期整改。

第二十三条 （落实耕种和管护）项目竣工验收合格后，应当按照土地权属，及时移交有关设施，明确管护责任，落实耕种。

滩涂成陆土地开发整理项目竣工验收后，由市土地储备中心落实耕种和管护责任。

第二十四条 （档案管理）市级土地整理机构应当会同区县规土局、市土地储备中心收集整理从项目申报到竣工验收通过的有关文件和资料，建立项目档案，立卷归档。

第六章 资金管理

第二十五条 （编制年度土地整治资金支出预算）市级土地整理机构应当根据土地整治项目立项情况编制土地整治年度项目资金使用计划，报市规划国土资源局。

市规划国土资源局根据《上海市政府性基金预算管理办法》的有关规定和年度项目资金使用计划，编制年度土地整治资金支出预算，报送市财政局。市财政局按规定程序纳入年度财政预算。

第二十六条 （市级土地整治项目资金）市级土地整治项目资金分为整治施工费用、搬迁补偿费用和其他费用。

整治施工费用是指对项目区实施土地平整、农田水利、田间道路及其配套工程所发生的费用，包括工程施工费和设备购置费，其中设备购置费是指项目规划设计中确定配套设备的购置支出。

搬迁补偿费用是指项目实施过程中按相关标准对项目区内房屋搬迁、林木及青苗损毁等的补偿费用。

其他费用是指项目建设和管理过程中发生的费用，包括前期工作费（可研编制、规划设计及预算编制等费用）、项目监理费用、竣工验收费、业主管理费和不可预见费。

第二十七条 （项目资金拨付）市规划国土资源局根据经批准的年度土地整治资金支出预算，向市财政局申请拨付市级土地整治项目资金。市财政局根据财政资金管理的要求，除按规定要通过政府采购的整治施工费用外，将搬迁补偿费用和其他费用拨付至市级土地整理机构。

第二十八条 （有关费用的具体拨付）整治施工费用由市财政局依据国库集中支付的相关规定和以下要求按进度拨付：施工单位依据项目资金预算、建设合同以及监理报告等提出申请，经项目所在镇政府、区县规土局初审，市级土地整理机构复核后上报市规划国土资源局。市规划国土资源局审定后函商市财政局拨付资金。

搬迁补偿费用和其他费用由区县规土局、市土地储备中心、提供服务单位按规定向市级土地整理机构请款，经市规划国土资源局审核后拨付。

原则上在项目竣工验收前预留15%的工程款；项目竣工验收后，预留5%工程质量保证金，待工程质量保证期满后拨付，工程质量保证期按照合同由双方约定。

第二十九条 （成本核算）市级土地整治项目应当对资金实行成本核算，项目成本构成和标准按照《土地开发整理项目预算定额标准》（财综〔2011〕128号）和国家有关规定执行。

第三十条 （资金专户专帐管理）市级土地整理机构、市土地储备中心和区县应当按照相关要求开设土地整治项目资金专户（专帐），实行专户（专帐）管理、专款专用，不得将资金拆借、滞留及挪作他用。

每个市级土地整治项目应当单独建帐，单独核算。

第三十一条 （财务（投资）监理制度）市级土地整治项目实行财务（投资）监理制度。市规划国土资源局按有关规定选择具有相应资质的社会中介机构进行财务（投资）监理和项目竣工财务决算审计，结果抄送市财政局。

第三十二条 （项目资金清算）项目因不可抗逆的原因而终止，市规划国土资源局和市财政局组织对项目进行清算，清算后剩余的资金按原拨款渠道上缴。

年终未完工项目的资金结余，可结转下年度继续使用。

第三十三条 （资金使用监管）市财政局按照国家有关要求，加强资金使用监管，对项目预算编制、预算执行、资金使用等情况进行监督、检查和跟踪问效。

第七章 附 则

第三十四条 （耕地占补平衡指标分配）市级土地整治项目形成的耕地占补平衡指标可按如下原则分配：滩涂成陆土地开发整理项目形成的耕地占补平衡指标由市统筹安排使用，其他市级土地整治项目形成的耕地占补平衡指标，原则上可由区县统筹安排使用。

第三十五条（参照执行）区县财政专项资金投资的土地整治项目管理可参照本办法执行。

第三十六条 （施行日期）本办法自 2012 年 6 月 1 日起施行。

上海市征收集体土地房屋补偿评估管理暂行规定

第一章 总则

第一条（目的和依据） 为规范本市征收集体土地房屋补偿（以下简称征地房屋补偿）评估活动，维护征地范围内房屋权利人的合法权益，保证征地房屋补偿评估结果客观公平，根据《上海市征收集体土地房屋补偿暂行规定》的有关规定，结合本市实际情况，制定本规定。

第二条（适用范围） 在本市行政区域范围内征地房屋补偿评估活动，以及对相关评估结果进行复核评估和鉴定，适用本规定。

第三条（评估独立） 估价机构、估价师、估价专家委员会成员应当独立、客观、公正地开展征地房屋补偿评估、鉴定工作，并对出具的评估、鉴定意见负责；与当事人有利害关系的，应当回避。

任何单位和个人不得干预征地房屋补偿评估、鉴定活动。

第四条（评估技术标准） 估价机构应当按照《上海市征收集体土地房屋补偿评估技术规范》及征地房屋补偿法律、法规、规章等的有关规定进行评估。

第五条（管理部门） 市土地行政管理部门负责本市征地房屋补偿评估活动的监督管理。区（县）土地行政管理部门负责所辖区域范围内征地房屋补偿评估活动的监督管理。

第六条（机构资格条件） 同时具有房地产估价和土地估价资质的估价机构可以从事征地房屋补偿评估，但资质处于暂定期的除外。

估价机构应当具有与征地房屋补偿评估项目工作量相适应的足够数量的估价师和辅助人员开展评估工作。

第七条（共同承担） 同一征地项目的征地房屋补偿评估工作，原则上由一家估价机构承担。征地范围较大的，可以由两家或者两家以上估价机构共同承担。

同一征地项目的征地房屋补偿评估工作由两家或两家以上估价机构承担的，应当共同协商确定一家估价机构为牵头单位。协商不成的，由区（县）征地事务机构指定。牵头单位应当组织相关估价机构就评估技术路线等进行沟通，统一标准。

第二章 估价机构的确定

第八条（项目发布） 征地公告发布后，区（县）征地事务机构应将征地房屋补偿评估项目在市土地行政管理部门网站上发布。发布内容应包含征地房屋补偿评估项目名称、四至范围、征地范围内户数及建筑面积，完成评估时限、需要估价机构数量，估价机构报名的起止时间、地点、联系方式和应当提交的资料等，报名起止时间应当不少于 5 个工作日。

第九条（估价机构报名） 估价机构可以按照自愿的原则在规定的报名时间内提交书面报名文件。区（县）征地事务机构收到报名文件后应当向估价机构出具回执。区（县）征地事务机构对不符合条件的估价机构，应当书面告知并说明原因；符合条件的估价机构名单应当在征地范围内公示。

第十条（估价机构确定） 镇（乡）人民政府或者街道办事处应当组织宅基地使用人或者房屋所有人在估价机构名单公示之日起5个工作日内，在张贴公示的估价机构名单中协商选定估价机构。

协商不成的，镇（乡）人民政府或者街道办事处应当组织宅基地使用人或者房屋所有人在张贴公示的估价机构名单中进行投票，按照简单多数的原则，以得票数多少的顺位确定估价机构，或者采取摇号、抽签等随机方式确定估价机构。

估价机构的确定，镇（乡）人民政府或者街道办事处可以邀请公证机关公证。

区（县）征地事务机构应当将确定的估价机构名单在征地范围内予以公告。

第三章 评估工作的开展

第十一条（评估委托） 估价机构确定后，由区（县）征地事务机构作为委托人，向估价机构出具征地房屋补偿评估委托书，并与其签订征地房屋补偿评估委托合同。

征地房屋补偿评估委托书应当载明委托人的名称、受托的估价机构的名称、评估目的、评估对象范围、评估要求以及委托日期等内容。

征地房屋补偿评估委托合同应当载明下列事项：

（一）委托人和估价机构的基本情况；

（二）负责本评估项目的估价师；

（三）评估目的、评估对象、评估时点等评估基本事项；

（四）委托人应提供的评估所需资料；

（五）评估过程中双方的权利和义务；

（六）评估费用及收取方式、支付时间；

（七）评估报告交付时间、方式；

（八）违约责任；

（九）解决争议的方法；

（十）其他需要载明的事项。

第十二条（房屋调查结果的提供） 区（县）征地事务机构应当向受托的估价机构提供征地范围内经公布的房屋调查结果，包括已经登记的房屋情况和未经登记建筑物、构筑物的认定、处理结果情况。

第十三条（实地查勘） 估价机构应当指派与评估项目工作量相适应的估价师和辅助人员对房屋进行实地查勘，调查房屋状况，拍摄反映房屋内外部状况的照片等影像资料，做好实地查勘记录，并妥善保管。区（县）征地事务机构、宅基地使用人或者房屋所有人和估价师应当在实地查勘记录上签字或者盖章确认。

宅基地使用人或者房屋所有人应当协助估价师对房屋进行实地查勘，提供或者协助搜集评估所必需的情况和资料。

第十四条（不配合评估的处理） 宅基地使用人或者房屋所有人拒绝在实地查勘记录上签字或者盖章的，估价机构应当在评估报告中说明有关情况，并由无利害关系的第三人见证。在征地房屋补偿评估过程中，宅基地使用人或者房屋所有人不配合、不提供相关资料的，估价机构应当在评估报告中说明有关情况。

宅基地使用人或者房屋所有人不提供资料、拒绝估价人员实地查勘，致使房屋评估无法进行的，估价机构可参照同区域、同建筑类型的房屋进行评估。

第十五条（其他补偿的评估） 经批准用于生产经营的非居住房屋，停产、停业损失补偿需要评估的，按照《关于贯彻实施〈上海市征收集体土地房屋补偿暂行规定〉的若干意见》（沪规土资法〔2011〕1096 号）执行。

设备搬迁和安装费用、无法恢复使用的设备按照重置价结合成新结算的费用，由区（县）征地事务机构与房屋所有人协商确定。协商不成的，可以委托估价机构通过评估确定。

第十六条（协助评估） 估价机构不得转让或者变相转让受托的征地房屋补偿评估业务。

征收集体土地房屋补偿评估中涉及原始成本、机电设备、工程造价等专业技术工作的，估价机构可委托有资格从事该类业务的机构协助评估，并在报告中予以说明。

第四章 评估报告和异议处理

第十七条（初步评估结果） 估价机构应当按照征地房屋补偿评估委托书的要求或者委托合同的约定，向区（县）征地事务机构提供分户的初步评估结果。分户的初步评估结果应当包括评估对象的构成及其基本情况和评估价值。区（县）征地事务机构应当将分户的初步评估结果在征地范围内向宅基地使用人或者房屋所有人公示，公示时间不少于 7 日。

公示期间，估价机构应当安排估价师对分户的初步评估结果现场解释。存在错误的，估价机构应当修正。

第十八条（评估报告） 分户初步评估结果公示期满后，估价机构应当向区（县）征地事务机构提供整体评估报告和分户评估报告。区（县）征地事务机构应当向宅基地使用人或者房屋所有人转交分户评估报告。

整体评估报告和分户评估报告应当由负责征地房屋补偿评估项目的两名以上估价师签字，不得以印章代替签字。评估报告应当加盖估价机构公章。

区（县）征地事务机构、宅基地使用人或者房屋所有人对评估报告有疑问的，出具评估报告的估价机构应当向其作出解释和说明。

第十九条（复核评估与鉴定申请） 区（县）征地事务机构、宅基地使用人或者房屋所有人对评估结果有异议的，应当自收到评估报告之日起 10 日内，向出具评估报告的估价机构书面提出复核评估申请。

估价机构应当自收到复核评估申请之日起 10 日内对评估结果进行复核。复核后，改变原评估结果的，应当收回原评估报告，重新出具评估报告；评估结果没有改变的，应当书面告知复核评估申请人。

当事人对估价机构的复核结果有异议的，应当自收到复核结果之日起 10 日内，向估价专家委员会申请鉴定。

第二十条（资料归档） 征地房屋补偿评估业务完成后，估价机构应当将评估报告及相关资料立卷、归档保管。

第二十一条（收费） 征地房屋补偿的评估、鉴定费用按照规定的收费标准执行。设备搬迁和安装费用、无法恢复使用的设备按照重置价结合成新结算的费用，以及停产、停业损失等其他补偿的评估费用，由委托人与估价机构协商确定。

第五章 附则

第二十二条（视为符合资格条件） 本规定施行前已成立的具有相同字号的房地产估价机构和土地估价机构可以视为符合第六条第一款所规定的条件，共同承担征地房屋补偿评估工作，但资质处于暂定期的除外。

第二十三条（施行时间）　本规定自印发之日起施行。

二〇一二年五月十日

上海市征收集体土地房屋补偿评估技术规范

第一章　总则

第一条　（制定依据）为了规范征收集体土地房屋补偿估价行为，维护当事人合法权益，根据《上海市征收集体土地房屋补偿暂行规定》和中华人民共和国国家标准《房地产估价规范》、《城镇土地估价规程》的有关规定，结合本市的实际情况，制定本技术规范。

第二条　（适用范围）本市征收集体土地房屋补偿评估适用本技术规范。

第三条　（估价目的）征收集体土地房屋补偿房屋评估报告中关于评估目的应当表述为“为征地事务机构与宅基地使用人或者房屋所有人确定货币补偿金额提供依据，评估房屋的建安重置价”。

相应的土地使用权取得费用评估报告中关于评估目的应当表述为“为征地事务机构与房屋所有人确定货币补偿金额提供依据，评估相应的土地使用权取得费用”。

第四条　（价值定义）征收集体土地房屋补偿建安重置价评估的价值定义，是指采用现有建筑材料和建筑技术，按估价时点的价格水平，重新建造与被拆除房屋具有同等功能效用的全新状态的房屋的正常价格。若评估对象为居住房屋的，还应结合成新。

相应的土地使用权取得费用，是指在估价时点取得相同性质、相同数量、相同地段等级土地使用权所应支付的费用。

第五条　（估价时点）征收集体土地房屋补偿评估的估价时点为征地房屋补偿方案公告之日。

第六条　（房屋用途、建筑面积、土地面积）房屋的用途、建筑面积、土地面积应以委托人书面提供并确定的为准。

第七条　（估价结果）居住房屋只评估房屋单价；非居住房屋，评估房屋和相应的土地使用权取得费用总价。

第八条　（评估报告）估价机构应按《房地产估价规范》和《城镇土地估价规程》的规定格式出具评估报告。

居住房屋还应出具分户报告。

房屋评估报告应由注册房地产估价师签名，相应的土地使用权取得费用评估报告应由执业土地估价师签名，经估价机构审核并加盖机构公章。

房屋补偿评估的货币单位应当精确到元。

第九条　（评估资料存档）估价机构应当将下列资料整理存档：

（一）评估报告（含技术报告）；

（二）评估委托合同；

（三）征地房屋补偿方案公告；

（四）评估对象的产权证明材料及有关房屋基本情况的证明材料；

（五）评估对象的实地查勘记录、照片等资料；

（六）确定评估结果的有关系数、参数等证明资料；

（七）其他涉及评估项目的一切必要资料。

以上资料至少保留十年。

第二章 房屋、土地评估

第十条 （房屋评估方法）居住房屋宜采用分部分项法或基准价格修正法进行评估。对于结构、用料、工艺、式样等比较特殊的房屋不宜采用基准价格修正法，宜个案单独评估。

非居住房屋宜采用分部分项法进行评估，也可采用工程造价类比法进行评估。

同一征地范围内的同种用途的房屋宜采用同一种评估技术思路。

第十一条 （分部分项法及操作程序）分部分项法是以房屋的各个独立构件或工程的单位价格或成本为基础来估算房屋的重新建造价格的方法。

分部分项法的操作程序：

（一）现场勘测房屋各组成部分（即分项，如墙体、楼地面、屋面等）的主要特征，如用料、工艺及规格数量等；

（二）计算各分项数量；

（三）根据现行工程定额标准确定各分项价格；

（四）评定房屋成新；

（五）确定房屋评估价格：

1. 居住房屋评估单价＝（Σ分项价格）× 成新率 ÷ 建筑面积

2. 非居住房屋评估总价＝Σ分项价格

第十二条 （基准价格修正法及操作程序）对于同一征地范围内，房屋结构、用途等基本相同的成片房屋，采用分部分项法确定典型房屋的价格，作为该征地范围内同类房屋的基准价格。然后根据不同房屋的屋面、墙身、楼地面、层高等因素，对该基准价格进行调整、修正，确定房屋的评估价格。

基准价格修正法的操作程序：

1. 按照房屋的建筑结构进行房屋分类；

2. 在同一类别房屋内确定典型房屋；

3. 求取并确定典型房屋的价格作为基准价格；

4. 根据房屋的屋面、墙身、楼地面、层高等方面的差异进行修正；

5. 确定房屋成新；

6. 确定房屋的评估价格。

第十三条 （工程造价类比法及操作程序）工程造价类比法是根据实际情况，用与拟估房屋在结构、功效等方面相同或相似的已建成的工程造价进行类比，通过对有差异的项目进行调整，确定被拆除房屋的评估价格。

工程造价类比法宜适用于有可比较的类似工程的房屋评估。

工程造价类比法的操作程序：

1. 根据评估对象的实际状况，选取并确定类似工程；

2. 计算修正系数：人工费用修正系数（K1）、材料价格修正系数（K2）、机械使用费修正系数（K3）、间接费用修正系数（K4）；

$$K1=\frac{\text{标的物所在地区的人工费标准}}{\text{类似工程所在地区人工费标准}}$$

$$K2=\frac{\Sigma\text{标的物工程主要材料数量}\times\text{所在区域单价}}{\text{类似工程主要材料费用}}$$

$$K3=\frac{\Sigma\text{标的物工程主要机械数量}\times\text{所在区域机械单价}}{\text{类似工程主要机械使用费用}}$$

$$K4=\frac{\text{标的物所在区域间接费率}}{\text{类似工程所在区域间接费率}}$$

3. 计算总造价修正系数 K；

K= 类似工程人工费比例 ×K1 ＋类似工程材料费比例 ×K2 ＋类似工程机械使用费比例 ×K3 ＋类似工程间接费比例 ×K4

4. 计算房屋评估价格。

评估价格 = 类似工程单价 ×K× 建筑面积

第十四条　（居住房屋成新的确定）居住房屋折旧以成新折扣法计算，并结合房屋的维护、保养、使用情况，最终确定房屋的成新率。

尚可继续使用的房屋，成新率一般不宜低于 40％。

第十五条　（房屋装饰评估）房屋的评估价格不包括房屋的装饰价值。

委托人书面要求评估房屋装饰价值的，应按照本市房屋装饰工程定额标准，单独评定其装饰的重置价格和成新程度。

房屋装饰应单独出具评估报告。

第十六条　（相应的土地使用权取得费用评估）相应的土地使用权取得费用评估按现行有关政策进行；具体的费用项目构成应根据实际情况及相应政策规定确定。

第三章　附则

第十七条　（附属物、附着物等评估）房屋附属物、土地附着物等的评估，按照本市有关国家建设征地的财物补偿标准进行。

第十八条　（在建工程评估）在建工程应采用成本法进行评估。在建工程评估以政府管理部门批准的用途、参数或规划设计方案等为依据，工程建设进度以政府管理部门通知停工时的状态为准。

第十九条　（临时建筑评估）未超过批准期限的临时建筑应评估其建筑物残值。

第二十条　（其他）凡征收集体土地房屋补偿评估中涉及原始成本、机电设备、工程造价等专业技术工作的，估价机构可委托有资格从事该类业务的机构协助评估。

本技术规范未作规定的，应按照国家和本市其他房地产、土地评估技术规范的有关规定执行。

第二十一条　（解释部门）本技术规范由上海市规划和国土资源管理局负责解释。

第二十二条　（实施日期）本技术规范自印发之日起生效。

二〇一二年五月十日

第三节 房屋管理类

关于调整本市普通住房标准的通知

沪房管规范市［2012］3号

各区县住房保障和房屋管理局、规划和土地管理局、财政局、地方税务局：

根据《国务院办公厅转发建设部等部门关于做好稳定住房价格工作意见的通知》（国办发〔2005〕26号）等相关规定，经市政府同意，现将调整本市普通住房标准事宜通知如下：

可以享受优惠政策的普通住房，应同时满足以下条件：

1、五层以上（含五层）的多高层住房，以及不足五层的老式公寓、新式里弄、旧式里弄等；

2、单套建筑面积在140平方米以下；

3、实际成交价格：低于同级别土地上住房平均交易价格1.44倍以下，坐落于内环线以内的低于330万元/套，内环线与外环线之间的低于200万元/套，外环线以外的低于160万元/套。

上述标准自2012年3月1日起执行。

特此通知。

上海市住房保障和房屋管理局
上海市规划和国土资源管理局
上海市财政局
上海市地方税务局
二〇一二年二月十三日

关于进一步严格执行房地产市场调控政策完善本市住房保障体系的通知

沪府办发〔2012〕7号

各区、县人民政府，市政府各委、办、局：

为了全面巩固房地产市场调控成果，坚持“两个体系，三个为主”的住房发展方向，加大保障性住房供应力度，坚决遏制投机投资性购房，促进新建住房价格稳中有降，按照本市住房发展“十二五”规划确定的目标，结合2012年工作实际，经市政府同意，现就进一步严格执行房地产市场调控政策，完善本市住房保障体系作如下通知：

一、扩大廉租住房政策受益范围，着力解决低收入家庭住房困难

（一）按照2011年放宽廉租住房申请准入条件的政策，加快廉租住房的申请受理和审核配租，对符合条件的申请家庭做到“应保尽保”。

（二）进一步放宽廉租住房实物配租申请条件，在原规定符合廉租住房申请条件的老年夫妇、重大疾病患者、丧劳人员、烈属等优抚对象、劳动模范、三八红旗手、归国老华侨等家庭可申请实物配租的基础上，将实物配租申请范围扩大到符合廉租住房申请条件的2人以上（含2人）、人均住房居住面积5平方米以下（含5平方米）的家庭。

（三）加大廉租住房实物配租房源筹措力度，确保全年建设和筹措房源5 000套，力争达到6 000套。

（四）对在外环线附近的大型居住社区内、面向中心城区实物配租家庭供应的廉租住房房源，年内试行允许实物配租家庭在租赁居住满一定年限后，按照共有产权保障房（经济适用住房）申请供应相关政策，申请购买。

（五）探索建立廉租住房实物配租与共有产权保障房（经济适用住房）、公共租赁住房的衔接机制，逐步实现廉租住房与公共租赁住房统筹建设、并轨运营。同时，不断完善相关房源、产权和物业管理。

二、搞好共有产权保障房（经济适用住房）申请供应，确保公开透明、公平公正

（一）力争在今年一季度，对符合 2011 年共有产权保障房（经济适用住房）申请准入标准家庭完成摇号排序和选房供应工作。

（二）积极开展、有序安排符合 2012 年共有产权保障房（经济适用住房）申请准入标准家庭的申请受理，有条件的区（县）在今年 3 月启动相关工作，其它区（县）在今年上半年启动相关工作。

（三）完善共有产权保障房（经济适用住房）房源申请供应机制，对部分已开工但尚未达到预售条件的房源，试行符合条件的家庭先申请审核、摇号排序，在房源达到预售条件后，按照规定选房购房。

三、积极发挥住房公积金保障作用，支持困难职工住房消费

（一）进一步完善住房公积金功能，支持困难职工家庭住房消费。凡符合条件的本市职工家庭，可申请提取住房公积金账户内的存储余额，用于支付房屋租金或物业服务费。

（二）承租本市廉租住房或公共租赁住房的家庭，可按照有关规定申请提取住房公积金账户内的存储余额，用于支付房屋租金。

（三）居住本市共有产权保障房（经济适用住房）或符合低收入标准的经济困难职工家庭，可申请提取住房公积金账户内的存储余额，用于支付物业服务费。住房公积金支付物业服务费的具体操作办法另行公布。

四、严格执行住房限售政策，明确操作要求

（一）严格执行抑制投机投资性购房的政策措施，按照市政府办公厅《关于本市贯彻<国务院办公厅关于进一步做好房地产市场调控工作有关问题的通知>实施意见的通知》（沪府办发〔2011〕6 号）的规定，严格执行住房限售政策。对违反规定购房的，不予办理房地产登记。

（二）本市户籍居民家庭，是指具有本市常住户口的居民家庭，以及有本市单位职工集体户口的居民家庭。

（三）本市户籍居民家庭的子女成年后，确因婚姻等需要、且该子女无产权住房，才可在本市限购 1 套住房，并严格按照现有政策执行。

五、加大保障性住房和普通商品住房土地供应力度，优化住房用地供应结构

（一）科学合理编制 2012 年全市住房用地供应计划，确保保障性住房用地供应，加大普通商品住房的土地供应力度。住房用地供应计划总量原则上不低于过去 5 年年均实际供应量。其中，保障性住房和中小套型普通商品住房用地不低于总量的 70%。

（二）在产业园区、工业园区等来沪务工人员居住较集中的城乡结合部开展利用集体建设用地建设租赁住房的试点。

六、开展全面检查，确保各项政策落实到位

各有关部门和区县政府要全面、认真地执行中央和本市有关房地产市场调控政策和开展保障性住房建设、分配管理等方面的政策，确保政策落实到位。今年上半年，市政府将组

织开展对政策落实情况的全面检查，发现问题及时处理，并追究责任。

上海市人民政府办公厅
二〇一二年二月二十七日

关于执行住房限售政策中查验社会保险缴纳证明材料问题的通知
沪房管市〔2012〕205 号

各区县住房保障房屋管理局、各房地产交易中心、市房屋状况信息中心：

为严格执行住房限售政策，现就查验购房人社会保险（城镇社会保险，下同）缴纳证明材料问题通知如下：

一、按照《关于贯彻落实〈国务院办公厅关于进一步做好房地产市场调控工作有关问题的通知〉的实施意见》（沪府办发〔2011〕6 号）规定，非本市户籍居民家庭持社会保险缴纳证明购买住房的，缴纳社会保险须符合“自购房之日起算的前2年内累计缴纳满12个月”，补缴的不予认可。

二、各房地产交易中心在受理房地产预告登记或转移登记时，对非本市户籍居民家庭持社会保险缴纳证明购买住房的，应加强查验购房人提供的社会保险缴纳证明材料，发现补缴或涉嫌提供虚假材料的，及时汇总提交市社会保险事业管理中心核验。购房人社会保险缴纳证明材料不符合规定的，区县房地产交易中心不予办理房地产登记。

特此通知。

上海市住房保障和房屋管理局
二〇一二年七月五日

关于进一步严格执行房地产市场各项调控政策的通知
沪府办发〔2012〕49 号

各区、县人民政府，市政府各委、办、局：

2011 年以来，本市坚决贯彻落实国家出台的房地产市场各项调控政策，严格执行差别化住房信贷、税收和住房限售等规定，认真搞好房产税试点，不断加强房地产市场监管，取得了积极成效。总体看，住房价格上涨势头得到有效遏制。为进一步贯彻落实国家和本市出台的房地产市场各项调控政策，巩固调控成果，坚决抑制投机投资性购房需求，根据近期国土资源部、住房城乡建设部《关于进一步严格房地产用地管理巩固房地产市场调控成果的紧急通知》（国土资电〔2012〕87 号）要求，经市政府同意，现就严格执行房地产市场各项调控政策作如下通知：

一、严格执行差别化住房信贷、税收和住房限售政策

（一）对贷款购买第二套住房的，按照现有政策，严格执行“认房认贷”的认定标准、首付款标准、贷款利率标准。严格执行差别化公积金贷款政策，支持首套自住性购房和符合条件的本市居民购买共有产权保障住房（经济适用住房）个人住房公积金贷款。

（二）区别普通商品住房和非普通商品住房、家庭唯一住房和家庭非唯一住房等情况，继续严格执行各项差别化的房地产交易环节税收政策。

（三）严格执行国家和本市住房限售政策确定的各项操作口径。在合同签约环节，加

强对房地产企业的监管；在合同备案登记、产权过户等环节，加强审核。由房屋管理部门会同人力资源社会保障、税务等部门利用信息技术，对非本市户籍居民家庭提交的社保或纳税证明的真实性进行核查，凡不符合规定的，不予办理相关房地产登记手续，并进行诚信状况记录。

二、加大保障性住房和普通商品住房土地供应力度

加快住房用地供应，确保保障性住房和普通商品住房用地供应规模，优化住房用地供应结构。加快保障性住房和普通商品住房用地审批，督促房地产开发企业按照合同约定加快开发建设。加强土地批后监管，确保土地出让后形成有效供给。

三、严格按照房屋用途加强交易管理

房屋管理部门和工商部门要加强监管，防止扰乱房地产市场行为的发生。要按照批准的土地、房屋用途严格交易管理。酒店式公寓房屋用途为居住，属于住房限售范围；公寓式办公楼房屋用途为办公，公寓式酒店房屋用途为旅（宾）馆，公寓式酒店严禁分套销售。对混淆房屋用途、误导购房者等违规行为要依法查处，切实维护购房者合法权益。

四、开展房地产市场调控政策执行情况检查

（一）下半年在全市组织开展住房限售政策、差别化住房信贷、税收政策执行情况的检查，重点检查购房资格、“认房认贷”政策执行情况、土地增值税等税收征管情况，严肃查处提供虚假证明骗取购房资格以及违规发放二套、三套房贷等行为，确保各项政策落到实处。

（二）房屋管理、财政、税务、人力资源社会保障、工商、金融、监察等部门和市公积金中心要加强沟通协调，搞好日常检查。对提供虚假证明、串通骗取购房资格的，一律不得办理房地产登记。对涉及房地产企业违法违规的，可依法暂停网上销售，计入信用档案，降低直至取消资质，并责令办理相关变更登记或注销登记；拒不办理的，依法吊销其营业执照。涉及其他企业违法违规的，依法追究其责任，直至依法吊销其营业执照。涉及国家工作人员违法违规的，依法给予行政处分；构成犯罪的，移交司法机关依法追究其刑事责任。

五、大力加强住房保障，进一步扩大受益家庭规模

按照年度目标任务，积极推进保障性住房项目建设和供应，加强工程质量监督管理，努力提高配套水平。扩大廉租住房实物配租受益面；研究完善共有产权保障住房（经济适用住房）的申请条件和相关运行机制，加大申请供应力度；研究探索公共租赁住房与廉租住房统筹建设、并轨运营机制；进一步完善保障性住房分配和供后管理机制。

六、完善信息披露，加强舆论引导

各有关部门要全面、正确、及时地提供房地产市场信息，深入解读相关政策，科学引导市场预期。新闻媒体要加强舆论宣传和正面引导，着重宣传本市“两个体系、三个为主、四位一体”解决住房问题的做法和经验，引导房地产市场平稳健康发展。

上海市人民政府办公厅
二〇一二年七月二十六日

关于开展住房限售政策等执行情况检查的通知

沪房管市〔2012〕309 号

各区县住房保障和房屋管理局、各房地产交易中心：

按照《关于进一步严格执行房地产市场各项调控政策的通知》（沪府办发〔2012〕49号）要求，现就组织开展住房限售政策等执行情况检查有关事项通知如下：

一、检查范围和内容

（一）住房限售政策执行情况检查

各区县房管部门要抽查一定比例的在售商品住房项目，重点是本区域范围内成交价格较高、价格上涨较快、外地人士购房占比异常以及存在其他成交异常情况的商品住房项目。要按照《关于本市贯彻〈国务院办公厅关于进一步做好房地产市场调控工作有关问题的通知〉的实施意见》（沪府办发〔2011〕6号）、《关于本市贯彻执行住房限售等政策有关问题的通知》（沪房管规范市〔2011〕2号）等规定，重点检查合同签约备案环节房地产企业是否履行签约前告知购房人住房限售政策、督促购房人如实填写购房申报表、核对购房人及其家庭成员的户籍、婚姻、纳税或社保缴纳证明材料等情况，检查是否存在代办虚假证明材料等违法违规行为。

各区县房地产交易中心要抽查一定比例的房地产预告登记和转移登记件袋（包括二手存量住房和新建商品住房登记），重点检查购房人提供的社保证明等材料，并选取部分案例提交市房管局会同人保部门复核。同时，开展执行住房限售政策内部自查工作，重点自查房地产交易登记中收件、查验和审核等环节执行政策情况。

（二）商品住房预销售行为检查

各区县房管部门要按照《关于进一步加强本市房地产市场监管规范商品住房预销售行为的通知》（沪房管市〔2010〕246号）、《关于加强本市商品住房销售行为监管严格执行住房限售政策有关问题的通知》（沪房管规范市〔2011〕5号）等规定，对本区域内2012年以来取得新建商品住房预售许可证或已办理现房销售备案的商品住房项目开展全面检查。重点检查是否存在已取得预售许可证或已办理现房销售备案的商品住房项目未在规定时间、未将全部准售房源一次性对外公开销售、对外公开的可售房源拒绝销售行为；是否存在未通过网上备案系统签订商品住房定金合同、销售合同，未及时办理合同网上备案和登记行为；售楼现场是否公示经备案的商品住房销售方案和“一房一价”表；是否存在通过签订虚假房地产交易合同等方式进行捂盘惜售行为等。

（三）商场、办公楼、公寓式酒店等非居住商品房分割销售、售后包租等情况梳理

各区县房管部门要按照《商品房销售管理办法》（建设部令第88号）、《关于进一步严格执行房地产市场各项调控政策的通知》（沪府办发〔2012〕49号）、《关于商场和办公楼分割转让问题的通知》（沪房地资权〔2004〕19号）等规定，对本区域商场、办公楼、公寓式酒店等非居住商品房项目的分割销售、售后包租等情况进行摸底排查，重点梳理自沪房地资权〔2004〕19号文印发之日起取得新建商品房预售许可证或办理现房销售备案的商品房项目，掌握本区域存在分散经营、统一包租的各类非居住商品房现状，及时发现矛盾纠纷，做好预案。

二、检查工作步骤

（一）区县检查（2012年9月-2012年10月）

区县房管部门、房地产交易中心应在2012年9月30日前，完成住房限售政策执行情况检查，填写《住房限售政策执行情况检查汇总表》（附件1），于10月15日前上报市房管局；于10月31前完成商品住房预销售行为检查以及非居住商品房梳理工作，填写《商场、办公楼、公寓式酒店等非居住商品房梳理情况汇总表》（附件2），并形成检查报告于11月5日前上报市房管局。

（二）市局抽查（2012 年 10-12 月）

根据区县房管部门检查进展情况，市房管局组成检查工作组，对工作开展情况和相关商品房项目进行抽查，并公布抽查结果，组织交流检查经验，通报违法违规典型案件。

三、检查工作要求

（一）各区县房管部门、房地产交易中心要高度重视此次检查工作，把检查作为下半年继续严格贯彻执行国家和本市各项房地产市场调控政策的重要工作，切实加强组织领导；要结合本区域实际制定实施方案，明确责任，组成检查工作组，按步骤按要求，切实把检查工作抓实、抓好。

（二）各区县房管部门要严肃查处违法违规行为，凡发现提供虚假证明等违反住房限售规定、违反商品房预销售管理规定的房地产企业或个人，应依法从严查处；涉及非房地产企业的，应及时移送相关职能部门查处；对查处的各类典型案件，要及时上报，由市房管局统一向社会曝光。

（三）各区县房管部门要以此次检查工作为契机，夯实各项基础管理工作，抓好各项楼市房价调控工作，保持市场平稳健康、行业有序发展。

上海市住房保障和房屋管理局
二〇一二年九月六日

上海市 2012 年共有产权保障房（经济适用住房）准入标准和供应标准

根据《上海市经济适用住房管理试行办法》（沪府发〔2009〕29 号）的规定，制订本市 2012 年共有产权保障房（经济适用住房）准入标准和供应标准如下：

一、准入标准

同时符合下列标准的本市城镇居民家庭，可以申请购买共有产权保障房（经济适用住房）：

（一）家庭成员在本市实际居住，具有本市城镇常住户口连续满 3 年，且在提出申请所在地的城镇常住户口连续满 2 年。

（二）家庭人均住房建筑面积低于 15 平方米（含 15 平方米）。

（三）3 人及以上家庭人均年可支配收入低于 6 万元（含 6 万元）、人均财产低于 15 万元（含 15 万元）；2 人及以下家庭人均年可支配收入和人均财产标准按前述标准上浮 20%，即人均年可支配收入低于 7.2 万元（含 7.2 万元）、人均财产低于 18 万元（含 18 万元）。

（四）家庭成员在提出申请前 5 年内未发生过住房出售行为和赠与行为，但家庭成员之间住房赠与行为除外。

同时符合上述标准，具有完全民事行为能力的单身人士（包括未婚、丧偶、或者离婚满 3 年的人士），男性年满 30 周岁、女性年满 28 周岁，可以单独申请购买共有产权保障房（经济适用住房）。

二、供应标准

对申请购买共有产权保障房（经济适用住房）的，按照下列标准供应：

（一）单身人士或者 2 人家庭，购买一套一居室。

（二）3 人家庭或者原有住房建筑面积低于规定限额（即人均 15 平方米建筑面积限额 × 申请家庭人员数 - 申请家庭原有住房建筑面积）在 15 平方米（含 15 平方米）以上的 2

人家庭，购买一套二居室。

（三）4 人及以上家庭，购买一套三居室。

（四）家庭人员较多、家庭人员代际结构较复杂，或者经区（县）住房保障机构同意，申请家庭将原有住房交政府指定机构收购的，区（县）政府可以酌情放宽住房供应标准，相关标准报市住房保障房屋管理局备案。

申请家庭可以根据自身情况和房源供应数量，选择申请购买较小的房型。

三、实施日期

上述准入标准和供应标准，自 2012 年 3 月 1 日起实施。

上海市住房保障和房屋管理局
上海市发展和改革委员会
上海市城乡建设和交通委员会
上海市民政局
二〇一二年二月七日

上海市廉租住房实物配租申请条件和配租标准

为进一步完善本市住房保障体系，规范本市廉租住房实物配租工作，逐步扩大廉租住房实物配租受益面，根据《上海市人民政府关于调整本市廉租住房申请条件和配租标准的通知》（沪府发〔2011〕48 号）的有关规定，制订上海市廉租住房实物配租申请条件和配租标准如下：

一、实物配租的申请条件

符合本市廉租住房申请条件且具有下列情形之一的城镇户口居民家庭，可以申请廉租住房实物配租：

（一）老年夫妇家庭；

（二）残疾人员家庭；

（三）重大疾病患者家庭；

（四）完全丧失或者大部分丧失劳动能力人员的家庭；

（五）烈属、因公牺牲人员家属；

（六）曾获得省（部）级及以上劳动模范称号人员的家庭；

（七）曾获得全国“三八红旗手”或者两次获得省（部）级“三八红旗手”称号人员的家庭；

（八）1966 年底以前归国华侨的家庭；

（九）申请家庭人数在 2 人以上（含 2 人）且人均住房居住面积在 5 平方米以下（含 5 平方米）的家庭。

二、实物配租的房源

廉租住房实物配租房源（以下简称“廉租住房”），优先供应给符合“实物配租的申请条件”中所列（一）—（八）项的申请家庭租赁居住。

经批准可转化为共有产权保障房（即经济适用住房，下同）的廉租住房（以下简称“可转化的廉租住房”）供应给实物配租申请家庭租赁居住满一定年限后，申请家庭具有支付能力并符合共有产权保障房申请条件的，可以按照共有产权保障房有关规定申请购买。具体办法，由市住房保障房屋管理部门另行制定。

三、房源供应标准

（一）配租面积标准

廉租住房实物配租的配租面积标准为申请家庭已有住房面积与廉租住房保障面积的差额。廉租住房保障面积为人均居住面积 10 平方米。

（二）选房面积标准

廉租住房最小按照成居室供应。根据供应的房源情况，允许申请家庭在配租面积基础上放宽一定幅度，选择租赁廉租住房。申请家庭的最小选房面积原则上不少于居住面积 10 平方米；最大选房面积原则上不得超过配租面积的 1.5 倍，且该面积不是必须达到的选房面积标准。

申请家庭选择可转化的廉租住房，可以按照本市共有产权保障房供应标准，租赁成套住房。

申请家庭自愿将已有住房交区（县）政府指定机构代理经租，且区（县）政府指定机构同意的，区（县）政府可以酌情放宽房源供应标准。

放宽选房面积或者房源供应的具体标准，由区（县）住房保障房屋管理部门结合实际情况制订，报市住房保障房屋管理部门备案后实施。

四、租金标准与承担

（一）租金标准

廉租住房的租金标准，由实施实物配租的住房保障机构参照住房所在地市场租金的 80%确定，报同级价格主管部门和住房保障房屋管理部门核准后执行。住房所在地市场租金，经符合条件的房地产估价机构评估产生。

核准后的廉租住房租金标准，在廉租住房租赁合同期内保持不变。租赁合同期满重新签订租赁合同的，应当按照届时重新核准的廉租住房租金标准执行。

（二）自付租金

选择的廉租住房面积未超过配租面积 1.5 倍的，且根据本市廉租住房租金配租对象的分类规定，享受基本租金补贴标准的申请家庭，按照家庭月可支配收入的 5% 承担自付租金；享受基本租金补贴标准 70% 的申请家庭，按照家庭月可支配收入的 6% 承担自付租金。

申请家庭选择的廉租住房面积超过配租面积 1.5 倍的，超过的面积由申请家庭按照廉租住房租金标准的 30% 承担自付租金。

（三）租金补贴规定

廉租住房实物配租的租金补贴为廉租住房租金标准扣除申请家庭自付租金以外的差额部分。廉租住房实物配租的租金补贴，列入区（县）年度廉租住房资金预算。

（四）自付租金减免规定

对承担自付租金确有困难的申请家庭，区（县）政府可以制订减免自付租金的条件、审批程序等办法，报市住房保障房屋管理部门备案后实施。

上述申请条件和配租标准自 2012 年 4 月 1 日起实施，有效期至 2014 年 12 月 31 日止。此前，已经享受廉租住房实物配租的家庭，在按照廉租住房复核办法等规定重新核准前，维持原配租标准。

上海市住房保障和房屋管理局
二〇一二年二月十五日

关于保障性住房房源管理的若干规定（试行）

为进一步完善本市“四位一体”的住房保障体系，提高保障性住房使用效率，实现保障性住房供需平衡，根据本市廉租住房、公共租赁住房、共有产权保障住房（即经济适用住房，下同）、征收安置住房（即动迁安置房，下同）政策规定，现就保障性住房房源管理的有关事项规定如下：

一、房源管理原则

（一）合理安排，统筹规划。根据国家总体要求，结合本市保障性住房供应和需求实际以及变化趋势，科学合理地编制保障性住房发展规划、年度计划，建立各类保障性住房的统一建设筹措和房源管理机制，有效实现供需平衡。

（二）规范运作，严格管理。各类保障性住房应按批准的用途和范围使用。确需调整的，应从租、售两方面，构建各类保障性住房用途管理平台，结合实际有序操作，严格对各类保障性住房用途调整特别是租赁型保障性住房调整为出售型保障性住房的管理。

（三）优化配置，保证供应。充分利用保障性住房在土地供应、建设、配套和税收方面的优惠政策，合理控制成本，使有限的公共资源配置发挥最大效用，促进保障性住房建设供应的可持续发展。

二、房源管理范围和要求

保障性住房房源管理范围为征收安置住房、共有产权保障住房（包括配建）、公共租赁住房、廉租住房以及市政府确定的其他保障性住房。上述保障性住房可根据国家任务计划安排等要求和本市供需实际相互调整，但按照《上海市经济适用住房配建暂行意见》规定配建的共有产权保障住房应优先调整为公共租赁住房或廉租住房。

用途需调整的保障性住房已列入年度建设（筹措）计划上报的，计划调整和统计考核按照保障性住房计划和统计的有关规定执行，不得重复计算。保障性住房项目用途调整后，全市各类保障性住房建设和筹措总量必须满足国家下达和本市确定的年度目标要求。

三、房源用途调整方式与价格结算

（一）征收安置住房用途调整为共有产权保障住房的，原房地产开发企业可继续作为开发和销售主体，也可由收购征收安置住房的住房保障机构作为销售主体；共有产权保障住房项目结算价格或收购价格可以征收安置住房建房协议价格为基础进行结算，销售基准价格的确定和结算价与销售基准价之间差额的使用管理按照市发展改革委、市住房保障房屋管理局制订的《上海市经济适用住房价格管理试行办法》（沪发改价督〔2011〕002 号）执行；征收安置住房的土地出让金不再另行结算；建设用地取得方式为“划拨”。

（二）征收安置住房用途调整为公共租赁住房或廉租住房的，公共租赁住房投资机构（包括公共租赁住房运营机构、市公积金中心及其他投资机构，以下统称“投资机构”）或区（县）住房保障机构可按照征收安置住房的建房协议价格予以收购；建设用地取得方式为“出让”。

（三）集中新建的共有产权保障住房用途调整为公共租赁住房或廉租住房的，投资机构或区（县）住房保障机构可按照共有产权保障住房项目结算价格予以收购；建设用地取得方式为“划拨”。

（四）集中新建的共有产权保障住房用途调整为征收安置住房的，房地产开发企业仍作为开发和销售主体，征收安置住房的土地出让金应按照有关规定，经市场评估后补缴。征收安置住房的建房价格以共有产权保障住房项目结算价和补缴的土地出让金等费用为依据确定，房源供应价格及其差价按照市政府批转的市住房保障房屋管理局制订的《上海市动迁安置房管理办法》（沪府发〔2011〕44 号）执行；建设用地取得方式为“出让”。

（五）公共租赁住房或廉租住房用途调整为共有产权保障住房的，投资机构或区（县）住房保障机构作为开发销售主体，以建设项目结算价或收购价格作为共有产权保障住房建设项目结算价；共有产权保障住房销售基准价格的确定和结算价与销售基准价之间差额的使用管理按照沪发改价督〔2011〕002 号文执行；建设用地取得方式为“划拨”。

（六）公共租赁住房或廉租住房用途调整为征收安置住房的，投资机构或区（县）住房保障机构作为开发销售主体。征收安置住房的土地出让金应按照有关规定，经市场评估后补缴。征收安置住房的建房价格以建设项目成本价或收购价格、补缴的土地出让金为依据确定，房源供应价格及其差价按照沪府发〔2011〕44 号文执行；建设用地取得方式为“出让”。

四、房源用途调整程序

（一）未办理房地产初始登记的征收安置住房（已签订土地出让合同的）用途调整为共有产权保障住房的，应按照市政府办公厅转发的《关于加强经济适用住房房源管理和房地产登记的若干规定》（沪府办发〔2011〕46 号）办理；已办理房地产初始登记的征收安置住房用途调整为共有产权保障住房的，产权人的登记事项参照沪府办发〔2011〕46 号文执行。

（二）共有产权保障住房用途调整为征收安置住房的，按照以下程序办理：

1. 房地产开发企业或区（县）住房保障机构向市或区（县）住房保障房屋管理局提出用途调整申请，并提交建设协议书、建设项目原批准文件等材料。其中，市级项目向市住房保障房屋管理局提出申请，区（县）级项目向区（县）住房保障房屋管理局提出申请。

2. 市级项目和区（县）级项目分别按以下要求审核：

（1）市级项目由市住房保障房屋管理局对申报材料予以核实，征询项目所在的区（县）政府意见后，出具初审意见书，并会同市发展改革委、市建设交通委、市财政局、市规划国土资源局等相关部门共同审核，提出审核意见报市住房保障领导小组批准后，出具认定文件。

（2）区（县）级项目由区（县）住房保障房屋管理局对申报材料予以核实，征询区（县）规划土地局意见后，出具初审意见书，经区（县）政府同意，报市住房保障房屋管理局复核。市住房保障房屋管理局会同市发展改革委、市建设交通委、市财政局、市规划国土资源局等相关部门共同审核，提出审核意见报市住房保障领导小组批准后，出具认定文件。

3. 根据认定文件，房地产开发企业按照有关规定，补缴土地出让金等相关费用。

（三）已开工建设的征收安置住房和共有产权保障住房（集中新建）用途调整为公共租赁住房或廉租住房的，按照以下程序办理：

1. 房地产开发企业会同投资机构或区（县）住房保障机构共同向市或区（县）住房保障房屋管理局提出用途调整申请，并提交建设协议书、建设项目原批准文件等材料。其中，市级项目向市住房保障房屋管理局提出申请，区（县）级项目向区（县）住房保障房屋管理局提出申请。

2. 市和区（县）住房保障房屋管理局分别按照以下要求办理：

（1）市住房保障房屋管理局对市级项目的申报材料予以核实，征询项目所在的区（县）政府意见后，出具初审意见书，经征询市规划国土资源局意见后，对符合要求的房源出具认定文件，并抄送市规划国土资源局。

（2）区（县）住房保障房屋管理局对区（县）级项目的申报材料予以核实，征询区（县）规划土地局意见后，出具初审意见书，报区（县）政府批准后，出具认定文件，并送市住房保障房屋管理局备案。

3. 根据认定文件并在房地产初始登记后，投资机构或区（县）住房保障机构与房地产开发企业签订收购协议。

（四）按照《上海市经济适用住房配建暂行意见》规定配建的共有产权保障住房用途调整为公共租赁住房或廉租住房的，按照以下程序办理：

1. 区（县）住房保障机构向区（县）住房保障房屋管理局提出用途调整申请，并提交土地出让合同、建设项目协议书等相关材料。

2. 区（县）住房保障房屋管理局出具初审意见书，报区（县）政府批准后，出具认定文件，并送市住房保障房屋管理局备案。

（五）公共租赁住房或廉租住房用途调整为征收安置住房或共有产权保障住房的，按照以下程序办理：

1. 市级项目由投资机构征询项目所在地的区（县）政府意见后，向市住房保障房屋管理局提出申请，并提交建设项目原批准文件或原收购合同等相关材料；区（县）级项目由区（县）政府向市住房保障房屋管理局提出申请。

2. 市住房保障房屋管理局会同市发展改革委、市建设交通委、市财政局、市规划国土资源局等相关部门共同审核，提出审核意见报市住房保障领导小组批准后，出具认定文件。

3. 经市住房保障领导小组批准用途调整为征收安置住房的，按照有关规定，补缴土地出让金等相关费用。

（六）其他上述未提及或多用途保障性住房的用途调整，报市住房保障领导小组审批。

五、房地产登记

批准用途调整的保障性住房，应根据用途调整后的保障性住房种类和产权人变化情况，按照有关规定，办理房地产登记手续和楼盘表“房屋标志”的标注。

六、其他

未开工建设的保障性住房项目需用途调整的，可依原程序重新办理保障性住房项目认定后，按照有关规定实施。

由市住房保障房屋管理局会同相关部门建立保障性住房信息系统，对保障性住房建设筹措及使用情况，实施跟踪管理。对擅自变更保障性住房用途或使用范围的，市、区（县）监察部门应会同相关部门从严查处。

本规定自印发之日起试行，有效期至 2014 年 5 月 31 日。

上海市住房保障和房屋管理局
上海市发展和改革委员会
上海市城乡建设和交通委员会
上海市规划和国土资源管理局
上海市财政局
二○一二年六月一日

上海市廉租住房申请对象住房面积核查办法

为规范本市廉租住房申请对象（指共同申请人或单身申请人，下同）住房面积核查与认定工作，根据本市廉租住房管理的有关办法和规定，制定本办法。

一、住房面积核查的范围

住房面积核查的范围包括申请对象户口所在地住房和他处住房。他处住房是指核定面积家庭成员在申请对象户口所在地以外拥有的产权住房、实行公有住房租金标准计租的承租住房（以下简称“承租公房”）、已落实私房政策发回产权由业主自管的住房、宅基地住房等。

核定面积家庭成员，是指包括申请对象在内、在申请对象户口所在地住房和他处住房中有居住权利的家庭关系人员。

二、核定面积家庭人数

核定面积家庭人数原则上按照申请对象、申请对象户口所在地住房和他处住房内其他具有本市常住户口满 2 年的人员确定。

下列人员可以计入核定面积家庭人数：

（一）因入托、求学等原因，户口迁离申请对象户口所在地住房或者他处住房的未成年人员；

（二）原户口在申请对象户口所在地住房或者他处住房的未婚现役军人、海员、野外筑路、勘探、在外地学校学习等人员；

（三）户口在申请对象户口所在地住房或者他处住房，在境外学校学习未满 5 年，未婚且未定居，或者在境外工作未定居且每年在本市居住满 90 日的人员。

（四）与申请对象在本市共同居住生活、按户口投靠政策取得申请对象户口所在地常住户口的申请对象的父母。

下列人员不得计入核定面积家庭人数：

（一）除本部分第二款四项所列人员和按照规定不受户口年限限制的申请对象以外，户口迁入申请对象户口所在地住房或者他处住房未满 2 年的人员；

（二）申请对象以外，户口在申请对象户口所在地住房已满 2 年，但在本市另有住房且人均住房居住面积超过 7 平方米（不含 7 平方米，下同）的人员；

（三）父母在本市另有住房，因入托、求学等原因将户口迁入申请对象户口所在地住房或者他处住房的未成年子女；

（四）申请对象以外，按本办法规定在申请对象户口所在地住房或者他处住房的居住面积不作计算的人员。

三、住房面积核查方式

按照《上海市共有产权保障房（经济适用住房）申请对象住房面积核查办法》（沪房管规范保〔2012〕8 号）的核查方式和程序执行。

四、住房的居住面积确定

住房的居住面积确定，按照下列规定执行：

（一）公有住房，按照《租用居住公房凭证》（含有效的《租用公房凭证》，下同）记载和下列规定，计算居住面积：

1、住房的厅小于 6 平方米（含 6 平方米）的，对折计算居住面积；大于 6 平方米的，减去 3 平方米后按实计算居住面积。

2、住房的阁楼或扶梯间高度小于 1.2 米的，不计算居住面积；1.2 米到 1.7 米的，按 50% 计算居住面积；1.7 米以上的，全部计算居住面积。

3、旧式里弄住房，独用灶间已改变用途且实际作居住使用的，按实计算居住面积。

4、在物业管理单位的租金计分表上按走破因素计租且实际确有他户走破的房屋，应扣除宽 90 公分的走道面积后计算居住面积。

5、私自搭建的房屋原则上应当先拆除，方可审核廉租住房的申请；如相关管理部门认为不宜作拆除处理的，应当计算居住面积。

6、未经批准擅自改变居住用途的房屋，仍按照原居住面积计算；经批准同意改变居住用途的，按照实际居住面积确定。

（二）独用成套的产权住房，按照《房地产权证》（含有效的《房屋所有权证》，下同）记载的建筑面积换算成居住面积，居住面积换算方式为：住房居住面积 = 住房建筑面积 ÷ 换算系数。售后公房也可以按照原有《租用居住公房凭证》的记载和公有住房面积计算规定，直接确定居住面积。各类住宅的换算系数如下：

各类住宅的换算系数表

房屋类型	老式公寓	高层（成套）	多层（成套）	花园住宅	新里	旧里及非改居	简屋
换算系数	2.06	2.00	1.98	1.83	1.82	1.54	1.25

（三）非独用成套的老式私房、宅基地住房和成套改造后尚未进行分户测绘的公有住房等，以实地丈量确定居住面积。

五、申请对象住房居住面积计算

（一）申请对象住房居住面积的计算公式

申请对象住房居住面积的计算公式为：住房居住面积 = 核定面积家庭成员人均住房居住面积 × 申请对象人数。

核定面积家庭成员人均住房居住面积的计算公式为：人均住房居住面积 =（申请对象户口所在地住房居住面积 + 申请对象他处住房居住面积）÷（申请对象户口所在地住房核定面积家庭人数 + 申请对象他处住房核定面积家庭人数）。

（二）申请对象他处住房居住面积计算

申请对象他处住房应当按照该住房的全部居住面积计算。如申请对象他处住房内无户籍人员，或者虽有户籍人员但按照规定不计入核定面积家庭人数的，可以按照申请对象在该住房拥有的居住面积计算，计算方式如下：

1、该住房为产权住房，《房地产权证》记载房屋产权为按份共有的，按照其拥有的产权份额计算住房居住面积；《房地产权证》记载房屋产权为共同共有的，按照住房居住面积除以房地产权利人人数计算住房居住面积。

2、该住房为承租公房的，按照该住房的全部居住面积计算。

3 该住房为宅基地住房的，按照住房居住面积除以批准建房人数计算。

（三）其他核定面积家庭成员他处住房居住面积的计算与处理

申请对象户口所在地住房内，申请对象以外的其他核定面积家庭成员（简称“其他核定面积家庭成员”）他处住房人均住房居住面积计算公式为：人均住房居住面积 = 其他核定面积家庭成员他处住房居住面积 ÷ 该住房核定面积家庭人数。

按照上述公式计算后的特别处理规定如下：其他核定面积家庭成员他处住房人均住房居住面积低于 7 平方米（含 7 平方米）的，可以计入申请对象户口所在地住房的核定面积家庭人数；人均住房居住面积超过 7 平方米的，不得计入申请对象户口所在地住房的核定面积家庭人数。上述规定仅适用于计算确定申请对象户口所在地住房的核定面积家庭人数。

六、住房居住面积认定的特殊规定

有下列情形之一，并且能提供相关书面凭证的申请对象，其户口所在地住房居住面积不作计算：

（一）具有本市城镇集体户口，居住在单位办公用房、业务用房、集体宿舍的。

（二）按照政策入沪并取得本市城镇常住户口，在户口所在地无直系亲属，且不拥有其户口所在地住房的产权、土地使用权或者公有住房承租权的。

（三）离婚判决书或者协议书中明确无住房安置，也没有获得离婚住房安置补贴款，离婚后户口仍保留在原结婚住房处，且原结婚住房为原配偶一方所有或者其他人所有的。

（四）户口保留在已灭失的住房或者在提出申请时 5 年前已出售的住房处的。

（五）因原有住房出售、征收（拆迁）以及离婚后将户口迁入朋友或者除父母、配偶、子女以外的其他亲属住房，本人在外租房居住的。

特定情况下核定面积家庭成员的住房居住面积计算，按照下列规定执行：

（一）在申请对象提出申请时 5 年内出售或者赠与原有住房并购入住房的，按照原有住房与购入住房之中面积较大的住房计算住房居住面积；在申请对象提出申请时 5 年内出售或者赠与原有住房但未购入住房的，按照原有住房计算住房居住面积。

（二）根据离婚判决书或者协议书，在申请对象提出申请前 5 年内获得离婚住房安置补贴款但未购买住房的，其住房安置补贴款，按照离婚判决书或者协议书生效时全市二手房每平方米成交均价折算住房居住面积；获得离婚住房安置的，按照安置住房情况计算住房居住面积。

（三）在申请对象提出申请时 5 年内获得住房征收（拆迁）货币补偿款，由于自身原因未购买住房的，其货币补偿款，按照获得时全市二手房每平方米成交均价折算居住面积。货币补偿款，应当包括被征收（拆迁）房屋的房地产市场评估价格、价格补贴、特定房屋类型的套型面积补贴、居住困难户的保障补贴；不包括搬迁费、临时安置费和奖励费。

七、其他

本办法自印发之日起施行，有效期至 2014 年 12 月 31 日。《关于印发 < 上海市廉租住房申请对象住房面积核查办法 > 的通知》（沪房管规范保〔2011〕10 号）同时废止。

上海市住房保障和房屋管理局
二〇一二年六月十二日

关于加强共有产权保障住房（经济适用住房）申请审核、严肃查处隐瞒虚报行为的通知

沪房管保〔2012〕254 号

市住房保障事务中心，市居民经济状况核对中心，各区县住房保障房屋管理局、民政局：

根据《关于加强经济适用住房管理有关问题的通知》（建保〔2010〕59 号）和《上海市经济适用住房管理试行办法》（沪府发〔2009〕29 号）等的有关规定，为加强本市共有产权保障住房（即经济适用住房，下同）申请审核工作，严肃查处共有产权保障住房申请审核中的隐瞒虚报行为，现就有关问题通知如下：

一、共同申请人或者单身申请人（以下合称“申请对象”）申请共有产权保障住房时，应当如实申报家庭人口、户籍、婚姻、住房、收入和财产等基本信息及其变化情况，据实提交申请材料，对申报信息的真实性负责。并应当配合住房保障机构依法开展的核查和核对工作，应住房保障机构的要求，提交相关补充证明材料等。

相关个人或者单位为申请对象出具证明材料的，应当对证明材料的真实性负责。

各级住房保障机构和相关核对机构，应当认真核查、核对申请材料和证明材料，严格按

照规定开展审核工作，并对审核认定和处理意见负责。

二、申请对象有下列情形之一的，认定为隐瞒虚报行为：

（一）申请对象伪造或者提供无效、不实人口、户籍、婚姻、住房、收入和财产等证明材料的；

（二）申请对象隐瞒或者不如实申报足以影响申请对象资格认定的重要事实或者情节的；

（三）初审或者复审核查中止后，申请对象收到住房保障机构要求补充提交材料通知书，未在规定时限内补充提交相关证明材料、执意不配合初审或者复审核查的；

（四）住房保障机构在初审和复审公示，以及复核和抽查等过程中需要查验相关事实，要求申请对象补充提交相关材料，申请对象不补充提交相关材料、执意不配合住房保障机构开展相关工作的；

（五）申请审核期间，申请对象因离婚、户籍迁移、死亡等原因发生人员减少情况，未按照规定及时报告，仍按照原申报情况继续申请或者购买共有产权保障住房的；

（六）根据法律、法规等认定的其他隐瞒虚报行为。

三、对发生隐瞒虚报行为的申请对象，住房保障机构应当根据不同情况，采取以下处理措施：

（一）予以训诫，责令限期改正；

（二）终止共有产权保障住房申请审核；

（三）在适当范围内公开通报其隐瞒虚报行为；

（四）取消其 5 年内申请本市各类保障性住房的资格；

（五）记录不良信用信息，并按规定纳入上海市社会信用联合征信系统，供有关社会主体依法查询使用；

（六）情节严重的，通过司法途径追究相关法律责任，涉嫌犯罪的，移送司法机关处理；

（七）法律、法规等规定的其他处理措施。

对为申请对象出具虚假证明材料的个人或者单位，住房保障机构应当作出如下处理：

（一）记录个人或者单位的不良信用记录，并按照规定纳入上海市社会信用联合征信系统，供有关社会主体依法查询使用；

（二）在适当范围公开通报出具虚假证明材料的个人或者单位，建议税务、工商、公安等部门及时检查涉案单位的人事、工资、财务管理等情况，按规定予以处理；

（三）情节严重的，通过司法途径追究相关法律责任，涉嫌犯罪的，移送司法机关处理；

（四）法律、法规等规定的其他处理措施。

四、隐瞒虚报行为在初审中被认定的，由街道（乡镇）住房保障机构出具初步意见，经区（县）住房保障机构审核同意后向申请对象出具处理告知书；在复审和复核、抽查等中被认定的，由区（县）住房保障机构向申请对象出具处理告知书。处理意见做出后应当及时报送市住房保障机构备案。

五、在共有产权保障住房申请审核过程中，住房保障机构、相关核查、核对机构及其工作人员玩忽职守、滥用职权、徇私舞弊的，依法追究有关单位和工作人员的行政责任；涉嫌犯罪的，移送司法机关处理。

六、本通知自印发之日起施行，《关于加强经济适用住房申请审核、严肃查处隐瞒虚报行为的通知》（沪房管保〔2010〕212 号）同时废止。

上海市住房保障和房屋管理局
上海市民政局
二〇一二年八月三日

第四节　房地产开发和交易

关于执行住房限售政策中查验社会保险缴纳证明材料问题的通知

沪房管市〔2012〕205 号

各区县住房保障房屋管理局、各房地产交易中心、市房屋状况信息中心：

为严格执行住房限售政策，现就查验购房人社会保险（城镇社会保险，下同）缴纳证明材料问题通知如下：

一、按照《关于贯彻落实〈国务院办公厅关于进一步做好房地产市场调控工作有关问题的通知〉的实施意见》（沪府办发〔2011〕6 号）规定，非本市户籍居民家庭持社会保险缴纳证明购买住房的，缴纳社会保险须符合“自购房之日起算的前 2 年内累计缴纳满 12 个月”，补缴的不予认可。

二、各房地产交易中心在受理房地产预告登记或转移登记时，对非本市户籍居民家庭持社会保险缴纳证明购买住房的，应加强查验购房人提供的社会保险缴纳证明材料，发现补缴或涉嫌提供虚假材料的，及时汇总提交市社会保险事业管理中心核验。购房人社会保险缴纳证明材料不符合规定的，区县房地产交易中心不予办理房地产登记。

特此通知。

上海市住房保障和房屋管理局

二〇一二年七月五日

关于开展住房限售政策等执行情况检查的通知

沪房管市〔2012〕309 号

各区县住房保障和房屋管理局、各房地产交易中心，：

按照《关于进一步严格执行房地产市场各项调控政策的通知》（沪府办发〔2012〕49 号）要求，现就组织开展住房限售政策等执行情况检查有关事项通知如下：

一、检查范围和内容

（一）住房限售政策执行情况检查

各区县房管部门要抽查一定比例的在售商品住房项目，重点是本区域范围内成交价格较高、价格上涨较快、外地人士购房占比异常以及存在其他成交异常情况的商品住房项目。要按照《关于本市贯彻〈国务院办公厅关于进一步做好房地产市场调控工作有关问题的通知〉的实施意见》（沪府办发〔2011〕6 号）、《关于本市贯彻执行住房限售等政策有关问题的通知》（沪房管规范市〔2011〕2 号）等规定，重点检查合同签约备案环节房地产企业是否履行签约前告知购房人住房限售政策、督促购房人如实填写购房申报表、核对购房人及其家庭成员的户籍、婚姻、纳税或社保缴纳证明材料等情况，检查是否存在代办虚假证明材料等违法违规行为。

各区县房地产交易中心要抽查一定比例的房地产预告登记和转移登记件袋（包括二手存量住房和新建商品住房登记），重点检查购房人提供的社保证明等材料，并选取部分案例提交市房管局会同人保部门复核。同时，开展执行住房限售政策内部自查工作，重点自查房地产交易登记中收件、查验和审核等环节执行政策情况。

（二）商品住房预销售行为检查

各区县房管部门要按照《关于进一步加强本市房地产市场监管规范商品住房预销售行为的通知》（沪房管市〔2010〕246 号）、《关于加强本市商品住房销售行为监管严格执行住房限售政策有关问题的通知》（沪房管规范市〔2011〕5 号）等规定，对本区域内 2012 年以来取得新建商品住房预售许可证或已办理现房销售备案的商品住房项目开展全面检查。重点检查是否存在已取得预售许可证或已办理现房销售备案的商品住房项目未在规定时间、未将全部准售房源一次性对外公开销售、对外公开的可售房源拒绝销售行为；是否存在未通过网上备案系统签订商品住房定金合同、销售合同，未及时办理合同网上备案和登记行为；售楼现场是否公示经备案的商品住房销售方案和“一房一价”表；是否存在通过签订虚假房地产交易合同等方式进行捂盘惜售行为等。

（三）商场、办公楼、公寓式酒店等非居住商品房分割销售、售后包租等情况梳理

各区县房管部门要按照《商品房销售管理办法》（建设部令第 88 号）、《关于进一步严格执行房地产市场各项调控政策的通知》（沪府办发〔2012〕49 号）、《关于商场和办公楼分割转让问题的通知》（沪房地资权〔2004〕19 号）等规定，对本区域商场、办公楼、公寓式酒店等非居住商品房项目的分割销售、售后包租等情况进行摸底排查，重点梳理自沪房地资权〔2004〕19 号文印发之日起取得新建商品房预售许可证或办理现房销售备案的商品房项目，掌握本区域存在分散经营、统一包租的各类非居住商品房现状，及时发现矛盾纠纷，做好预案。

二、检查工作步骤

（一）区县检查（2012 年 9 月 -2012 年 10 月）

区县房管部门、房地产交易中心应在 2012 年 9 月 30 日前，完成住房限售政策执行情况检查，填写《住房限售政策执行情况检查汇总表》（附件 1），于 10 月 15 日前上报市房管局；于 10 月 31 前完成商品住房预销售行为检查以及非居住商品房梳理工作，填写《商场、办公楼、公寓式酒店等非居住商品房梳理情况汇总表》（附件 2），并形成检查报告于 11 月 5 日前上报市房管局。

（二）市局抽查（2012 年 10-12 月）

根据区县房管部门检查进展情况，市房管局组成检查工作组，对工作开展情况和相关商品房项目进行抽查，并公布抽查结果，组织交流检查经验，通报违法违规典型案件。

三、检查工作要求

（一）各区县房管部门、房地产交易中心要高度重视此次检查工作，把检查作为下半年继续严格贯彻执行国家和本市各项房地产市场调控政策的重要工作，切实加强组织领导；要结合本区域实际制定实施方案，明确责任，组成检查工作组，按步骤按要求，切实把检查工作抓实、抓好。

（二）各区县房管部门要严肃查处违法违规行为，凡发现提供虚假证明等违反住房限售规定、违反商品房预销售管理规定的房地产企业或个人，应依法从严查处；涉及非房地产企业的，应及时移送相关职能部门查处；对查处的各类典型案件，要及时上报，由市房管局统一向社会曝光。

（三）各区县房管部门要以此次检查工作为契机，夯实各项基础管理工作，抓好各项楼市房价调控工作，保持市场平稳健康、行业有序发展。

上海市住房保障和房屋管理局
二〇一二年九月六日

关于对本市房地产估价机构进行检查的通知

沪房管市〔2012〕374 号

市房地产估价师协会、各房地产估价机构：

为加强房地产估价机构的监督管理，促进房地产估价行业持续健康发展，根据建设部令第 142 号《房地产估价机构管理办法》和《关于加强房地产估价机构监管有关问题的通知》等的规定和要求，决定对本市房地产估价机构开展检查。现就有关事项通知如下：

一、检查对象

在本市行政区域内，具有房地产估价资质的机构和经备案的分支机构。

二、检查内容

（一）法律法规执行情况，重点检查机构取得房地产估价资质后是否持续符合资质条件，执业过程中是否存在违法违规行为；

（二）执业条件，包括：估价机构固定的经营服务场所及办公设备配备情况等；

（三）内部制度建设及落实情况，包括：估价质量控制、档案管理、财务管理等管理制度的建设和落实等；

（四）房地产估价师和辅助人员情况，包括：估价机构从业人员数量、房地产估价师的注册情况，劳动合同或者聘用合同的签订情况，社会保险办理情况、人事档案管理情况、继续教育情况等；

（五）信用档案建设情况，包括：信用档案公示的内容与资质申报材料及机构实际情况是否一致，信息上报是否及时等；

（六）执行有关技术规范情况，包括：现场检查估价报告的合法性和规范性；随机抽取 2 份估价报告用于质量评审，重点是 2011 年 -2012 年内出具的估价报告；

（七）分支机构设立情况，包括：设立分支机构的数量，分支机构是否符合设立条件等；

（八）异地执业情况，包括：房地产估价机构在本市以外地区从事房地产估价业务，是否向业务发生地有关房地产行政主管部门留存估价报告备查。

三、检查安排

（一）组织领导

我局成立检查工作领导小组，指导、协调本次检查工作；由局房地产市场监管处会同市房地产估价师协会、部分估价机构，成立检查组，具体负责本次检查工作。

（二）检查人员组成

检查人员由局房地产市场监管处、市房地产估价师协会、部分房地产估价机构组成。

（三）检查方式

以“机构自查和检查组实地检查”相结合方式进行。

机构自查，各机构应当按照本通知的要求，对照自查，如实填写附件 1、2、3，按时上报自查报告和附件。

实地检查，本次实地检查的机构数量原则上不少于现有机构总数的50%。现场检查程序：机构汇报自查情况，检查组对机构填报的材料进行逐项核对检查、检查估价报告的合法性和规范性、随机抽取 2 份估价报告、现场出具实地检查意见，被检查机构现场确认实地检查意见。

（四）工作安排

检查动员，2012 年 10 月。

机构自查，原则上应当在2012年11月中旬结束，并向我局房地产市场监管处（电话23116042，传真23116089）提交书面自查报告和2个附件（附件1和附件3，均需加盖机构印章）；附件2应当在2013年1月15日前提交。另外，请将3个附件的电子文档（Excel格式）发生至邮箱：zhu_yude@163.com

实地检查，原则上2012年12月结束，检查组到被检查机构实地检查的具体时间另行通知。

报告评审，2013年1月上旬结束。

结果公告，2013年1月，检查结果在我局门户网站上公告。

四、其他

（一）各机构负责人要认真对待、切实重视本次检查工作，全面、客观地进行自查，真实、准确地填报相关材料并及时报送，对自查发现的问题应当及时进行自纠。

（二）对检查中发现的房地产估价机构、估价人员的违法违规行为，我局将依据有关规定予以处理，并记入其信用档案。

（三）检查不合格或者不规范的机构，应当在规定的时间内完成整改；整改不通过的，我局将依据有关规定予以处理。

特此通知。

上海市住房保障和房屋管理局

2012年10月26日

关于加强商品住房项目附属会所交易和使用管理的通知

沪房管规范市[2012]34号

各区县住房保障房屋管理局、各房地产交易中心、各房地产开发企业、各物业服务企业、各拍卖企业、各业主大会、业主委员会：

为加强对商品住房项目附属会所的交易和使用管理，保障业主的合法权益，根据《商品房销售管理办法》、《上海市住宅物业管理规定》和《上海市房地产转让办法》的有关规定，现就会所交易和使用等问题通知如下：

一、本通知所称商品住房项目附属会所（以下简称会所）系指按照规划部门批准的用于向业主或者以业主为主的人群提供商业、娱乐、文体等配套服务的场所。

二、会所所有权的归属，应当由房地产开发企业与购房人在商品房预（出）售合同中约定明确。合同未约定或者约定不明确的，会所所有权为房地产开发企业所有。

三、房地产开发企业根据《上海市商品房销售方案备案管理暂行规定》（沪房管市[2009]213号）的规定向房屋行政管理部门申请商品房销售方案备案时，在报送备案的销售方案中除明确是否保留对会所的所有权外，还应当根据规划批准用途明确会所的座落、经营服务方式和服务功能，并明确会所是否仅向业主开放或者业主是否享有优惠使用的权利。同时，在报送备案的销售方案中还应当明确上述内容为商品房预（出）售合同的附件。

四、商品房销售方案备案后，房地产开发企业应当将《商品房销售方案备案证明》和销售方案的相关信息予以公开披露，并将已备案的商品房销售方案在售楼场所张贴公示。

五、会所的经营服务方式和服务功能，房地产开发企业应当与购房人在商品房预（出）售合同正文或者合同附件中约定明确，商品住房销售广告、售楼书等宣传资料中明确会所经营服务方式和服务功能的，房地产开发企业不得擅自改变。

六、房屋调查机构在预测或者实测建筑面积时应当按照“会所”认定其建筑类型和房屋用途，房地产登记机构核发房地产权证时，房屋类型和房屋用途均应当记载为“会所”。

七、会所所有权由房地产开发企业保留的，房地产开发企业出租、出售会所的，应当将已向业主承诺的具体用途、经营服务方式和服务功能约定为租售合同的内容，承租人和受让人应当按照租售合同的约定经营使用，不得擅自改变。

八、会所所有权属全体业主共有的，只登记不发放房地产权证，会所出租的收益归全体业主所有，主要用于补充专项维修资金，也可以按照业主大会的决定使用。

九、会所被拍卖的，受托的拍卖机构应当将该会所的具体用途、经营服务方式和服务功能在拍卖公告中明确，受让人取得会所所有权后，应当按照公告的具体用途、经营服务方式和服务功能经营使用。

十、房地产开发企业、会所的承租人、受让人及其他经营者需要改变已向业主承诺的经营服务方式和服务功能的，应当按照规划管理和物业管理的有关规定，与业主委员会协商并征得业主大会同意。

十一、会所经营和消费人员进出小区、车辆停放、噪音控制等会所后续运行管理事项可以纳入小区业主自我管理的范围，房地产开发企业或者业主大会可以在《临时管理规约》或者《管理规约》中具体约定。

十二、本通知自 2013 年 1 月 1 日起施行，有效期至 2017 年 12 月 31 日。《关于加强商品住宅项目附属会所交易管理的通知》（沪房地资市 [2003]230 号）同时废止。

上海市住房保障和房屋管理局
二〇一二年十二月二十六日

关于进一步严格执行房地产市场各项调控政策的通知

沪府办发〔2012〕49 号

各区、县人民政府，市政府各委、办、局：

2011 年以来，本市坚决贯彻落实国家出台的房地产市场各项调控政策，严格执行差别化住房信贷、税收和住房限售等规定，认真搞好房产税试点，不断加强房地产市场监管，取得了积极成效。总体看，住房价格上涨势头得到有效遏制。为进一步贯彻落实国家和本市出台的房地产市场各项调控政策，巩固调控成果，坚决抑制投机投资性购房需求，根据近期国土资源部、住房城乡建设部《关于进一步严格房地产用地管理巩固房地产市场调控成果的紧急通知》（国土资电〔2012〕87 号）要求，经市政府同意，现就严格执行房地产市场各项调控政策作如下通知：

一、严格执行差别化住房信贷、税收和住房限售政策

（一）对贷款购买第二套住房的，按照现有政策，严格执行“认房认贷”的认定标准、首付款标准、贷款利率标准。严格执行差别化公积金贷款政策，支持首套自住性购房和符合条件的本市居民购买共有产权保障住房（经济适用住房）个人住房公积金贷款。

（二）区别普通商品住房和非普通商品住房、家庭唯一住房和家庭非唯一住房等情况，继续严格执行各项差别化的房地产交易环节税收政策。

（三）严格执行国家和本市住房限售政策确定的各项操作口径。在合同签约环节，加强对房地产企业的监管；在合同备案登记、产权过户等环节，加强审核。由房屋管理部门会

同人力资源社会保障、税务等部门利用信息技术，对非本市户籍居民家庭提交的社保或纳税证明的真实性进行核查，凡不符合规定的，不予办理相关房地产登记手续，并进行诚信状况记录。

二、加大保障性住房和普通商品住房土地供应力度

加快住房用地供应，确保保障性住房和普通商品住房用地供应规模，优化住房用地供应结构。加快保障性住房和普通商品住房用地审批，督促房地产开发企业按照合同约定加快开发建设。加强土地批后监管，确保土地出让后形成有效供给。

三、严格按照房屋用途加强交易管理

房屋管理部门和工商部门要加强监管，防止扰乱房地产市场行为的发生。要按照批准的土地、房屋用途严格交易管理。酒店式公寓房屋用途为居住，属于住房限售范围；公寓式办公楼房屋用途为办公，公寓式酒店房屋用途为旅（宾）馆，公寓式酒店严禁分套销售。对混淆房屋用途、误导购房者等违规行为要依法查处，切实维护购房者合法权益。

四、开展房地产市场调控政策执行情况检查

（一）下半年在全市组织开展住房限售政策、差别化住房信贷、税收政策执行情况的检查，重点检查购房资格、“认房认贷”政策执行情况、土地增值税等税收征管情况，严肃查处提供虚假证明骗取购房资格以及违规发放二套、三套房贷等行为，确保各项政策落到实处。

（二）房屋管理、财政、税务、人力资源社会保障、工商、金融、监察等部门和市公积金中心要加强沟通协调，搞好日常检查。对提供虚假证明、串通骗取购房资格的，一律不得办理房地产登记。对涉及房地产企业违法违规的，可依法暂停网上销售，计入信用档案，降低直至取消资质，并责令办理相关变更登记或注销登记；拒不办理的，依法吊销其营业执照。涉及其他企业违法违规的，依法追究其责任，直至依法吊销其营业执照。涉及国家工作人员违法违规的，依法给予行政处分；构成犯罪的，移交司法机关依法追究其刑事责任。

五、大力加强住房保障，进一步扩大受益家庭规模

按照年度目标任务，积极推进保障性住房项目建设和供应，加强工程质量监督管理，努力提高配套水平。扩大廉租住房实物配租受益面；研究完善共有产权保障住房（经济适用住房）的申请条件和相关运行机制，加大申请供应力度；研究探索公共租赁住房与廉租住房统筹建设、并轨运营机制；进一步完善保障性住房分配和供后管理机制。

六、完善信息披露，加强舆论引导

各有关部门要全面、正确、及时地提供房地产市场信息，深入解读相关政策，科学引导市场预期。新闻媒体要加强舆论宣传和正面引导，着重宣传本市“两个体系、三个为主、四位一体”解决住房问题的做法和经验，引导房地产市场平稳健康发展。

上海市人民政府办公厅
二〇一二年七月二十六日

第五节 物业管理

关于调整公有住宅售后物业服务费收费标准的通知

沪房管规范物［2012］29 号

各区、县物价局，各区、县房管局，各物业服务企业和业主大会：

为了贯彻落实《上海市住宅物业管理规定》，加强公有住宅售后小区物业管理工作，进一步提升物业服务水平，经研究，决定用三年时间，通过逐年调整物业服务收费标准，逐步使物业服务收费标准与物业服务实际运营成本接轨，并解决“同一小区、不同收费”的历史遗留问题，促进物业服务行业健康发展。现将《上海市公有住宅售后小区物业服务标准》（见附件）和调整后的公有住宅售后物业服务费收费标准印发如下，请按照执行：

一、公有住宅售后小区物业服务收费标准

公有住宅售后小区是指以物业管理区域内的住宅执行售后房物业服务标准，并按公有住宅售后收取物业服务费的住宅小区。

1、公有住宅售后房屋的物业服务收费标准（2012 年度）

多层住宅管理费每户每月 5-9 元，高层住宅管理费每户每月 6-12 元。

保洁费每户每月 6 元。

保安费每户每月 9 元。

配备电梯的住宅电梯、水泵运行费每月每平方米建筑面积 0.55 元。其中，房屋业主直接支付 0.15 元，从公有住宅售后维修资金中列支 0.40 元。

绿化养护和共用部位、共用设备设施（除配备电梯住宅的电梯和水泵外）日常运行、保养、维修等物业服务费用均在公有住宅售后维修资金中列支。

公有住宅承租人应当按照本小区公有住宅售后保洁费和保安费收费标准，交纳保洁费和保安费。

业主大会与物业服务企业协商确定的管理、保洁和保安等物业服务标准超出公有住宅售后小区物业服务标准的，相关费用的收费标准应当根据实际物业服务标准予以相应提高。

2、公有住宅售后小区非居住用房的物业服务收费标准

公有住宅售后小区非居住用房指在公有住宅售后小区物业管理区域内配建的执行市政府规定的租金标准的非居住用房。

管理费按租金的 25% 计算，由房屋业主支付给物业服务企业，非居住用房的租金则由房屋业主收取。

保洁费按每平方米建筑面积 0.2-0.5 元 / 月计算，由房屋使用人支付。

保安费按每平方米建筑面积 0.2-0.5 元 / 月计算，由房屋使用人支付。

二、混合小区中公有住宅售后物业服务收费标准

混合小区是指同一物业管理区域，实行同一物业服务标准，但商品住宅和公有住宅售后房屋执行不同物业服务收费标准的住宅小区。

混合小区中的公有住宅售后物业服务收费标准如下：

2012、2013 和 2014 年度管理费、保洁费和保安费分别按照本小区商品住宅综合管理服务、公共区域清洁卫生服务和公共区域秩序维护服务收费标准的 60%、80% 和 100% 收取。调整后的管理费、保洁费和保安费收费标准不得低于该房屋原收费标准。

配备电梯的住宅电梯、水泵运行费每月每平方米建筑面积 0.55 元。其中，房屋业主直接支付 0.15 元，从公有住宅售后维修资金中列支 0.40 元。

绿化养护和共用部位、共用设备设施（除配备电梯住宅电梯和水泵外）日常运行、保养、维修等物业服务费用均在公有住宅售后维修资金中列支。

2015 年 9 月 1 日起，混合小区内的公有住宅售后房屋按照本小区商品住宅物业服务费收费项目和收费标准执行，公有住宅售后维修资金不再列支物业服务费相关费用。

三、其他事项

公有住宅售后小区已组建业主大会的，业主委员会应与物业服务企业根据本通知有关规定和《上海市公有住宅售后小区物业服务标准》协商确定本小区物业服务标准和收费标准，并在小区内予以公告。物业服务收费标准超过本通知有关规定的，应经业主大会表决同意后施行。

公有住宅售后小区未组建业主大会的，物业服务企业应当根据《上海市公有住宅售后小区物业服务标准》确定小区物业服务标准和收费标准，报物业所在地房管办事处，并在小区内公示七日。公示期间，物业服务企业应当对业主提出的疑问进行解释说明。物业服务企业解释说明后，业主仍有异议的，物业所在地房管办事处应会同居民委员会做好协调解释工作。公示期满后，物业服务企业应当将公示的物业服务费标准报物业所在地的区县房管部门和物价部门备案后施行。

调整后的公有住宅售后物业服务收费标准自 2012 年 9 月 1 日起施行，《关于公有住宅售后管理服务费和房屋修缮人工费等收取标准的通知》（沪房地物［1995]522 号）和《关于调整公有住宅售后管理费和房屋修缮人工费等收费标准的通知》（沪价房［1996］第 219 号）同时废止。

特此通知

上海市住房保障和房屋管理局
上海市物价局
二〇一二年七月三十一日

上海市物业服务企业和项目经理信用信息管理办法

第一章　总　则

第一条　（目的和依据）为推进物业服务行业信用信息的建设，规范物业服务企业的经营活动，推进诚实信用的物业服务市场竞争环境，根据《物业管理条例》、《上海市住宅物业管理规定》和《物业服务企业资质管理办法》等相关规定，结合本市实际情况，制定本办法。

第二条　（适用范围）本办法适用于物业服务企业及项目经理在本市从事物业管理服务活动中所产生的信用信息的征集、处理、使用和监管。

本办法所称物业服务企业，是指依法取得独立法人资格、具有相应资质，在本市行政区域内从事物业管理服务的企业。

本办法所称项目经理，是指取得相应职业资格证书，并经房屋行政管理部门注册，在物业项目中实施物业服务活动的责任人。

本办法所称信用信息，是指物业服务企业和项目经理在物业管理服务相关活动中形成的能够用以分析、判断其遵守物业管理法规、规定、规范和履行物业服务合同等方面信用状况的客观信息，包括身份信息、业绩信息和不良信息。

第三条　（行政主管部门）上海市住房保障和房屋管理局（以下简称“市房管局”）负责本市物业管理行业信用信息的管理工作，建立物业服务企业及项目经理的信用信息平台和信用信息档案．

区（县）房屋行政管理部门及其办事机构依据本办法的规定，负责本辖区物业服务企业及项目经理信用信息的征集和信用监管工作，配合做好信用信息系统的建设工作，对物业服务企业及项目经理的违法违规行为进行检查、处理和记分，并将结果计入信用信息平台，加强与相关部门、行业协会等单位联系，实现信用信息互通和共享。

上海市物业管理事务中心接受市房管局的委托，负责物业管理信用信息平台运行的事务性工作，并将“962121”物业服务平台反映的物业服务企业及项目经理的相关信用信息及时抄送相关区（县）房屋行政管理部门。

上海市物业管理行业协会负责配合做好信用信息管理的培训工作，并将其会员单位及项目经理的相关信用信息及时抄送相关区（县）房屋行政管理部门。

第四条 （管理原则）信用信息管理应当遵循客观、公正、统一和审慎的原则，保守国家秘密、商业秘密和个人隐私。

第二章 信用信息的征集

第五条 （征集原则）信用信息的征集是指对全市物业服务企业及项目经理信用信息进行采集、甄别、分类、记录、储存，形成反映企业相关经营和项目经理相关执业情况的信息系统的活动。

信用信息的征集，应当坚持客观、准确、公正、及时和提供者负责的原则。

第六条 （身份信息）身份信息由物业服务企业身份信息和项目经理身份信息组成。

（一）物业服务企业身份信息包括：企业名称、组织机构代码、资质等级、管业规模、雇用员工情况及其他有关企业身份的信息；

（二）项目经理身份信息包括：项目经理姓名、身份证明、职业资格、执业注册、上岗记录及其他有关项目经理身份的信息。

第七条 （业绩信息）业绩信息由区（县）房屋行政管理部门认定的下列信息组成：

（一）国家级相关项目评优评先活动中获得良好评价、认定、认证等荣誉称号的；

（二）上海市相关项目评比中获荣誉称号或行业协会表彰的；

（三）第三方对物业服务企业做出的满意度测评意见；

（四）荣获上海市物业管理行业诚信承诺 A 级以上企业。

第八条 （不良信息）不良信息由市、区（县）房屋行政管理部门通报批评、行政处罚或书面要求整改的下列信息组成：

（一）物业服务企业或者项目经理在从事物业管理活动中违反法律、法规、规章和相关规定的信息；

（二）依照《物业服务企业资质管理办法》和“四查制度”对物业服务企业和项目经理作出的行政处理决定；

（三）政府相关行政管理部门、社会公众和媒体通报、批评、投诉，且查证属实的信息。

第九条 （身份信息的征集）身份信息由物业服务企业和项目经理自行申报。

物业服务企业和项目经理应当在身份信息产生或者变更的 7 日内通过信用信息平台向企业注册地的区（县）房屋行政管理部门申报，并同时提供相关证明文件。

身份信息申报人应当保证所提供和申报信息的真实、完整和及时，并对其提供和申报信息内容的真实性负责。

区（县）房屋行政管理部门对审核后认定属实的信息予以记载。

第十条 （业绩信息的征集）业绩信息由物业服务企业自行申报。

（一）申报第七条第三款信息的，物业服务企业应于次年 6 月 30 日前向企业注册地的区（县）房屋行政管理部门提供第三方对物业服务企业做出的当年满意度测评意见。

（二）申报其他业绩信息的，应在业绩信息生成 3 个月内，向企业注册地的区（县）

房屋行政管理部门提供《业绩信息申报表》、有关部门表彰决定文书或经市、区（县）房屋行政管理部门和行业协会认定或者查证属实的材料以及其他具有法律效力的其他材料。

第十一条 （不良信息的征集）不良信息由物业服务企业及其项目经理注册地的区（县）房屋行政管理部门负责征集。不良信息的征集标准按照《上海市物业服务企业和项目经理信用信息评价试行标准》执行。

（一）征集第八条第一项和第二项信息的，区（县）房屋行政管理部门应向信用信息平台提供生效的法律文件和查证材料；

（二）征集第八条第三项信息的，区（县）房屋行政管理部门应向信息平台提供相关查证材料。

上述查证材料是指区（县）房屋行政管理部门通报批评、行政处罚决定或者书面整改的副本或者复印件。

第十二条 （信用信息的变更和修改）已提供和申报的信用信息发生变更或者失效的，信用信息的提供人和申报人应当在信用信息变更或者失效的 7 日内及时修改并完成报送。

第三章 信用信息的处理

第十三条 （信息告知）区（县）房屋行政管理部门对物业服务企业及其项目经理征集不良信息的，应当自征集信息起 7 日内，书面告知被征信对象。

第十四条 （异议申请）被征信对象认为其信用信息存在错误或者单位、个人对被征信对象的身份信息和业绩信息有异议的，均可在告知之日起 10 个工作日内向区（县）房屋行政管理部门提出书面异议申请，并提供相应证据，逾期视为认可。

第十五条 （异议核查）区（县）房屋行政管理部门应当在受理异议申请的 7 日内及时组织核查，并将核查结果通知申请人。

经核查，异议信息属信用信息平台处理过程中造成的，区（县）房屋行政管理部门应当立即更正；属信用信息提供单位或自行申报人引起的，应当立即通知相关提供人修改更正。

第十六条 （异议反馈）区（县）房屋行政管理部门认为异议成立的，报市房管局申请变更信用信息。市房管局收到变更申请之日起的 10 日内完成审查。审查结果由区（县）房屋行政管理部门告知申请人，其中审查同意的，由区（县）房屋行政管理部门进行变更。

区（县）房屋行政管理部门认为异议不成立的，异议申请人可在收到区（县）房屋行政管理部门出具告知书的 7 日内向市房管局申请复核。市房管局收到复核申请之日起的 10 日内完成审查。审查结果由市房管局告知申请人，其中异议复核申请审查属实的，由区（县）房屋行政管理部门进行变更。

第十七条 （身份信息变更和异议处理的原则）因未按本办法第九条、第十二条执行而造成实际管理与注册管理的物业服务企业或项目经理身份信息不一致的，区（县）房屋行政管理部门应当按照本办法规定分别给予实际管理的和未及时变更身份信息的物业服务企业或项目经理同等分值的不良信息记分。

异议申请受理期间不影响记录的信用信息的效力。

第四章 信用信息的使用和监管

第十八条 （信用信息的动态监管）区（县）房屋行政管理部门应当根据信用征集情况实行动态监督管理。

市房管局根据本市物业管理行业的实际情况，适时公布、修改和调整《上海市物业服务企业和项目经理信用信息评价试行标准》。

第十九条　（不良信息的记分制度）物业服务企业和项目经理的信用评定基本分为0分，实行加分制。信用信息有效期限为3年，即从记录之日起，每条信用信息在信用信息平台上显示36个自然月。

项目经理的不良信息同时记载入受聘的物业服务企业不良信息。

不良信息的行为在整改期内不再重复记分。

第二十条　（信用信息的奖励）在信用信息的有效期限内，物业服务企业或者项目经理没有不良信息记录的，给予以下激励：

（一）减少行政检查的频率；法律、法规、规章未明确规定为实地审查或者实质性审查的，可以适用书面审查；

（二）申请资质等级评定的，优先审定；申请执业资格认定的，优先认定；

（三）在评定表彰、评比竞赛中，予以优先推荐；

（四）法律、法规、规章规定的其他鼓励。

第二十一条　（对物业服务企业不同记录分值的处理）依据信用记分结果，市、区（县）房屋行政管理部门对物业服务企业给予以下处理，并在信用信息平台上予以公示：

（一）企业记录分值达到10分时，该企业不得申报各类物业服务示范项目，不予开具诚信证明，并告知企业注册地区（县）房屋行政管理部门；

（二）企业记录分值达到15分时，由企业注册所在地区（县）房屋行政管理部门和街道办事处（乡、镇人民政府）约谈该企业法定代表人；在记录分值有效期限内不得申报各类物业服务示范项目；取消该企业参加行业各类评优评先活动资格；

（三）企业记录分值达到18分时，市房管局约谈该企业的法定代表人或负责人；在记录分值有效期限内不得申报各类物业服务示范项目；取消该企业参加行业各类评优评先活动资格。

第二十二条　（对项目经理不同记录分值的处理）依据信用记分结果，市、区（县）房屋行政管理部门对项目经理给予以下处理，并在信用信息平台上予以公示：

（一）项目经理记录分值达到10分时，由项目所在地区（县）房屋行政管理部门和街道办事处（乡、镇人民政府）约谈该项目经理；

（二）项目经理记录分值达到18分时，撤销其项目经理执业资格的注册，且2年内不得再次申请注册。

第二十三条　（培训考核）信用信息中不良信息记录分值累计超过18分的物业服务企业的法定代表人和相关责任人、累计超过10分的项目经理应当接受市房管局或委托的行业协会组织的物业管理行业相关法规和信用知识培训。

因不良信息的原因而被注销资质的企业或被撤消注册的项目经理，在重新核定资质或申请注册前，应当通过相关法规和业务的培训。

第二十四条　（信用信息的公布）物业服务企业和项目经理的信用信息由市房管局通过其门户网站和信用信息平台向社会公开。任何单位和个人均可直接查阅公示类信用信息。信用信息发布应当遵循物业服务企业和项目经理的隐私保护，不得侵犯其合法权益。

第二十五条　（行政考核）区（县）房屋行政管理部门应在每年的1月30日前，将本区（县）上一年度的物业服务信用信息建设和管理情况书面报市房管局。

第五章　附　则

第二十六条 （施行日期）本办法自2012年9月1日起施行，有效期至2017年6月30日。

第二十七条 （其他）法律、法规、规章对信用信息管理另有规定的，从其规定。

注册在外省市的本市物业服务企业分公司的信用信息管理，参照本规定执行。

上海市住房保障和房屋管理局

二〇一二年七月二十四日

上海市物业服务企业和项目经理信用信息评价试行标准

第一条 为加强对物业服务企业和项目经理的日常监管，根据《上海市物业服务企业和项目经理信用信息管理办法》的规定，制定本标准（以下简称“标准”）。

第二条 本标准适用于房屋行政管理部门对物业服务企业（以下简称“企业”）和项目经理不良信息的记录和记分。

企业不良信息分值是企业和加权项目经理不良信息分值的总和，其中加权项目经理不良信息分值＝记分项目的总建筑面积 × 不良信息记分数／企业在本市管理物业项目总建筑面积。

第三条 企业、项目经理的不良信息依据管理服务效果和违规、违约行为的严重程度进行记分，记分类型分为18分、6分、3分、1分四种情形。

第四条 有下列情形之一的，对企业给予记录18分的处理：

（一）企业以欺骗手段取得资质证书从事物业管理活动的；

（二）企业聘用未取得物业管理职业资格证书的人员从事物业管理活动的；

（三）企业将一个物业管理区域内的全部物业管理业务一并委托给他人的；

（四）挪用或侵占专项维修资金的；

（五）擅自改变物业管理用房用途的；

（六）擅自改变物业管理区域内按照规划建设的公共建筑和共用设施用途的；

（七）擅自占用、挖掘物业管理区域内道路、场地，损害业主共同利益的；

（八）擅自利用物业共用部位、共用设施设备进行经营，损害业主共同利益的；

（九）物业服务合同终止时，不按照规定移交物业管理用房和有关资料的；或拒不撤出，造成物业管理状况混乱、社会影响恶劣的；

（十）企业与物业管理招标人或者其他物业管理投标人相互串通，以不正当手段谋取中标的；

（十一）企业超越资质等级承接物业管理业务的；

（十二）出租、出借、转让资质证书或执业证书的；

（十三）因管理失职，造成人员伤亡或财产损失等重大责任事故的；或损害业主或公共利益，情节严重的；

（十四）投标人以他人名义投标或者以其他方式弄虚作假，骗取中标的。

有下列情形之一的，对项目经理给予记录18分的处理：

（一）挪用或侵占专项维修资金的；

（二）擅自改变物业管理用房用途的；

（三）擅自改变物业管理区域内按照规划建设的公共建筑和共用设施用途的；

（四）擅自占用、挖掘物业管理区域内道路、场地，损害业主共同利益的；

（五）擅自利用物业共用部位、共用设施设备进行经营，损害业主共同利益的；

（六）出租、出借、转让执业证书的；

（七）因管理失职，造成人员伤亡或财产损失等重大责任事故的；或损害业主或公共利益，情节严重的；

（八）被物价部门认定乱收费或者收费不规范且又不整改的。

第五条 有下列情形之一的，对企业给予记录 6 分的处理：

（一）违反招投标规定，影响物业管理招投标程序正常进行的；

（二）未建立物业服务应急预案或虽建立预案但未进行定期演练和落实的；或发生事件后，未做好应急处置工作、未及时报告相关部门的；

（三）未依照相关规定和要求如实提供统计资料的；或虚报、瞒报、拒报相关信息的；或提供伪造、篡改资料的；

（四）企业终止合同，未按规定提前三个月书面告知业主的；

（五）未按规定对承接物业进行检验及对相关资料核对接收的；

（六）拒绝或拖延提供相关账目资料，影响对专项维修资金、公共收益进行财务审计的；

（七）未依照相关规定或约定将公共收益纳入业主大会银行账户的；或擅自使用公共收益的；

（八）未按合同约定提供服务造成相关行政管理部门出具整改通知书的。

有下列情形之一的，对项目经理给予记录 6 分的处理：

（一）未执行周一到周日业务接待制度的；

（二）未及时发现、劝阻、制止业主、使用人在物业使用、装修过程中损害公共利益的禁止行为，对劝阻、制止无效的，未及时报告业委会和有关行政部门的，或未做好相关取证和记录工作的；

（三）未建立物业服务应急预案或虽建立预案但未进行定期演练和落实的；或发生紧急维修等应急事件后，未做好应急处置工作、未及时报告相关部门的；

（四）擅自迁移、砍伐树木或者调整绿地的；

（五）未依照相关规定和要求如实提供统计资料的；或虚报、瞒报、拒报相关信息的；或提供伪造、篡改资料的；

（六）业主或使用人多次有效投诉得不到解决的；

（七）未按规定建立、保存在物业服务活动中形成的与业主利益相关的档案资料的；

（八）未依照相关规定或业主大会约定，人为拆分维修工程，规避专项维修资金使用工程审价和使用程序审核的；

（九）未依照相关规定或约定将公共收益纳入业主大会银行账户的；或擅自使用公共收益的；

（十）未按合同约定提供服务造成相关行政管理部门出具整改通知书的。

第六条 有下列情形之一的，对企业给予记录 3 分的处理：

（一）未按规定填写住宅物业服务规范检查、督查记录簿的。

有下列情形之一的，对项目经理给予记录 3 分的处理：

（一）接待人员接待不规范、受理不登记、处置不及时的；

（二）未在服务窗口醒目位置公开办事制度、办事程序、办事期限的；或未公布服务项目、收费标准、报修电话、企业监督电话和区（县）房屋行政管理部门投诉电话的；

（三）未按规定或约定公布物业维修资金收支账目、共用部分收益收支账目或者其他按实结算收支账目的；或不接受业主查询的；

（四） 未按约定提供安全值班、巡逻服务或安全值班巡逻记录不实的；

（五）未按规定填写住宅物业服务规范检查、督查记录簿的；

（六）电梯运行中因故障引起人员被关时，企业电梯维修人员或委托的电梯维修专业单位未能在半小时内赶到现场进行处理的；

（七）未 24 小时受理报修的；或急修项目 2 小时内未能到现场，其中市区设置管理处的小区半小时内到现场的；或一般修理项目未能 3 天内修复（居民预约、雨天筑漏可不受此限）的。

第七条 有下列情形之一的，对项目经理给予记录 1 分的处理：

（一）维修不能做到约时不误、工完料清、住户签收、事后回访的；

（二）秩序维护员擅自脱岗、离岗不尽责的；

（三）秩序维护员发现道路、绿地乱停车，未进行疏导、劝阻、纠正的；

（四）绿地堆物，未及时清理的。

第八条 上述记分的违规行为在整改期限内未整改的，区（县）房屋行政管理部门可以对逾期未整改的行为按照本标准给予再次记分的处理。

第九条 本标准自 2012 年 9 月 1 日起施行，有效期至 2014 年 6 月 30 日。《关于进一步落实物业服务企业对住宅小区正在实施的违法建筑的搭建行为，履行发现、劝阻、报告的责任制度和考核制度的通知》（沪房管规范物 [2012]1 号）中的记分标准内容按本通知规定执行。

上海市住房保障和房屋管理局
二〇一二年七月二十四日

上海市物业管理招投标管理办法

第一章 总 则

第一条 （目的和依据）为规范物业管理招投标活动，保护物业管理招投标当事人的合法权益，促进物业管理市场公平竞争，根据《中华人民共和国招标投标法》及《中华人民共和国招标投标法实施条例》、《物业管理条例》和《上海市住宅物业管理规定》等相关规定，结合本市实际情况，制定本办法。

第二条 （适用范围）本市行政区域内的物业管理招投标活动及其监督管理，适用本办法。

第三条 （行政主管部门）上海市住房保障和房屋管理局（以下简称“市房管局”）负责全市物业管理招投标活动的监督管理，建立本市统一的物业管理招投标平台（以下简称“招投标平台”），为物业管理招投标当事人提供指导和服务。

上海市物业管理事务中心（以下简称“市物业中心”）接受市房管局委托，负责物业管理招投标平台的事务性工作。

区（县）房屋行政管理部门依据本办法规定职责，负责本行政区域内物业管理招投标活动的监督管理。

第二章 一般规定

第四条 （选聘物业服务企业的要求）建设单位选聘物业服务企业和业主大会决定采用

招标方式选聘物业服务企业的，应当通过招投标平台采用公开招标方式统一实施。

招标人应当预先确定投标人的申请条件，并将投标物业服务企业的社会公众满意度情况、投诉处置情况、项目经理履职情况及服务合同履行情况等信用信息作为评标的主要依据。

物业服务企业参与投标的，应当遵守相关法律、法规和招投标规则，并对招标文件作出实质性响应。

第五条　（业主大会协议选聘的条件）业主大会决定协议选聘物业服务企业的，拟协议选聘的物业服务企业应当具备以下条件：

（一）符合物业服务企业资质管理的相关规定；

（二）物业服务企业最新信用等级被评定为优秀或良好，或者信用信息中不良信息记录分值累计不超过 10 分；

（三）物业管理日常投诉处理及时，投诉处理程序和标准符合相关规定；

（四）物业服务企业聘用的项目经理应当具备执业资格，物业管理区域内巡查制度执行情况良好。

业主大会拟协议选聘的物业服务企业不具备前款规定条件的，业主大会应当通过招投标平台选聘物业服务企业。

第六条　（建设单位协议选聘的要求）建设规模小于 5 万平方米建筑面积的住宅物业管理项目，建设单位可书面出具情况说明向物业项目所在地的区（县）房屋行政管理部门提出采用协议方式选聘物业服务企业的申请。区（县）房屋行政管理部门应在受理申请后的 10 日内作出核定。经核定予以协议方式选聘物业服务企业的，拟选聘的物业服务企业应当符合本办法第五条的相关规定。

非住宅物业管理项目以及符合前款规定的住宅物业管理项目，采用协议方式选聘物业服务企业的，建设单位应当通过招投标平台申请备案，并网上签订物业服务合同。

未经区（县）房屋行政管理部门核准，建设单位应当采用公开招标方式选聘物业服务企业。

第七条　（建设单位变更物业服务企业的规定）前期物业管理期间，业主大会尚未组建、物业管理区域内发生下述情形之一、确需变更物业服务企业的，建设单位应在原物业服务合同约定的服务内容和标准不降低、原收费标准不变且物业服务企业资质与物业管理项目建设规模相适应的条件下，制定选聘方案并向全体业主公告后，通过招投标平台另聘物业服务企业。

（一）物业服务企业违约，致使合同目的不能实现的；

（二）物业服务企业提出解除合同；

（三）物业服务企业因解散、破产等原因无法继续履行物业服务合同的。

第八条　（业主大会选聘物业服务企业的决定）业主大会决定采用招标方式选聘物业服务企业的，应当对下列事项作出决定：

（一）授权业主委员会履行招标人职责，具体组织招标活动；

（二）拟选聘物业服务企业的资质、信用情况和管理实绩要求；

（三）物业服务内容、要求及收费标准；

（四）物业服务合同期限；

（五）招投标活动实施方案；

（六）招投标过程发生费用的列支方式。

第九条（招投标信息公开）市房管局通过门户网站发布招投标的物业管理项目以下信息：

（一）物业管理项目名称、地址、招标人、招标时间、招标形式和投标情况；

（二）物业管理项目中标结果；

（三）物业服务合同签订情况；

（四）其他需要发布的物业管理招投标信息。

第三章 招 标

第十条 （招标备案的申请）建设单位应当通过招投标平台向物业项目所在地的区（县）房屋行政管理部门提交以下材料，办理招标备案：

（一）《物业管理项目招标备案表》和《物业管理项目公开招标委托书暨承诺书》；

（二）物业项目详细规划批复、项目建议书批复、建设工程规划许可证（附建设工程项目表）、规划部门核准的项目总平面图和房屋土地权属调查报告书；

（三）招标公告及招标文件；

（四）《物业管理区域核定单》；

（五）《物业管理用房配置单》及《小区全体业主共有物业承诺书》；

（六）物业管理项目的其他必要资料。

业主大会办理招标备案的，除提交前款所述第（一）、（三）项规定的材料外，还应提供本办法第八条规定的业主大会决定。

招标人委托招标代理机构办理招标事宜的，还应提供招标委托代理合同。

第十一条 （招标代理机构的信息上报）从事物业管理招标代理业务的企业法人和社会中介组织，应经工商管理部门核准经营，具备编制招标文件的业务能力和良好的经营诚信记录，其从业人员应具备相应的物业管理经验。

物业管理招标代理机构应严格遵守招投标法律、法规和政策规定。

本市建立物业管理招标代理机构信用管理制度。市房管局定期在门户网站公布招标代理机构的相关信用信息。

第十二条 （招标公告、招标文件和评标标准的编制要求）招标人应当结合物业管理项目的特点和需要，根据市房管局制订的示范文本，编制物业管理项目的招标公告、招标文件和评标标准。

第十三条 （招标备案的办理）区（县）房屋行政管理部门对符合规定条件的申请，在受理之日起10日内办理备案手续并报市房管局发布招标公告。备案材料不符合规定的，应通知招标人补正。

第十四条 （招标公告的发布）市房管局对符合规定的招标备案项目，在10日内通过门户网站和招投标平台在本市范围内向物业服务企业统一发布招标公告等相关信息；不符合规定的，应要求区（县）房屋行政管理部门通知招标人补正。

招标公告的公示时间自发布之日起不得少于7日。

第四章 投 标

第十五条（招标文件的获取）符合本办法规定和招标公告设定申请条件的物业服务企业，可在招标公告发布至投标申请截止期间，登陆招投标平台申请投标，并获取招标文件、《物业管理项目投标报名预约单》和《物业管理招投标现场踏勘提问单》。

第十六条 （投标保证金的交纳）投标申请人应当按照招标文件设定的条件和约定期限，向招标人提交《物业管理项目投标报名预约单》。招标人对投标人进行资格预审的，投标申请人还应按照招标公告中资格预审的要求提交资格预审资料。

招标人在招标公告中要求投标申请人提交投标保证金的，投标申请人应按招标公告的约定将投标保证金汇入招标人的指定账户。已提交投标保证金的物业服务企业为有效投标人。

投标保证金的金额不得超过招标项目物业服务费用估算金额的百分之二，投标保证金有效期应当与投标有效期一致，并在招标文件中明示。

第十七条 （入围投标人的确定）招标人应当预先设定入围投标人的人数。

经资格预审后，有效投标人超过预先设定的入围投标人数的，招标人应当按照有效投标人的信用等级和最新社会公众满意度择优确定入围投标人参与投标。

未经资格预审，有效投标人超过预先设定的入围投标人数的，招标人应当对有效投标人进行资格预审；通过资格预审仍超过预先设定的入围投标人数的，按前款规定确定入围投标人。

招标人向有效投标人出具《入围通知书》和《未入围通知书》后，应将相关资料报送区（县）房屋行政管理部门和市物业中心。

未入围的有效投标人可凭《未入围通知书》领回投标保证金。

第十八条 （组织现场踏勘）招标人可以根据招标公告确定的时间和内容，在市物业中心的见证下，组织入围投标人踏勘物业项目现场。

入围投标人应将所需咨询的项目情况和内容记载于《物业管理招投标现场踏勘提问单》，并在投标报名时送交市物业中心。

第十九条 （物业管理项目答疑）市物业中心应将入围投标人的提问进行汇总整理后交招标人答疑。招标人应在投标截止日期 15 日前将答疑纪要提交市物业中心，由市物业中心反馈入围投标人。

入围投标人对答疑纪要认可的，应在规定时间内回复市物业中心予以确认。入围投标人对答疑纪要提出合理的不认可理由的，招标人应对答疑纪要进行补充、完善或申请市物业中心组织现场答疑。

在约定的时间内，物业项目所在地的区（县）房屋行政管理部门、招标人和入围投标人在市物业中心的见证下参加答疑会，并由招标人根据提问逐一作出答复和说明。市物业中心可以邀请物业项目所在地的街道办事处或乡、镇人民政府参加答疑会。市物业中心应根据招标人对相关问题的答复和现场说明编制答疑纪要，交由与会人员签字确认。

答疑纪要确认日期距投标截止日期应不少于 10 日。

第二十条 （投标文件的编制）投标文件应当对招标文件提出的实质性要求和条件作出响应。

投标文件由商务标书和技术标书组成。

商务标书包括企业管理项目情况、企业年度盈亏情况等管理业绩以及企业公众满意度测评情况、媒体曝光和“962121”投诉情况、小区经理日常巡查制度执行情况，企业日常规范运作情况、企业和项目经理信用信息记录等内容。

技术标书包括物业服务费用的收支预案及投标报价、开办费开支预算方案、项目管理服务理念和目标、物业服务分项目标、标准与承诺、物业服务早期介入和项目交接方案、项目组织架构、管理职责和权限、管理制度和考核办法、物业的综合服务、公共区域清洁卫生服务、公共区域秩序维护服务、公共区域绿化养护服务，以及共用部位、共用设施设备的日常运行、保养及维修服务等内容。

第二十一条 （投标文件的送达）入围投标人应当根据招标文件的要求，将投标文件密封送达招标人或其委托人。任何单位和个人在开标前均不得开启投标文件。

未按招标文件要求送达的投标文件为无效投标文件，招投人或其委托人应当拒收。

根据招标文件要求送达投标文件的物业服务企业为实际投标人。

第五章 开标、评标和中标

第二十二条 （评标委员会的组成）评标委员会由招标人代表和评标专家组成，成员为 5 人以上单数，其中评标专家不得少于成员总数的三分之二。

招标人应当在开标前的 3 日内向市房管局提出申请，从物业管理评标专家库中采取随机抽取的方式确定评标专家。

评标委员会可按情况分为商务标评标小组和技术标评标小组。第二十三条 （评标专家管理）

评标专家由市房管局选任。

市房管局定期对评标专家进行有关法律法规、政策和业务培训，对其评标工作进行日常考核。

本市建立物业评标专家信用管理制度。评标专家有违规行为或不称职行为的，市房管局可取消其评标专家资格；被取消评标专家资格的人员，不得再参加任何物业管理项目的评标活动。

第二十四条 （开标程序）物业管理项目的开标应当在物业项目所在地的区（县）房屋行政管理部门现场监督和市物业中心现场见证下进行。

市物业中心应当在开标前当众宣布会场纪律和相关注意事项。

招标人应邀请投标人或者其推选的代表检查投标箱和投标文件的密封情况，经确认无误后，由市物业中心的工作人员当众开启投标箱，清点投标文件。

实际投标人少于 3 人的，招标人应按规定重新招标。

实际投标人大于 3 人的，招标人当众拆封投标文件并做好开标记录，交由投标人签字确认。

市物业中心的工作人员应将投标文件按类别分为商务标文件和技术标文件，由区（县）房屋行政管理部门对技术标文件进行隐名处理。

第二十五条（评标会议）评标过程应当保密。

评审投标文件时，商务标书采用明标方式，技术标书采用暗标方式。评标委员会成员应当按照招标文件设定的评标标准和方法进行独立评审。

评标采用评标委员会综合评标的方式。评标委员会应当先对技术标进行评定，再对商务标进行评定。

评标过程中，评标委员会成员认为投标文件内容含义不明确的，可以通过工作人员要求投标人作必要的澄清或者说明。投标人的澄清或者说明不得超出投标文件的范围或者改变投标文件的实质性内容。

招标人应当做好现场答疑记录，并由评标专家签字。

第二十六条 （中标人的确定）评标委员会完成评标后，应当出具书面评标报告，阐明评标委员会对各投标文件的评审和比较意见，并由评标委员会成员签字确认。

评标委员会应当按照招标文件的要求直接确定中标人或者向招标人推荐不超过 3 名有排序的中标候选人。

评标委员会向招标人推荐中标候选人的，招标人应当按照中标候选人的排序确定中标人。

当确定中标的中标候选人放弃中标或者因不可抗力提出不能履行合同的，招标人可以依序确定其他中标候选人为中标人。

第二十七条 （招标结果公示）中标人确定后，招标人应当通过招投标平台将招标结果进行公示，公示期为3日。

投标人或者利害关系人在公示期间向招标人和市物业中心提出异议的，招标人和市物业中心应当自收到投诉之日起3日内决定是否受理投诉，并自受理投诉之日起30日内，会同相关管理部门和评标专家作出书面处理决定；需要鉴定、专家评审的，所需时间不计算在内。

投诉人捏造事实、伪造材料或者以非法手段取得证明材料进行投诉的，招标人和市物业中心应当予以驳回。

第二十八条（发出中标通知书）招标结果公示期满无异议或者异议无效的，招标人应当向中标人发出中标通知书，同时将中标结果通知所有未中标的实际投标人，并返还其投标书和投标保证金。

第二十九条（物业服务合同的签订）招标人和中标人应当自中标通知书发出之日起30日内，依照招标投标法的规定，按照招标文件、中标人的投标文件和现场答辩记录在网上签订物业服务合同。

物业服务合同的标的、服务内容、收费标准、服务承诺、履行期限、规章制度等主要条款应当与招标文件、中标人的投标文件和现场答辩的内容一致。招标人和中标人不得再行订立背离合同实质性内容的其他协议。

第三十条 （中标备案）招标人在网上签订物业服务合同的同时，应当提交下列材料向市房管局办理中标备案手续：

（一）《中标备案表》；

（二）评标委员会的评标报告；

（三）中标人的投标文件；

（四）中标通知书；

（五）物业服务合同。

市房管局应当在受理之日起10日内办理中标备案手续。

第六章　附则

第三十一条 （招投标完成时限）建设单位应当在办理商品房预售许可证或房地产初始登记前，完成物业管理招投标活动。建设单位在办理预售许可证或房地产初始登记时，应当同时提交通过网上签订的物业服务合同。

业主大会决定采用招标方式选聘物业服务企业的，应在原物业服务合同终止或解除前2个月，完成物业管理招投标活动。

第三十二条 （物业承接验收） 招投标活动结束后，招标人与中标人应按照国务院《物业管理条例》及相关规定的要求进行物业查验，办理物业承接验收手续，移交相关资料。

第三十三条 （诚信信息）招标人、投标人、招标代理机构及评标专家在招标投标活动中的相关诚信信息，纳入本市物业管理信用档案库。

本市建立物业管理招标投标信用制度。市房管局应当依法公告对招标人、招标代理机构、投标人、评标委员会成员等当事人违法行为的行政处理决定。

第三十四条 （对行政管理部门不依法履行职责的处理）区（县）房屋行政管理部门不依法审批、核准项目招标范围、招标方式、招标组织形式；对违反招标投标相关规定的行为不依法查处的，一经查实，市房管局将在全行业予以通报批评，或出具行政检查告知书；情节严重的，向区（县）房屋行政管理部门提出对直接负责的主管人员和其他直接责任人员依法给予行政处分的建议。

第三十五条（施行日期）本办法自2012年9月1日起施行，有效期至2017年6月30日。《关于前期物业管理招投标的若干规定》（沪房地资物[2004]399号）同时废止。

上海市住房保障和房屋管理局
二〇一二年七月二十四日

上海市物业管理招标代理机构管理规则

第一条 为加强本市物业管理招标代理机构的管理，规范物业管理招标代理机构的服务行为，维护物业管理招标投标活动当事人的合法权益，根据《中华人民共和国招标投标法》及《中华人民共和国招标投标法实施条例》、《上海市住宅物业管理规定》和《上海市物业管理招投标管理办法》的规定，结合本市实际，制定本规则。

第二条 本市行政区域内物业管理招标代理机构实施物业管理招标活动以及上海市住房保障和房屋管理局（以下简称“市房管局”）依法对招标代理机构实施的监督管理，适用本规则。

第三条 本规则所称物业管理招标代理机构，是指在本市行政区域内从事物业管理招标代理的企业法人或社会中介组织（以下简称“代理机构”）。

第四条 物业管理招标代理机构应当具备下列条件：

（一）代理机构应为依法设立的经济组织，其经营范围内包含招标代理业务项，有健全的招标代理服务制度和服务规范；

（二）代理机构应在市房管局招投标平台中建立代理机构和从业人员的基本信息；

（三）法定代表人、业务人员、财务人员应为本单位的专职人员。其中，业务人员应熟悉物业管理招标投标的法规政策。

第五条 代理机构在物业管理招标代理活动中，享有下列权利：

（一）接受招标人委托，代理物业管理招标和提供相关服务；

（二）依法核实招标人资格；

（三）配合招标人协调处理物业管理招投标当事人之间发生的纠纷；

（四）按照国家有关规定和合同约定，收取代理费用。

第六条 代理机构在物业管理招标代理活动中，履行下列义务：

（一）按约定完成委托事项，包括依法编制招标公告、招标文件、组织现场踏勘和问题答疑、主持开标评标等；

（二）维护物业管理招标人的合法权益；

（三）保守代理业务中获知的商业秘密。

第七条 本市实行物业管理招标代理机构和业务人员信用管理制度。

代理机构和业务人员信用信息由信用记录和评价分值组成。信用记录包括编制招标公告、招标文件、编制答疑纪要、组织现场踏勘和问题答疑、主持开标评标等代理招标活动过程中综合能力评价记录、业务培训记录等。评价分值包括市房管局、区（县）房屋行政管理部门、市物业中心在办理招标备案、中标备案以及监标等过程中给予的考核分值累计。

第八条 代理机构应当与招标人签订书面委托代理合同。委托代理合同应当明确代理事项、代理内容和代理时限和履约过程中的其他事项。合同约定的收费标准应当符合国家有关规定。

代理机构在招标人委托的范围内开展招标代理业务。

未经招标人书面同意， 代理机构不得向他人转让代理业务。

第九条 代理机构不得与行政机关和其他国家机关存在隶属关系或者其他利益关系。

第十条 代理机构不得在所代理的招标项目中投标或者代理投标，也不得为所代理的招标项目的投标人提供咨询。

第十一条 代理机构在所代理的招标项目中投标、代理投标或者向该项目投标人提供咨询的，接受委托编制标底的中介机构参加受托编制标底项目的投标或者为该项目的投标人编制投标文件、提供咨询的，依照招标投标法第五十条的规定追究法律责任。

第十二条 本规则自 2012 年 9 月 1 日起施行，有效期至 2017 年 6 月 30 日。

关于在公有住宅售后维修资金中列支水箱清洗费、绿化养护费等收费标准的通知

沪房管规范物 [2012]30 号

各区、县住房保障房屋管理局，各区、县物价局，各物业服务企业和业主大会：

现将在公有住宅售后维修资金中列支水箱清洗费、绿化养护费、房屋修缮人工费、水泵修缮保养费和电梯零星配件及维修费等收费标准通知如下，请按照执行：

一、水箱（水池）清洗费

水箱（水池）清洗费，按下列标准收取，费用在公有住宅售后维修资金中列支：

水箱（水池）吨位 清洗费用（每个每次）

5 吨以下（含 5 吨，下同） 94 元

5 吨以上 10 吨以下 132 元

10 吨以上 15 吨以下 178 元

15 吨以上 20 吨以下 224 元

20 吨以上 25 吨以下 301 元

25 吨以上 30 吨以下 337 元

30 吨以上的水箱（水池）每增加 5 吨的，增加收费 46 元，每增加 10 吨的，增加收费 92 元。

二、绿化养护费

各公有住宅售后小区的绿化养护费收费标准按照本小区原绿化养护费收费标准的 130% 执行，费用在公有住宅售后维修资金中列支。

因绿化补种等需要增加土方、苗木、草皮等相关设施材料的，其相关材料和人工费用由业主委员会与物业服务企业协商确定，在公有住宅售后维修资金中按实列支。

三、水泵修缮保养费

水泵修缮保养费每季度 150-170 元 / 台，消防泵（带控制箱）修缮保养费每季度 200 元 / 台（50 元以上材料另按实结算）。配备电梯住宅的水泵和消防泵修缮保养费在电梯、水泵运行费中列支；不配备电梯住宅的水泵和消防泵修缮保养费在公有住宅售后维修资金中列支。

四、电梯零星配件及维修费

电梯零星配件及维修费每台每年在 1200 元以下（含 1200 元）的，在电梯、水泵运行费中列支。超出 1200 元的，超出部分在公有住宅售后维修资金中列支。

五、修缮人工费

公有住宅售后小区修缮人工费按照本市有关部门最新公布的小时最低工资标准执行。具体项目工时按本市有关部门制定的《上海市房屋修缮工程预算定额》执行（常见零星修理项目人工工时见附表），定额工时在1小时以内的，按1小时计收，超过1小时的按实计收，收费金额尾数四舍五入，保留至元。公有住宅售后小区共用部位、共用设备设施的修缮人工费在公有住宅售后维修资金中列支。

本通知自2012年9月1日起施行。《关于水箱清洗和绿地养护收费标准的通知》（沪房地物[1996]872号）同时废止。

上海市住房保障和房屋管理局
上海市物价局
二〇一二年八月二十四日

第十八章 管理与服务机构

第一节 政府管理机构

【上海市住房保障和房屋管理局】经中共中央、国务院批准新组建的上海市住房保障和房屋管理局，将上海市房屋土地资源管理局的住房建设管理和房地产市场调控、物业行业管理等职责，上海市建设和交通委的动迁管理职责，整合划入上海市住房保障和房屋管理局。原上海市房屋土地资源管理局不再保留。

地址：上海市浦东新区世博村路300号6号楼，电话：23111111。

一、主要职责

（一）贯彻执行有关住房保障、住房建设、住房制度改革、房地产市场监管以及房屋管理的法律、法规、规章和方针、政策；研究起草住房保障、住房建设、住房制度改革、房地产市场监管以及房屋管理方面的地方性法规、规章草案和政策，并组织实施有关法规、规章和政策。

（二）根据本市国民经济和社会发展总体规划，研究制定住房保障和住房产业发展专业规划，并组织实施。

（三）推进国家住宅产业技术标准和行业规范的实施，综合协调、推进本市住宅产业现代化及节能省地型住宅产业发展；组织研究制定住宅产业科技进步规划及产业政策；参与住宅基地详细规划方案的审核、扩初设计的审批以及土地招标拍卖挂牌文件中相关建设指标的确定。

（四）负责编制住房保障、住房建设、住房竣工及配套设施等发展规划，会同市有关部门对本市住宅设计标准以及居住区公共服务设施标准进行编制和调整，经市有关部门批准后组织实施，并对实施情况进行监督检查。

（五）负责建立和完善本市住房保障体系，制定住房分配制度改革政策和公有住房出售、出租等政策，编制各类保障性住房工作年度计划并组织实施。

（六）负责本市住宅质量和性能管理；负责新建住宅交付使用的许可审批；对区县住宅建设管理部门新建住宅交付使用的审核发证工作实施监督检查，协同市有关部门对住宅开发企业、工程监理机构的资质进行审核或备案。

（七）制定本市各类房屋测绘、房屋权属登记、房屋权属管理等制度并监督执行；负责房屋测绘，房屋权属登记发证、房屋权属档案等管理工作；建立统一的房屋权属信息系统并实施管理。

（八）组织开展房地产市场监测分析工作，建立健全并组织实施本市房地产市场信息系统和预警预报体系；组织性、拟定稳定房地产市场的政策、措施并监督执行；安全线负责房地产业相关的开发经营行为、交易行为、交易资金监管和房屋租赁管理工作，以及房地产开发、估价、经纪相关的行政管理。

（九）负责物业管理的行业管理；指导、监督业主委员会的运作以及住宅专项维修资金的管理。

（十）负责居住类房屋的修缮、改造和安全稳定的行政管理；推进旧区改造项目；负责优秀历史建筑的保护管理工作；受上海市国有资产监督管理委员会的委托，负责直管公房资产的监督和管理；负责落实私房政策和私房历史遗留问题及宗教房产代经管理；会同市有关部门推进建成住宅的功能完善工作。

（十一）制定本市房屋征收与拆迁的规章制度并监督执行；牵头制定房屋拆迁规划和年度拆迁计划并监督实施；审查核发房屋拆迁行政许可，建立房屋征收和拆迁监管信息系统，组织协调拆迁违规行为的查处工作。

（十二）组织指导协调并监督住房建设、房地产市场、物业管理的行政执法工作；依法对各种违法行为进行行政处罚，依法处理各种房产权属纠纷。

（十三）负责住房保障和房屋管理等方面的科技、教育工作；组织协调本系统信息化建设。

（十四）负责房地产市场、住房保障和房屋管理等方面的统计和分析，及时向市政府、有关部门和社会报送、提供发展动态和信息。

（十五）参与住房保障和房屋管理有关资金的管理；参与公有住房租金调整；负责住宅建设配套工程费的征收，并按批准的年度计划使用和管理。

（十六）负责有关行政复议受理和行政诉讼应诉工作。

（十七）承办市政府交办的其他事项。

二、内设机构

根据上述职责，市住房保障和房屋管理局设16个内设机构。一、办公室（信访办公室）、二、政策法规处、 三、组织人事处、 四、计划财务处（审计处）、 五、科技教育处、六、住房发展处、 七、执法监督处、 八、住房保障管理处（市廉租住房管理办公室）九、住房建设监管处、 十、住房配套管理处、 十一、房产权籍管理处； 十二、房地产市场监管处； 十三、房屋拆迁管理处； 十四、房屋修缮和改造管理处（历史建筑保护处）； 十五、物业管理处； 十六、落实私房政策处；按有关规定设置纪检监察机构和机关党委。

【上海市规划和国土资源管理局】经中共中央、国务院批准新组建的上海市规划和国土资源管理局，将上海市城市规划管理局的职责、上海市房屋土地资源管理局的土地和矿产资源管理职责，整合划入上海市规划和国土资源管理局。不再保留上海市城市规划管理局。

地址：上海市北京西路99号，电话：63193188

一、主要职责

（一）贯彻执行有关城乡规划、土地、地质矿产的法律、法规、规章和方针、政策；研究起草有关城市规划编制和规划实施、土地、地质矿产的地方性法规、规章草案和政策，并组织实施。

（二）参与编制社会、经济发展与城市建设中长期规划和年度计划；根据本市国民经济和社会发展总体规划，具体组织编制城市总体规划、分区规划、重要地区的详细规划及市政府其他指令性规划，对其他专业系统规划进行综合协调与平衡；指导区县编制职责范围内的各类规划；依法审核、审批各类规划。

（三）根据本市国民经济和社会发展总体规划，研究制定土地利用总体规划、矿产资源保护与合理利用规划、地质灾害防治规划等中长期规划；负责编制并组织实施地质勘查年度计划；会同市有关部门，编制土地开发利用年度计划，经批准后组织实施。

（四）负责城市地名、城市规划设计、城市建设档案等管理工作，组织实施重大问题调研；领导、指导测绘管理部门开展测绘管理工作；负责城市规划设计单位的资质管理工作；负责历史文化名城、历史风貌保护区、历史文化名镇、优秀历史建筑和市级以上历史文物古迹的规划管理工作。

（五）依法实行建设项目选址意见书、建设用地规划许可证、建设工程规划许可证管理制度；对建设项目审批后到竣工验收前规划执行情况实行跟踪监督。

（六）负责土地使用权和集体土地所有权登记管理工作，负责地籍和土地利用现状调查管理，依法对土地权属争议进行调处，指导建立地籍数据库和土地利用现状数据库。

（七）统一管理城乡土地资源，确保本市耕地保有量和基本农田面积不减少，保障农业生产发展的需要；负责城镇建设用地规模的总量控制和用途管制，并承担监管责任；依法负责土地划拨、征收征用、农用地转用、政府土地储备等各类建设用地以及土地开垦、整理、复垦的审批和管理。

（八）组织实施城市规划、土地、地质矿产的行政执法工作；依法对各种违法行为进行行政处罚；依法处理各类城市规划、土地、地质矿产的纠纷。

（九）依法负责土地收回、土地储备和各类建设用地的审批和管理，拟订并实施节约集约用地评价；研究制定深化土地使用制度改革的政策措施，并按规定组织实施土地使用权的出让、租赁、作价出资、转让、交易和政府收购的管理；指导农村集体非农土地使用权的流转管理。

（十）依法管理矿产资源的开发、利用和保护；承担矿产资源储量及其探矿权、采矿权的管理；征收矿产资源补偿费；负责地质勘查、地质灾害防治、地质遗迹保护的行业管理和具体实施；负责地质环境调查、监督和管理；负责地面沉降的监测和防治，并承担监管责任；会同市有关部门，按规定负责矿泉水和地热资源开采中有关管理职责。

（十一）加强国土资源资产管理；建立基准地价等公示地价制度，依法参与管理土地、矿产等资源性资产；负责土地储备资金收支预算的审核，负责编报年度土地出让收支决算及土地储备资金收支项目决算，负责编制市级土地出让收入支出预算，负责本市土地储备成本认定工作，负责本市地质矿产资源费用的征收使用。

（十二）承担国土资源服务行业监管职责；监测土地市场和建设用地利用情况，监管地价，参与拟订涉及国土资源的调控政策和措施。

（十三）承担有关行政复议受理和行政诉讼应诉工作。

（十四）承办市政府交办的其他事项。

二、内设机构

上海市规划和国土资源管理局机关行政编制为220名。其中，局长1名、副局长5名、总工程师1名，正副处级领导职数55名。非领导职数按照《公务员法》有关规定设置。下设十八个处室，分别是：（一）办公室（政策研究室、外事办、信访办）；（二）组织人事处；（三）政策法规处；（四）财务管理处；（五）科技管理处（总师办）；（六）总体规划管理处；（七）详细规划管理处；（八）建筑规划管理处；（九）市政规划管理处；（十）监督管理处；（十一）历史风貌保护处（城市雕塑管理处）；（十二）地名管理处；（十三）土地综合计划处（耕地保护处）；（十四）土地利用处；（十五）土地权籍管理处；（十六）矿产资源管理处（地质环境和勘查管理处）；（十七）行政许可处；（十八）监察室；（十九）直属机关党委（文明办）、工会、团委。

第二节　行业协会与学会

【上海市房地产行业协会】简称上海房协，是由本市房地产开发经营企业以及相关企事业单位依法自愿组成的全市性同业组织，是实行行业服务和自律管理的具有法人资格的非营利性的社会团体。行业业务主管部门是上海市房屋土地资源管理局，协会业务主管部门是上海市行业协会发展署，协会登记主管部门是上海市社会团体管理局。本会同时接受上述三个主管部门的业务指导和监督管理。

业务范围：房地产开发经营的行业调研、行业培训、行业评比、优秀住宅评选、会展服务、中介咨询，国内外行业信息交流和汇编等。

地址：江苏路480弄68号　　邮编：200050

电话：62125656　　传真：62126654

【上海市房产经济学会】成立于1981年5月，现有5 000多名会员。设有秘书处、学术部、咨询服务部、编辑部、组织联络部等职能部门。学会在坚持改革开放、从计划经济向市场经济转变、建设有中国特色社会主义的前提下，进行房地产经济理论的研究与探索。在实践发展中，不断的研究其发展轨迹，并作出新的理论概括，以新的理论制导新的实践，推动上海房地产经济的发展。与此同时，学会业取得了丰硕的科研成果，并初步形成房地产经济理论的框架体系。 学会的理论刊物为《上海房地》（有刊号，公开发行），信息刊物为（房地产研究与动态》。学会有18个分会和8个专业委员会，覆盖全市各区（县）和有关高校、科研、金融、企事业、综合、经济管理等部门，形成了一支房地产经济理论研究的骨干队伍，为上海房地产经济理论研究与发展奠定了基础。

地址：江西中路170号三楼　　邮编：200002

电话：63210193　　63210242　传真：63211550

【上海市土地学会】上海市土地学会是上海市从事土地管理、土地科技、土地经济理论研究和土地开发经营等专业人员及相关单位自愿组成的学术性、非营利性的社会团体法人。上海市土地学会成立于1989年3月16日。登记管理机关是上海市社会团体管理局；业务主管单位是上海市社会科学界联合会；挂靠上海市规划和国土资源管理局。本会接受上述单位的业务指导和监督管理。

学会设有办公室、学术部、咨询服务部、《上海土地》编辑部等四个工作部门。本市各区县设有上海市土地学会联络处；根据工作需要，还设立了若干专业委员会等分支机构。2011年1月17日，上海市土地学会召开第六次会员代表大会选举产生了上海市土地学会第六届理事会及其新的领导班子。

地址：上海市海伦路306弄8号　　邮编：200086

电话：021-65877867　65877108

【上海市房地产经纪人协会】成立于1996年12月。协会是由本市房地产业从事居间介绍、代理营销、房屋置换、咨询策划等服务活动的企事业单位，依法自愿组成的非营利性房地产经纪行业组织，经上海市社团管理局核准登记，具有法人资格的社会团体。上海市行业协会发展署是该协会的主管部门；上海市房屋土地资源管理局是本协会的业务主管单位。

协会目前拥有会员单位近500家。其中民营和外资企业占有相当的比例。尤其是上房置换、新澳投资、太平洋房屋、信义房屋、戴德梁行、智恒、等众多知名的房地产经纪企业加盟协会，他们占有较大的市场份额，为促进流通，活跃房地产市场，发挥了积极作用。现任会长许明义，现有副会长12名，常务理事21名，理事单位34名。协会设有秘书处、办公室、信息部、培训部、财务部。并已在静安、虹口、长宁、徐汇、黄浦、卢湾、杨浦等区建立了7个工作委员会。

地址：上海市长乐路786号　　邮编：200040

电话：54049698×217、54039889　　传真：54030229

【上海市房地产海外联谊会】成立于1989年8月19日，其业务主管部门为上海市房屋土地资源管理局。主要职能是：起到海内外房地产及相关行业投资与政府部门之间的一个桥梁作用，并为广大投资者做好服务及促进工作，为上海房地产的振兴持续发展作贡献。主要任务为：一、发展对外联系，沟通上海与港、澳、台同胞，海外侨胞，外籍华人及其商会、同行会、校友会等社会团体之间的联系。二、开展对外宣传，招商引资，为外商投资开发上海牵线搭桥。三、提供咨询服务。为到上海开发的外商申报有关报批手续；提供营销策划、咨询服务、中介服务、物业管理、办理权证等从土地批租到商品房销售的“一条龙”服务。四、沟通信息，将房地产及相关行业的法律、法规、楼盘及中介咨询信息等，适时提出市场分析，并汇总相关资料定期汇编成册（《房地产海联会专版》），分发给会员单位及相关部门。五、协助政府及时了解外商意见及建议，同时传达政府有关政策法规，组织各种大型研讨会，沟通外商投资者与政府间的对话。六、开展对外经济技术文化艺术等民间交流，每年定期举行有关房地产政策、信息、市场分析等方面的讲座及讨论会；组织国内外考察交流活动。

【上海市物业管理协会】成立于1994年12月，其英文译缩写为ASPM。是由上海市物业管理企业依法自愿组成的具有行业管理性质的社会团体。现有团体会员949家，其中国有企业301家，集体企业277家，私营企业252家，港澳台投资企业48家，中外合资企业52家，外商独资企业19家。个人会员36人，下设19个工作委员会。协会目前拥有企业会员占全市物业管理企业总数42%，占全行业生产总值50%以上。宗旨是遵循国家有关法律、法规和规章，培育、发展上海市物业管理的市场，发挥政府和企业的桥梁、纽带作用和行业内服务、自律、协调、指导作用，维护物业管理企业合法权益，推动行业健康发展。

协会每年均要有计划地开展工作，采取各种形式及时向会员单位宣传国家和政府关于本行业的法律、法规和规章。向政府有关部门反映行业的情况，建设和要求。协助市人大、政府及有关部门制定法律、法规和部门规章、规范性文件。不定期地开展行业调研，总结推广先进单位经验，探索、研究、解决行业发展进程中的新情况和新问题。协助、参与政府主管部门开发物业管理企业的创优达标等工作。组织各种类型培训活动。定期出版《上海物业》（双月刊）为会员单位提供服务。不定期开展与兄弟省、市、港、澳、台及国际物业管理界同行的联系与合作。

【上海市房地产估价师协会】成立于1997年1月16日，通过了协会章程，选举产生了第一届理事会，张重光任首届会长。2001年3月23日，协会召开了第二届会员大会，审议修改了协会章程，选举产生了第二届理事会，吴赛珍任第二届会长。协会是由在上海市注册执业的房地产（土地）国家机构和从事房地产估价工作的注册房地产估价师、土地估价师组成的社会团体。依照中华人民共和国和国务院颁布的《社会团体登记管理条例》的规定，本协会已经上海市社会团体管理局登记，领取社会团体法人登记证书，取得社会法人资格。

【上海市房地产估价师协会（房屋拆迁估价专家委员会）】是上海市房地产估价师协会的分支机构，已经上海市房地资源局、上海市社团管理局审核，于 2002 年 4 月 30 日批准成立。2002 年 4 月 11 日协会二届二次常务理事会议审定了首批专家委员会名单（30 名）。2002 年 6 月 21 日 ，协会二届三次理事会议选举产生了专家委员会主任、副主任。

【上海市装饰装修行业协会】成立于 2002 年 4 月，是由原上海市建筑装饰协会和上海市家庭装饰行业协会归并组建而成的行业性、非营利性的社会团体。本会遵守国家的法律、法规，接受政府委托，承担对本市装饰装修行业的行业管理开展行业统计、行业调查、行业评比，发布行业信息、公信证明、价格协调、行业准入资格审核等项活动。

第十九章　学术研究机构

【复旦大学房地产研究中心】是下属于复旦大学的一个专门性研究机构，成立于1995年。它依托复旦大学经济学院、金融研究院、管理学院的多元化量能，与国内外相关科研与教学机构密切合作，积累了丰富的社会资源与合作关系。诸如上海市房地产科学研究院、新华社上海分社房地产研究中心、同济大学城规学院、上海财经大学不动产研究所以及各行业协会均与中心有良好的合作关系。

【东方房地产学院】现为华东师范大学二级实体学院之一。学院始建于1995年11月，由华东师范大学与国家建设部房地产产业司、上海市房地局、建设银行上海市分行、中房上海房地产开发总公司联合共建。学院坚持“产学研结合、育人为本、科研领先、紧贴行业、争创一流”的办学理念，在房地产经济理论研究、学科建设、人才培养、为政府决策咨询及行业改革发展服务等方面，均取得了可喜的成绩。

学院设有房地产经营管理本科专业、产业经济学硕士点和企业管理硕士点房地产经营管理方向，招收培养世界经济专业国际房地产方向博士研究生。毕业生广受社会欢迎，大都成为政府有关部门、行业和企业界的领导和骨干。学院现招收本科生、硕士生和博士生。同时，学院还积极开展继续教育，为房地产管理干部和从业人员进行培训。

学院设有房地产经济研究所，积极开展房地产经济理论和课题研究。多年来，在房地产学科与教材建设、为政府决策咨询服务等方面做出了积极的贡献。同时，学院还重视国际房地产研究与对外交流，先后与美国、英国、日本、韩国等国家和我国港台地区的高等学校和行业协会建立了合作交流关系。

地址：上海市中山北路3663号华东师范大学文科大楼12楼

电话：021-62232870　　传真：021-62540367

【上海财经大学不动产研究所】成立于1998年。现任所长为上海财经大学副校长、教授、博士生导师、上海市人民政府特聘决策咨询专家、上海市建设委员会科技委员、财政部跨世纪学科带头人、上海市曙光计划青年学者——王洪卫。在王洪卫所长的领导下，研究所承担了多项国家级、省部级的不动产研究课题。

地址：上海市杨浦区国定路777号

【上海易居房地产研究院】2005年正式成立，院长为张永岳，是本市首家具有独立法人实体地位的民办非企业的专业房地产研究机构。研究院致力于深入探索房地产行业研发系统的创新，不断加强房地产业领域重大理论和应用问题的研究，持续推动房地产产学研一体化的发展，以求建立较为完善的房地产研究运作机制。目前，该院设立了市场研究中心、教育培训中心、技术开发中心、投资咨询中心等四个职能机构。此外，研究院还设立了产业环境、地产营销、建筑产品等研究室及开放式公共服务平台，以便能对一些前沿课题进行专题研究和深入探索，并吸引相关领域的行业专家进行研发创新及教育培训。

【上海社会科学院房地产业研究中心】成立于1988年，由上海社会科学院会同政府管理部门和著名房地产企业组成的专业研究机构。研究重点集中在房地产业和房地产市场的重大理论与实际问题。既为政府提供政策研究，也为企业发展与项目决策提供咨询。

【上海大学房地产学院】上海大学房地产学院是由上海大学与上海市房屋土地资源管理局联合组建的学院，地处青浦区徐泾地区（地址：高泾路 588 号），毗邻虹桥国际机场，占地 160 余亩，建筑面积八万平方米。于 2004 年 5 月正式揭牌，同年首次招收计划内全日制本专科生。学院以本科教育为主，积极发展研究生教育和中外合作办学。学院现有房地产经济、房地产经营管理、工程项目管理、财务管理、土地资源管理、物业管理、智能化楼宇管理等专业。学院以建设成行业特色鲜明、教育质量优异、办学设施先进、经济与社会效益显著的国内一流的高等院校为目标，努力办成全国房地产行业高层次职后教育基地、学术研究与国际交流中心。

【上海市房地产科学研究院】上海市房地产科学研究院始建于 1975 年 3 月，是一所在全国房地产行业中创立最早、规模最大、专业设置齐全、技术力量雄厚的科研院所。建院 30 多年来，房科院已逐渐发展成为一个多学科、综合型的科研院所。

自 1985 年房科院被确定为上海科研系统科技体制改革试点单位以来，房科院在体制机制、学科建设、人才培养与引进、经济效益等方面均取得了一定的成绩。其中，在科研工作方面共获得 9 项国家建设部级的科技成果奖、12 项上海市科技进步奖、19 项专利。目前房科院的业务范围涉及房地产经济研究、历史建筑保护、房屋质量检测评估、既有建筑综合改造、住宅产业现代化、建筑结构加固工程、房屋防水及新型材料等。同时还受建设部，开展对全国房地产行业技术标准进行归口管理。

房科院坚持以科学发展观统领自身的发展，以科技创新为先导，以面向行业，面向市场，服务社会为宗旨，注重功能定位，为适应房地产行业飞速发展和房科院自身发展的需要，促进科学研究、产品开发、技术服务相结合，提高房科院科技创新能力，起到引领房地产行业科技创新的作用。

【上海北孚地产研究所】上海北孚地产研究所由上海北孚（集团）有限公司、华东师范大学东方房地产学院、上海市经济学会城建专业委员会、上海市土地学会学术部四方合作成立，中国房地产界知名专家领衔主持，是一所具有较强实力的产学研一体化专业研究机构;其重要研究成果《上海北孚地价指数》填补了国内地产指数的空白，为业内三大权威指数之一；同时曾先后完成相关政府部门委托的土地利用规划前期研究等各类专题报告，以及相关企业委托的项目投资决策分析等一系列实践业务，受到委托方的高度评价。

第二十章　优秀企业展示

【上海地产（集团）有限公司】成立于2002年11月，是经上海市委、市政府批准，在对上海国有房地产企业进行整合基础上成立的国有多元投资企业，注册资金42亿元人民币。2009年经市国资委批准，上海地产集团调整为国有独资企业集团。

上海地产集团成立十年来，在市委、市政府的正确领导下，在市政府相关委办局、各区县政府、各相关企业的关心支持下，紧紧围绕“土地储备主渠道、旧区改造主力军、土地占补平衡指标主要来源、保障性住房建设的主要骨干和示范、国有房地产企业的引领和主导、国家级开发区建设管理”的六项定位目标，充分发挥国有企业集团的优势，在土地储备前期开发、滩涂造地建设管理、保障性住房开发建设、国有资产保值增值等方面出色地完成了市委、市政府下达的各项工作任务，较好地完成了服务社会和发展自身两篇文章。

【上海城建置业发展有限公司】是上海城建集团全资子公司，拥有房产开发一级资质，获评2012年中国房地产百强企业“百强之星”，位列上海市房地产开发50强企业第16位。

公司秉承“质量第一，诚信至上”的核心价值观，以“专业化、纵深化、市场化”的发展理念，先后开发建设了古北瑞仕花园、金桥瑞仕花园、悠和家园、瑞和新苑、沪东商业中心、城建国际中心、城建地产大厦、瑞和宜山大厦、瑞和国顺大厦等100多万平方米的优秀住宅和高档写字楼。至今，公司累计开发面积近1250万平方米，在市场上逐步形成了以中档商品房为主的“瑞和”及以高档精装修住宅为主的“瑞仕”两大品牌。

开发建设的楼盘曾先后荣获“上海最受欢迎楼盘综合金奖”、“十大国际品质楼盘”、“建设部中国住宅经典示范楼盘”、“上海市优秀住宅金奖”、“上海市“四高”优秀住宅小区”、“首届上海十大经典全装修示范楼盘”、“首届全国新时代优秀规划建筑设计方案全国优秀商务楼金奖”、“上海市“白玉兰”奖”、“中国建筑工程“鲁班奖””等多项殊荣。

目前公司在建的楼盘有浦江大型居住社区保障房项目、青浦华新及徐泾北配套商品房项目、嘉定云翔大型居住社区经适房项目、大宁瑞仕花园、安亭瑞仕华庭、无锡渔港瑞仕花园、无锡蠡湖瑞仕花园、上海城建大厦、城建路桥研发中心等，共计开发面积达370多万平方米。

公司始终以企业战略引领业务发展，以质量促效率、以质量提品质、以质量树口碑，努力实现社会效益和经济效益的双丰收，为打造城建房产品牌，推进上海的住房建设，构建和谐社会不断作出贡献。

【上海城开（集团）有限公司】成立于1996年，是一家集房地产投资、开发、经营及相关服务为一体的大型中外合资企业集团，由上海实业控股有限公司和上海市徐汇区国有资产监督委员会共同投资。

集团公司是经国家建设部核准的具有国家一级资质房地产开发企业；房地产开发流程通过ISO9001:2000质量管理体系认证；旗下现有上海寰宇城市投资发展有限公司、上海万源房地产开发有限公司等全资、控股及关联企业30余家。

目前，集团公司在上海投资开发的“万源城”和“徐家汇中心”项目正在积极规划和建设中。“万源城”项目用地94.31公顷，总建筑面积近130万平方米，是中环线区域内的最大房产开发项目。“徐家汇中心”项目位于徐家汇商圈的核心地带，占地13.2公顷。项目建成后，将全面提升该地区的城市能级，使之成为国际级的商务中心。

经权威机构评估认证，“上海城开”品牌的价值连续增长，2007年达到9.1亿元。至

2008年，上海城开已连续四年获得上海市著名商标称号，连续四年获得“中国房地产百强企业——成长性TOP10”称号以及“中国房地产企业200强金球奖”称号。上海城开在2008年中国房地产企业排名中名列第37位，并同时荣列中国房地产企业纳税50强和房屋建筑销售面积50强称号。上海城开名列2008中国房地产企业200强第37位。集团连续七年获得“上海市A类财务信用单位”称号，并连续四年获得上海市“重合同，守信用”单位称号。

【上海东苑房地产开发（集团）有限公司】起步于1993年，是一家致力于上海城市化建设、推动住宅发展的综合性房地产开发集团，下辖房地产开发、营销代理和物业管理等十多家全资及合资子公司。具有房地产开发一级资质。

十几年来，东苑集团一直秉承“发展住宅产业，营造居住文化”的先进理念，在绿化环境、建筑风格、商业氛围等方面，将居住者的文化、功能需求全面加以渗透，以卓越的品质、诚信的作风和创新的思维，为“创造诗意生活新空间”而不懈努力。2003年上海东苑房地产开发（集团）有限公司 荣获首届上海市房地产开发企业 50 强第七位，2004年上海东苑房地产开发（集团） 有限公司荣获 “2004 年度上海房地产关注品牌（商标） ”， 2005 年上海东苑房地产开发（集团） 有限公司荣获年度中国建设系统企业信用 AAA 级。

东苑集团近年来的开发总量和综合排名，均获得上海房地产开发企业前五十强之誉。如今已相继开发了东苑绿世界、东苑半岛花园、东苑世纪名门、东苑现代缘墅、塞纳左岸、东苑新天地、东苑米蓝城等超过百万平方米的数十个社区，并获得各种荣誉几十项。开发的项目受到了普遍赞誉和一致好评，并深受消费者的欢迎和喜爱。

早在 1998 年公司开发的东苑锦都花园荣获上海优秀住宅房型奖，2000年开发的东苑绿世界荣获年度四高优秀小区，2000 年开发的东苑半岛花园荣获 “ 创新风暴” 全国住宅设计 “ 综合金奖 ”、 “ 全国人居经典 ” 综合大奖、第三届 “ 上海优秀住宅 ” 绿化景观奖、， 2002 年开发的东苑世纪名门荣获年四高优秀小区，2003开发的塞纳左岸荣获第三届 “ 上海市优秀住宅 ” 银奖、上海市 “ 四高 ” 优秀小区称号2005 年开发的东苑米蓝城荣获 2005 上海优秀生态水景住宅“金巢奖”，2006年开发的东苑福邸获得中国上海成熟社区最佳人气户型奖。

【绿地集团】集团是中国综合性地产领军企业，在2008中国企业500强排名中位列第183位，在中国房地产企业排名中位居第2位，在上海市百强企业集团中排名第17位。2007年，业务销售收入、资产规模、经营性现金流量三个指标均突破300亿元，2008年三项指标力争突破“三个500亿元”。

绿地集团创立16年来，始终坚持“营造美好生活”的企业宗旨和“和谐绿地、共建共享”的发展理念，通过产业经营与资本经营并举发展，形成了目前“房地产主业突出，能源、金融等相关产业并举发展”的产业布局。房地产开发经营作为绿地集团的核心主导产业，建设项目遍及上海、南京、合肥、南昌、苏州、无锡、徐州、芜湖、蚌埠、安庆、郑州、新乡、重庆、成都、贵阳、西安、银川、天津、呼和浩特、太原、廊坊、沈阳、长春、哈尔滨、牡丹江等全国19个省30多个城市，并与上海四大企业集团共同在俄罗斯圣彼得堡投资建设波罗的海明珠项目；商业地产、建筑、能源、金融、汽车服务等产业也已经具有了较大的规模和较强的实力。

绿地集团具有很强的社会责任感，发展不忘回报社会。成立16年来，累计无偿投资4亿多元在上海建成了一批城市标志性公共绿地，此外，在慈善、公益、拥军等方面累计捐赠

2.3亿多元。绿地集团先后获得了全国“五一劳动奖状”、全国精神文明建设工作先进单位、“中华慈善奖”提名奖、上海市慈善之星等荣誉称号。“绿地”商标先后获评上海市著名商标、上海市最具影响力服务商标、中国驰名商标。

绿地集团已经制定了中期发展战略，力争到2011年左右实现销售收入1300亿元，跻身世界企业500强。

【上海卫百辛（集团）有限公司】成立于1996年的国有独资公司，注册资本32.5亿元人民币，具有国家房地产开发企业二级资质，经营管理范围涉及房地产开发、物业管理、旧住房成套改造、动拆迁等惠及民生的工程，连续十六年获得“上海市重点工程实事立功竞赛优秀公司”荣誉称号，并先后被评为上海市厂务公开民主管理工作先进单位、上海市双拥模范先进集体、上海市群众体育先进单位、上海房地产十八年杰出贡献企业。公司自成立以来，秉承“便民利民为百姓、创业创新求发展”的企业精神，以“建设和谐社区”为己任，用心打好“服务民生”这张牌，承担好杨浦区680多万平方米直管公房（含售后公房）的授权经营，在各项民生工作的推进中，不断提升服务意识和技能水平，不断深化“卫百辛”品牌中“为百姓服务”的内涵。近年来，公司在关注企业社会责任的同时，积极谋求自身发展，拓展多种业务经营，实现了经济效益和社会效益的双提升。公司党政领导班子将携手全体员工，以十八大精神为引领，加快企业经济结构的转型，以更加饱满的工作热情、更加昂扬的精神状态投入杨浦国家创新型试点城区建设，为杨浦的繁荣稳定再作贡献。

【上海闵行房地（集团）有限公司】公司成立于1996年，是一家以房地产开发和物业管理为主营板块的企业，注册资金5 000万，具有二级房地产开发资质。 集团成立以来，坚持以市场为导向，不断创新管理，加大开拓市场力度，为繁荣区域经济和优化群众居住环境作了积极的贡献。集团房地产开发量累计达到68万平方米，还有5个大型项目已经或即将开始开发建设。在上海市新闻联合报社联合举办的优秀楼盘评选活动中，集团开发的总建筑面积达21万平方米的“枫桦景苑”项目获得了“2006年最受欢迎楼盘‘综合金奖’”称号。集团开发的另一项“职业广场”，吸引了包括世界500强法国欧尚集团等诸多知名厂商前来入住经营，现已成为当地标志性建筑。

【上海万科房地产有限公司】1992年，上海万科第一个项目万科城市花园项目正式启动，上海从此有了城市大型社区的典范。1993年11月，上海万科物业管理有限公司注册成立。1994年，上海万科城市花园第一批业主入住。 1995年5月，万科商务广场投入使用。1996年6月，与复旦大学合作成立上海民办复旦万科实验学校（位于城市花园内）；同年11月，上海万科城市花园获评“全国城市物业管理优秀示范住宅小区（大厦）”。1997年，上海万科城市花园二期海棠苑荣获上海市“白玉兰”奖。1998年8月，万科推出“万客会”，建立了全国首家由房产商发起的客户俱乐部。1999年，上海万科城市花园二期紫薇苑荣获国家建设部“鲁班奖”。2000年10月，万科集团入选《福布斯》评出的“全球300家最佳中小企业”。2001年，万科推出全新的造镇计划，假日风景应时诞生。2002年6月，春申万科城获“2002中国创新夺标——创新示范楼盘”称号。2003年，万科倾力打造兰乔圣菲，为上海筑就国际化贵族社区；同年朗润园项目获上海市第一个一级生态型住宅小区创建项目称号。2004年7月，朗润园／蓝山小城同时获2004年度上海“最受欢迎楼盘”特别大奖，同年8月上海万科获ISO认证证书。2005年，万科建设和谐社区，成就万科新里程；同年9

月春申万科城荣获“2005 年詹天佑大奖优秀住宅小区金奖”。2006 年，红郡项目获 2006 年度上海最受欢迎楼盘“特别大奖”。2007 年 2 月，上海万科新里程一期 B 标工厂化住宅楼全面启动。植根上海、承启无限。经历了将近 18 年的发展，上海万科始终秉持“对客户，意味着了解你的生活，创造一个展现自我的理想空间。对投资者，意味着了解你的期望，回报一份令人满意的理想收益。对员工，意味着了解你的追求，提供一个成就自我的理想平台。对社会，意味着了解时代需要，树立一个现代企业的理想形象。”的经营宗旨，一路走来，从发展到壮大。并已成为中国房地产行业领跑者。

【上海华拓房地产集团有限公司】创建于九十年代，总部设立于上海。作为中国市场经济改革大潮中涌现出的优秀企业代表之一，华拓顺应历史潮流，以一往无前的开拓进取精神，戮力上业，在高速发展中不断捕捉机遇。

经过十多年的发展，华拓以实业起家，不断变革创新，逐步形成今天地产、金融、实业、资源四大产业版块的战略布局。截止 2012 年，华拓旗下控股的企业 40 余家，分布于全国各地；资产规模达到 100 亿，在涉足的各个产业领域都形成强大的竞争力。

华拓坚持扎根中国，以中国资本对接全球资源，以战略眼光布局全球市场。以消费升级、金融服务、资源能源及制造业升级等为投资方向，持续打造发现和把握投资机会的能力，优化管理提升企业价值的能力和建设多渠道融资体系对接优质资本的能力，形成认同华拓文化的优秀管理团队，使华拓业务稳定高速增长。

华拓在努力寻求发展的同时亦积极投身中国商业生态和自然生态的改善，支持中国经济和中华文明的复兴。

华拓在永不停息的河流精神引领下，不择细流、去浊存清、聚水成河；应势而变，随方亦圆；以知行合一的处世哲学，全体共同努力，必将实现“成为中国标杆性的企业集团”的企业愿景。

【上海保集（集团）有限公司】成立于 1996 年，是一家以房地产开发为核心，集房地产开发、建筑施工、物业管理、金融投资、生物医药制造、国际贸易为一体的大型民营企业集团公司。集团总部设在上海，在国内及海外拥有 20 余家全资及控股公司。

十余年来，保集集团追求创“一流企业、一流产品、一流服务、一流效益”的经营目标，实行专业化、规范化、模块化的管理模式。在房地产开发中秉承“开发的是土地，建造的是家园、营造的是文化、创造的是价值”的开发理念，凭借多年的地产开发经验，成功地整合成形成了房产开发从规划设计，施工建设、营销推广、物业管理、品牌集成等一体化的运营体系。目前保集集团的房地产已形成住宅地产、商业地产等多种业态的开发经营，开发区域正在由上海、金华、扬州、南昌、天津等地区域向其他区域拓展。 “保集”品牌通过多年精品项目的建设和客户良好口碑的积累，已赢得了市场的尊重和社会的好评，保集集团分别于 2007 年和 2010 年入选中国房地产企业百强企业，并于 2008 年入选中国最大企业 500 强。

“利益、负责、执行、忠诚、学习” 是保集集团的企业文化核心内容，保集的英文名称 BOILL 与 “利益、负责、执行、忠诚、学习”各词组的英文首个字母组成相一致，体现了保集的价值观。保集集团追求企业经营效益与社会责任的和谐统一，倡导节能、环保、生态、科学的可持续发展观，注重细节与基础管理，以宽阔的胸怀引进和包容各方人才，力创学习型企业，使人人挑战无限，创造卓越，使企业成为受人尊敬的企业。

第二十一章 大事记（2012 年）

1 月

1 月 6 日，住建部召开工作会议上，确保在 2012 年 6 月末前实现 40 个主要城市的个人住房信息系统联网。

1 月 10 日，中国人民政治协商会议上海市第十一届委员会第五次会议开幕。保障房、住宅标准、区域规划等等房产相关的民生问题再次成为上海两会的焦点。

2 月

2 月 7 日，上海市政府印发《上海市住房发展“十二五”规划》，“十二五”期间，上海市住房发展将着力抓好以下五方面重点工作：（一）突出发展重点，全面推进住房保障工作；（二）服务百姓安居，进一步加大旧区改造力度；（三）加强市场调控，保持住房市场健康稳定发展；（四）狠抓节能环保，促进住宅产业现代化；（五）加强物业管理，全面提升居住质量和居住环境。

2 月 28 日，上海市房管局发布通知，称在当前房地产市场调控正处于关键时期，住房限售政策只会从严执行。其明确本市户籍居民家庭是指具有本市常住户口的居民家庭，以及有本市单位职工集体户口的居民家庭。这意味着持有上海居住证满三年的家庭限购第二套房。

3 月

3 月 1 日，自即日起上海调整普通住房标准。新普通住房标准既考虑总价也考虑均价。按总价算，住宅坐落在内环线以内的低于 330 万元 / 套，内、外环线之间的低于 200 万元 / 套，外环线以外的低于 160 万元 / 套。

3 月 1 日，自即日起上海将实施新的共有产权保障房（经济适用住房）准入标准。本次共有产权保障房准入标准的调整，有别于 2010 年、2011 年单一地放宽收入和财产限额，通过针对性地大幅放宽户口年限、收入限额等准入标准，本市住房困难的大龄结婚家庭、青年职工以及引进人才等群体将成为主要受益对象。

3 月 5 日，温家宝总理在《政府工作报告》中指出，2012 年继续搞好房地产市场调控和保障性安居工程建设。进一步巩固调控成果，促进房价合理回归。

3 月 12 日，佘山珑原 6 折起售，5 月末中海紫御豪庭采取成本价策略，在一定程度上促使上海房地产市场“以价换量”共识的形成，而到了 8 月，长甲地产 63 折跳水，则开始了高端楼盘 2012 年针对“首改型”的促销潮。

3 月 15 日，2012 上海之春房产展示交易会在上海展览中心隆重举行。

3 月 19 日，上海多家银行首套房贷利率出现了明显的下调痕迹，多家银行从基准利率下调至 9 折甚至 85 折，对于 5 月开始的住宅成交量一路上扬，房贷优惠功不可没。而随着年末的到来，房贷优惠利率回调又成为楼市发展的新的信号。

4 月

4 月 26 日，上海规土局发布 46 号土地公告，其中涉及嘉定等 4 区共 6 幅经营性用地，出让面积共计 14.98 万平方米，起始出让金总额共计 19.6 亿元。

4 月 29 日，2012 五一“假日楼市”房展会趁着小长假第一天拉开帷幕。与 3 月份的“上海之春”相比，部分大牌房企已然回归，也使得此次房展会规模较之更大。

5 月

5 月 15 日，市房管局对单身沪籍人士购房问题作出解释，本市户籍居民家庭的子女成年后，确因婚姻等需要、且该子女无产权住房，才可以在本市限购 1 套住房。因此，住房限售政策除了对于本市户籍居民家庭购房有明确规定外，对于子女成年后实际上也就是单身人士的购房问题也有了明确规定。

5 月 28 日，市房管局发布《关于严格执行本市商品房预售许可管理有关规定的通知》，即日起，上海商品房项目累计预售面积不应超出土地出让合同约定的可建建筑面积，对于超出部分，不予核发预售许可证。

5 月 30 日，复星国际向上海市第一中级人民法院递交诉状，将 SOHO 中国、证大房地产、绿城中国告上法庭，争执已达数月的外滩地王争夺战再起硝烟，复星与 SOHO 中国正式对簿公堂。

6 月

6 月 8 日，时隔 3 年半中国人民银行首次降息，并调准存款和贷款利率的上下限。这被专家视为刺激经济的重要调控手段，同时也是利率市场化道路上的重要一步。

6 月 8 日，绿城召开股东大会，并在会后举行新闻发布会，正式公布了绿城与九龙仓达成的战略合作，九龙仓将拥有绿城 24.6% 的股权，成为绿城的第二大股东。

6 月 22 日，继引入九龙仓为策略性股东后，绿城中国计划进一步出售上海及江苏省 7 至 8 个地产项目予融创中国，涉及金额达数十亿元。

6 月 27 日，上海市房管局重申严格执行住房限售政策，根据本市住房限售政策规定，非本市户籍居民家庭持社会保险缴纳证明购买住房的，缴纳社会保险须符合“自购房之日起算的前 2 年内累计缴纳满 12 个月”。

6 月 29 日，公众期盼已久的前滩规划结束网上公示，业内一致认为这将会带出一个全新“陆家嘴”版图。

7 月

7 月 1 日，从即日起上海市将调整住房公积金缴存基数和月缴存额上下限。调整后，住房公积金月缴存额下限为 180 元。

7 月 6 日，中国人民银行决定，自 2 即日起下调金融机构人民币存贷款基准利率。金融机构一年期存款基准利率下调 0.25 个百分点，一年期贷款基准利率下调 0.31 个百分点。

7 月 26 日，浦江两岸地区发展“十二五”规划印发，规划显示：“十二五”期间，黄浦江两岸地区将建成与上海“四个中心”和社会主义现代化国际大都市地位相匹配的世界级滨江发展带；继加紧完成长江西路隧道、新建周家嘴路越江隧道、推进郊环线越江隧道建设外，储备江浦路、嫩江路等越江隧道，黄浦江两岸地区累计完成桥隧通车道数量约 100 条。

7 月 27 日，上海市政府官方网站发布《关于进一步严格执行房地产市场各项条款政策的通知》（即“新沪六条”），其中明确提到要严格执行国家和本市住房政策确定的各项操作口径。

7 月 30 日，国务院督察组赴上海了解调控政策落实情况。上海等城市率先表态将继续“从严执行调控政策，巩固调控成果”。

8 月

8 月 3 日，三湘股份恢复上市，首个交易日大涨 108.86%，期间遭遇两次停牌，复牌后继续上涨，最终报收 7.31 元。

8 月 4 日，黄浦江南延伸段前滩地区规划正式获市政府批准。根据已公布的前滩规划显示，前滩地区北起川杨河，南至中环线（华夏路），东起济阳路，西至黄浦江，沿黄浦江岸线长度约 2.3 公里。前滩总用地面积约 283.17 公顷，其中规划建设用地面积约 278.98 公顷。总建筑面积约 350.16 万平方米，规划人口约 2.5 万人。前滩功能定位重点发展三大核心功能：总部商务、文化传媒、运动休闲。同时，围绕核心功能发展居住、酒店、商业购物等辅助功能，以及社区服务、专业服务、教育培训、休闲娱乐等配套功能。

9 月

9 月 14 日，美国推出新一轮的量化宽松政策 QE3，此举将制造更多流动资金，因为美联储每月买 400 亿美元按揭抵押债券的额度，相等于美国按揭抵押债券市场规模的一成。

9 月 26 日，国土资源部将积极配合有关部门，坚定不移地贯彻执行房地产市场调控政策，继续指导督促各地根据本地实际，执行好现有土地供应政策，均衡供地，稳定地价，防违规用地、防异常交易，处臵闲臵土地和打击囤地炒地，稳定土地市场。

9 月 28 日，金山铁路开通试运行，这将给相关区域的经济带来利好，对当地楼市也会注入新的活力。

10 月

10 月 3 日，备受关注的“假日楼市－2012 上海房地产秋季展示会”在上海展览中心拉开帷幕。本届“假日楼市”展出面积达到 2.8 万平方米，恒大、万科、保利、同润、农工商、绿地集团等大型房企悉数亮相。

10 月 7 日，上海限购满两周年，两年时间，上海商品住宅成交量下滑趋势明显，而 19 个区域中，有 12 个区域房价出现下跌。

11 月

11 月 10 日，上海发布了《市政府办公厅转发市住房保障房屋管理局等关于本市保障性住房配建实施意见的通知》，明确要求郊区有条件的区域，应进一步提高建设项目的配建比例。配建的保障性住房应无偿移交政府用于住房保障，并在建设用地使用权出让条件中予以明确。

11 月 12 日，党的十八大新闻中心举行第四场记者招待会，聚焦民生话题中，再次明确：房地产调控现在还没想放松。

11 月 22 日，上海市地方税务局发布关于缴纳 2012 年个人住房房产税有关事项的提示，明确纳税人应于 12 月 31 日前办理缴纳当年度应纳税款，因此 12 月将是房产税缴纳的高峰期。

11 月 23 日，旭辉集团登陆港交所，股价开报 1.33 元，与上市价 1.33 元相同，成交 1761 万股。

11 月 27 日，上海外滩滨江综合开发有限公司和中国太平洋财产保险股份有限公司联合体 27.7 亿元竞得黄浦区 594（北块）、596 街坊地块，楼板价 36176 元／平，刷新上海单价地王纪录。

12 月

12 月 15 日，中央经济工作会议指出，2013 年要继续坚持房地产市场调控政策不动摇。同时提出，要继续加强保障性住房建设和管理，加快棚户区改造。

12 月 18 日，国土部在召开的发布会上表示，要继续坚持房地产调控政策不动摇，在继续保持从严从紧调控基调、监督各地执行好现有政策措施的同时，针对不同类型城市，实现分类指导，加强针对性，突出差异性，强调时效性。

12 月 26 日，备受关注的虹口区商办地块海门路 55 号地块，被上海国际港务集团股份有限公司、威旺置业有限公司以总价 56.8 亿元竞得，折合楼板价 23 330 元／平方米，溢价率 21.1%，刷新全国总价地王。

第二十二章 房地产开发企业

房地产开发企业（一级资质）

编号	企业名称	法人代表
1	上海城建置业发展有限公司	祝勇
2	上海陆家嘴金融贸易区开发股份有限公司	李晋昭
3	上海地产（集团）有限公司	皋玉凤
4	上海昌鑫（集团）有限公司	陈招贵
5	农工商房地产（集团）股份有限公司	
6	上海市漕河泾新兴技术开发区发展总公司	刘家平
7	上海瀛通(集团)有限公司	陈伟峰
8	上海景瑞地产（集团）股份有限公司	陈新戈
9	上海顾村房地产开发（集团）有限公司	盛友兴
10	上海华丽家族(集团)有限公司	王伟林
11	华能房地产开发公司	
12	上海古北（集团）有限公司	戴智伟
13	天地源股份有限公司	俞向前
14	上海房地产经营（集团）有限公司	
15	上海鹏欣房地产开发有限公司	姜照柏
16	中华企业股份有限公司	
17	上海市浦东新区房地产(集团)有限公司	
18	上海永业企业(集团)有限公司	
19	旭辉集团股份有限公司	林中
20	复地（集团）股份有限公司	范伟
21	上海嘉定区房地产（集团）有限公司	凌福昌
22	上海万科房地产有限公司	陈东彪
23	上海建工房产有限公司	蒋志权
24	大华（集团）有限公司	金惠明

房地产开发企业（二级资质）

编号	企业名称	法人代表
1	上海巨龙房地产有限公司	戚时明
2	上海外高桥保税区开发股份有限公司	舒榕斌
3	上海张江房地产有限公司	顾国平
4	上海豪都房地产开发经营有限公司	屠海鸣
5	上海证大置业有限公司	王辅捷
6	上海东苑房地产开发（集团）有限公司	侯抗胜
7	上海奥林匹克置业投资有限公司	郑郭碧兰
8	上海市宝山区房产经营公司	张培明
9	上海金山新城区建设发展有限公司	顾仁忠
10	上海嘉房置业发展有限公司	徐表德
11	上海曹峰置业有限公司	王正春
12	上海平土实业（集团）有限公司	乌兰托雅
13	金大元集团（上海）有限公司	顾文元
14	上海华辰房地产开发有限公司	朱永兴
15	上海枫围房地产有限公司	张萍
16	上海保利佳房地产开发有限公司	赵国昂
17	上海安裕置业有限公司	胡兵
18	上海联鑫房地产有限公司	屠旋旋

房地产开发企业（二级资质）

编号	企业名称	法人代表
19	上海仓桥房产经营有限公司	唐菊芳
20	上海日月明房地产开发(集团)有限公司	秦宝君
21	上海市上投房地产有限公司	王卫平
22	上海市天宸股份有限公司	叶茂菁
23	上海江浙投资置业发展有限公司	沈荣帅
24	上海龙盟房地产开发有限公司	项斌
25	上海康桥实业发展（集团）有限公司	汤柳鹊
26	上海仲义建设实业有限公司	许金龙
27	上海世博土地控股有限公司	皋玉凤
28	上海佳铭房产有限公司	徐学青
29	上海建佳房地产开发有限公司	胡建国
30	上海潼港置业有限公司	徐赐祥
31	上海中万置业投资有限公司	任国龙
32	上海振龙房地产开发有限公司	周国强
33	上海联益房地产实业公司	殷建华
34	上海盛青房地产发展有限公司	干建平
35	上海晟地集团有限公司	陈伟兴
36	上海黄浦投资（集团）发展有限公司	王政
37	上海同丰房地产开发有限公司	袁自立
38	上海上南房产有限公司	吴玲莺
39	上海亚通置业发展有限公司	沈建良
40	上海云间房地产开发有限公司	张水利
41	上海张江高科技园区置业有限公司	彭望爵
42	上海新黄浦(集团)有限责任公司	周海鹰
43	上海宇泰房地产有限公司	胡万海
44	上海漕河泾开发区经济技术发展有限公司	桂恩亮
45	上海闵行房地（集团）有限公司	沈金荣
46	上海临港新城投资建设有限公司	俞建龙
47	上海南汇房地产开发经营有限公司	井剑平
48	上海康妙置业有限公司	陶国兴
49	上海华飞投资集团股份有限公司	石耀飞
50	上海罗店房地产有限责任公司	金海龙
51	上海金牛房地产有限公司	沈伟平
52	上海慧创现代服务园发展有限公司	丁雪祥
53	上海鉴诚韵置业有限公司	蔡明桥
54	上海住宅科技置业发展有限公司	钱国忠
55	上海虹桥经济技术开发区联合发展有限公司	辛继平
56	上海紫竹置业(集团)有限公司	龚建忠
57	上海星腾房产开发有限公司	桂祖达
58	上海浦程房地产发展有限公司	朱根林
59	上海圣陶沙置业有限公司	郭聪聪
60	上海松江新城建设工程服务有限公司	周丽辉
61	上海中融置业集团有限公司	倪召兴
62	上海南房（集团）有限公司	马作宇
63	上海华岳房地产开发经营有限公司	

房地产开发企业（二级资质）

编号	企业名称	法人代表
64	上海张江高科技园区开发股份有限公司	丁磊
65	上海九韵置业有限公司	朱震宇
66	上海明旺房地产有限公司	沈宏泽
67	上海大众房地产开发经营公司	杨国平
68	上海蓝印实业有限公司	高幸奇
69	上海中通置业(集团)有限公司	孙贴成
70	上海维罗纳置业发展有限公司	董希北
71	上海兴盛实业发展（集团）有限公司	张兴标
72	上海华能天地房地产有限公司	陆美芳
73	上海市外高桥保税区新发展有限公司	姚忠
74	上海浦东发展置业有限公司	陶维明
75	上海高新房地产发展有限公司	蒋国兴
76	上海金山卫房地产经营有限公司	卫剑
77	上海通联房地产有限公司	李东
78	上海鑫泰房地产发展有限公司	严志荣
79	中信地产(上海)投资有限公司	许志雄
80	上海华业房地产发展有限公司	陆国先
81	上海华敏置业（集团）有限公司	吴蓉蓉
82	上海爱建股份有限公司	徐风
83	上海月浦房地产开发有限责任公司	陈卫
84	上海国际汽车城置业有限公司	姜维
85	上海新发展房地产开发有限公司	DING FURU
86	上海东紫房地产发展有限公司	邵东明
87	上海金山房产经营有限公司	郑建国
88	上海复兴建设发展有限公司	于洪
89	上海嘉实房地产发展有限公司	章亦男
90	上海奉贤住宅建设有限公司	蔡立
91	上海中瀛企业（集团）有限公司	密春雷
92	上海花木房地产开发经营公司	倪胜群
93	上海隧峰房地产开发有限公司	沈培良
94	上海永业股份有限公司	钱军
95	上海莘松房地产有限公司	陆根良
96	上海莘盛发展有限公司	叶立培
97	上海中暨置业有限公司	郑金云
98	上海松江方松建设投资有限公司	倪新建
99	上海松江新城投资建设有限公司	胡柳强
100	上海仁杰河滨园房地产有限公司	钟百灵
101	上海宏泰房地产有限公司	万建平
102	上海五隆置业发展有限公司	朱黎庆
103	上海金工企业发展有限公司	陆钱欣
104	上海申能房地产有限公司	沈懋松
105	上海盛源房地产(集团)有限公司	刘建士
106	上海安居房产开发有限责任公司	赵正宽
107	上海环城置业发展有限公司	李能衍
108	上海界龙房产开发有限公司	高祖华
109	上海两港装饰材料城有限公司	胡景荣
110	上海长甲置业有限公司	赵长甲
111	上海丽华房地产有限公司	郁玉生
112	上海爱家豪庭房地产集团发展有限公司	薛萍
113	上海刚泰置业有限公司	徐建刚
114	上海天祥华侨城投资有限公司	吴学俊
115	上海中冶成工置业有限公司	徐永峰
116	上海诚建建设投资有限公司	王华惠

房地产开发企业（二级资质）

编号	企业名称	法人代表
117	上海龙盛置业有限公司	阮兴祥
118	上海源程置业有限公司	傅胜毅
119	上海罗南房地产有限公司	周建龙
120	上海三盛房地产（集团）有限责任公司	田平波
121	上海永圣房地产有限公司	沈俞
122	上海申昶房地产开发有限公司	盛凤祥
123	上海张江微电子港有限公司	丁磊
124	上海绿地实业发展有限公司	黄骏
125	上海源恺城建开发有限公司	
126	上海陆洋经济联合发展有限公司	马友良
127	上海华门置业有限公司	金荣法
128	上海城投资产经营有限公司	刘强
129	上海绿洲花园置业有限公司	蒋旭东
130	上海新发展新团房地产开发有限公司	葛建军
131	上海舜元置业有限公司	陈炎表
132	华鑫置业（集团）有限公司	毛辰
133	上海华鑫股份有限公司	毛辰
134	上海四通国际科技商城物业公司	王云龙
135	上海沙田房地产开发有限责任公司	梁振民
136	上海金沪投资有限公司	黄少荣
137	上海龙锡置业有限公司	谈龙彬
138	上海兴城建设发展有限公司	沈伊行
139	上海东波房地产开发经营有限公司	黄稚燕
140	上海恒信源置业有限公司	顾仁源
141	上海致达建设发展有限公司	吴文忠
142	上海北蔡房地产发展有限公司	顾桂兴
143	上海双鸥置业有限公司	马佩君
144	上海浦东星河湾房地产开发有限公司	吴惠珍
145	上海集伟投资发展有限公司	徐耀昌
146	上海开天房地产开发经营有限公司	吴斌
147	上海龙华房地产有限公司	侯军欣
148	上海临江控股（集团）有限公司	谈意道
149	上海新湖房地产开发有限公司	冯西蒙
150	上海嘉定城市建设投资有限公司	顾文其
151	振丰（上海）有限公司	姚征
152	上海正阳投资集团有限公司	邹建明
153	上海荣联房地产有限公司	王德荣
154	上海江南造船厂房地产开发经营公司	杨青海
155	上海海东房地产有限公司	陈树荣
156	上海嘉宝实业（集团）股份有限公司	钱明
157	上海中建房产(集团)有限公司	李永芬
158	上海新高桥开发有限公司	施伟民
159	上海龙仓置业有限公司	王星喻
160	上海骏丰物业有限公司	衣振涛
161	上海陆家嘴东城开发有限公司	徐而进
162	上海锦和置业有限公司	郁敏珺
163	上海锦绣华城房地产开发有限公司	陈宁
164	上海欧美亚置业有限公司	林国弟
165	上海国飞绿色置业有限公司	潘锋
166	上海昕城房地产有限公司	徐宝棣
167	上海崇裕置业发展有限公司	陈尹文
168	上海周康房地产有限公司	杨昌硕
169	通用地产（上海）有限公司	沈银发

房地产开发企业（二级资质）

编号	企业名称	法人代表
170	上海锦江国际地产有限公司	华庆建
171	上海华纺房地产发展有限公司	卓恺平
172	上海南方房地产有限公司	俞培德
173	上海万业企业股份有限公司	程光
174	上海东上海联合置业有限公司	黄兆伟
175	上海浦陈房地产开发经营有限公司	张建强
176	上海保辉房地产开发有限公司	林隆彬
177	上海枫枫房地产置业有限公司	沈纪根
178	上海百倍置业有限公司	李文新
179	上海金禧房地产开发有限公司	阮其惠
180	上海东方城市花园有限公司	山佳明
181	上海祁连房地产开发总公司	李惠良
182	上海朱家角房地产发展有限公司	王雪根
183	上海象屿置业有限公司	张水利
184	上海祝桥新镇投资发展有限公司	顾林昌
185	上海康发房产经营有限公司	薛晓容
186	上海爱法房地产经营开发有限公司	庞爱珠
187	上海新城万嘉房地产有限公司	王振华
188	上海浦东伟业房地产开发有限公司	张建良
189	上海金桥房地产发展有限公司	吴志明
190	上海万源房地产开发有限公司	倪建达
191	上海杨浦滨江投资开发有限公司	徐建华
192	上海港房地产经营开发公司	范长清
193	上海住联房地产（集团）有限公司	朱卫杰
194	上海新松江置业(集团)有限公司	蒋永全
195	上海兴景房地产经营有限公司	施晶石
196	上海飞士房地产开发经营有限公司	瞿泽
197	上海中地圣世置业有限公司	苏沪光
198	上海恒杰房地产开发有限公司	朱益民
199	上海桃浦房地产开发有限公司	庄永祺
200	上海佳运置业有限公司	沈仁兴
201	上海城申置业有限公司	夏平
202	上海新黄浦置业股份有限公司	王伟旭
203	上海绿洲房地产（集团）有限公司	李凯良
204	上海鹏欣(集团)有限公司	姜照柏
205	上海电力房地产有限公司	包辰震
206	上海地纬（集团）股份有限公司	郁鑫
207	上海松山房地产开发有限公司	张义才
208	上海中城企业集团房地产有限公司	林宁光
209	上海亚联置业有限公司	郁建中
210	上海友谊集团置业有限公司	浦静波
211	上海昂立房地产开发有限公司	朱敏骏
212	上海汇峰房地产开发有限公司	童锦泉
213	上海万临置业有限公司	宋祥麟
214	上海黄浦建设发展（集团）有限公司	钱家琪
215	上海金房置业有限公司	谢鹤鸣
216	上海祥腾投资有限公司	于教清
217	上海营巢房产开发有限公司	王新其
218	上海乾溪置业总公司	朱红兵
219	经纬置地有限公司	陈经纬
220	上海山阳房产开发有限公司	朱龙明
221	上海隆宇企业发展有限公司	钱思解
222	上海千秋置业股份有限公司	杨敏杰

房地产开发企业（二级资质）

编号	企业名称	法人代表
223	上海同盛投资集团房地产有限公司	万大宁
224	上海奉贤正阳置业有限公司	邹建国
225	上海广洋房地产开发经营有限公司	
226	上海曹路房地产开发经营公司	施爱琴
227	上海意得实业投资有限公司	林汝琴
228	上海信盛置业有限公司	郑朝龙
229	上海海欣建设发展有限公司	陈曙跃
230	上海泉山房地产开发有限公司	陶基劲
231	上海珠江投资有限公司	林海涛
232	上海虹房(集团)有限公司	徐芬庆
233	上海东方金马房地产有限公司	
234	上海盛帆房地产开发有限公司	盛明其
235	上海富润房地产发展有限公司	黄骏
236	上海外高桥保税区联合发展有限公司	姚忠
237	上海同济房地产有限公司	肖小凌
238	上海阳光欧洲城投资发展集团有限公司	杨文龙
239	上海万星房地产集团有限公司	董大根
240	上海通城房地产经营开发有限公司	朱建芳
241	上海新申房产建设有限公司	桑新弟
242	上海浦东土地控股（集团）有限公司	陶伟昌
243	上海高远置业（集团）有限公司	邹蕴玉
244	上海凯通置业有限公司	程宏利
245	上海天歌置业有限公司	陆建冲
246	上海陆家嘴（集团）有限公司	杨小明
247	上海意邦置业有限公司	张许秀
248	上海外高桥新市镇开发管理有限公司	施伟民
249	上海吉联房地产开发经营有限公司	黄勇
250	东方国际集团上海外经贸房地产开发经营有限公司	陆卫民
251	保利置业集团有限公司	雪明
252	上海华盛建设(集团)有限公司	陈华
253	上海信达银泰置业有限公司	张维民
254	上海中星集团新城房产有限公司	董鸿
255	上海市房地产实业有限公司	柴之元
256	上海新长宁（集团）有限公司	冯燮堃
257	农工商房地产集团上海虹阳投资有限公司	沈宏泽
258	上海新世界智富置业有限公司	柳晓明
259	上海徐房（集团）有限公司	冯上达
260	上海保利建锦房地产有限公司	陈冬桔
261	上海飞洲房地产开发有限公司	郑生华
262	上海石化城市建设综合开发公司	薛国龙
263	上海中金房地产（集团）有限公司	周传有
264	上海漕河泾开发区新经济园发展有限公司	丁桂康
265	上海鑫昌房地产开发经营有限公司	俞长仁
266	上海西上海房地产有限公司	陈德兴
267	上海江海置业有限公司	张伯时
268	上海闵行置业发展有限公司	华允弟
269	上海贝越实业有限公司	贝秋荣
270	上海张江（集团）有限公司	丁磊
271	上海明兴房地产开发经营有限公司	黄汉兴
272	上海西洲置业有限公司	干建平
273	上海贵来房产发展有限公司	徐桂来
274	上海浦东金三角房地产实业有限公司	厉瞬敏
275	上海大发房地产集团有限公司	葛和凯

房地产开发企业（二级资质）

编号	企业名称	法人代表
276	上海三林房地产开发经营有限公司	徐健
277	上海思致置业有限公司	万思文
278	上海广顺房地产开发公司	
279	上海众众房地产开发有限公司	吴嘉禄
280	上海申马房地产实业有限公司	张志清
281	上海住德房地产开发有限公司	王建忠
282	上海绿庭房地产开发有限公司	俞乃奋
283	上海界龙联合房地产有限公司	费钧德
284	上海万宇房地产（集团）有限公司	王素云
285	上海漕河泾开发区高科技园发展有限公司	桂恩亮
286	上海市申懋房地产经营公司	瞿宏伟
287	上海万科长宁置业有限公司	刘爱明
288	上海新泾房地产开发有限公司	苏菊弟
289	上海申亚房地产有限公司	李忠
290	上海中盛房地产有限公司	张宗宝
291	上海虹康房产建设有限公司	蔡志刚
292	上海莲森实业（集团）有限公司	马献平
293	上海一方置业发展有限公司	唐钟录
294	上海英达莱置业有限公司	胡逢祥
295	上海静安置业股份有限公司	王中斌
296	上海市静安区房地产开发经营公司	许惟铮
297	上海静安新成置业有限公司	王永康
298	上海汽车工业房地产开发有限公司	陈德美
299	上海兴海房产综合开发有限公司	张君祥
300	上海沪中房地产联合发展总公司	张英杰
301	上海吉富绅置业集团有限公司	斯朝富
302	上海运杰置业有限公司	陈祖新
303	景港控股集团有限公司	张页帆
304	上海建德企业（集团）有限公司	周志成
305	上海民强投资（集团）有限公司	杨春
306	上海浦西房地产开发有限公司	康峻
307	上海三友房地产有限公司	俞兴泉
308	上海兴荣房地产发展有限公司	姚荣春
309	上海物资集团房地产有限公司	
310	上海市城市建设综合开发有限公司	梁镇海
311	上海硕诚置业有限公司	李华
312	上海泰宇房地产(集团)有限公司	黄贤芳
313	上海市机电工业房地产公司	邱志宇
314	上海东北明园实业发展有限公司	李松坚
315	上海望源房地产开发有限公司	季宝红
316	上海锦威房产开发经营有限公司	陈炎茶
317	上海市北高新（集团）有限公司	丁明年
318	上海铁路房地产开发经营有限公司	俞光耀
319	上海市工业系统房地产联合总公司	王信华
320	上海浦联房地产发展公司	常伟生
321	上海和田城市建设开发公司	曾云
322	上海不夜城联合发展（集团）有限公司	张冬平
323	上海宏润地产有限公司	周玉成
324	上海汇成房产经营有限公司	沈培云
325	上海交大南洋房地产（集团）有限公司	朱敏骏
326	上海永和房地产有限责任公司	杨永法
327	上海紫元房地产有限公司	周满娟
328	上海城凯置业有限公司	金红江

房地产开发企业（二级资质）

编号	企业名称	法人代表
329	上海松投房地产开发经营有限公司	徐军
330	上海振华房地产开发经营有限公司	莫少幸
331	上海市嘉定区建设工程（集团）有限公司	朱参参
332	上海中汇投资发展总公司	陶国强
333	上海长宁房地产经营有限公司	周焕兴
334	上海上科实业有限公司	吴菲菲
335	上海莘闵房地产有限公司	
336	上海明泉企业（集团）有限公司	王云
337	上海建都房地产开发有限公司	万石龙
338	上海奉贤城乡建设投资开发有限公司	张永飞
339	上海奉贤城建（集团）有限公司	唐爱国
340	上海崇明房地产开发有限公司	陈浪
341	上海山鑫置业有限公司	吴振来
342	上海朋鑫房地产有限公司	封纪良
343	上海恒大房产股份有限公司	孙嘉
344	上海金桥出口加工区房地产发展有限公司	黄国平
345	上海静安城建投资有限公司	周宝森
346	上海中亚城市建设综合开发公司	王和泉
347	嘉凯城集团中凯有限公司	张德潭
348	上海桥升商贸置业有限公司	刘国忠
349	上海卫百辛（集团）有限公司	施建平
350	上海青浦房地产有限公司	
351	上海豫园商城房地产发展有限公司	梅红健
352	上海市黄浦区房地产开发实业总公司	王长宝
353	上海阳城房地产有限公司	金建明
354	上海大家置业有限公司	徐崇峰
355	上海新梅房地产开发有限公司	张静静
356	上海盛大房地产开发有限公司	石建极
357	上海徐汇商建房地产有限公司	朱瑾
358	上海市徐汇区城市建设投资开发有限公司	丁建华
359	上海华升房地产开发有限公司	蒋家艳
360	上海临港泥城经济发展有限公司	黄吉仁
361	上海精文置业（集团）有限公司	薛沛建
362	上海上实城市发展投资有限公司	陆申
363	上海智富企业发展（集团）有限公司	丁勤富
364	上海万千投资开发有限公司	范俊华
365	上海九城置业有限公司	李文壅
366	上海新发展金汇房地产开发有限公司	葛建军
367	上海汇达建设发展实业有限公司	严建华

房地产开发企业（三级资质）

编号	企业名称	法人代表
1	上海陈氏集团有限公司	朱学干
2	上海大闻房地产有限公司	莫启康
3	上海兰开房地产开发有限公司	陆惠玲
4	上海江东土地房产开发有限公司	邵永飞
5	上海联洋集团有限公司	徐鸿昌
6	上海嘉宝奇伊房地产经营有限公司	陈伯兴
7	上海新耀房地产开发有限公司	王海松
8	上海堡镇房地产开发有限公司	
9	上海中星集团振城不动产经营有限公司	郑诗达
10	上海上风科盛投资有限公司	陈继谨
11	上海嘉定商晟房产经营有限公司	祝加林
12	上海兄弟见龙苑房产开发有限公司	
13	上海广普置业有限公司	毛辰
14	上海电子商城有限公司	王建东
15	上海泽欣房地产开发有限公司	李国华
16	上海立地房地产有限公司	杜东方
17	上海吴淞住宅建设开发有限公司	刘厚生
18	上海江桥建设开发有限公司	沈明兴
19	上海明华房地产有限公司	毛逸铭
20	上海美尔置业发展有限公司	孙忠清
21	上海博锦房地产开发中心有限公司	李滨
22	上海东方金融广场企业发展有限公司	方晓忠
23	上海怡泰房地产开发（集团）有限公司	蔡勇
24	上海海鑫房地产发展有限公司	傅国世
25	上海紫勋房地产开发有限公司	史志林
26	上海强拓房产发展有限公司	庄永华
27	上海海岛房地产开发有限公司	朱晓中
28	上海菊缘房地产发展有限公司	冯琛
29	上海中福置业控股集团有限公司	胡培毅
30	上海朋大置业有限公司	张卫娟
31	中机浦发房地产公司	孙伟
32	上海新世纪创业有限公司	汪建玎
33	上海同进置业有限公司	孙益功
34	上海鸿海房地产发展有限公司	忻鸿良
35	上海罗伊尔置业有限公司	宿一峰
36	上海嘉乐房地产开发有限公司	武忠兴
37	上海丰扬房地产开发有限公司	王晞
38	上海松江建通房地产开发有限公司	林志东
39	上海慧氏企业发展有限公司	谢方
40	上海通达房地产有限公司	冯伟建
41	上海国亭置业有限公司	陈一元
42	上海欧筑实业发展有限公司	杨毫
43	上海万峰房地产有限公司	黄国平
44	上海宝林房地产开发有限公司	朱卫杰
45	上海富中置业有限公司	严富源
46	上海保利金鹏置业有限公司	雪明
47	上海宏城房地产开发有限公司	高国武
48	上海宏利房地产开发有限公司	
49	上海弘扬房地产开发有限公司	符奇荣
50	上海申惠房地产开发经营有限公司	顾瑞芬
51	上海东方国际文体休闲产业城发展有限公司	康海华
52	上海原申投资有限公司	金银华
53	上海宸东房地产开发有限公司	阮威

房地产开发企业（三级资质）

编号	企业名称	法人代表
54	上海金金置业有限公司	唐宝良
55	上海欣达房地产经营有限公司	陆利刚
56	上海宝冶集团有限公司	陈明
57	上海实久公司	诸成
58	上海新兴技术开发区联合发展有限公司	桂恩亮
59	上海振川物业有限公司	杨保华
60	上海金合房地产有限公司	何晓
61	上海行通房地产发展有限公司	范桂元
62	上海海燕房地产经营有限公司	瞿富官
63	上海兴跃房地产投资有限公司	孙镇跃
64	上海松辽房地产公司	毕希文
65	上海弘辉房地产开发有限公司	杜自弘
66	上海浦东唐安房地产开发有限公司	龙文明
67	上海鑫唐置业发展有限公司	黄维梅
68	上海港通房地产发展有限公司	吴国弟
69	上海杨浦房地产开发经营有限公司	薛小弟
70	上海金明投资集团有限公司	卢泽明
71	上海开创企业发展有限公司	丁明年
72	上海金品房产经营有限公司	徐佳时
73	上海市龙峰企业集团有限公司	任国龙
74	上海中江房地产发展有限公司	徐志远
75	上海华邸房地产发展有限公司	黄光祖
76	上海金山土地开发服务公司	周婉忠
77	上海瑞禾房地产发展有限公司	姚百祥
78	上海禹洲房地产投资有限公司	郭英兰
79	上海申舟房产开发经营公司	葛珺
80	上海恒和置业有限公司	何青
81	上海福乐思特房地产发展有限公司	黄崇圣
82	上海军华置业有限公司	陈家泉
83	上海士林置业有限公司	徐勇民
84	上海春郭房地产开发有限公司	施跃鸣
85	上海兴申房地产经营有限公司	苏长荣
86	上海通盛(集团)发展有限公司	潘万盛
87	上海颛桥房地产有限公司	叶月明
88	上海佘山房地产经营开发有限公司	陈功
89	上海市外高桥保税区三联发展有限公司	姚忠
90	上海博佳房地产开发有限公司	应立富
91	上海九亭房地产开发有限公司	陈惠其
92	上海绿地弘途投资发展有限公司	吴卫东
93	上海东宏房地产开发有限公司	周龙宝
94	上海浦东软件园股份有限公司	杨军
95	上海恒生置业有限公司	马战育
96	上海宏士达房地产开发有限公司	陶若亮
97	上海华江建设发展有限公司	闫浩
98	上海泰元置业有限公司	张春泽
99	上海兴高房地产有限公司	陈美付
100	上海锦茸房地产开发经营有限公司	马立峰
101	上海总泉置业有限公司	任海琴
102	上海市市政房地产经营公司	裴建群
103	上海嘉定区菊园房地产开发有限公司	高铭
104	上海华闽房地产开发有限公司	吴蓉蓉
105	上海金高房地产有限责任公司	徐伟国
106	上海西庭网球公寓开发有限公司	Richard Johannes Van Den Berg

房地产开发企业（三级资质）

编号	企业名称	法人代表
107	上海泰华房地产开发实业有限公司	王诚民
108	上海伟立房地产有限公司	吴四荣
109	上海樽轩实业有限公司	丁兴才
110	上海亲和源置业有限公司	奚志勇
111	上海临港南汇新城经济发展有限公司	黄峰
112	上海富友房产有限公司	黄明山
113	上海国际汽车城产业发展有限公司	唐忠
114	华丽家族股份有限公司	林立新
115	上海安都房地产发展有限公司	张杏元
116	上海嘉宏房地产有限责任公司	钱明
117	上海亚龙投资（集团）有限公司	张文荣
118	上海玉宇房地产开发有限公司	朱昌言
119	上海华天房地产发展有限公司	Richard Anthony David
120	上海盛勤房地产有限公司	陈建方
121	上海庆宁置业有限公司	王祥宝
122	上海凌港置业有限公司	黄维梅
123	上海永达房地产发展有限公司	孔庆勃
124	上海康桥房地产开发经营有限公司	沈惠中
125	上海市杨浦区房屋建设开发公司	赵立华
126	上海金纬房地产发展有限公司	周永兴
127	上海中惠投资控股有限公司	张剑
128	上海新弘大置业有限公司	孙琳
129	上海张江东区高科技联合发展有限公司	鲍纯谦
130	上海蔚蓝置业有限公司	封纪良
131	上海安基置业有限公司	钱美君
132	绿地地产集团有限公司	张玉良
133	上海新望房地产经营有限公司	金卫国
134	上海建创置业有限公司	宋力
135	华润（上海）房地产开发有限公司	王印
136	上海虹桥高尔夫俱乐部有限公司	杨思汉
137	上海松征房地产开发有限公司	李国强
138	上海深长城地产有限公司	杨保华
139	银基发展（上海）投资控股有限公司	张傲菊
140	上海万业企业宝山新城建设开发有限公司	张峻
141	上海周房置业有限公司	周冬
142	上海新凯房地产开发有限公司	谢以群
143	上海西郊庄园资产经营管理有限公司	王树清
144	上海颛盛房地产有限公司	叶月明
145	上海绿地湾置业有限公司	黄敏康
146	上海弘久实业集团有限公司	洪根云
147	上海瑞虹新城有限公司	王颖
148	上海爱迪房产开发有限公司	
149	嘉里发展(上海)有限公司	
150	上海车墩房地产开发有限公司	金海林
151	上海瑞锦房地产开发有限公司	张锦明
152	上海漕河泾开发区华港实业有限公司	袁国华
153	上海瀛海置业有限公司	陆飞
154	上海临港书院经济发展有限公司	毛国生
155	上海华隆房地产发展有限公司	吴渭凉
156	上海绿地景汇置业有限公司	吴卫东
157	上海海港国际贸易有限公司	范月闺
158	中集申发建设实业有限公司	麦伯良
159	上海闵行联合发展有限公司	薛宏

房地产开发企业（三级资质）

编号	企业名称	法人代表
160	广东黄河实业集团上海房地产有限公司	郑强辉
161	上海临港万祥经济发展有限公司	瞿惠明
162	上海华夏房地产开发经营有限公司	柳向林
163	上海环源房地产开发有限公司	邢志浩
164	上海宝虹房地产实业有限公司	顾才新
165	上海洲海房地产开发有限公司	郝秀伦
166	上海杨浦置地有限公司	徐建华
167	上海明光房地产发展有限公司	章巨焕
168	上海康奕置业有限公司	陶国兴
169	上海若兰投资有限公司	陈龙英
170	上海广盛房地产开发有限公司	盛凤祥
171	上海祖鼎实业有限公司	朱乐宁
172	中国中建地产有限公司	李百安
173	上海平苑房地产开发有限公司	杨永清
174	上海徐房房地产开发有限公司	冯上达
175	上海碧橙房地产有限公司	谢琨
176	上海市卢湾区房产经营有限公司	庞立彪
177	上海宝鸿房产开发有限公司	邱伟敏
178	上海东鼎房地产发展有限公司	邵东明
179	上海同济科技园有限公司	杨东援
180	上海信拓置业有限公司	罗存荣
181	上海中铁市北投资发展有限公司	张安民
182	上海信通浦皓置业有限公司	武跃军
183	百旌（上海）控股集团有限公司	章引
184	上海为中实业有限公司	樊为中
185	上海东扬房地产开发有限公司	高幸奇
186	上海铭源房地产开发经营有限公司	李铮理
187	上海新和置业管理有限公司	潘亚立
188	上海亚龙企业有限公司	张文荣
189	上海嘉定区住宅建设综合开发有限责任公司	李俭
190	上海万科投资管理有限公司	张海
191	上海孜诚置业有限公司	朱励
192	上海金廊房地产开发有限公司	陆金光
193	上海久事置业有限公司	张建伟
194	上海兴江房地产综合开发公司	王屹
195	上海广源房地产开发有限公司	
196	上海永久房地产开发经营有限公司	顾觉新
197	上海新富港房地产发展有限公司	王喆
198	上海浙联房地产开发有限公司	王迪海
199	上海富林房地产发展有限公司	俞熔
200	上海中新房地产开发有限公司	
201	上海林立房地产开发有限公司	顾关林
202	上海浦东陆家嘴置业发展有限公司	李晋昭
203	上海浦阳置业有限公司	王宏元
204	上海爱家实业有限公司	薛萍
205	上海胜浦房地产发展有限公司	蔡一平
206	上海荣海房地产发展有限公司	任妙娣
207	上海绿宇房地产开发有限公司	寿柏年
208	上海安联投资发展有限公司	
209	上海宝安企业有限公司	
210	上海隆济建设发展有限公司	胡均
211	上海驰华房地产开发有限公司	俞美凤
212	上海众众实业发展有限公司	吴嘉禄

房地产开发企业（三级资质）

编号	企业名称	法人代表
213	上海凯托房地产发展有限公司	张文耀
214	上海先达房地产发展有限公司	马守中
215	上海富都世界发展有限公司	
216	上海金山土地整理发展有限公司	沈文强
217	上海华谊集团房地产有限公司	江秋霞
218	上海恒顺远置业有限公司	蔡东巍
219	上海汉石投资管理有限公司	姚培明
220	上海泗泾房地产开发经营有限公司	慎永明
221	上海同润投资(集团)有限公司	范荣
222	上海虹桥东苑置业有限公司	沈慧琴
223	上海久阳房地产开发有限公司	李德伟
224	上海东开置业有限公司	陆斌
225	上海杨泰房地产开发有限公司	郑建国
226	上海舜川房地产有限公司	邬国林
227	上海复鑫房地产开发有限公司	张华
228	上海新湾投资发展有限公司	陈耿贤
229	上海三新企业发展有限公司	张明园
230	上海莘闵宝铭房地产开发有限公司	王荣铭
231	上海新徐房地产开发有限公司	廖茸桐
232	上海群达置业有限公司	赵斌
233	上海杨浦科技创业中心有限公司	林旭伟
234	上海大业房地产开发有限公司	黄苏东
235	上海中大股份有限公司	周先强
236	上海招商奉瑞置业有限公司	王晞
237	远雄房地产开发集团（中国）有限公司	洪贤德
238	上海虹叶置业发展有限公司	谭国平
239	上海上泰置业有限公司	黄敬捷
240	上海南杨置业发展有限公司	鲍毅
241	中海发展（上海）有限公司	齐大鹏
242	上海时蓄企业发展有限公司	李维
243	上海骏丰置业发展有限公司	曲桂仕
244	上海广昊房产集团有限公司	夏品云
245	上海汇鑫房地产有限公司	曹凌雯
246	上海金午置业有限公司	施建
247	上海景兴房地产开发有限公司	连国宏
248	上海亚东房地产有限公司	张益堂
249	上海华世置地有限公司	林秀芳
250	上海欧港置业有限公司	周仕供
251	上海建浦房地产有限公司	须绍宗
252	上海绿庭四季花城房地产开发有限公司	许良彦
253	上海桑园置业有限公司	姜世良
254	上海瑞明置业有限公司	胡问鸣
255	上海莘城实业有限公司	薛晓路
256	上海西北盛唐房地产有限公司	叶子生
257	上海嘉城兆业房地产有限公司	达伟（DAVID GOLDEN）
258	上海境逸房地产有限公司	张少波
259	上海市黄浦区职工住宅开发有限公司	陈波
260	上海闵行区杜行沿浦房地产经营有限公司	张军
261	上海博泰房地产发展有限公司	凌福昌
262	上海鑫荣房地产综合开发有限公司	周国荣
263	上海市虹口区公房资产经营有限公司	乐吉伟

房地产开发企业（三级资质）

编号	企业名称	法人代表
264	上海岭南实业有限公司	高幸奇
265	上海松江工业区房地产开发有限公司	李伟
266	上海氯碱化工房产开发经营有限公司	王锦淮
267	上海金韵房地产发展有限公司	朱国斌
268	友富（上海）有限公司	张纯成
269	上海顺寓置业有限公司	姚建平
270	上海浦东川城房地产经营开发有限公司	杨秋菊
271	上海万兆房地产发展有限公司	宋小云
272	上海东方明珠置业有限公司	胡爱莲
273	上海汇华房地产有限公司	钱荣德
274	上海光大房地产有限公司	施子清
275	上海凌桥房地产有限公司	朱晓丹
276	上海新竹房地产有限公司	
277	上海闵行公房资产经营有限公司	陈耀辉
278	上海泰江置业发展有限公司	林华中
279	上海富盛经济开发区开发有限公司	丁海东
280	上海漕河泾房产开发有限公司	杨铁牛
281	上海大柏树房地产开发经营有限公司	王福民
282	上海好世置业有限公司	薛晓路
283	上海博捷房地产开发有限公司	任金荣
284	上海强健房地产开发有限公司	徐瑞平
285	上海六合房地产有限公司	董建军
286	上海泰银置业有限公司	张春泽
287	上海市公房资产经营(集团)有限公司	张永恒
288	上海钟鼎房地产开发有限公司	孙建棠
289	上海华阳房地产开发有限公司	薛金林
290	上海南市房地产经营有限公司	鲍伟忠
291	上海亿峰置业有限公司	高凤飞
292	上海北桥房地产有限公司	陈惠民
293	上海招商置业有限公司	杨志光
294	上海浦东新区东集房地产实业有限公司	陈青
295	上海新嘉房地产发展有限公司	吴荣辉
296	上海江湾房地产开发经营有限公司	沈龙海
297	上海市虹口区房产开发经营有限公司	齐海龙
298	上海天亿置业发展有限公司	刘爱明
299	上海晶松房地产开发有限公司	沈华其
300	上海康桥半岛(集团)有限公司	王煦菱
301	上海香溢房地产有限公司	王根宝
302	上海瑞华置业（集团）有限公司	孟明荣
303	上海爱家投资管理有限公司	薛萍
304	上海徐汇房产经营有限公司	丁曙
305	上海服装机械城企业发展有限公司	王科威
306	上海绍盛房地产发展有限公司	娄冬虎
307	上海申丰房地产开发有限公司	蒋镇林
308	上海康达房地产实业有限公司	席建华
309	上海沪总送变电房地产经营公司	寿冠阳
310	上海联农房产有限公司	
311	上海市龙威房地产有限公司	黄骏
312	上海海泰房地产（集团）有限公司	丁劲松
313	上海中钱房地产开发有限公司	潘辽原
314	上海地杰置业有限公司	孙嘉
315	上海金居投资管理有限公司	朱黎庆
316	上海平安欣仑物业发展有限公司	孙建德

房地产开发企业（三级资质）

编号	企业名称	法人代表
317	上海三象房产发展有限公司	朱皓
318	上海碧云房地产开发有限公司	朱耀家
319	上海宝地置业有限公司	周竹平
320	上海方舟房地产开发有限公司	朱小弟
321	上海泰日房地产有限公司	曹纳弟
322	上海培润实业发展有限公司	樊培力
323	上海飘鹰房地产开发中心	陈林福
324	上海东苑利景置业有限公司	侯抗胜
325	上海浦东富成房地产有限公司	唐钟录
326	上海虹桥房地产有限公司	王缨
327	上海汇裕置业有限公司	张海威
328	上海金罗店开发有限公司	刘素引
329	上海东方康桥房地产发展有限公司	王煦菱
330	上海环恒房地产有限公司	蔡永康
331	上海平高企业集团有限公司	俞跃良
332	上海江兴置业有限公司	孙德兴
333	上海奉庄资产经营发展有限公司	陆勤
334	上海昌大房地产发展有限公司	蒋元昌
335	上海新舒房地产开发有限公司	曾文星
336	上海双拥文化园投资开发有限公司	缪世鸿
337	上海振亭房地产开发有限公司	曾振波
338	上海颛元置业有限公司	赵顺清
339	上海广安置业发展有限公司	陈敏
340	上海颐和置业有限公司	卫福才
341	上海陆发房地产开发有限公司	陶开辽
342	上海鸿顺置业发展有限公司	卢福
343	上海新闵房地产联合发展有限公司	李怀靖
344	上海宝域房地产发展有限公司	薛荣坤
345	上海金镇城镇建设发展有限公司	周永良
346	上海申东房地产开发有限公司	唐晓军
347	上海复旦科技园股份有限公司	朱克勤
348	上海华宝房地产发展有限公司	
349	上海庙行房地产开发经营公司	朱国忠
350	上海新练塘城建开发有限公司	沈明
351	上海由由房地产开发有限公司	王福祥
352	上海闵行区商业建设有限公司	林亚夫
353	上海烟草集团房地产开发经营公司	周永森
354	上海申新房地产开发有限公司	杭鹏浩
355	上海金色紫都房地产有限公司	黄文仔
356	上海景秀置业发展有限公司	王正舜
357	上海信建房地产集团有限公司	赵正科
358	上海源东房地产开发有限公司	李从恺
359	上海盛昶房地产开发有限公司	盛凤祥
360	上海城桥房地产开发经营有限公司	庞志云
361	上海象源丽都置业有限公司	李从恺
362	上海东苑兆业房地产发展有限公司	侯抗胜
363	上海峥宸房地产有限公司	沈文贵
364	上海南方国际购物中心有限公司	王雁
365	上海中福（集团）有限公司	高象柱
366	上海张江集成电路产业区开发有限公司	刘小龙
367	上海东方城乡房地产开发经营有限公司	
368	上海茸达房地产经营有限公司	朱新华
369	上海莘南房地产开发有限公司	谢德光

房地产开发企业（三级资质）

编号	企业名称	法人代表
370	东方海外（上海）投资有限公司	曾文星
371	上海银河房地产经营有限公司	马新高
372	上海安新华诚实业发展有限公司	陆美芳
373	上海东陆房地产发展有限公司	吴永康
374	上海同文置业有限公司	肖小凌
375	上海浩城置业有限公司	孙龙根
376	上海金栋房地产开发有限公司	金守红
377	上海强生房地产开发经营公司	孙冬琳
378	上海新崇房地产开发有限公司	张俊
379	上海市北置业发展有限公司	朱朝晖
380	上海金山嘴房地产开发有限公司	朱龙明
381	上海谷元房地产开发有限公司	高天国
382	上海益海房地产开发有限公司	奚德龙
383	上海浦东南汇房地产有限公司	陈新华
384	上海银都商城发展有限公司	陈秀钦
385	上海银欣房地产有限公司	杜锦豪
386	上海连兴经济发展合作公司	马友良
387	上海莎海实业（集团）有限公司	王卫兵
388	上海万博房地产开发有限公司	黄志源
389	上海亚达投资发展有限公司	李忠
390	上海新天地置业发展有限责任公司	黄建春
391	上海市工业区开发总公司	王信才
392	上海长峰房地产开发有限公司	童锦泉
393	上海名鹰房地产发展有限公司	芮永祥
394	上海昌辉企业发展有限公司	苏萍
395	上海上投置业发展有限公司	杨勇
396	上海科事发房地产有限公司	陈剑
397	上海锦迪城市建设开发有限公司	王中斌
398	上海新宏安房地产开发公司	许建中
399	上海静安公房资产经营有限公司	许惟铮
400	上海众立房地产开发有限公司	夏莲珊
401	上海梅山房地产开发经营有限公司	周荣龙
402	上海申城房地产开发实业总公司	李春农
403	上海华鑫物业管理顾问有限公司	张厚伟
404	上海市房屋实业有限公司	孙明基
405	上海三和房地产有限公司	顾建国
406	上海东鹤房地产有限公司	童彬彬
407	上海乔华房产经营管理有限公司	李珩
408	上海珠街阁房地产开发有限公司	王安德
409	上海恒舜置业有限公司	潘凤杰
410	上海尚晋实业有限公司	黄奕雄
411	上海衡泰房地产有限公司	
412	上海振威投资发展有限公司	魏宝龙
413	上海安盛房产开发有限公司	陈勤帮
414	上海裕康房地产有限公司	
415	上海凤翔房地产开发有限公司	杨铁军
416	上海越盛房地产开发有限公司	宋世敏
417	上海徐泾房地产有限公司	邵国旗
418	上海锦城房地产有限公司	叶贵勋
419	上海久青房地产开发经营有限公司	李仲秋
420	上海恒力房地产发展有限公司	顾宝林
421	上海前晋企业(集团)有限公司	
422	上海民都置业有限公司	谢飞

房地产开发企业（三级资质）

编号	企业名称	法人代表
423	上海北杰旺房地产有限公司	丁明年
424	上海环龙房地产开发经营有限公司	钱一
425	上海跃进房地产开发有限公司	励一鸣
426	中铁二十四局集团上海房地产开发有限公司	白圻业
427	上海裕都房地产开发有限公司	张钧
428	上海百汇房地产开发有限公司	邓质方
429	上海汇京置业发展有限公司	杜元龙
430	上海源丰投资发展有限公司	黄成林
431	上海康德利房地产经营有限公司	郑荣洲
432	上海松城房地产有限公司	沈杏芳
433	上海万业企业两湾置业发展有限公司	程光
434	上海彩虹房地产有限公司	陈建彬
435	上海东旺房地产有限公司	郑建国
436	上海汇丽房地产开发有限公司	吴镔
437	上海贡霄房地产开发有限公司	蔡为超
438	上海言青房产开发有限公司	许成旺
439	上海鸿越实业有限公司	周保云
440	上海佳源置业有限公司	方壮源
441	上海五角场房地产开发公司	邢志浩
442	上海公房实业有限公司	包永镭
443	上海华商房产发展公司	张引浩
444	上海东升置业发展有限公司	潘才华

房地产开发企业（三级资质）

编号	企业名称	法人代表
445	华润置地（上海）有限公司	王印
446	上海世茂房地产有限公司	许世坛
447	上海亚萌置业有限公司	李剑峰
448	上海市城镇建设发展有限公司	游玉云
449	上海市金辉工业房地产发展公司	常振华
450	上海清水颐园房地产有限公司	
451	上海陆家嘴城市建设开发投资有限公司	毛德明
452	上海中坤置业有限公司（民营）	陈伟元

第二十三章　部分物业管理企业名录

物业管理企业（一级资质）

编号	企业名称	电话
1	保利广州物业管理有限公司上海分公司	021-36508818-1002
2	北京戴德梁行物业管理有限公司上海分公司	
3	北京世邦魏理仕物业管理服务有限公司上海分公司	
4	北京燕侨物业管理有限公司上海分公司	
5	北京中铁第一太平物业服务有限公司上海分公司	
6	长城物业集团股份有限公司上海分公司	021-58578238，13761102361
7	福州融侨物业管理有限公司上海分公司	
8	港联物业服务（上海）有限公司	021-62528855
9	广州侨乐物业服务有限公司上海分公司	51699783
10	广州市三原物业管理有限公司上海分公司	021-64938369
11	杭州开元物业管理有限公司上海松江分公司	67820230
12	和记物业服务（深圳）有限公司上海东方汇经中心分公司	
13	和记物业服务（深圳）有限公司上海湖畔名邸分公司	22166045
14	嘉里建设管理（上海）有限公司	63178008
15	江苏新城物业管理有限公司	
16	上海安荣物业管理服务有限公司	31261949
17	上海百联物业管理有限公司	021-63517334
18	上海保利物业酒店管理有限责任公司	68801600
19	上海宝钢源康物业管理有限公司	56110204

物业管理企业（一级资质）

编号	企业名称	电话
20	上海采林物业管理有限公司	64260060
21	上海诚信中宁物业服务有限公司	66403171转
22	上海德律风物业有限公司	62669898
23	上海地铁东方置业发展有限公司	021-64474054
24	上海东方航空物业有限公司	021-51137913
25	上海东湖物业管理公司	64667880
26	上海丰诚物业管理有限公司	63906111
27	上海福田物业管理有限公司	631470797
28	上海复瑞物业管理有限公司	66392626
29	上海复欣物业管理发展有限公司	021-63261621
30	上海富都物业管理有限公司	58735432
31	上海高地商务楼物业管理有限公司	52358110
32	上海古北物业管理有限公司	62194617
33	上海虹达物业管理有限公司	65446599
34	上海虹桥经济技术开发区物业经营管理有限公司	62095135
35	上海宏阳物业有限公司	56667233
36	上海弘辉房地产开发有限公司	51019160
37	上海华敏物业管理有限公司	52380808*386
38	上海金地物业服务有限公司	69919999
39	上海金光外滩置地有限公司	63350000-191
40	上海金樱房地产发展有限公司	34083267
41	上海景瑞物业管理有限公司	66293601
42	上海科瑞物业管理发展有限公司	52712415
43	上海联源物业发展有限公司	62031742
44	上海陆家嘴物业管理有限公司	50810333
45	上海明华物业管理有限公司	63294612
46	上海农工商旺都物业管理有限公司	64682025
47	上海欧鼎物业管理有限公司	38019056
48	上海浦东房地产集团物业管理有限公司	58314533
49	上海浦江物业有限公司	63302406
50	上海仁恒物业管理有限公司	021-51380088
51	上海瑞创物业管理有限公司	62749547
52	上海锐翔物业管理有限公司	62449611
53	上海三湘物业服务有限公司	65366830－0708
54	上海上房物业管理有限公司	64377300
55	上海上勤物业管理有限公司	54674555
56	上海上水市南物业管理有限公司	63390143
57	上海上置物业管理有限公司	65224710
58	上海申能物业管理有限公司	63900305
59	上海生乐物业管理有限公司	53071133
60	上海圣维仕物业管理有限公司	62780489
61	上海士林置业有限公司	63777730
62	上海市申江两岸开发建设投资（集团）有限公司	63306500
63	上海同涞物业管理有限公司	021-63455698
64	上海外高桥物业管理有限公司	58681690
65	上海万科物业服务有限公司	62786600
66	上海威斯特物业经营有限公司	56059689
67	上海文化物业管理有限公司	55512121
68	上海新长宁（集团）仙霞物业有限公司	62599294
69	上海新独院物业管理有限公司	58127700
70	上海新湖物业管理有限责任公司	61427128-17
71	上海新金桥物业管理有限公司	021-58547356
72	上海新世纪房产服务有限公司	68863887

物业管理企业（一级资质）

编号	企业名称	电话
73	上海新市北企业管理服务有限公司	021-66313925
74	上海延吉物业管理有限公司	021-65485705
75	上海阳光投资（集团）物业管理有限公司	33725115
76	上海益力实业有限公司	63615410
77	上海益中亘泰物业管理有限公司	021-63090963-806
78	上海永绿置业有限公司	59182049
79	上海招商局物业管理有限公司	62177377
80	上海中浦物业管理有限公司	63320316
81	上海中企物业管理有限公司	62884508
82	上海中星集团申城物业有限公司	58602003
83	上海中一物业管理有限公司	36355066
84	上海中远物业管理发展有限公司	65016868
85	上海孜诚置业有限公司	57827572
86	上海紫泰物业管理有限公司	62377360
87	上海芸绮物业管理有限公司	50305553
88	上海漕河泾开发区物业管理有限公司	54902564
89	上实物业管理（上海）有限公司	64749200
90	深圳市华侨城物业服务有限公司上海分公司	
91	深圳市金地物业管理有限公司	13601983580
92	深圳市开元国际物业管理有限公司	13602650826
93	深圳市特发物业管理有限公司上海分公司	021－61143723
94	狮城怡安（上海）物业管理有限公司	54071833
95	苏州易亚物业管理有限公司上海分公司	
96	苏州悦华置合物业服务有限公司上海分公司	
97	天津顺驰物业管理有限公司上海分公司	62251166*6502
98	新工(厦门)物业管理服务有限公司上海分公司	13816631518
99	兆丰国际(上海)有限公司	63611688
100	浙江鸿翔物业管理服务有限公司上海兴瑞物业管理分公司	
101	中海物业管理（上海）有限公司	64662288
102	中海物业管理有限公司上海分公司	
103	中航物业管理有限公司	021-52895900
104	中信泰富（上海）物业管理有限公司	62156215
105	仲量联行测量师事务所（上海）有限公司	61335486

物业管理企业（二级资质）

编号	企业名称	电话
1	大华集团上海物业管理有限公司	66400588
2	大连万达物业管理有限公司上海分公司	68126592
3	戴德梁行房地产咨询（上海）有限公司	021-22080088
4	第一太平戴维斯物业顾问（上海）有限公司	63916688
5	港力物业管理（上海）有限公司	021-63593311
6	广州星河湾物业管理服务有限公司上海分公司	50101111
7	宏腾物业服务（上海）有限公司	51759788
8	华基美信(上海)物业管理有限公司	13916271595
9	华润置地（上海）物业管理有限公司	021-65986611
10	佳兆业物业管理（深圳）有限公司上海分公司	
11	家利物业管理（上海）有限公司	54043388
12	金茂（上海）物业服务有限公司	50475588-3012
13	锦秋物业管理(上海)有限公司	56138154
14	凯德商用房产管理咨询（上海）有限公司	021-23271800
15	南京朗诗物业管理有限公司上海分公司	400—8811—580
16	青海百益物业发展有限责任公司上海双海物业管理分公司	69139088
17	上海爱德华物业管理有限公司	15901979233
18	上海爱建物业管理有限公司	64872755*26
19	上海爱仁物业有限公司	51500778
20	上海爱生特商用物业管理有限公司	51114588-788
21	上海爱心物业有限公司	6.44783E+15
22	上海安必盛物业管理有限公司	54941016
23	上海安得物业管理有限公司	52185456
24	上海安华物业管理有限公司	65808387
25	上海安居物业有限公司	50855259
26	上海安盛物业有限公司	59885206
27	上海安亦物业服务有限公司	51192369
28	上海奥菲思房产经营管理有限公司	61262353
29	上海百特物业管理有限公司	28066912
30	上海邦龙物业管理有限公司	59147473
31	上海保集物业管理有限公司	56410829
32	上海保力皇都物业管理有限公司	34531268
33	上海宝鼎物业管理有限公司	52930642
34	上海宝房(集团)大楼物业管理有限公司	56783157
35	上海宝房通河物业管理有限公司	56993025
36	上海宝房友宜物业管理有限公司	66792887
37	上海宝嘉物业管理有限公司	56624256
38	上海宝矿钻石物业有限公司	63831819
39	上海北安物业管理有限公司	56913912
40	上海北城物业有限公司	56622986
41	上海北方物业管理有限公司	56553028
42	上海北外滩物业管理有限公司	65416074
43	上海博嘉物业管理有限公司	32504848
44	上海彩虹房屋物业管理有限公司	58005975
45	上海曹杨物业有限公司	62570219
46	上海昌悦物业管理有限公司	50923171
47	上海长安物业管理有限公司	64220000-2278
48	上海长风物业有限公司	62163602
49	上海长柳实业有限公司	59442842
50	上海长宜物业管理有限公司	50816888
51	上海畅苑物业管理有限公司	50258507
52	上海车城物业管理有限公司	69502987
53	上海辰星物业管理中心	64671218

物业管理企业（二级资质）

编号	企业名称	电话
54	上海辰展物业管理有限公司	15316679351
55	上海城开商用物业发展有限公司	34601006
56	上海城投置业管理有限公司	58885588-2622
57	上海诚成物业管理有限公司	63172153
58	上海诚信中宁物业管理有限公司	66403179
59	上海驰骋物业管理有限公司	63139742
60	上海川北物业有限公司	56713650
61	上海创环物业管理有限公司	55666125
62	上海春川物业服务有限公司	64271051-830
63	上海达安物业管理有限公司	6.23009E+15
64	上海达益物业发展有限公司	63295529
65	上海大柏树物业有限公司	65530505
66	上海大华物业管理有限公司	13003283903
67	上海大桥物业管理有限公司	65431460
68	上海大众物业管理有限责任公司	61612008
69	上海丹意物业管理有限公司	58022791
70	上海德一置行物业管理有限公司	33688111
71	上海地矿物业管理有限公司	56610165
72	上海地益物业管理有限公司	63172363
73	上海电力物业管理有限公司	62713502
74	上海鼎高物业管理有限公司	64530987
75	上海东渡物业管理有限责任公司	021-53082021
76	上海东方大学城物业管理有限公司	55061797
77	上海东方物产物业管理有限公司	68407003*15或25
78	上海东慧庄原物业管理有限公司	64128265
79	上海东宁物业经营管理有限公司	58501728
80	上海东昱物业管理有限公司	021-67739499
81	上海方达物业经营公司	65560427
82	上海房地大厦物业管理有限公司	58824542
83	上海房地集团物业服务有限公司	62308879
84	上海丰柏物业管理有限公司	51693688-826
85	上海枫宇物业管理有限公司	13901621853
86	上海风华物业管理有限公司	66367658
87	上海奉房置业有限公司	57415245
88	上海复旦医院后勤服务有限公司	60768008
89	上海富锦物业管理有限公司	56046856
90	上海富宁物业管理有限公司	38973120
91	上海高建物业有限公司	64181358
92	上海高境物业管理有限公司	66150067
93	上海高桥石化物业管理有限公司	13391396579
94	上海格多物业管理有限公司	13061610903
95	上海公益物业管理有限公司	50717224
96	上海共贺物业管理有限公司	66522786
97	上海古北房产租赁有限公司	62788116
98	上海谷海物业管理有限公司	51159999-6802
99	上海光大会展中心有限公司	64845830
100	上海广电物业发展有限公司	64187091
101	上海广汇物业管理服务有限公司	66298880
102	上海广同物业有限公司	55390718
103	上海广厦物业管理有限公司	59984838
104	上海国光物业管理有限责任公司	56610528
105	上海国际汽车城物业管理有限公司	61231810

物业管理企业（二级资质）

编号	企业名称	电话
106	上海国寿物业管理有限公司	63671270
107	上海国昕物业管理有限公司	61001900
108	上海海存物业管理有限公司	13371892188
109	上海海鸿福船物业管理有限公司	65703734
110	上海海尚物业管理有限公司	33853381
111	上海海运物业管理有限公司	58353257
112	上海航天实业有限公司	24180458
113	上海航天物业管理有限公司	64701016
114	上海航新物业管理有限公司	64568899
115	上海禾和物业管理有限公司	63900248
116	上海和迅物业管理有限公司	54435188-209
117	上海合众企业发展有限公司	63525170
118	上海恒豪基业物业服务有限公司	63273413
119	上海恒联物业有限公司	66525881
120	上海虹康物业管理有限公司	52205619
121	上海虹桥临空经济园区物业管理有限公司	52185641
122	上海虹叶物业管理有限公司	56961052
123	上海宏华物业管理有限公司	13809068195
124	上海宏苑物业管理经营有限公司	65261756
125	上海沪东财富国际广场物业管理有限公司	33625557
126	上海华晅投资管理有限公司	54061330
127	上海华城物业有限公司	68115616
128	上海华东房产物业有限公司	63516701
129	上海华联物业管理有限公司	58303000
130	上海华仕物业管理有限公司	58208888
131	上海华天物业管理有限公司	62370018
132	上海华谊集团置业有限公司	62037207
133	上海华宇物业有限公司	66357627
134	上海华园物业管理有限公司	62492743
135	上海华鑫物业管理顾问有限公司	54264500
136	上海化学工业区物业管理有限公司	67120025
137	上海淮海商业集团置业发展有限公司	53510221
138	上海环连物业管理有限公司	54243281
139	上海惠乐物业有限公司	59980180
140	上海汇成物业有限公司	64040084
141	上海汇虹物业管理有限公司	54242665
142	上海汇佳物业管理有限公司	63341188
143	上海汇银物业管理有限公司	64075005
144	上海吉晨卫生后勤服务管理有限公司	64438260
145	上海吉兴物业管理有限公司	63743492
146	上海纪联物业管理有限公司	63070592
147	上海嘉宝物业服务有限公司	39102108
148	上海嘉隆物业管理有限公司	59530870
149	上海佳信物业管理有限公司	54240120
150	上海家宝物业管理有限公司	52380563
151	上海家必安物业管理有限公司	18918001133
152	上海家佳物业有限公司	58522617
153	上海见畅物业有限公司	021-57265203
154	上海建盛物业服务中心	68490115
155	上海建纬置业发展有限公司	021-62983750
156	上海建跃物业管理有限公司	50211087
157	上海建玮物业管理有限公司	52923318
158	上海江湾物业管理有限公司	65310797

物业管理企业（二级资质）

编号	企业名称	电话
159	上海捷艾尔物业管理有限公司	63270716
160	上海捷森物业服务发展有限公司	36315723
161	上海金辉物业有限公司	63054316
162	上海金加园物业管理有限公司	021-51902500
163	上海金明房地产物业管理有限公司	52665858-213
164	上海金桥物业有限公司	68506016
165	上海金桃物业管理有限公司	52845712
166	上海金玉兰物业管理有限公司	53960988转
167	上海锦宾物业管理有限公司	39306016
168	上海锦城物业管理有限公司	63306428
169	上海锦江物业管理公司	63264000-325
170	上海锦龙物业管理有限公司	64399000
171	上海锦日物业管理有限公司	64641535
172	上海锦润物业管理有限公司	62525447
173	上海精舍物业管理有限公司	53829734
174	上海警虹物业管理有限公司	56661611
175	上海景鸿物业管理有限公司	64685151*0
176	上海静安地产集团物业有限公司	62721309
177	上海久阳滨江酒店有限公司	68880799
178	上海九海金狮物业管理有限公司	64158818－2611
179	上海巨星物业有限公司	62177271
180	上海军盛物业管理有限公司	021-65260111
181	上海浚浦物业发展有限公司	68533070
182	上海开伦物业管理有限公司	58911365
183	上海凯晨物业管理有限公司	65742080
184	上海凯基置业有限公司	58548100、50319225
185	上海康旺物业有限公司	58117222
186	上海科房物业管理有限公司	65629740
187	上海老西门物业管理有限公司	63773388
188	上海磊成物业管理有限公司	59525345
189	上海利马物业管理有限公司	64581132
190	上海联讯物业管理有限公司	50390435*803
191	上海联洋港力物业管理有限公司	68546905
192	上海良友物业管理有限公司	37188449
193	上海良宇物业管理有限公司	62270023
194	上海燎原物业有限公司	62778740
195	上海临南物业经营管理有限公司	57934613
196	上海六角物业管理有限公司	63452620
197	上海隆庆物业管理有限公司	13301731809
198	上海陆家嘴贝思特物业管理有限公司	68410615
199	上海绿安物业管理发展有限公司	52188799
200	上海绿岛物业发展有限公司	55891844
201	上海绿宇物业管理有限公司	68979992
202	上海绿洲物业管理有限公司	59173519
203	上海美佳物业管理有限公司	57648879*11
204	上海美兰湖物业管理有限公司	56590768
205	上海民德物业管理有限公司	68456822
206	上海民强物业管理有限公司	56727958*506
207	上海民盈城投物业管理有限公司	63298390
208	上海明嘉物业管理有限公司	64101778
209	上海明新物业管理有限公司	65408710
210	上海铭弘经济发展有限公司	24028981
211	上海耐嗣实业发展有限公司	64383192

物业管理企业（二级资质）

编号	企业名称	电话
212	上海南房集团物业管理有限公司	33763995
213	上海南汇惠房物业管理有限公司	68037310
214	上海南汇团房物业管理有限公司	58081396
215	上海南汇新房物业管理有限公司	58172019
216	上海南汇周房物业管理有限公司	58112222
217	上海能宝物业有限责任公司	69188342
218	上海平凉物业管理有限公司	55213936
219	上海普陀大楼物业有限公司	52904061
220	上海普陀物业有限公司	66266295
221	上海浦东东龙物业有限公司	68390990
222	上海浦东华沙物业有限公司	58902667
223	上海浦东利群物业有限公司	58965864
224	上海浦东世纪花园物业管理有限公司	58339988
225	上海浦东新区北房物业公司	58914267
226	上海浦东新区高桥物业发展公司	58671517
227	上海浦东新区花木物业公司	68457272
228	上海浦东新区潍坊物业公司	58205300
229	上海浦东新区新川物业公司	58983025
230	上海浦华物业管理有限公司	33835637
231	上海齐佳物业管理有限公司	67641203
232	上海启华物业管理有限公司	53071036
233	上海启胜物业管理服务有限公司	021-63115588*860
234	上海千亿物业有限公司	67101192
235	上海仟宸置业发展有限公司	63305670
236	上海强丰物业管理有限公司	57260149
237	上海强生物业公司	63230230
238	上海乔爱物业管理有限公司	67641069
239	上海青浦第一物业管理有限公司	59203087
240	上海青浦青房物业管理有限公司	59850003
241	上海轻工物业管理有限公司	62495672
242	上海人民企业集团物业管理有限公司	62179905
243	上海茸盛物业管理有限公司	13003115523
244	上海瑞福物业有限公司	63231141
245	上海瑞强物业管理有限公司	62107800-829
246	上海瑞业物业管理有限公司	18917337220
247	上海瑞运物业管理有限公司	52684440
248	上海赛宝物业发展有限公司	57941941-25138
249	上海三凯物业经营管理有限公司	50460221
250	上海三杨物业公司	58322853
251	上海沙林物业管理有限公司	64154623
252	上海沙田物业管理有限公司	52910616
253	上海上安物业管理有限公司	56628796
254	上海上钢物业公司	58836212
255	上海上工物业发展有限公司	54148906
256	上海上勤高级楼宇管理有限公司	23111111
257	上海上远物业管理有限公司	65701888*5535
258	上海尚物博物业管理有限公司	50129335
259	上海申华金融大厦有限公司	63216814
260	上海申勤物业管理服务有限公司	69710005
261	上海申通物业管理有限公司	62820140-8023
262	上海申厦物业有限公司	63265798
263	上海申舟物业有限公司	58870050
264	上海盛勤物业管理有限公司	62822001

物业管理企业（二级资质）

编号	企业名称	电话
265	上海盛宇物业经营服务有限公司	38839999
266	上海盛源物业有限公司	36362011
267	上海胜百电力物业管理有限公司	64724753
268	上海实红物业管理有限公司	52385151
269	上海实开物业管理有限公司	64876044
270	上海世博会有限公司	22062485
271	上海世德物业管理有限公司	021-31335788
272	上海世浩物业管理有限公司	67822433
273	上海世江物业管理有限公司	67735574
274	上海世茂物业服务有限公司	68405505-168
275	上海市宝月物业管理有限责任公司	56193624
276	上海市工联物业公司	34227705
277	上海顺达物业管理有限公司	63122933
278	上海舜得物业管理有限公司	13761780768
279	上海硕雅物业管理发展有限公司	021-67606200
280	上海硕业物业管理有限公司	68008853
281	上海四平物业管理有限公司	65134986
282	上海松开物业管理有限公司	67737002
283	上海松茂物业管理有限公司	67642572
284	上海孙林物业管理有限公司	63188633
285	上海泰喜物业管理有限公司	63501375
286	上海天鸿尊逸物业管理有限公司	13801786052
287	上海天吉物业管理有限公司	36313371
288	上海天为物业管理服务有限公司	34092600
289	上海通翼物业有限公司	64951632
290	上海同丰物业管理有限公司	57120847
291	上海同济物业管理有限公司	65983212
292	上海同进物业服务有限公司	58968159
293	上海同康物业管理有限公司	63200849
294	上海同科物业管理有限公司	55883681
295	上海外高桥保税物流园区物业管理有限公司	38751112
296	上海外经贸物业管理有限公司	65228467
297	上海外滩物业有限公司	63308848
298	上海万达广场商业管理有限公司	65657069
299	上海万群物业管理有限公司	56307025
300	上海万业企业爱佳物业服务有限公司	50366699-2269
301	上海万庄物业管理有限公司	68314372
302	上海万涓物业有限公司	59988714
303	上海伟发物业有限公司	58992189
304	上海伟康卫生后勤服务有限公司	58928829
305	上海卫事康卫生管理服务有限公司	65667002*8001
306	上海文广物业管理有限公司	62565132
307	上海文通物业有限公司	56328999*810
308	上海吴安物业管理有限公司	62096618
309	上海吴泾物业管理有限公司	64508624
310	上海五星浦江物业经营服务有限公司	64674238
311	上海西潭子物业管理有限公司	27246378
312	上海先行信汇物业管理有限公司	58658526-803
313	上海现代金晨物业管理有限公司	64181265
314	上海现代时尚商业管理有限公司	68392288
315	上海协沁物业管理有限公司	54995770*230
316	上海欣城物业有限公司	50713767
317	上海欣达房产服务公司	68760420

物业管理企业（二级资质）

编号	企业名称	电话
318	上海欣康物业经营管理有限公司	58120007
319	上海欣茂物业管理有限公司	65147737、65626170
320	上海欣源物业管理有限公司	63211616*3019
321	上海欣周物业管理有限公司	58112663
322	上海新曹杨集团物业管理有限公司	52810808
323	上海新长宁集团大楼物业有限公司	62082518
324	上海新长宁集团华阳物业有限公司	62116928
325	上海新长宁集团天山物业有限公司	62349987
326	上海新长宁集团新程物业有限公司	52175345
327	上海新长宁集团新华物业有限公司	62814929
328	上海新长宁集团遵义物业有限公司	62629600
329	上海新城物业有限公司	62048288
330	上海新诚物业管理有限公司	50482037
331	上海新驰物业有限公司	62516213
332	上海新东慧物业管理有限公司	64655050
333	上海新纺物业经营管理有限公司	62996412 13611993861
334	上海新贵盛物业管理有限公司	33523002
335	上海新金翔物业管理有限公司	6.3541E+18
336	上海新青浦物业管理有限公司	021-39222206
337	上海新轻物业管理有限责任公司	64318863－301
338	上海新盛元物业管理有限公司	13701968068
339	上海新桃源物业管理有限公司	57701917
340	上海新新物业管理有限公司	66581766
341	上海新寓物业管理有限公司	56750146
342	上海新张江物业管理有限公司	68795879
343	上海信缘物业管理有限公司	27212018
344	上海兴城物业有限公司	63241709
345	上海兴桥盛物业有限公司	65395540
346	上海徐房物业有限公司	54300839
347	上海徐体物业管理有限公司	54083847
348	上海轩宇物业管理有限公司	54859607
349	上海亚大物业发展有限公司	52797027-218
350	上海杨房物业管理有限公司	65011022
351	上海杨浦海阳卫生管理服务有限公司	53085505
352	上海洋安物业管理有限公司	13918719898
353	上海洋泾物业公司	58518991
354	上海阳光工联物业管理有限公司	54936148
355	上海阳厦物业管理有限公司	65384758
356	上海仰宏物业管理有限公司	51712988
357	上海一百第一太平物业管理有限公司	63278293
358	上海颐景园物业管理有限公司	67635800-6205
359	上海易达物业管理有限公司	13916528669
360	上海逸思曼企业管理服务有限公司	37006001
361	上海意利物业管理有限公司	57705233
362	上海益镇物业管理有限公司	55950659
363	上海殷润物业管理有限公司	67220216
364	上海殷行物业管理有限公司	65325977
365	上海银程物业管理有限公司	65430775
366	上海银帆物业管理有限公司	58545898-6066
367	上海银顺物业管理有限公司	58423683
368	上海英达方物业有限公司	62256633*6015
369	上海营巢物业管理有限公司	67108060
370	上海永福物业有限公司	64660218

物业管理企业（二级资质）

编号	企业名称	电话
371	上海永恒物业管理有限公司	58670192
372	上海永佳物业管理有限责任公司	57180327-102
373	上海永开置业有限公司	57813362
374	上海永乐物业有限责任公司	62429601
375	上海永南物业管理有限公司	63523287
376	上海永平置业有限公司	64678008
377	上海勇博物业管理有限公司	33690398*033690399*0
378	上海优联物业管理有限公司	32505999
379	上海由由物业管理有限公司	50860668
380	上海邮政物业管理有限公司	63243942
381	上海友全物业管理有限公司	68507425
382	上海友谊集团物业管理有限公司	58772072
383	上海玉星物业管理有限公司	50389996
384	上海豫园旅游商城物业管理有限公司	63288446
385	上海圆外物业管理有限公司	13801704832
386	上海跃盛物业管理有限公司	021-58397288-620
387	上海悦华物业管理有限公司	65216600
388	上海张江物业发展公司	58550629
389	上海兆安物业管理有限公司	63547382
390	上海真如物业有限公司	52665077
391	上海振南物业公司	58753106
392	上海振翔物业管理有限公司	65039336
393	上海振新物业管理有限公司	35093679
394	上海正阳物业管理有限公司	68120226
395	上海证大物业管理有限公司	50331022
396	上海至诚联环物业管理有限公司	54243630
397	上海置友物业管理有限公司	63231635
398	上海智强物业管理有限公司	35318238
399	上海中邦物业管理有限公司	58386666
400	上海中城集团物业公司	64371881
401	上海中房物业管理有限公司	52667488
402	上海中福联合物业管理有限公司	63601246
403	上海中虹物业管理有限公司	65921915
404	上海中环陆家嘴物业管理有限公司	66398991
405	上海中慧物业管理有限公司	64854351
406	上海中建物业管理有限公司	628262116280358转
407	上海中凯物业有限公司	50521311
408	上海中融物业管理有限公司	38834888
409	上海中山物业有限公司	62030116
410	上海中西物业管理有限公司	62109510
411	上海中仪物业有限公司	32551788
412	上海中鑫物业管理有限公司	69696039
413	上海仲源物业有限公司	54151596
414	上海洲建物业服务有限公司	68061111
415	上海诸翟物业管理有限公司	62218474
416	上海住安物业管理有限公司	65162389
417	上海馨城物业管理有限公司	51872969*8001
418	上海莘旺物业管理有限公司	64982978
419	上海莘闵物业发展有限公司	64129769
420	上海怡德物业经营管理有限公司	68588866
421	上海怡东物业管理有限公司	50905262
422	上海闵碧物业管理有限公司	64304569
423	上海闵华物业管理有限公司	64356009

物业管理企业（二级资质）

编号	企业名称	电话
424	上海瀛海三幸物业管理有限公司	13301621013
425	上海瀛通物业管理有限公司	65791837
426	上海琮元物业管理有限公司	54910268
427	上海晟新物业经营管理有限公司	13641772548
428	上海鑫铭物业管理有限公司	54707225
429	深圳衡信柏迪物业管理有限公司上海分公司	13918622616
430	深圳市鼎太物业管理有限公司上海分公司	
431	深圳市盛孚物业管理有限公司上海分公司	021-64934031
432	深圳市太平物业管理有限公司上海分公司	021-61005702
433	泰安宝龙商业物业管理有限公司上海曹路分公司	31001153
434	无锡上都物业管理有限公司上海分公司	55252227
435	五角场物业管理有限公司	65103294
436	现代智能物业管理（上海）有限公司	61805399*228
437	远雄物业（上海）有限公司	62350155
438	浙江保亿物业服务有限公司上海分公司	
439	中外运上海集团物业发展有限公司	65211255

第二十四章　部分房地产经纪企业

编号	企业名称	交易套数	交易面积
1	上海中原物业代理有限公司	499	53813.72
2	上海九间伴房地产经纪有限公司	263	18572
3	上海辉腾房地产经纪有限公司	246	17555.92
4	上海中原物业顾问有限公司	242	22912.46
5	上海立超房地产顾问有限公司	155	16016.47
6	上海房屋置换股份有限公司曲阳店	132	7482.67
7	上海信义房屋中介咨询有限公司建国西路店	129	17752.78
8	上海康健房屋置换有限公司康健新村分公司	100	6369.74
9	上海远见房地产经纪有限公司	99	10700.66
10	上海福人居房地产经纪有限公司	93	9156.32
11	上海先原房地产经纪有限公司	93	9740.1
12	上海志远房地产经纪有限公司古北分公司	86	10823.3
13	上海斯菲科房屋置换有限公司	71	4281.21
14	上海鼎铭房地产经纪有限公司	70	7450.8
15	上海我爱我家房屋租赁置换有限公司大木桥路分公司	69	3927.18
16	上海百扬房地产经纪有限公司	64	3170.92
17	上海金哲房地产经纪有限公司	63	5201.38
18	上海信义房屋中介咨询有限公司北京西路店	63	6947.68
19	上海全程房地产经纪有限公司	61	5679.87
20	上海德佑房地产经纪有限公司	59	6684.1
21	上海太平洋房屋服务有限公司金汇店	51	5138.72
22	上海晟曜行房地产咨询有限公司	49	5548.53
23	上海合富置业顾问有限公司	46	4573.09
24	上海房屋交换有限公司黄浦业务二部	45	1967.92
25	美联物业顾问有限公司	45	5005.06
26	上海南宏房地产服务有限公司	42	3576.29
27	上海超人房产经纪有限公司	39	2412.12
28	上海太平洋房屋服务有限公司光大店	35	2804.5
29	上海兴荣企业有限公司	32	4294.3
30	上海乐居房地产经纪有限公司	31	2374.28
31	上海居雅房产置换有限公司	31	1987.93
32	上海安廷房地产经纪事务所	30	2196.17
33	上海精一房地产经纪有限公司	30	2935.89
34	上海菊苑房地产置换有限公司	28	1949.44
35	上海美墅房地产经纪有限公司	28	4510.18
36	上海盛家房地产服务有限公司桂林西街分公司	26	1443.22
37	上海虹民房地产经纪有限公司	24	1401.03
38	上海天地行房地产营销有限公司	23	6280.04
39	上海臣信房地产经纪有限公司金汇店	22	4013.44
40	上海星旺房地产经纪有限公司	22	1405.54

编号	企业名称	交易套数	交易面积
41	上海涌流房地产经纪事务所	21	1706.34
42	上海双宏房地产经纪服务部	20	1484.95
43	上海我爱我家房屋租赁置换有限公司	19	1137.82
44	上海志远房地产经纪有限公司卢湾分公司	19	2439.55
45	上海劲升房屋咨询有限公司	19	1108.42
46	上海信义房屋中介咨询有限公司	19	2559.93
47	上海越真房地产经纪事务所	19	875.66
48	上海三千石房地产经纪有限公司	19	3208.24
49	上海双缘房地产经纪服务部	19	1585.83
50	上海中大房地产经纪有限公司	19	1449.39
51	上海信丹房地产经纪有限公司	18	1305.13
52	上海神舟房地产咨询有限公司	18	1640.54
53	上海标高房地产经纪有限公司	18	2276.14
54	上海松江觅巢房产经纪事务所	18	1408.11
55	上海金舍房地产经纪有限公司	18	934.06
56	上海明盟房地产经纪事务所	18	1093.41
57	上海房屋交换有限公司黄浦业务一部	17	795.69
58	上海东鹰房地产经纪有限公司	17	1212.56
59	上海臣信房地产经纪有限公司浦东一店	16	772.9
60	上海联安房地产经纪有限公司	16	2337.95
61	上海日虹房地产经纪有限公司	16	1090.37
62	上海建阳房地产经纪有限公司	16	1096.04
63	上海利光房地产经纪事务所	16	1484.52
64	上海宝山房屋置换有限公司	15	843.51
65	上海仁家房地产咨询有限公司	15	1972.18
66	上海枫林房地产经纪有限分司	15	1135.51
67	上海置怡房地产经纪有限公司桂林路分公司	15	946.6
68	上海日虹房地产经纪有限公司	14	1191.79
69	上海虹民房地产经纪有限公司	14	975.32
70	上海春豪房地产经纪事务所	14	847.39
71	上海百和房地产经纪有限公司	14	1308.69
72	上海范澍诚房地产经纪有限公司	14	781.01
73	上海托尼房地产经纪有限公司	13	1113.4
74	上海臣信房地产经纪有限公司静安店	13	1247.84
75	上海明明房产经纪有限公司田林东路分公司	13	670.93
76	上海立秦行房产经纪有限公司	13	1131.74
77	上海臣信房地产经纪有限公司	13	1556.37
78	上海水乡房产经纪事务所	13	1244.19
79	上海美和房地产咨询有限公司	13	789.18
80	上海仁智房屋置换有限公司	13	951.76
81	上海万忻房屋置换有限公司	12	649.91
82	上海盛家房地产服务有限公司	12	751.07
83	上海市立房地产置换有限公司	12	650.55
84	上海吉杰房地产经纪有限公司	12	649.52
85	上海君都房地产经纪事务所	12	822.21

编号	企业名称	交易套数	交易面积
86	上海申馨房屋置换有限公司鹤庆置换部	12	676.52
87	上海居高房地产经纪事务所	12	815.22
88	上海承衡房地产经纪有限公司	12	980.59
89	上海知房云房地产经纪事务所	12	944.16
90	上海祥天房地产经纪事务所	12	1207.84
91	上海祥福房地产经纪事务所	12	1002.97
92	上海都利房地产经纪事务所	12	1037.38
93	上海喜润房地产经纪事务所	11	626.64
94	上海祥益房地产咨询有限公司	11	557.82
95	上海旺运房地产经纪有限公司	11	662
96	上海创林房地产经纪有限公司	11	607.46
97	上海房屋置换股份有限公司	11	655.2
98	上海联安房地产经纪有限公司五莲路分公司	11	1648.39
99	上海虹民房地产经纪有限公司茅台路分公司	11	472.66
100	上海虹民房地产经纪有限公司	11	429.49
101	上海天盟房地产经纪有限公司	11	733.65
102	上海辉腾房地产经纪有限公司延长中路分公司	11	731.76
103	上海欧伦房产经纪事务所	10	574.71
104	上海天田房地产经纪有限公司	10	1806.38
105	上海招发房地产经纪服务部	10	834.68
106	上海金管家房产经纪有限公司	10	911.26
107	上海庆豪房地产经纪有限公司苗圃路店	10	1223.45
108	上海卫百辛房地产经纪有限公司	10	742.07
109	上海智迅房地产经纪有限公司	10	712.58
110	上海太平洋房屋服务有限公司	10	892.08
111	上海高乐房产经纪有限公司	10	499.58
112	上海吉伴房地产经纪服务部	10	723.35
113	上海恒祥房地产经纪有限公司	10	736.27
114	上海中原物业代理有限公司	499	53813.72
115	上海九间伴房地产经纪有限公司	263	1857200
116	上海辉腾房地产经纪有限公司	246	17555.92
117	上海中原物业顾问有限公司	242	22912.46
118	上海立超房地产顾问有限公司	155	16016.47
119	上海房屋置换股份有限公司曲阳店	132	7482.67
120	上海信义房屋中介咨询有限公司建国西路店	129	17752.78
121	上海康健房屋置换有限公司康健新村分公司	100	6369.74
122	上海远见房地产经纪有限公司	99	10700.66
123	上海福人居房地产经纪有限公司	93	9156.32
124	上海先原房地产经纪有限公司	93	9740.1
125	上海志远房地产经纪有限公司古北分公司	86	10823.3
126	上海斯菲科房屋置换有限公司	71	4281.21
127	上海鼎铭房地产经纪有限公司	70	7450.8
128	上海我爱我家房屋租赁置换有限公司大木桥路分公司	69	3927.18
129	上海百扬房地产经纪有限公司	64	3170.92
130	上海金哲房地产经纪有限公司	63	5201.38
131	上海信义房屋中介咨询有限公司北京西路店	63	6947.68

编号	企业名称	交易套数	交易面积
132	上海全程房地产经纪有限公司	61	5679.87
133	上海德佑房地产经纪有限公司	59	6684.1
134	上海太平洋房屋服务有限公司金汇店	51	5138.72
135	上海晟曜行房地产咨询有限公司	49	5548.53
136	上海合富置业顾问有限公司	46	4573.09
137	上海房屋交换有限公司黄浦业务二部	45	1967.92
138	美联物业顾问 有限公司	45	5005.06
139	上海南宏房地产服务有限公司	42	3576.29
140	上海超人房产经纪有限公司	39	2412.12
141	上海太平洋房屋服务有限公司光大店	35	2804.5
142	上海兴荣企业有限公司	32	4294.3
143	上海乐居房地产经纪有限公司	31	2374.28
144	上海居雅房产置换有限公司	31	1987.93
145	上海安廷房地产经纪事务所	30	2196.17
146	上海精一房地产经纪有限公司	30	2935.89
147	上海菊苑房地产置换有限公司	28	1949.44
148	上海美墅房地产经纪有限公司	28	4510.18
149	上海盛家房地产服务有限公司桂林西街分公司	26	1443.22
150	上海虹民房地产经纪有限公司	24	1401.03
151	上海天地行房地产营销有限公司	23	6280.04
152	上海臣信房地产经纪有限公司金汇店	22	4013.44
153	上海星旺房地产经纪有限公司	22	1405.54
154	上海涌流房地产经纪事务所	21	1706.34
155	上海双宏房地产经纪服务部	20	1484.95
156	上海我爱我家房屋租赁置换有限公司	19	1137.82
157	上海志远房地产经纪有限公司卢湾分公司	19	2439.55
158	上海劲升房屋咨询有限公司	19	1108.42
159	上海信义房屋中介咨询有限公司	19	2559.93
160	上海越真房地产经纪事务所	19	875.66
161	上海三千石房地产经纪有限公司	19	3208.24
162	上海双缘房地产经纪服务部	19	1585.83
163	上海中大房地产经纪有限公司	19	1449.39
164	上海信丹房地产经纪有限公司	18	1305.13
165	上海神舟房地产咨询有限公司	18	1640.54
166	上海标高房地产经纪有限公司	18	2276.14
167	上海松江觅巢房产经纪事务所	18	1408.11
168	上海金舍房地产经纪有限公司	18	934.06
169	上海明盟房地产经纪事务所	18	1093.41
170	上海房屋交换有限公司黄浦业务一部	17	795.69
171	上海东鹰房地产经纪有限公司	17	1212.56
172	上海臣信房地产经纪有限公司浦东一店	16	772.9
173	上海联安房地产经纪有限公司	16	2337.95
174	上海日虹房地产经纪有限公司	16	1090.37
175	上海建阳房地产经纪有限公司	16	1096.04
176	上海利光房地产经纪事务所	16	1484.52

编号	企业名称	交易套数	交易面积
177	上海宝山房屋置换有限公司	15	843.51
178	上海仁家房地产咨询有限公司	15	1972.18
179	上海枫林房地产经纪有限分司	15	1135.51
180	上海置怡房地产经纪有限公司桂林路分公司	15	946.6
181	上海日虹房地产经纪有限公司	14	1191.79
182	上海虹民房地产经纪有限公司	14	975.32
183	上海春豪房地产经纪事务所	14	847.39
184	上海百和房地产经纪有限公司	14	1308.69
185	上海范澍诚房地产经纪有限公司	14	781.01
186	上海托尼房地产经纪有限公司	13	1113.4
187	上海臣信房地产经纪有限公司静安店	13	1247.84
188	上海明明房产经纪有限公司田林东路分公司	13	670.93
189	上海立秦行房产经纪有限公司	13	1131.74
190	上海臣信房地产经纪有限公司	13	1556.37
191	上海水乡房产经纪事务所	13	1244.19
192	上海美和房地产咨询有限公司	13	789.18
193	上海仁智房屋置换有限公司	13	951.76
194	上海万忻房屋置换有限公司	12	649.91
195	上海盛家房地产服务有限公司	12	751.07
196	上海市立房地产置换有限公司	12	650.55
197	上海吉杰房地产经纪有限公司	12	649.52
198	上海君都房地产经纪事务所	12	822.21
199	上海申馨房屋置换有限公司鹤庆置换部	12	676.52
200	上海居高房地产经纪事务所	12	815.22
201	上海承衡房地产经纪有限公司	12	980.59
202	上海知房云房地产经纪事务所	12	944.16
203	上海祥天房地产经纪事务所	12	1207.84
204	上海祥福房地产经纪事务所	12	1002.97
205	上海都利房地产经纪事务所	12	1037.38
206	上海喜润房地产经纪事务所	11	626.64
207	上海祥益房地产咨询有限公司	11	557.82
208	上海旺运房地产经纪有限公司	11	66200
209	上海创林房地产经纪有限公司	11	607.46
210	上海房屋置换股份有限公司	11	655.2
211	上海联安房地产经纪有限公司五莲路分公司	11	1648.39
212	上海虹民房地产经纪有限公司茅台路分公司	11	472.66
213	上海虹民房地产经纪有限公司	11	429.49
214	上海天盟房地产经纪有限公司	11	733.65
215	上海辉腾房地产经纪有限公司延长中路分公司	11	731.76
216	上海欧伦房产经纪事务所	10	574.71
217	上海天田房地产经纪有限公司	10	1806.38
218	上海招发房地产经纪服务部	10	834.68
219	上海金管家房产经纪有限公司	10	911.26
220	上海庆豪房地产经纪有限公司苗圃路店	10	1223.45
221	上海卫百辛房地产经纪有限公司	10	742.07

编号	企业名称	交易套数	交易面积
222	上海智迅房地产经纪有限公司	10	712.58
223	上海太平洋房屋服务有限公司	10	892.08
224	上海高乐房产经纪有限公司	10	499.58
225	上海吉伴房地产经纪服务部	10	723.35
226	上海恒祥房地产经纪有限公司	10	736.27

第二十五章 部分房地产估价机构

具有拆迁评估资格的房地产估价机构

编号	企业名称	法人代表
1	上海科瑞特房地产估价有限公司	俞逸飞
2	上海美联房地产估价有限公司	缪姝颖
3	上海国瑞量行房地产评估事务所有限公司	李旭
4	上海持信房地产估价有限公司	宋梁
5	上海众华房地产估价有限公司	戴和平
6	北京永利行房地产评估顾问有限公司上海公司	刘诗韵
7	上海瑞汇房地产估价有限公司	沈红卫
8	上海大成房地产估价有限公司	季新军
9	上海涌力房地产估价有限公司	陈勇
10	上海大儒房地产估价有限公司	沈芳
11	上海盛北房地产估价有限公司	陆琼
12	上海申宁房地产评估有限公司	李德富
13	北京仁达房地产评估有限公司上海分公司	阎旭东
14	上海中企华诚信房地产估价有限公司	李永昌
15	上海达智房地产估价有限公司	魏国忠
16	上海忠诚万业房地产估价有限公司	王雨亮
17	深圳市世联土地房地产评估有限公司上海分公司	梁兴安
18	上海彬诚房地产评估咨询有限公司	李彬
19	上海银信汇业房地产估价有限公司	王雄
20	上海港城房地产评估事务所有限公司	徐亚平
21	上海华审房地产估价有限公司	史艳琼
22	上海国众联土地房地产咨询估价有限公司	陆克龙
23	上海诚谊房地产评估有限公司	张公望
24	上海闵恒房地产估价有限公司	陆丽华
25	上海长信房地产估价有限公司	王雷鸣
26	上海上资房地产估价有限公司	张新杰
27	上海金虹房地产估价有限公司	
28	上海达亚沪中房地产估价有限公司	何宝良
29	上海众佳房地产估价有限公司	龚展翼
30	上海财瑞房地产估价有限公司	崔冰
31	上海耀华房地产估价有限公司	占迎喜
32	上海经隆房地产估价有限公司	朱明
33	上海立公信房地产估价有限公司	谢岭
34	上海科东房地产估价有限公司	孙东海
35	上海百盛房地产估价有限责任公司	丁光华
36	上海申杨房地产估价有限责任公司	李锋
37	上海申房房地产估价有限公司	朱石敏
38	上海申价房地产评估有限公司	姚树德
39	上海沪博房地产估价有限公司	陈义

编号	企业名称	法人代表
40	上海方圆房地产估价有限公司	伍伟斌
41	上海新智房地产估价有限责任公司	宋梁
42	上海房地产估价师事务所有限公司	杨国诚
43	上海建经房地产估价咨询有限公司	王建忠
44	上海建欣房地产估价有限公司	涂群
45	上海富申房地产估价有限公司	蔡燕雯
46	上海宏大房地产估价有限公司	朱宁宇
47	上海公允房地产估价有限公司	刘渊
48	上海天月行房地产估价有限公司	程鹏
49	上海大雄房地产估价有限公司	胡耀清
50	上海安大华永房地产估价咨询有限公司	赵登科
51	上海城市房地产估价有限公司	袁东华
52	上海城乡房地产估价有限公司	曹同日
53	上海国衡房地产估价有限公司	高幸奇
54	上海国城房地产估价有限公司	吴冠乐
55	上海同信房地产估价有限公司	王印
56	上海友达土地房地产评估有限公司	杨子江
57	上海八达房地产估价有限公司	张晓实
58	上海光华房地产估价有限公司	王晓春
59	上海信衡房地产估价有限公司	朱雯
60	上海仲衡信银房地产评估有限公司	吴海星
61	上海东洲房地产估价有限公司	周佩祥
62	上海沪港房地产估价有限公司	李军
63	上海东方房地产估价有限公司	倪军
64	上海上审房地产估价有限公司	陈霞玲
65	上海上咨资联房地产估价有限公司	陆永喜
66	上海万隆房地产估价有限公司	俞玮
67	上海万千房地产估价有限公司	刘卫国
68	上海科瑞特房地产估价有限公司	俞逸飞
69	上海美联房地产估价有限公司	缪姝颖
70	上海国瑞量行房地产评估事务所有限公司	李旭
71	上海持信房地产估价有限公司	宋梁
72	上海众华房地产估价有限公司	戴和平
73	北京永利行房地产评估顾问有限公司上海公司	刘诗韵
74	上海瑞汇房地产估价有限公司	沈红卫
75	上海大成房地产估价有限公司	季新军
76	上海涌力房地产估价有限公司	陈勇
77	上海大儒房地产估价有限公司	沈芳
78	上海盛北房地产估价有限公司	陆琼
79	上海申宁房地产评估有限公司	李德富
80	北京仁达房地产评估有限公司上海分公司	阎旭东
81	上海中企华诚信房地产估价有限公司	李永昌
82	上海达智房地产估价有限公司	魏国忠
83	上海忠诚万业房地产估价有限公司	王雨亮
84	深圳市世联土地房地产评估有限公司上海分公司	梁兴安

编号	企业名称	法人代表
85	上海彬诚房地产评估咨询有限公司	李彬
86	上海银信汇业房地产估价有限公司	王雄
87	上海港城房地产评估事务所有限公司	徐亚平
88	上海华审房地产估价有限公司	史艳琼
89	上海国众联土地房地产咨询估价有限公司	陆克龙
90	上海诚谊房地产评估有限公司	张公望
91	上海闵恒房地产估价有限公司	陆丽华
92	上海长信房地产估价有限公司	王雷鸣
93	上海上资房地产估价有限公司	张新杰
94	上海金虹房地产估价有限公司	
95	上海达亚沪中房地产估价有限公司	何宝良
96	上海众佳房地产估价有限公司	龚展翼
97	上海财瑞房地产估价有限公司	崔冰
98	上海耀华房地产估价有限公司	占迎喜
99	上海经隆房地产估价有限公司	朱明
100	上海立公信房地产估价有限公司	谢岭
101	上海科东房地产估价有限公司	孙东海
102	上海百盛房地产估价有限责任公司	丁光华
103	上海申杨房地产估价有限责任公司	李锋
104	上海申房房地产估价有限公司	朱石敏
105	上海申价房地产评估有限公司	姚树德
106	上海沪博房地产估价有限公司	陈义
107	上海方圆房地产估价有限公司	伍伟斌
108	上海新智房地产估价有限责任公司	宋梁
109	上海房地产估价师事务所有限公司	杨国诚
110	上海建经房地产估价咨询有限公司	王建忠
111	上海建欣房地产估价有限公司	涂群
112	上海富申房地产估价有限公司	蔡燕雯
113	上海宏大房地产估价有限公司	朱宁宇
114	上海公允房地产估价有限公司	刘渊
115	上海天月行房地产估价有限公司	程鹏
116	上海大雄房地产估价有限公司	胡耀清
117	上海安大华永房地产估价咨询有限公司	赵登科
118	上海城市房地产估价有限公司	袁东华
119	上海城乡房地产估价有限公司	曹同日
120	上海国衡房地产估价有限公司	高幸奇
121	上海国城房地产估价有限公司	吴冠乐
122	上海同信房地产估价有限公司	王印
123	上海友达土地房地产评估有限公司	杨子江
124	上海八达房地产估价有限公司	张晓实
125	上海光华房地产估价有限公司	王晓春
126	上海信衡房地产估价有限公司	朱雯
127	上海仲衡信银房地产评估有限公司	吴海星
128	上海东洲房地产估价有限公司	周佩祥
129	上海沪港房地产估价有限公司	李军

编号	企业名称	法人代表
130	上海东方房地产估价有限公司	倪军
131	上海上审房地产估价有限公司	陈霞玲
132	上海上咨资联房地产估价有限公司	陆永喜
133	上海万隆房地产估价有限公司	俞玮
134	上海万千房地产估价有限公司	刘卫国